国家自然科学基金项目(71372001、71002075)
浙江省哲学社会科学规划项目(12JCGL02Z、09CGGL012YBB、16ZJQN002YB)
浙江省自然科学基金项目(LY13G030025、LY17D010007)

区域创新与知识管理的若干理论问题探索

蒋天颖 等／著

科学出版社

北 京

内 容 简 介

本书基于区域创新、创新网络、组织创新、知识转移等核心理论，从区域、集群、企业等三个不同层次分析创新能力的构建及其演化机理，阐明区域创新与知识管理的相关理论及方法。同时，聚焦当前区域创新与知识管理领域的热点问题，结合区域管理实践，选择若干典型问题，通过调查研究，提出一系列有较强针对性的建议。

本书可供政府宏观决策人员、企业高级管理人员、高校和科研院所相关专业研究人员及研究生作为参考书使用。

图书在版编目（CIP）数据

区域创新与知识管理的若干理论问题探索 / 蒋天颖等著. —北京：科学出版社，2017.3

　ISBN 978-7-03-050761-7

　Ⅰ. ①区… 　Ⅱ. ①蒋… 　Ⅲ. ①中小企业–企业创新–研究 　Ⅳ. ①F276.3

中国版本图书馆 CIP 数据核字（2016）第 284206 号

责任编辑：魏如萍　陶　璇 / 责任校对：彭珍珍
责任印制：霍　兵 / 封面设计：无极书装

科 学 出 版 社 出版
北京东黄城根北街 16 号
邮政编码：100717
http://www.sciencep.com
北京通州皇家印刷厂印刷
科学出版社发行　各地新华书店经销
＊

2017 年 3 月第 一 版　　开本：787×1092　1/16
2017 年 3 月第一次印刷　　印张：25 1/2
字数：478 000

定价：158.00 元
（如有印装质量问题，我社负责调换）

本书课题组成员

组　长　蒋天颖

成　员　郑长娟　胡　跃　蔡章生　张一青
　　　　孙　伟　华明浩

作 者 简 介

蒋天颖　男，1976 年 8 月生，浙江诸暨人。管理学博士，应用经济学博士后，教授，宁波大红鹰学院金融贸易学院院长。现为浙江省"151"人才工程第二层次培养对象，浙江省"之江青年社科学者"，宁波市"甬江学者"特聘教授，宁波市领军拔尖人才第一层次培养对象。

近年来，曾先后主持国家自然科学基金、浙江省自然科学基金、浙江省哲学社会科学规划课题等重要科研项目 15 项，在全国核心期刊发表论文 40 余篇，出版专著 4 部。获得浙江省自然科学学术奖、浙江省社科联优秀成果奖、宁波市哲学社会科学优秀成果奖等科研奖励 4 项。

主要研究方向：区域创新，产业集聚，组织生态学，战略联盟与竞争优势，知识管理等。

前　言

创新是引领发展的第一动力，是推进可持续发展的主要驱动力，创新驱动是经济发展新常态下我国发展的必然选择。改革开放以来，我国取得了巨大的发展成就，但近年来，受资源能源与生态环境的约束，传统经济发展方式难以为继。发达国家及世界范围内一些新兴经济体的发展经验表明，随着发展阶段不断成熟，先前发展所依赖的"比较优势""后发优势"等发展红利逐渐衰减，创新能力弱就会严重制约经济社会的发展，并陷入"中等收入陷阱"。

"十三五"时期，我国面临的国内外形势将发生深刻变化，经济进入速度变化、结构优化、动力转换的新常态，亟须依靠创新打造经济发展新引擎，构建我国竞争新优势，开辟经济社会发展新空间。因此，未来十年是我国实现创新驱动经济转型的战略机遇期，要重点解决创新的主体、动力、重点领域和体制环境等问题，加快构筑经济增长的新基础。

与此同时，在全球化程度日益加深、知识经济时代来临的背景下，世界经济发展呈现区域化特征，一个区域的创新能力正日益成为该区域获取竞争优势的决定因素。随着区域经济的不断发展和竞争的日益加剧，区域创新能力已成为区域综合竞争力的重要标志和地区经济获取国际竞争优势的决定性因素。

企业作为区域创新的主体，其创新行为会直接影响区域创新能力的持续发展。在激烈而不确定的竞争环境下，企业只有构建并保持创新能力才能生存和发展。有效的知识管理与组织学习为企业提供了不断创新并确立竞争优势的机会。

因此，分析区域创新网络的时空演化机理，探究知识管理和组织学习对创新网络的影响，研究创新网络、组织创新、知识管理三者之间的互动关系，从区域、集群、企业不同层次分析创新能力的构建及其演变机理，不但能从宏观上把握区域创新发展的演化过程，而且能从微观上帮助企业培养知识管理能力和组织创新能力。这对提升区域创新水平，发挥区域竞争优势，促进区域经济发展有重要的现实意义。

写作本书的目的在于，通过宏观分析和微观分析的结合、基础理论研究和应用对策研究的结合，为提高区域创新能力和知识管理效率提供理论支撑与现实指导。

本书的学术价值和社会价值主要体现在以下两个方面。

第一，在理论研究方面，从知识管理、组织创新、集群创新、创新网络等核心概念入手，阐明区域创新与知识管理的相关理论和方法，同时结合区域发展的具体案例，揭示区域创新与知识管理的运作机制、互动机理及演化规律。本书的理论研究成果被各类研究引用达200余次，总计被下载15 000余次，产生了较强的学术影响。

第二，在管理实践研究上，聚焦当前区域创新与知识管理领域的热点问题，从构建优化知识创新平台、提升区域创新能力入手，选择若干典型问题，通过调查研究，提出一系列有较强针对性的政策建议。第四部分的实践成果先后得到时任浙江省省长李强、副省长毛光烈等省领导的批示，以及浙江省中小企业局、宁波市发展和改革委员会、宁波市经济和信息化委员会的采纳与应用，对服务地方经济发展具有较强的应用价值。

本书由四个部分的内容组成。第一篇"创新网络空间差异的理论与方法"，包括第1章至第9章。具体内容包括：创新网络运行机制、集群创新网络结构与创新绩效、区域创新时空分异与驱动机制、区域创新与城市化协同发展、区域创新和经济发展耦合协调等。第二篇"产业集聚及其创新特征的若干理论"，包括第10章至第17章。具体内容包括：产业集聚空间演化机理、产业协同集聚动力基础、组织创新特征、集群知识创新和技术扩散的路径等。第三篇"知识转移及竞争力的相关理论"，包括第18章至第26章。具体内容包括：企业知识转移生态学模型构建、企业知识转移效率评价、个体知识学习和集群知识群化、集群内企业知识扩散对竞争力的影响等。第四篇"区域创新与知识管理的若干实践启示"，包括第27章至第32章。具体内容包括：发展"闪购"电子商务模式，推动创新网络平台构建；基于知识创新的浙江省生产性服务业企业成长的应对策略；依托创新网络，加快浙江省"块状经济"转型升级；宁波市家电企业知识创新能力提升与发展；优化宁波市物流企业空间格局的创新对策；宁波市信息经济人才开发与知识创新平台构建等。

　　本书是两项国家自然科学基金项目（71372001、71002075）、三项浙江省哲学社会科学规划项目（12JCGL02Z、09CGGL012YBB、16ZJQN002YB）和两项浙江省自然科学基金项目（LY13G030025、LY17D010007）的研究成果。全书由蒋天颖负责出版策划、组织和统撰工作。参加课题研究的成员有郑长娟、胡跃、蔡章生、张一青、孙伟、华明浩。蒋天颖、郑长娟对全书初稿进行了修订。

　　感谢宁波大红鹰学院的领导、同事对出版本书的支持和帮助。同时，感谢宁波大红鹰学院国际商务专业硕士培育点和宁波市协同创新中心的出版资助。感谢科学出版社在本书出版过程中付出的努力。

　　最后，需要说明的是，参加本书撰写的专家、学者及有关人士对自己负责撰写的内容进行了认真思考和深入研究，但由于目前国内外关于区域创新和知识管理的研究进展迅速，新理论、新方法层出不穷，再加上编写时间仓促，本书难免存在不足之处，敬请读者批评指正。

蒋天颖

2016 年 11 月

目　录

第一篇　创新网络空间差异的理论与方法

第二篇 产业集聚及其创新特征的若干理论

第三篇 知识转移及竞争力的相关理论

第四篇　区域创新与知识管理的若干实践启示

第 一 篇

创新网络空间差异的理论与方法

第1章

我国区域创新差异时空格局演化及其影响因素

在知识经济的时代背景下,区域创新已经成为区域经济发展的主要"助推器"。关于区域创新,国内外学者开展了大量研究,探讨了区域创新水平评价指标体系及评价方法(王杏芬,2010;朱海就,2004),研究了区域创新系统的创新效率(石峰,2010;陈伟等,2010),提出了区域创新水平的主要影响因素(Schiuma and Lerro,2008;刘莹莹,2008;徐磊和黄凌云,2009),揭示了区域创新的一般规律(Acs et al.,2002;Johnson and Chuang,2010),剖析了区域创新与区域经济之间的内在联系(Howells,2005;徐盈之和金乃丽,2010)。从现有研究成果可以看出,目前国内外学者的理论成果主要集中在区域创新及创新效率评价方法、区域创新影响因素、区域创新和区域经济的关联等方面。而我国区域创新的演化情况是怎样的?不同区域之间创新水平是否存在一定的空间关联?不同区域之间创新水平增长是否也有一定空间联系?造成区域创新差异的原因究竟是什么?现有理论成果还未能很好地回答这些问题。基于此,本书通过探索性空间数据分析方法,探索我国区域创新水平差异的时空格局演化,并在此基础上分析区域创新差异的影响因素。

选取我国 29 个省(自治区、直辖市)作为研究区域,采用专利申请授权量这一指标来反映区域创新水平,试图采用空间自相关分析方法揭示我国区域创新差异的时空演化。同时,研究拟构建多元线性回归模型,以期对影响我国区域创新差异动态变化的主要影响因素作进一步探讨。

1.1 研究方法与数据来源

1.1.1 研究方法

1. 变异系数

变异系数(coefficient of variation,CV)又称为标准差率或离散系数,

是标准差和平均数的比值。它是衡量观测值变异程度的一个统计量,反映地区相对均衡度,其计算方法为

$$CV = \sqrt{\sum_{i=1}^{N}(x_i - \overline{x})^2 \Big/ N} \Big/ \overline{x} \qquad (1\text{-}1)$$

式中,CV 为变异系数;N 为样本数;x_i 为样本值;$\overline{x}$ 为样本平均值。变异系数越小,说明区域发展越均衡。

2. 全局空间自相关

全局空间自相关主要研究属性值在整个区域的空间分布特征,为反映空间邻近或者空间邻接的区域单元的相似程度,采用测量区域某属性值的空间自相关的全局 Moran's I 指数,计算公式如下:

$$I = \frac{n \sum\limits_{i=1}^{n} \sum\limits_{j=1}^{n} W_{ij} |x_i - \overline{x}||x_j - \overline{x}|}{\sum\limits_{i=1}^{n} \sum\limits_{j=1}^{n} W_{ij} \sum\limits_{i=1}^{n} |x_j - \overline{x}|^2} \qquad (1\text{-}2)$$

式中,x_i、x_j 分别为区域 i、j 中的观察值;$\overline{x}$ 为各区域观察值的平均值;W_{ij} 为二进制的空间权重矩阵,用来定义空间单元的相互邻接关系;n 为研究区域单元的总数。Moran's I 指数的取值范围为[-1,1],当其小于 0 时,表示负相关;当其大于 0 时,则表示正相关;而当其等于 0 时,表示不相关。然后采用标准化统计量 Z 来检验 n 个区域是否存在空间自相关,计算方法如下:

$$Z = \frac{I - E(I)}{\sqrt{\text{Var}(I)}} \qquad (1\text{-}3)$$

式中,当 Z 显著且为正值时,表示区域创新水平存在正的空间自相关;当 Z 显著且为负值时,表示存在负的空间自相关;当 Z 等于 0 时,则观察值呈现随机分布。

3. 局部空间自相关

由于区域内空间自相关变化未必是稳定的,为了更好地反映局部区域空间聚集程度,还需要引入局部空间自相关统计量,即局部 Moran's I 指数。其计算方法如下:

$$I_i = \frac{n(x_i - \overline{x}) \sum\limits_{i} W_{ij}(x_j - \overline{x})}{\sum\limits_{i}(x_i - \overline{x})^2} = Z_i \sum\limits_{j} W_{ij} Z_j \qquad (1\text{-}4)$$

式中，Z_i、Z_j 分别为观察值的标准化形式，其余变量含义与式（1-2）相同。I_i 为正值时，表示局部空间单元相似值趋于空间聚集；I_i 为负值时，表示局部空间单元相似值趋于分散分布。

4. NICH 指数

NICH 指数即相对发展率指数，是用来衡量各个区域在某一时期内相对于整体研究区域的发展速度。计算公式如下：

$$\text{NICH} = \frac{Y_{2i} - Y_{1i}}{Y_2 - Y_1} \tag{1-5}$$

式中，Y_{1i}、Y_{2i} 分别为第 i 个区域在某一时期末期和初期的专利申请授权数；Y_1、Y_2 则分别为整个研究区域在某一时期末期和初期的专利申请授权数。

1.1.2　数据来源

区域创新产出往往能够用来反映区域创新水平，而专利授权数、新产品产值及新产品的销售收入等指标都能用来度量创新产出。但是，由于我国各地区对新产品的理解程度和认证标准存在差异，国内学者在研究区域创新水平时，很少使用新产品产值及新产品销售收入等指标来度量区域创新产出。另外，由于专利比较接近创新的商业应用及专利数据能够比较全面地反映区域发明和创新的信息，许多学者认为用专利反映区域创新水平是合理的（吴玉鸣，2007；王锐淇和张宗益，2010；姜磊等，2011）。基于已有研究，结合数据的可获得性原则，以各地区的专利申请授权量作为反映区域创新水平的测量指标。

由于西藏地区区域创新水平的指标值较小，海南省的空间邻居定义又具有较强的主观性（王红亮等，2010），将这两个区域剔除，选取 29 个省（自治区、直辖市）（不包括香港、澳门、台湾）作为研究区域。所用的主要数据来自 2002～2012 年的《中国统计年鉴》和《中国科技统计年鉴》，以及国家统计局网站和国家科技统计网的相关数据，部分数据经过计算整理后得到。空间数据的采集处理由 ArcView3.2 软件统计完成。

1.2　我国区域创新差异总体特征

1.2.1　我国区域创新差异逐年增大

我国区域创新水平总体呈现出"东强西弱"的态势，东部地区尤其是长江三角洲（以下简称长三角）和珠江三角洲（以下简称珠三角）城市群的区域创新水平高，而中西部特别是西部省份的区域创新水平较低，存在区域创新差异。变异系数能够较好地反映我国区域创新差异的变化程度，利用式（1-1），计算出我国2001～2011年区域创新的变异系数，结果如图1-1所示。

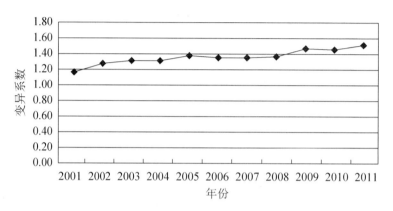

图1-1 2001～2011年我国区域创新变异系数

由图1-1可知，2001～2011年我国区域创新变异系数整体上呈现上升的态势。结合2001～2011年各地区专利申请授权量的变化发现，东部地区诸如山东、江苏、上海、浙江及广东等省份的专利申请授权数逐年大幅增加，而中西部地区的大多省份的专利申请授权数虽然也呈现出逐年增加的趋势，但是增幅并不明显，因此从整体趋势上来看，我国区域创新差异在逐渐增大。变异系数在2001～2005年上升了近0.2，增幅较为明显，主要是由于2001年我国出台了要面向中小企业的技术创新服务体系建设的方针政策，中小企业直接受益，其技术创新环境得到有效改善，该时期中小企业技术创新水平得到一定程度的提升。东南沿海地区中小企业数量明显多于东北及中西部地区，因此在这个时期我国区域创新变异系数有较为明显的增幅。变异系数在2005～2008年缓慢上升，其中2006年有下降趋势。在2008～2009年，变异系数又显著上升，到2009年达到1.478。究其原因，我国政府在2008年制定了《关于支持中小企业技术创新的若干政策》，激励企业开展自主创新。这使得中小企业分布较多的东部地区区域创新能力进一步提升，我国区域创新差异加大。2010年的变异系数较2009年的略有降低，但2011年的又有所上升，并且达到这十年来最高值1.526，表明我国区域创新差异持续加大。

1.2.2　我国区域创新显现空间集聚态势

变异系数仅仅反映我国区域创新差异的总体变化情况，要进一步了解区域创新的整体变动趋势，需要进一步进行全局空间自相关分析。根据式（1-2），全局空间自相关系数计算结果如图 1-2 所示。

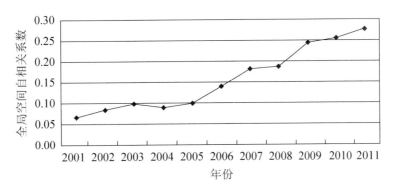

图 1-2　2001～2011 年我国区域创新全局空间自相关系数

由图 1-2 可知，2001～2011 年我国区域创新全局空间自相关系数 Moran's I 值总体呈现上升趋势。其中，2001～2005 年 Moran's I 值处于低位震荡，增幅较小，表明在 2005 年之前，我国区域创新虽然存在差异，且表现出空间正相关的态势，但 2001～2004 年 Moran's I 值未超过 0.1，空间相关的态势并不明显。自 2005 年起，Moran's I 值一直处于上升态势，且上升趋势明显，上升幅度显著增加。2009 年我国 Moran's I 值已经达到 0.246，这一时期我国区域创新水平呈现空间正相关关系，空间集聚态势明显，区域创新存在较大差异。2011 年 Moran's I 值为 0.278，达到十年来最高值，表明此时我国区域创新水平仍然具有明显的空间正相关关系，集聚态势加强，区域创新差异进一步增大。

1.3　我国区域创新差异的空间格局演化

1.3.1　区域创新呈现两极分化趋势

为了反映我国区域创新水平的空间格局及其变化，以 2001 年、2006 年和 2011 年三个年份的各省（自治区、直辖市）的专利申请授权数作为指标数据，在对原始数据进行处理之后，运用 ArcView3.2 软件，依次绘制出 2001 年、2006 年和 2011 年我国各省（自治区、直辖市）创新水平空间格局。

参考曹芳东等（2011）的观点，按照各省（自治区、直辖市）专利申请授权数占全国总数的比重，将研究区域 29 个省（自治区、直辖市）分为高水平区、较高水平区、较低水平区和低水平区四个部分。2001～2011 年，各省（自治区、直辖市）专利申请授权数量整体呈现"东多西少"的状态，专利申请授权数量多的区域主要分布在我国东部，尤其是东部沿海地区。2001 年，高水平区仅有广东 1 个省，沿海省份如浙江、上海、江苏、山东均为较高水平区，除此之外北京和辽宁也属较高水平区；而到 2006 年，较高水平区从原来的 6 个减少为北京、山东、江苏和上海 4 个省份，浙江升级为高水平区，而辽宁则变成较低水平区；到 2011 年，高水平区增加为广东、浙江和江苏 3 个，山东和上海依旧保持为较高水平区不变。从 2001～2011 年高水平区与较高水平区的分布变化情况可以看出，在这十年间，东部地区尤其是大多沿海省份区域创新水平一直处于领跑全国的地位。从 2001 年各省（自治区、直辖市）专利申请授权数分布情况可以看出，较高水平区与较低水平区占绝大多数，研究区域中有 22 个省（自治区、直辖市）都是较高或较低水平区，表明此时全国专利申请授权数量的分布相对均衡，区域创新差异相对较小。2006 年，较高水平区数量下降为 4 个，较低水平区数量也由 2001 年的 16 个降为 13 个，而高水平区与低水平区的数量则较 2001 年有所增加。这样的变化趋势表明我国区域创新水平差异在不断增大。2011 年变化更为明显，较高水平区仅剩山东和上海两地，处于中间水平的两种类型的区域数量总数仅为 15 个，相比 2001 年的 22 个大幅减少，而高水平区与低水平区的数量均有增加。由各省（自治区、直辖市）专利申请授权数分布变化情况可以看出，我国区域创新差异在 2001～2011 年不断增大，呈现出区域创新格局两极分化的趋势。

1.3.2 区域创新的核心区域逐渐显现

全局空间自相关方法仅仅是对研究区域整体的空间相关态势进行总体的分析，由于区域之间和区域内部并不是同质的，研究需要进一步运用局部空间自相关方法来分析。根据式（1-4），运用 GeoDa095i 软件，得到反映我国区域创新差异的局部空间自相关 LISA 图。

分别将四种区域命名为高值正相关区域、低值正相关区域、低值负相关区域和高值负相关区域。从 2001 年的 LISA 集聚图可以看出，该时期呈现出区域创新发展相关性的省份并不多。新疆、甘肃、宁夏和陕西 4 个地区为低值正相关区域，表明 2001 年这 4 个地区的区域创新水平较低，同时对周边区域的负辐射程度较强，周边区域的创新水平也较低，两者空间差异较小；四川在 2001 年属于高值负相关区域，表明其自身区域创新水平较高，而周边区域创新水平较低，两者空间差异大；值得注意的是，福建在这一时期显示为高值正相关区域，表明 2001 年福建的区域创新水平与其周边地区具有高度正相关关系。其周边省份如浙江、广东的区域创新水平都比较高，且福建与上述几个地区的区域创新水平差距并不大，因此福建在 2001 年处于我国区域创新的集聚中心，但此格局并未得以延续。2006 年我国区域创新的空间集聚现象发生了很大变化，高值正相关区域数量增加，并且空间位置发生改变，同时低值正相关区域数量也有所增加，表明区域创新的核心区域开始形成。江苏、上海成为高值正相关区域，表明此时江苏、上海的区域创新能力迅速提高，同时对周边省份的正辐射效应日益增强；浙江和山东的区域创新水平也显著提高；而福建由于在发展速度上和上述地区存在较大差异，在该时期已经变成低值负相关区域。2006 年我国区域创新的低值正相关区域数量由 2001 年的 4 个增加至 6 个，新疆、甘肃、宁夏、四川、陕西及内蒙古均为低值正相关区域，表明在该时期，我国西北部省份变成区域创新水平的低值集聚区，而东部沿海地区开始形成高值集聚区，区域创新差异较 2001 年更显著。2011 年我国区域创新 LISA 集聚变化同样较为明显。高值正相关区域变为江苏、上海、浙江和安徽 4 个地区，我国区域创新的核心区域在稳定的基础上又有所扩大。该变化说明，长三角地区及其周边省份的区域创新水平居全国之首，成为我国区域创新的核心区域。

1.3.3　区域创新增长存在空间差异

区域创新的发展是一个动态的过程，为了更好地反映我国区域创新的发展情况，把握区域创新整体变动趋势，需要进一步探究我国区域创新增长的空间格局变化情况。运用式（1-5）计算出我国区域创新水平的 NICH 指数，并根据计算结果将整个研究区域划分为高增长区、较高增长区、较低增长区和低增长区四个不同类型的子区域，得到我国区域创新增长差异空间格局。

在 2001～2006 年与 2006～2011 年这两个阶段，我国区域创新的增长情况发生明显的变化。2001～2006 年，全国大部分区域处于低增长区，仅有广东、浙江和上海是高增长区，这与之前分析的各省（自治区、直辖市）专利申请授权数量分布情况相一致：2001 年浙江处于专利申请授权数量分布的较高水平区，然而到 2006 年跃入高水平区，说明浙江在 2001～2006 年区域创新水平增幅较大；而广东则一直保持区域创新的高水平增长；上海虽然在年专利授权数量占全国比重方面比广东、浙江和江苏都要小，但是其增长速度快，说明在该时期上海的区域创新水平有很大的发展。而到 2006～2011 年，我国区域创新增长差异分布情况产生了较大的变化。高增长区由2001～2006 年的 2 个增加为 4 个：江苏、山东 2 个省份在该时期的区域创新水平迅速增长，同时河北区域创新的增长速度有所加快，环渤海和长三角这两个经济圈的区域创新水平增长幅度均有提升。值得一提的是，上海在该时期增长速度减缓，由原先的高增长区降为较高增长区。此外，安徽、江西和福建 3 个省的增长幅度均有一定程度提升；广东一如既往地实现区域创新的高增长；陕西和山西从原先的低增长区变成较低增长区。以上结果表明，我国区域创新水平的增长差异分布有明显的变化，东部省份的创新水平增长幅度大于中西部省份，这种现象在 2006～2011 年表现得尤为突出。从 2001～2006 年与 2006～2011 年这两个阶段的增长差异分布情况可以看出，我国区域创新差异还在持续拉大。

为了更好地说明我国区域创新增长差异的空间格局变化情况，通过运用 GeoDa095i 软件计算 NICH 指数的局部 Moran's I 统计值，并得到反映区域创新增长的 LISA 集聚图。同理，将 LISA 集聚图中四种类型区域分别定义为高值正相关区、低值正相关区、低值负相关区和高值负相关区。

2001～2006 年，江苏和上海处于高值正相关区，这与 1.3.1 小节所分析的结果基本一致。江苏虽然在该时期处于较高增长区，但这是相对区域之间而言的，江苏周边省份如山东、浙江的区域创新增长幅度均不低于江苏，因此，在该时期的 LISA 集聚图中显示江苏是高值正相关区。此外，江苏与周边省份具有较强的空间正相关性，其区域创新增长对周边区域具有较强的正辐射效应。2006～2011 年，高值正相关区域变为浙江、江苏和安徽，上海由于在该时期发展速度放缓，变成了低值负相关区域，该变化说明长三角 2 个主要省份及其周边区域在该时期区域创新增长较快，且发展速度相对稳定，已经成为我国区域创新增长的核心区，同时对周边区域具有较强的正辐射效应。低值正相关区域数量不变，表明我国西部省份创新增长的空间相关性也较为稳定。

1.4　影响区域创新水平的因素解析

1.4.1　多个因素影响区域创新水平

基于前人的研究发现，科技投入往往会对区域创新水平产生较大的影响（吴先慧等，2011），而创新环境的优劣对区域创新水平也具有一定的影响（陈文韬，2009），因此，拟选取地区研发经费支出量和地区研发人员投入量这两个指标来反映一个地区的科技投入情况，同时拟选取地区生产总值、进出口总值和技术市场成交额三个指标表示区域创新环境（王锐淇和张宗益，2010）。地区生产总值可以反映一个地区的发达程度；进出口贸易能够带来地区之间的知识和技术的溢出，因此进出口总值在一定程度上能表示地区之间知识溢出与技术溢出的程度；而技术市场成交额则可以反映一个地区技术市场的活跃度，技术合同成交金额越大，表明该地区技术市场越活跃（陈文韬，2009；王锐淇和张宗益，2010）。因此，以各个地区的专利申请授权数作为被解释变量 Y，以研发经费支出量（X_1）、研发人员投入量（X_2）、地区生产总值（X_3）、进出口总值（X_4）和技术市场成交额（X_5）五个指标作为解释变量来进行多元线性回归分析。

选取 2001 年、2011 年两个年份作为时间节点，研究这十年间我国区域创新水平影响因素所发生的变化。将 2001 年各地区对应数据输入 SPSS17.0，经回归分析得到 $R^2=0.956$，表明所建立的多元线性回归方程的拟合度较好。$F=101.145$，$F_{0.05}(5,23)=2.64$，该回归模型 F 值大于 0.05 显著性水平下的 F 临界值，说明回归方程显著成立。回归方程 DW 检验值为 2.170，表明该回归方程不存在自相关。此外，由自变量的方差膨胀因子（variance inflation factor，VIF）值均小于 10 可知，该回归方程自变量之间没有明显的共线性。具体相关检验系数与回归系数分别见表 1-1 和表 1-2。

表 1-1　　　　　　　　　　　2001 年数据相关性检验

	相关分析	Y	X_1	X_2	X_3	X_4	X_5
X_1	Pearson 相关系数	0.774**					
	Sig.（单侧）	0.000					

续表

	相关分析	Y	X_1	X_2	X_3	X_4	X_5
X_2	Pearson 相关系数	0.715**	0.946**				
	Sig.（单侧）	0.000	0.000				
X_3	Pearson 相关系数	0.880**	0.671**	0.719**			
	Sig.（单侧）	0.000	0.000	0.000			
X_4	Pearson 相关系数	0.943**	0.697**	0.608**	0.781**		
	Sig.（单侧）	0.000	0.000	0.000	0.000		
X_5	Pearson 相关系数	0.474**	0.850**	0.742**	0.347*	0.401*	
	Sig.（单侧）	0.005	0.000	0.000	0.033	0.016	

$*p<0.05$，$**p<0.01$

表 1-2 　　　　　　　　　　2001 年相关数据回归系数及显著性

因变量	自变量	β 值	标准 β 值	t 值	Sig.	容差	VIF
Y	（常量）	0.014		0.796	0.434		
	X_1	0.402	0.486	1.724	0.098	0.492	2.034
	X_2	−0.208	−0.270	−1.387	0.179	0.486	2.068
	X_3	0.321	0.384	4.188	0.000	0.225	4.437
	X_4	0.508	0.498	4.837	0.000	0.178	5.607
	X_5	−0.071	−0.072	−0.614	0.545	0.138	7.238

如表 1-2 所示，只有解释变量 X_3 和 X_4 的 t 值大于 2.074，其回归系数显著，即仅有 X_3 和 X_4 对 Y 具有显著的影响，这表明在 2001 年，影响我国区域创新水平的因素为地区生产总值和进出口总值。研发经费支出、研发人员投入量及技术市场成交额这三个因素对区域创新水平并没有显著影响，这与假设的结果不符。由此可见，2001 年影响区域创新水平的主要因素是地区生产总值和进出口总值。我国东部地区特别是长三角和珠三角地区较为发达，人们生活水平较高，地区之间贸易来往密切造成的知识和技术溢出效应明显，使得我国长三角和珠三角地区的区域创新能力强、区域创新水平高。

1.4.2　人才因素成为推动区域创新的重要力量

选取相同的被解释变量与解释变量对 2011 年的情况进行回归分析，得到 $R^2=0.923$，表明所建立的多元线性回归方程的拟合度较好。$F=55.316$，

$F_{0.05}(5,23)=2.64$，该回归模型 F 值大于 0.05 显著性水平下的 F 临界值，说明回归方程显著成立。回归方程 DW 检验值为 1.953，表明该回归方程不存在自相关。同样地，自变量的 VIF 值均小于 10，可知该回归方程自变量之间没有明显的共线性。具体相关系数检验及回归系数分别见表 1-3 和表 1-4。

表 1-3　　　　　　　　　　　　**2011 年数据相关性检验**

	相关分析	Y	X_1	X_2	X_3	X_4	X_5
X_1	Pearson 相关系数	0.825**					
	Sig.（单侧）	0.000					
X_2	Pearson 相关系数	0.926**	0.951**				
	Sig.（单侧）	0.000	0.000				
X_3	Pearson 相关系数	0.835**	0.840**	0.916**			
	Sig.（单侧）	0.000	0.000	0.000			
X_4	Pearson 相关系数	0.882**	0.800**	0.895**	0.824**		
	Sig.（单侧）	0.000	0.000	0.000	0.000		
X_5	Pearson 相关系数	0.628**	0.621**	0.419*	0.154	0.238	
	Sig.（单侧）	0.000	0.000	0.012	0.213	0.107	

*$p<0.05$，**$p<0.01$

表 1-4　　　　　　　　　　　**2011 年相关数据回归系数及显著性**

因变量	自变量	β 值	标准 β 值	t 值	Sig.	容差	VIF
	（常量）	0.007		0.246	0.808		
	X_1	0.210	0.236	0.660	0.516	0.120	8.325
	X_2	1.481	1.422	4.274	0.000	0.314	3.181
Y	X_3	0.682	0.643	2.904	0.008	0.212	4.711
	X_4	0.063	0.053	0.370	0.715	0.165	6.051
	X_5	−0.611	−0.427	−2.747	0.011	0.138	7.252

从表 1-4 可知，解释变量 X_1、X_4 的 t 值均小于 2.074，即解释变量 X_1 和 X_4 的回归参数并不显著，说明 2011 年研发经费支出量与进出口总值的增加已经不会对区域创新水平产生直接的显著影响。而在这一时期，研发人员投入量对区域创新水平的提升效果最明显，且 X_2 的系数较 2001 年大，表明随着时间的

推移，人才已经成为推动我国区域创新的重要力量。同时，地区生产总值对区域创新水平还存在影响，且回归系数较 2001 年也有所增大。值得注意的是，在该时期技术市场活跃度与区域创新水平存在负相关关系，一个地区的技术市场越活跃，该地区的创新水平反而越低，这是 2001 年所没有的特征，表明当年我国区域创新水平已经受到技术市场活跃度的影响。究其原因，我国各地区技术市场可能存在监管体系不健全、管理混乱等问题，使得技术市场活跃度不能很好地转化为区域创新能力。综上可知，技术人才已经成为当前推动我国区域创新的重要力量。

1.5 结 论

本章选取了我国 29 个省（自治区、直辖市）2001～2011 年的专利申请授权量作为反映区域创新水平的指标，运用空间自相关分析的方法，分析了我国区域创新差异的时空格局演变，并采用多元线性回归方法，探讨了创新差异的影响因素，得到以下结论。

（1）2001～2011 年，我国区域创新差异总体呈现扩大的趋势。我国区域创新水平整体上呈现出"东强西弱"的态势，东部省份的创新能力明显强于中西部省份，随着时间的推移，我国区域创新"东强西弱"的格局并未改变，反而创新差异在逐渐增大，这与东、西部地区的经济发展水平及科研投入情况有密切的联系。

（2）我国区域创新水平表现出较强的空间相关性，并逐渐呈现空间集聚的态势。运用局部空间自相关的方法进一步说明了我国区域创新在空间上呈现两极分化的现象。东部省份尤其是长三角和珠三角地区创新水平高、能力强，其专利申请数量占全国总量的比重大；而西部地区整体的创新水平低、能力弱，与东部省份的差距十分明显，区域创新水平呈现出两极分化的态势。2006 年江苏成为我国区域创新发展的高值正相关区域，表明该时期我国区域创新发展的集聚中心转移，核心区域开始显现。2011 年江苏、上海、浙江、安徽 4 个省份成为我国区域创新发展的高值正相关区域，表明我国区域创新核心区域扩大，长三角地区及其周边省份成为我国区域创新发展的核心区域。

（3）我国区域创新增长同样存在空间差异。2001~2006 年广东、浙江和上海的区域创新增长幅度最大，江苏、山东和北京区域创新增长也较快，中西部省份处于低增长的状态；2006~2011 年江苏出现区域创新的高度增长，该时期广东、浙江仍旧表现出高水平的增长势头，并且江苏区域创新增长表现出高度正相关关系。中西部省份除四川外仍为低增长或较低增长的状态。

（4）2001 年影响我国区域创新水平的主要因素是地区生产总值和进出口总值，2011 年研发人员投入量成为影响我国区域创新水平的主要因素，这表明人才因素成为新时期推动区域创新的重要力量。江苏、上海、浙江和广东等省份近年来教育和科技事业发展迅速，使得科技人才投入量增多，从而使区域创新水平得到进一步提高，也使得我国区域创新差异持续拉大。对此，一方面，中西部地区需要大力发展教育与科技事业，加大对科研人员的培养力度，同时采用优厚的待遇条件吸引人才；另一方面，东部省份可以通过加强贸易，对区域创新水平较弱的地区进行知识和技术的输出，其大型企业也可以在中西部城市建立子公司，从而实现资本和人才的转移，提升中西部省份创新水平。

第 2 章

浙江省区域创新中心空间格局及其驱动机制研究

区域创新中心作为一个集合了区域内各种创新支撑要素的综合集成系统，在经济全球化和知识经济背景下，成为区域经济增长的重要引擎。区域创新中心是一种相对完备的组织形式，不仅能够研发科技成果，还能进一步获取、应用科技成果，促进技术转化。区域中心是创新活动的承载基础，也是区域创新体系建设的重要组成部分。当前，我国区域创新发展在技术更新速度日趋加快的环境下暴露出创新资源分散和冗余的问题，这在很大程度上影响了区域创新能力与水平的提升。因此，充分发挥区位优势，整合与优化创新资源，建设和完善区域创新中心，对推进区域创新发展和提升区域创新水平具有重要的现实意义。

2.1 文 献 评 述

在当前对区域创新的研究中，国内外学者的研究成果主要集中在区域创新体系研究（Andersson，2013；Asheim，2011；Karlsen，2013）、区域创新效率评价（史修松等，2009；余泳泽和刘大勇，2013）、区域创新差异及影响因素分析（姜磊等，2011；张战仁，2013）、区域创新空间格局探索等方面（李国平和王春杨，2012；何键芳等，2013）。伴随着我国各地区创新中心的兴起并逐渐升温，相关研究已取得了一定的学术成果。例如，袁继新等（2013）分析了浙江省大院名校共建创新载体战略的成效与经验，提出了相关可行的对策；张振刚和景诗龙（2008）定义了产业集群共性技术创新平台，并基于政府视角将其分为政府主导、政府合作与政府鼓励三类；张利库（2007）以农业企业为对象，提出了农业企业四大类创新中心建设，并分析了其影响因素与障碍；龚丽敏等（2012）通过关注产业集群内部的创新中心，发现了产业集群特征、创新中心治理模式与功能定位的一般匹配模式。

区域科技创新服务中心已经成为浙江省区域创新体系的重要组成部分。近年来，浙江省致力于区域创新中心建设与发展，已建立了多个区域创新中心，其中，国家级示范生产力促进中心 12 个、省级区域科技创新服务中心 124 个。这些区域创新中心在充分发挥省内产业集群优势（虞锡君，2006），推动区域产业结构升级，形成区域竞争优势、实现区域经济跨越式发展等方面做出了重要贡献。

基于此，应用地理信息系统（geographic information system，GIS）软件，采用最邻近距离法、核密度估计（kernel density estimation）及空间自相关等方法，拟分析浙江省区域创新中心的空间分布与集聚特征及其驱动机制，以期为持续健康推进浙江省创新中心建设，提升浙江省整体区域创新水平提供决策参考与建议。

2.2　数据来源与方法

2.2.1　数据来源

目前学术界对创新平台与载体的界定不尽一致，这里是将浙江省区域创新中心作为研究对象，在此基础上对其进行点和面的空间分布与聚类特征分析。浙江省区域创新中心按级别可分为国家级示范生产力促进中心与省级区域科技创新服务中心，其中，国家级示范生产力促进中心 12 个、省级区域科技创新服务中心 124 个，数据均来自 2013 年浙江省科学技术厅官方网站。研究区域为浙江省 69 个县和市区。所需的浙江省区域创新中心空间经纬度坐标通过 Google Earth 工具获得，并进一步借助 ArcGIS10.1 与 OpenGeoDA 软件对其进行空间匹配与分析。

2.2.2　研究方法

1. 最邻近距离法

最邻近距离是用以表示点事件在地理空间上的相互邻近程度的指标。点要素的空间分布类型分为均匀、随机与凝聚三种，可用最邻近距离与最邻近点指数测度。ArcGIS 可对点要素的空间分布类型进行测度，通过测定每个点要素与其最邻近点之间的距离 r_i，从而得到表征空间邻近程度的平均最邻近距离 $\bar{r}_i$，即最邻近距离。当点要素为随机分布时，其理论最邻近距离可用

公式表示，即

$$\overline{r_E} = \frac{1}{2\sqrt{n/A}} = \frac{1}{2\sqrt{D}} \quad (2\text{-}1)$$

式中，$\overline{r_E}$ 为理论最邻近距离；n 为点要素数量；A 为研究区域面积；D 为点密度。

$$R = \overline{r_i} / \overline{r_E} \quad (2\text{-}2)$$

式中，R 为最邻近点指数，其值为实际最邻近距离与理论最邻近距离之比。当 R 大于 1 时，点要素呈现均匀分布；当 R 等于 1 时，其分布类型为随机型；当 R 小于 1 时，则表现为凝聚分布。在这三种点要素分布类型中，均匀分布的点要素间最邻近距离最大，随机分布次之，凝聚分布最小。

2. 核密度估计

核密度估计认为某一地理事件可以在空间上的任何位置发生且在不同位置发生的概率不同。若一区域存在密集的点要素分布，则该区域中地理事件发生的概率高，反之则低。核密度估计常用于进行空间热点探索，利用空间平滑技术分析点要素密度。由此，采用核密度估计测度浙江省区域创新中心的空间分布特征，具体计算如下：

$$f_n(x) = \frac{1}{nh_n} \sum_{i=1}^{n} K\left(\frac{x - x_i}{h_n}\right) \quad (2\text{-}3)$$

式中，n 为区域创新中心数；h_n 为带宽，即搜索半径；$K\left(\dfrac{x - x_i}{h_n}\right)$ 为核函数。

3. 空间自相关

1）全局空间自相关

（1）Moran's I 指数。区域测量值的空间自相关情况通常用全局 Moran's I 指数反映，其主要用于表现具有空间邻近或邻接关系的区域单元测量值的相似程度，计算公式如下：

$$I = \frac{n \sum_{i=1}^{n} \sum_{j=1}^{n} W_{ij} |x_i - \overline{x}||x_j - \overline{x}|}{\sum_{i=1}^{n} \sum_{j=1}^{n} W_{ij} \sum_{i=1}^{n} |x_j - \overline{x}^2|} \quad (2\text{-}4)$$

式中，x_i、x_j 分别为区域 i、j 中的创新中心数；$\overline{x}$ 为均值；W_{ij} 为空间权重矩阵，以此定义区域单元空间关系；n 为研究区域单元总数。当 I 值为正且显著时，区域间存在集聚分布；当 I 值为负且显著时，区域间呈现离散分布。I 值越大，表明空间自相关程度越高。

（2）Getis-Ord General G 指数。用于进行全局空间聚类检验的另一个指标为 Getis-Ord General G，其作用主要在于验证区域属性值是否存在空间高值和低值集聚现象，计算方法如下：

$$G(d) = \sum_{i=1}^{n}\sum_{j=1}^{n} w_{ij}(d)x_i x_j \bigg/ \sum_{i=1}^{n}\sum_{j=1}^{n} x_i x_j \qquad (2\text{-}5)$$

式中，x_i、x_j 分别为区域单元 i 和 j 的属性值；$w_{ij}(d)$ 为空间权重矩阵，用以定义区域空间关系；n 为研究区域单元总数。当 $G(d)$ 值为正且显著时，区域间存在高值集聚；当 $G(d)$ 值为负且显著时，则区域间呈现低值集聚；当 $G(d)$ 值趋于 0 时，呈现空间随机分布。

2）局部空间自相关

由于区域存在异质性，全局空间自相关不能充分反映区域内各研究单元创新中心的空间分异特征。为了更好地反映浙江省区域创新中心的聚集程度与空间分布情况，引入 Getis-Ord G_i^* 指数来测度浙江省区域创新中心空间分布的高值簇和低值簇区域，计算方法如下：

$$G_i^*(d) = \frac{\sum_{j=1}^{n} W_{ij}(d)x_j}{\sum_{j=1}^{n} x_j} \qquad (2\text{-}6)$$

式中，x_j 为各区域样本观察值；W_{ij} 为空间权重矩阵；n 为研究区域单元总数。

2.3　浙江省区域创新中心空间分布特征

2.3.1　整体空间分布态势

对于浙江省区域创新中心的整体空间态势，通过测度浙江省各县市的区域创新中心空间分布，将其经纬度坐标进行空间化处理，进一步与浙江省县级行政地图进行空间匹配，并运用 ArcGIS10.1 进行空间可视化处理。

2013 年浙江省区域创新中心在全省 69 个县市中均有分布，且从分级情况可以看出，区域创新中心数量呈现"周边少，中间多"的分布态势。根据数量分级可知，区域创新中心分布最为密集的县市共有 9 个，分别为湖州市辖区、杭州市辖区、绍兴市辖区、诸暨市、嵊州市、舟山市辖区、金华市辖区、台州市辖区及温州市辖区，表明市辖区的创新中心建设在一定程度上优于其余县级市；创新中心具有集中优势，数量分布较多的区域集中于绍兴、杭州等环杭州湾县市，而其余大部分地区数量分布较少；无创新中心建设的县市共有 16 个，大多集中于丽水、温州南部地区，表明浙江南部区域创新中心建设与发展水平整体较弱。

2.3.2　基于点的空间格局测度

1. 平均最近邻距离

利用 ArcGIS10.1 的空间分析工具，对 2013 年的浙江省区域创新中心进行最邻近距离测算，得到实际最邻近距离与理论最邻近距离及最邻近点指数 R。

实际最邻近距离 $\bar{r_i}$ 值为 0.075 651，理论最邻近距离 $\bar{r_E}$ 值为 0.149 668，两者之比即为最邻近点指数 $R=0.505\ 457$（$R<1$），由此可见，2013 年浙江省区域创新中心在空间上总体属于显著的凝聚分布。

2. 核密度估计

利用 ArcGIS10.1 中的 Spatial Analyst 工具，对浙江省区域创新中心进行核密度估计。浙江省区域创新中心分为国家级生产力促进中心与省级区域科技创新服务中心。其中，国家级生产力促进中心主要通过整合社会科技资源，发挥桥梁作用，为企业提供技术信息、咨询与转让，实现企业技术升级；省级区域科技创新服务中心则主要为浙江省内中小企业与广大农户提供技术开发与咨询、成果推广及人才培训等服务，以提升区域内中小企业的技术创新能力与市场竞争力。因此，结合两者存在的功能定位和级别划分的差异，对其进行分别赋值。研究采用默认带宽与像元大小，将赋值结果作为 Population 字段输入，计算生成了 2013 年浙江省区域创新中心的核密度估计值，进一步根据其值大小，按自然断点法将其分为高值区、较高值区、中值区、较低值区、低值区五类。

2013 年浙江省区域创新中心的空间核分布存在明显的区域不均衡现象。高值核区域数量为 12 个，且大多分布在浙江北部，其中，湖州市辖区存在

2 个高值核区域，而嘉兴市辖区、平湖市、杭州市辖区、绍兴市辖区、诸暨市、嵊州市和宁波市辖区各有 1 个高值核区域。浙江南部县域也有高值核区域，但数量较少，仅有永康市、温岭市和温州市辖区 3 个。宁波、湖州两地由于国家级生产力促进中心的建设与发展，其同样具有高值核区域，特别是湖州市，其市辖区区域创新中心数量较多，而其余县市较少，存在明显的分布差异。

此外，浙江省区域创新中心空间核分布还存在明显的差异化现象，即湖州、嘉兴、杭州、绍兴和台州的"大面积、连片化"核分布与金华、衢州、丽水、温州、宁波和舟山的"小面积、零星化"核分布并存。这表明目前浙江省区域创新中心的建设与发展主要集中于湖州、嘉兴、杭州、绍兴等浙北城市。根据城市间的地理邻近性，我们认为湖州、嘉兴、杭州和绍兴等城市的区域创新中心建设与发展在一定程度上存在科技资源共享、技术溢出效应等优势。而金华、衢州、丽水、温州等城市区域创新能力与经济发展水平在省内相对薄弱，这些城市在区域创新中心的建设与发展过程中无法形成明显的区域优势。

3. 基于面的空间格局测度

为探究 2013 年浙江省各县市的区域创新中心空间分布特征，结合运用空间自相关方法，以县域为单元，计算得到全局 Moran's I 指数与 Getis-Ord General G 指数，其值分别为 0.0266 与 0.0679。由此可知，2013 年浙江省区域创新中心在空间上呈现集聚分布，并具有明显的高值与低值集聚。

然而全局空间自相关分析无法反映区域创新中心在浙江省县域范围内的聚类分布情况，因此，根据式（2-6）测算得到 Getis-Ord G_i^* 指数，用于反映浙江省区域创新中心的集聚程度与分布特征。

根据计算结果可知，2013 年浙江省区域创新中心存在明显的空间冷热点分布。具有显著的高值簇与低值簇的区域共计 8 个，除温岭市、文成县以外，湖州市辖区、桐乡市、杭州市辖区、富阳市、绍兴市辖区及嵊州市 6 个县、市区均位于环杭州湾城市群，由此可知，2013 年浙江省区域创新中心的空间分布具有明显的集聚现象，且集聚区域主要位于杭嘉湖地区及绍兴一带。此外，集聚区域可进一步分为高值集聚和低值集聚，除文成县外，其余7 个显著的集聚区域均为高值簇，即热点区。其中，绍兴市辖区的显著性水平最高，是浙江省区域创新中心建设和发展的核心区域，其区域创新中心建设与发展处于全省领先水平；文成县呈现低值集聚特征，为浙江省区域创新中心建设与发展的冷点区，表明文成县及其周边县、市区的区域创新中心数量较少，建设能力与发展水平相对较弱，未能形成良好的集聚效应。

2.4 浙江省区域创新中心建设与发展驱动机制

2.4.1 区域创新能力

区域创新能力在极大程度上反映出地区创新水平，从而对区域创新建设与发展具有较大影响。相反地，区域创新中心的建设与发展，不单是区域创新水平的体现，也是对区域创新能力的良好反映。区域创新能力主要体现在创新投入与产出方面，如科研经费、人员、设备等投入，以及专利的产出、科技成果的转化等。这些均反映出地区的创新能力，而区域创新中心的建设与发展，正需要以足够的创新投入与产出为基础。由此可知，区域创新能力对区域创新中心的建设与发展具有极大影响。浙江省各城市区域创新水平存在较大差异，其区域创新能力也不尽相同，其中，杭州、绍兴、嘉兴、台州等邻海、邻湾城市的创新水平较高、创新能力较强，而金华、衢州、丽水等内陆型城市则普遍存在创新水平相对较低、能力相对较弱的现象。

2.4.2 区域发展水平

区域经济为区域创新发展提供物质保障与环境支持，因此，经济发展水平也是影响区域创新中心建设与发展的主要因素。区域经济发展水平直接影响科研经费、设备等投入，也在科研人员培养方面起重要作用，而这恰好是区域创新中心建设与发展的基础和核心。浙江省经济发展水平存在明显的区域差异，无论从经济基础还是从发展速度来看，浙东北地区各县市均普遍优于浙西南。浙东北地区如杭州、绍兴、宁波等城市，其经济基础优厚，区位优势明显，具有良好的经济发展水平，为区域创新中心的建设与发展提供了极大助力；反观浙西南地区如金华、衢州、丽水城市群，经济基础相对薄弱，经济发展水平与浙东北城市存在明显差距，这在很大程度上限制了区域创新中心的建设与发展。

2.4.3 产业集群优势

产业集群是浙江省经济发展的一大特色，同时也是浙江经济的优势所在。浙江省产业集群优势对于区域创新中心的建设与发展起重要作用。近年来，浙江省大力推动块状经济向现代产业集群转型升级，形成了多个现代产业集群，如杭州装备制造业产业集群、余杭家纺产业集群、绍兴纺织业产业集群、永康五金产业集群等。产业集群的集聚化发展模式对技术创新有较高的要求，因此，其形成与发展不仅能够很好地推进经济建设，而且有助于区域创新能力提升，从而易于建立起区域创新中心。

2.4.4　政府政策因素

政府政策因素是区域创新中心建设与发展的又一重要因素。科技政策通常通过制定与规范科技创新体系、科技投入与人才培养、科技成果应用与推广等，影响科技创新发展，从而影响区域创新中心的建设与发展。浙江省"十二五"规划强调开展面向产业集群的创新平台和载体试点，支持重大科技创新基地、重点创新平台与载体建设。此外，诸如杭州、宁波均出台与落实相关政策法规，以确保其区域创新中心建设与发展的制度化、合理化。通过政府政策引导，进一步增加创新投入，提升投入与产出效率，优化区域创新中心建设与发展，推动区域创新水平提升。

2.4.5　空间邻近效应

空间邻近效应认为，任何地理事物或现象之间均存在相关性，且空间距离由近及远，其相关性逐渐减弱。由浙江省区域创新中心空间分布聚类格局可知，该时期浙江省区域创新中心建设与发展存在较为明显的空间邻近效应。由于地域的邻近性，相邻区域的知识溢出与创新辐射效应会较为明显，这在一定程度上决定了环杭州湾地区区域创新中心的大面积、连片化发展态势；对于浙西南各县市而言，空间邻近效应同样存在，但由于金华、衢州、丽水等城市距离环杭州湾城市群相对较远，其自身区域创新中心建设与发展水平又相对较弱，从而使得金华、衢州、丽水等内陆城市的区域创新中心核密度分布较为零散，存在空间冷点分布。

2.5　结论与建议

本章运用最邻近距离、核密度估计及探索性空间分析等方法，结合软件ArcGIS10.1，对 2013 年浙江省区域创新中心的空间分布格局及影响机制进行了相对深入的分析与探讨，得出了以下结论。

（1）2013 年浙江省区域创新中心的空间分布整体呈现"周边少，中心多"的态势。环杭州湾地区的区域创新中心数量较多，普遍优于浙东沿海与浙南地区各县市。具体而言，市辖区创新中心数量普遍多于其余县级市，且国家级生产力促进中心均分布在市辖区，表明市辖区的创新平台与载体的建设注重量和质的结合，具有较为明显的发展优势；丽水、温州大部分县市的区域创新中心数量较少，表明浙南地区由于其经济基础薄弱、创新能力不强等原因，其区域创新中心的建设和发展相对落后。

（2）2013 年浙江省区域创新中心空间点分布呈现凝聚特征，其空间核分布存在明显的不均衡现象。由最邻近距离可知区域创新中心属于空间凝聚分布，这意味着区域创新中心空间分布并不均匀。由核密度分析可知，该时期浙江省区域创新中心空间分布确实存在较为明显的不均衡现象，主要表现为：高值分布主要集中于浙北地区，特别是环杭州湾各县市，而浙江南部县市多为低值区，高值区域较少，特别是西南地区，基本属于中低值区域；浙北地区，特别是环杭州湾城市群的区域创新中心具有集聚化、整体化的空间分布特征，而浙江中部及南部城市的区域创新中心则大多呈现零星分布，集中度不高、分布相对分散的特点导致其无法形成区域优势，从而影响了其区域创新中心的建设和发展。

（3）浙江省各县市的区域创新中心空间分布同样呈现集聚特征，且存在明显的高值与低值集聚。2013 年浙江省区域创新中心存在明显的空间冷热点分布，其中，热点区数量明显多于冷点区，主要集中于浙北地区，特别是在环杭州湾区域最为集中，而冷点区仅在南部县市零星分布。换言之，环杭州湾区域即为浙江省各县市的区域创新中心空间热点分布区，该区域的创新平台与载体具有良好的发展现状与前景；而南部县市为冷点区，区域创新中心能力与发展水平相对较弱。

（4）浙江省区域创新中心的建设与发展主要受区域创新能力、区域发展水平、产业集群优势、政府政策因素及空间邻近效应的影响。浙江北部城市的区域创新能力与经济发展水平普遍优于南部地区，从而科研经费与人员等因素的投入也相对高于南部各城市，可见浙北地区在区域创新中心建设与发展的物质支持及技术条件等方面具有相当明显的优势；浙江省整体政策环境有利于区域创新中心建设与发展，政府制定并出台了相关政策法规以规范区域创新发展，提升区域创新水平；产业集群的优化对区域创新中心的建设与发展具有重要作用，在提升区域创新能力的同时也推进了区域经济增长；空间邻近效应使得区域创新中心建设与发展"北强南弱"的态势更为明显。

　　为推动浙江省区域创新中心建设，我们认为，对企业而言，需要增加研发经费与人员投入，突破新技术"瓶颈"，巩固优势技术，发挥区位优势，融入集群发展，提升集群品牌；基于政府角度，应加大财政支持力度，增加科研与教育事业投入，为技术含量较高的中小企业提供政策优惠，并进一步优化区域空间布局，为区域创新中心建设和发展提供良好的外部环境。

第 3 章

浙江省区域创新与城市化耦合发展机制
及其空间分异

3.1 理 论 评 述

区域创新是推进区域经济的重要动力,也是体现区域核心竞争力的重要因素。一方面,随着区域创新的不断发展,学术界对区域创新的研究也不断深入。当前已有研究成果主要集中在区域创新能力及其影响因素的分析(周立和吴玉鸣,2006;Schiuma,2008)、区域创新效率的评价(陈伟等,2010;石峰,2010)及区域创新空间结构的研究(张玉明和李凯,2008;张战仁,2011)等方面。另一方面,近年来国家积极推进城市化建设,城市化水平稳步提升。有关城市化的研究成果较为丰富,主要集中于城市化水平测度(宣国富等,2005;薛俊菲等,2010)、城市化差异及影响因素分析(张立,2010;赵玉碧和汤茂林,2013)、城市化时空格局演化(刘辉等,2009;尚永正等,2011)等方面。

城市化实质是推进城市的发展。城市是一个相对完善的经济系统,其要素相对集中,信息沟通相对便利,优化配置资源的能力相对较强,这有利于促进区域创新。近年来,已有学者对区域创新和城市化之间的关系进行了研究。姜磊和季民河(2011)通过建立空间计量模型对中国城市化、区域创新集群和空间知识溢出三者之间的关系进行了分析,发现中国创新活动主要集中在城市化水平相对较高的长三角与环渤海湾城市群;程开明和李金昌(2008)运用向量自回归模型等动态分析,实证研究发现我国城市化与技术创新互为格兰杰因果关系;程开明(2009)基于创新中介效应,对城市化、技术创新和经济增长三者之间的关系进行了研究和探讨,认为城市化通过技术创新的中介效应对经济增长产生了推动作用。综上所述,目前对区域创新和城市化关系的研究普遍集中于运用空间计量方法,对省域等大尺度的研究区域进行实证分析。而对于在地市级、县域等小尺度的研究区域下,探讨区域创新和城市化的空间耦合,分析其耦合协调机制及其空间分异的研究还鲜有涉及。

　　基于此,根据物理学中的耦合模型,本章试图揭示区域创新与城市化之间的耦合作用机理。以浙江省为例,选取浙江省 11 个地市级单位为研究区域,尝试通过构建区域创新与城市化的综合水平测度体系,定量测度 2005~2011 年浙江省 11 个地级市的区域创新与城市化耦合度及协调度,并根据两者耦合作用机理分析浙江省区域创新与城市化之间的耦合协调关系。在此基础上,提出推进区域创新与城市化耦合协调发展的若干政策建议。

3.2　互　动　机　理

3.2.1　区域创新推动城市化进程

　　城市化是一个由农业为主的传统乡村社会向以工业和服务业为主的现代城市社会逐渐转变的历史过程,这不仅是人口职业的转变,还包括产业结构和地域空间等多种要素的转变。因此,城市化是一个包含了人口城市化、经济城市化及社会城市化等多方面因素的系统,推动城市化建设,也就是推动人口城市化、经济城市化和社会城市化。

　　创新是城市可持续发展的动力(吴忠泽,2006)。区域创新能够推动城市化建设,加速城市化进程,其动力机制包括人口、经济和社会等要素的协调发展。首先,由于区域创新的需要,农村剩余劳动力将会向城市转移,城镇人口数量上升。同时,教育投入的增加也加强了城镇人口质量。由此,区域创新的发展推动了人口城市化。其次,区域创新的发展使得产业结构发生转变,第二、第三产业发展将会加快,其产值占国内生产总值(gross domestic product,GDP)比重升高。随着高新技术产业的迅猛发展,经济增长越来越依靠技术进步,传统制造业也势必面临改革。由此,区域创新也加速推进了经济城市化。最后,科技发展往往伴随诸多科技成果的产生,例如,网络技术的发展、电子通信的更新换代、新型交通工具的出现等,都将推动社会进步,提高人们的生活水平。由此可见,区域创新同样推进了社会城市化。

3.2.2　城市化促进区域创新发展

城市人口居住相对集中，人才流通频繁，信息传播速度较快，这使得创新的效率更高、成本更低。此外，城市所具备的多样性环境，使其拥有更快的知识积累和更高的创新可能性。同时，城市还具有创新网络优势。因此，城市化不仅有利于区域创新的产生，还能更好地促进创新扩散。

1. 城市化有利于区域创新的产生

首先，城市具有专业化特征。城市中的企业、高等院校及研究所数量相对较多，使得人才和资金聚集，在一定程度上实现了资源共享，提高了创新效率。此外，城市竞争相对激烈，相同产业的不同企业之间的激烈竞争能够使企业更专业化地开展各自领域内的业务，这同时也推动了企业的技术创新。同样地，高等院校及研究所竞争加剧，也促进了知识创新的产生。

其次，城市具备多样化环境。城市中不同领域的企业和人才集聚，促进了不同行业、不同知识背景间人员交流，这就意味着知识和技术的传播与交流有利于新知识、新技术的产生和应用。

此外，城市易于形成创新网络优势。随着信息技术的不断发展，人与人之间的交流越来越方便，信息交换也越来越频繁，城市拥有相对完善的信息、通信等基础设施，有助于知识和技术的交流。同时，创新行为的个体在空间上相互邻近，这缩短了个体间的距离，降低了人员与设备的运输成本，便于知识交流和技术学习，并且有利于减少文化和价值观念的差异（程开明和李金昌，2008）。

2. 城市化有利于区域创新的扩散

区域创新扩散从空间上看，通常首先产生于大城市，由大城市向周边区域及次级城市扩散，城市的发展有利于创新扩散（徐雪琪和程开明，2008）。城市中企业、高等院校及研究所集聚，拥有更多的共享资源，有助于人员交流。同时，城市基础设施相对完善，拥有良好的信息、通信设备，从而使知识和技术能够有效地扩散。因此，城市不仅有利于创新的产生，还为创新扩散提供了有利的环境。推进城市化进程，既促进了区域创新的产生，又促进了区域创新的扩散。

总体而言，城市化建设不仅充分发挥城市的专业化特征，创造良好的多样性环境，使城市创新网络优势趋于明显，还很好地促进了区域创新扩散。

为深入探讨区域创新与城市化的耦合关系，我们借鉴物理学中的耦合模型，构造了能较为全面反映区域创新与城市化协调效应的耦合评价模型（黄木易和程志光，2012），计算公式如下：

$$C = \left\{ (U_1 \times U_2) / [(U_1 + U_2) \times (U_1 + U_2)] \right\}^{1/2} \tag{3-1}$$

式中，C 为区域创新与城市化两个系统的耦合度；U_1、U_2 为两个系统的综合评价指数，用于表示两个系统的综合发展水平。但此模型无法判断耦合是否为良性，即当两个系统综合发展水平都较低时，仍然能够得到较高的耦合度。为避免这一不足，我们又引入耦合协调度模型，以此客观地反映区域创新与城市化的协调发展水平，模型表达式如下：

$$D = \sqrt{C \times T}, \quad T = \alpha U_1 + \beta U_2 \tag{3-2}$$

式中，D 为耦合协调度；T 为区域创新与城市化两个系统的综合协调指数，反映两个系统的综合发展水平对协调度的贡献；α、β 为待定系数。在两个系统的耦合协调发展过程中，我们认为区域创新与城市化具有同等重要性，根据前期研究，α、β 均取 0.5。

耦合度与协调度用于量化系统间的耦合协调情况，反映各系统间不同的耦合协调发展程度。对于耦合度与协调度的划分，目前学术界尚无统一的标准，根据以往的研究经验，参照刘耀彬等（2005）、吴玉鸣和柏玲（2011）等学者的研究成果，结合实际研究特征，我们将耦合度与协调度均划分为四个层次，具体如表 3-1 所示。

表 3-1　　　　　　　　　　　耦合度与协调度类别划分标准

	取值范围	所处阶段
耦合度 C	$0 < C \leqslant 0.3$	低水平耦合阶段
	$0.3 < C \leqslant 0.5$	颉颃阶段
	$0.5 < C \leqslant 0.8$	磨合阶段
	$0.8 < C \leqslant 1$	高水平耦合阶段
协调度 D	$0 < D \leqslant 0.3$	低度协调耦合
	$0.3 < D \leqslant 0.5$	中度协调耦合
	$0.5 < D \leqslant 0.8$	高度协调耦合
	$0.8 < D \leqslant 1$	极度协调耦合

3.3 研 究 方 法

3.3.1 评价方法

区域创新与城市化两个系统的综合发展水平可通过以下公式测算：

$$U_s = \sum_{j=1}^{n} \lambda_{sj} u_{sj} \tag{3-3}$$

式中，U_s 为 S 系统的综合评价指数，用于反映该系统的综合发展水平；u_{sj} 为 S 系统的第 j 项指标值；λ_{sj} 为指标权重，采用熵值法计算指标权重，对权重赋值。

熵值法是通过指标传递给决策者信息量的大小确定权重，能够较为深刻地反映指标信息熵的效用（孟德友等，2012），因此，熵值法相较于德尔菲法、层次分析法等更客观、合理，其具体步骤如下。

1. 构建初始指标判断矩阵

对于 m 个研究区域、n 项区域创新与城市化综合发展水平评价指标，可构建初始矩阵 $X = \{x_{ij}\}_{m \times n}$，其中，$x_{ij}$ 为区域 i 的第 j 项指标值（$i=1, 2, \cdots, m$；$j=1, 2, \cdots, n$）。

2. 指标无量纲化

为消除指标量纲差异所造成的影响，将指标分为正、负向两类进行无量纲处理，其中，$x_{ij}=(x_{ij}-\min(x_{ij}))/(\max(x_{ij})-\min(x_{ij}))$ 为正向指标；$x_{ij}=(\max(x_{ij})-x_{ij})/(\max(x_{ij})-\min(x_{ij}))$ 为负向指标。

3. 指标同度量化

$$p_{ij} = x_{ij} / \sum_{i=1}^{m} x_{ij} \tag{3-4}$$

4. 计算第 j 项指标的熵值 H_j

$$H_j = -k \sum_{i=1}^{n} p_{ij} \ln p_{ij} \tag{3-5}$$

式中，$k>0$，$\ln p_{ij}$ 为自然对数，$H_j \geq 0$。此时，x_{ij} 对于给定的 j 均相等，则有 $p_{ij}=1/m$，此时，H_j 取极大值，即

$$H_j = -k \sum_{i=1}^{m} \left(\frac{1}{m}\right) \ln \left(\frac{1}{m}\right) = k \ln m \tag{3-6}$$

设 $k=1/\ln m$，则有 $0 \leqslant H_j \leqslant 1$。

5. 计算第 j 项指标的差异性系数 F_j

对于第 j 项指标，指标值 x_{ij} 的差异性越小，则 H_j 越小，此时该指标对于区域间比较的作用越小；指标值 x_{ij} 的差异性越大，则 H_j 越大，该指标对于区域间比较的作用也越大；当 x_{ij} 无差异时，$H_j=1$，此时该指标毫无意义。由此，差异性系数的公式定义如下：

$$F_j=1-H_j \tag{3-7}$$

F_j 越大，指标的重要性越大。

6. 确定权重 λ_j

$$\lambda_j = F_j / \sum_{j=1}^{n} F_j \tag{3-8}$$

由此，可以得到各指标权重 λ_j，进而得到综合评价指数 U_s，以此反映系统的综合发展水平。

3.3.2　耦合度评价

1. 指标体系构建

测度区域创新与城市化两个系统的综合发展水平，需要构建两个系统的综合评价指标体系。根据区域创新与城市化的内涵和特征，遵循系统性、客观性、动态性及数据的可获得性等原则，结合朱海就（2004）、欧向军等（2008）等学者的观点，运用多指标综合评价方法，分别构建了区域创新与城市化的综合评价指标体系，如表 3-2 所示。

表 3-2　　　　　区域创新与城市化综合评价指标体系

目标层	准则层	指标层
A 区域创新	A_1：创新投入	A_{11} 科技人员投入；A_{12} 研发活动人员数；A_{13} 科技经费投入；A_{14} 研发经费内部支出
	A_2：创新产出	A_{21} 技术市场合同成交数；A_{22} 技术市场合同成交金额；A_{23} 专利申请授权量；A_{24} 高新技术企业工业总产值
	A_3：创新环境	A_{31} 政府科技拨款占地方财政比重；A_{32} 高新技术企业数；A_{33} 公共图书馆藏书量
B 城市化	B_1：人口城市化	B_{11} 人口密度；B_{12} 非农人口比重；B_{13} 第二、第三产业从业人员比重
	B_2：经济城市化	B_{21} 人均 GDP；B_{22} 第二、第三产业产值占 GDP 比重；B_{23} 固定资产投资额；B_{24} 第三产业与第二产业产值比
	B_3：社会城市化	B_{31} 城镇居民人均可支配收入；B_{32} 社会消费品零售总额；B_{33} 国际互联网用户数；B_{34} 每万人医生数

2. 数据来源

以浙江省为研究区域，以其 11 个地市级城市作为研究单位，对 2005～2011 年浙江省区域创新与城市化耦合协调情况进行测评与分析。其指标数据来源于 2006～2012 年《浙江统计年鉴》及浙江科技统计网，部分指标数据经过原始数据计算后得到。

3. 区域创新与城市化综合评价

依据相应的指标体系，将各指标数值标准化，依次代入式（3-4）～式（3-8），运用熵值法求得指标权重，通过式（3-3）计算得到 2005～2011 年浙江省 11 个地市级城市的区域创新综合评价指数与城市化综合评价指数，结果如表 3-3、表 3-4 所示。

表 3-3　　　　　　　　　浙江省区域创新综合评价指数

城市	2005 年	2006 年	2007 年	2008 年	2009 年	2010 年	2011 年	平均值
杭州	0.9858	0.9859	0.9898	0.9928	0.9990	1.0000	0.9831	0.9909
宁波	0.2859	0.2982	0.3224	0.3508	0.3542	0.4188	0.4408	0.3530
温州	0.1623	0.1518	0.1807	0.1635	0.1433	0.1461	0.1376	0.1550
嘉兴	0.1789	0.1643	0.1850	0.1973	0.1849	0.1951	0.2030	0.1869
湖州	0.0778	0.0907	0.1063	0.1092	0.0877	0.0869	0.0938	0.0932
绍兴	0.2104	0.2110	0.2344	0.2578	0.2039	0.1991	0.1981	0.2164
金华	0.1366	0.1301	0.1407	0.1347	0.1225	0.1152	0.1296	0.1299
衢州	0.0123	0.0118	0.0145	0.0216	0.0171	0.0208	0.0233	0.0173
舟山	0.0145	0.0118	0.0135	0.0134	0.0295	0.0224	0.0136	0.0170
台州	0.1691	0.1484	0.1982	0.2048	0.1596	0.1509	0.1548	0.1694
丽水	0.0173	0.0156	0.0170	0.0101	0.0079	0.0068	0.0088	0.0119

表 3-4　　　　　　　　　城市化综合评价指数

城市	2005 年	2006 年	2007 年	2008 年	2009 年	2010 年	2011 年	平均值
杭州	0.8173	0.8945	0.9147	0.9370	0.9515	0.9454	0.9455	0.9151
宁波	0.7888	0.7465	0.7939	0.7796	0.7311	0.7213	0.7065	0.7525
温州	0.5492	0.5619	0.5386	0.5728	0.5121	0.4911	0.5104	0.5337
嘉兴	0.4639	0.4678	0.4535	0.4830	0.4822	0.4747	0.4556	0.4687
湖州	0.2938	0.2916	0.2994	0.2947	0.2905	0.2801	0.2682	0.2883

续表

城市	2005 年	2006 年	2007 年	2008 年	2009 年	2010 年	2011 年	平均值
绍兴	0.4141	0.4215	0.4534	0.4571	0.4301	0.4312	0.4224	0.4328
金华	0.3291	0.3376	0.3733	0.3842	0.3657	0.3471	0.3805	0.3596
衢州	0.1151	0.1436	0.1179	0.0938	0.0958	0.1030	0.0900	0.1085
舟山	0.3582	0.3908	0.3917	0.3968	0.3921	0.3780	0.3745	0.3832
台州	0.3412	0.3524	0.3691	0.3902	0.3588	0.3332	0.3139	0.3513
丽水	0.0596	0.0485	0.1140	0.0818	0.0712	0.0493	0.0533	0.0682

由表 3-3 可知，2005～2011 年浙江省区域创新综合评价指数，杭州为最高，表明 2005～2011 年杭州区域创新综合发展水平居于浙江省首位；其次是宁波，2005～2011 年其区域创新综合评价指数均值为 0.3530，与杭州区域创新发展水平有较大差距，但从时间序列可以看出，宁波区域创新综合评价指数呈逐年上升态势，表明其区域创新发展水平近年来显著提升；其余城市区域创新发展水平均较低。

由表 3-4 可知，2005～2011 年杭州城市化综合发展水平高于浙江省其余城市，其城市化综合评价指数由 2005 年的 0.8173 上升为 2011 年的 0.9455，上升幅度较为明显，可见该时期杭州城市化进程推进明显；2005～2011 年，宁波、温州的城市化综合评价指数均值分别为 0.7525、0.5337，城市化水平较高，但与杭州相比仍存在差距，且近年来差距加大；其余城市的城市化综合发展水平相对较低。

由 2005～2011 年区域创新与城市化综合评价指数的平均值比较可知，浙江省仅杭州的区域创新综合评价指数大于其城市化综合评价指数，其余城市均为区域创新综合评价指数大于城市化综合评价指数。由此可见，2005～2011 年，杭州的区域创新发展水平优于城市化的推进，而其余城市的区域创新发展则相对滞后，推进城市化进程优于区域创新发展。

3.4　总体耦合协调演化特征

基于耦合评价模型，计算得到 2005～2011 年浙江省 11 个地市级城市的区域创新与城市化耦合度及协调度（表 3-5），用其均值表示该时期浙江省区域创新与城市化耦合协调的总体态势及演化特征，结果如图 3-1 所示。

表 3-5　2005～2011 年浙江省区域创新与城市化耦合度及协调度计算结果

城市	2005 年		2006 年		2007 年		2008 年		2009 年		2010 年		2011 年	
	耦合度	协调度	耦合度	协调度	耦合度	协调度	耦合度	协调度	耦合度	协调度	耦合度	协调度	耦合度	协调度
杭州	0.4978	0.6699	0.4994	0.6852	0.4996	0.6897	0.4998	0.6944	0.4999	0.6982	0.4998	0.6972	0.4999	0.6943
宁波	0.4419	0.4873	0.4516	0.4857	0.4532	0.5030	0.4626	0.5113	0.4689	0.5044	0.4821	0.5242	0.4864	0.5282
温州	0.4196	0.3863	0.4092	0.3821	0.4337	0.3949	0.4156	0.3912	0.4133	0.3680	0.4204	0.3660	0.4090	0.3640
嘉兴	0.4482	0.3795	0.4386	0.3723	0.4536	0.3806	0.4538	0.3929	0.4476	0.3864	0.4544	0.3901	0.4618	0.3899
湖州	0.4069	0.2750	0.4253	0.2851	0.4397	0.2987	0.4441	0.2995	0.4220	0.2825	0.4251	0.2793	0.4381	0.2816
绍兴	0.4726	0.3842	0.4715	0.3862	0.4740	0.4037	0.4802	0.4143	0.4671	0.3848	0.4649	0.3828	0.4662	0.3803
金华	0.4553	0.3256	0.4481	0.3237	0.4458	0.3385	0.4384	0.3373	0.4335	0.3253	0.4325	0.3162	0.4354	0.3332
衢州	0.2956	0.1372	0.2653	0.1436	0.3125	0.1439	0.3897	0.1500	0.3588	0.1423	0.3738	0.1521	0.4039	0.1513
舟山	0.1937	0.1900	0.1687	0.1843	0.1798	0.1909	0.1776	0.1908	0.2553	0.2320	0.2298	0.2145	0.1839	0.1889
台州	0.4707	0.3465	0.4566	0.3381	0.4768	0.3678	0.4751	0.3760	0.4616	0.3459	0.4632	0.3348	0.4703	0.3320
丽水	0.4177	0.1268	0.4293	0.1173	0.3357	0.1483	0.3126	0.1198	0.2998	0.1089	0.3265	0.0957	0.3487	0.1040
均值	0.4109	0.3371	0.4058	0.3367	0.4095	0.3509	0.4136	0.3525	0.4116	0.3435	0.4157	0.3412	0.4185	0.3407

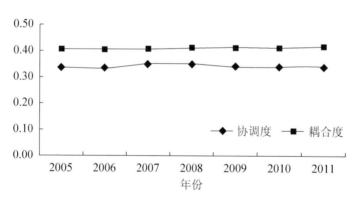

图 3-1　2005～2011 年浙江省区域创新与城市化总体耦合协调状况

由图 3-1 可知，2005～2011 年浙江省区域创新与城市化的耦合度及协调度均处于 0.3～0.5。2011 年，浙江省区域创新与城市化总体耦合度最高，其值为 0.4185；2006 年耦合度最低，其值为 0.4058。由此可见，该时期浙江省区域创新与城市化耦合度处于颉颃阶段，且随时间推移无明显变化，耦合态势较为平稳。而就协调度而言，2008 年协调度最高，达到 0.3525；2006 年最低，其值为 0.3367。可知 2005～2011 年浙江省区域创新与城市化总体协调度处于中度协调阶段，且除 2007 年、2008 年有小幅度增长外，其余年份均较为平稳，表明该时期浙江省区域创新与城市化整体上处于相对平稳的中度协调发展。

为探讨 2005～2011 年浙江省区域创新与城市化耦合协调的空间格局及其演化，选取 2005 年、2011 年为时间节点，结合表 3-5，绘制了 2005 年、2011 年浙江省各城市耦合协调态势图，具体见图 3-2。

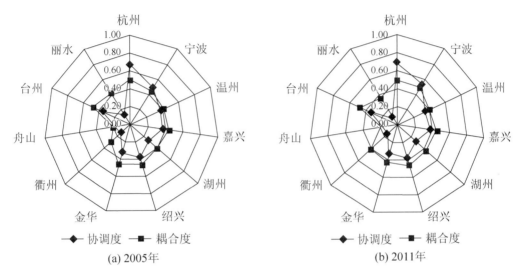

图 3-2　浙江省各城市区域创新与城市化耦合度及协调度（2005 年、2011 年）

根据表 3-5 与图 3-2 可以看出，就耦合度而言，2005 年杭州的耦合度最高，达到 0.4978，其区域创新与城市化处于颉颃阶段，舟山的耦合度最低，其值仅为 0.1937，其区域创新与城市化仅处于低水平耦合阶段；2011 年同样是杭州的耦合度最高，为 0.4999，而舟山的耦合度仍然为全省最低，仅为 0.1839。从协调度大小来看，2005 年杭州的协调度最高，其值为 0.6699，其区域创新与城市化已达到高度协调，而丽水的协调度最低，仅为 0.1268，其区域创新与城市化仅处于低度协调阶段；2011 年杭州的协调度为 0.6943，同样为全省最高，而丽水仅为 0.1040，较 2005 年还略有下降，依旧为全省最低水平。此外，宁波 2011 年协调度为 0.5282，也已达到高度协调耦合水平，其区域创新与城市化耦合协调发展出现了质的飞跃；衢州、丽水两地的耦合度较全省水平无显著差距，而协调度却较低，与全省水平存在明显差距，这表明衢州、丽水两地区域创新与城市化两个系统发展水平均较弱，虽存在一定耦合，但属于低度协调耦合，协调状况不佳；舟山的耦合度与协调度均较低，表明其区域创新与城市化两个系统无法较好耦合，发展存在较为严重的独立性。

进一步通过 ArcGIS10.1 软件平台，对 2005 年、2011 年浙江省区域创新与城市化耦合协调水平进行空间可视化处理（图 3-3），以更好地剖析浙江省区域创新与城市化耦合协调发展的空间格局及动态演化。

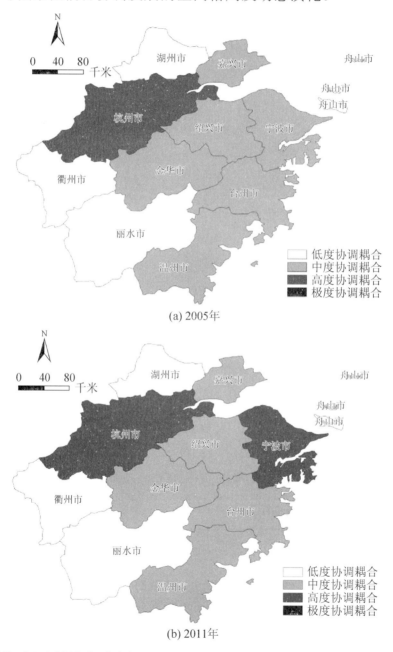

(a) 2005年

(b) 2011年

图 3-3　浙江省区域创新与城市化耦合协调发展空间格局示意图（2005 年、2011 年）

从图 3-3 可以看出，2005～2011 年浙江省区域创新与城市化耦合协调发展态势无重大变动，协调度整体呈现出"北高南低，东高西低"的空间格局。2005 年，仅有杭州 1 个城市为高度协调耦合，中度协调耦合的城市共 6 个，分别为嘉兴、绍兴、宁波、金华、台州和温州，而湖州、舟山、衢州和丽水 4 个城市为低度协调耦合。2011 年，宁波由中度协调耦合变为高度协调耦合，表明其区域创新与城市化耦合协调发展状况得到优化，其余城市较 2005 年并无显著变化。

3.5　结论与建议

3.5.1　研究结论

本章以浙江省为例，结合运用综合评价模型与耦合模型，计算了浙江省 11 个地市级城市区域创新与城市化的综合评价指数及耦合度与协调度，并通过 ArcGIS10.1 软件，揭示了其空间格局及其动态演化。

（1）2005～2011 年浙江省各城市区域创新与城市化的综合发展水平存在较为明显的差异。杭州位于浙江省区域创新综合发展水平之首；宁波区域创新综合发展水平逐年提升，但与杭州相比仍存在较大差距；其余城市区域创新综合发展水平相对较低。同样，杭州的城市化综合发展水平仍为浙江省最高，且其城市化综合评价指数逐年增大；宁波、温州具有较高的城市化综合发展水平；其余城市的城市化综合发展水平相对较低。

（2）2005～2011 年浙江省区域创新与城市化的耦合协调发展还处于相对较弱的水平。该时期浙江省区域创新与城市化的耦合度处于颉颃阶段，协调度处于中度协调耦合阶段，距离良性耦合协调发展仍存在较大差距。耦合度与协调度整体均呈现平稳发展态势，其中，耦合度仅有极小幅度的增长，而协调度存在微弱的波动，但整体趋于平稳，表明该时期浙江省区域创新与城市化整体上处于相对平稳的中度协调发展。

（3）2005～2011 年浙江省区域创新与城市化耦合协调发展整体呈现出"北高南低，东高西低"的空间格局。杭州与宁波的耦合度及协调度均处在全省前列，其区域创新与城市化已达到高度协调耦合。舟山、衢州、丽水等城市耦合协调发展水平较弱，普遍存在区域创新与城市化的低水平耦合或耦合程度不佳的状况。从动态演化方面来看，该时期浙江省区域创新与城市化耦合协调发展较为平稳，无重大格局变动。

3.5.2 对策建议

浙江省是我国沿海地区经济发达省份之一,本章以浙江省为例,探讨了区域创新与城市化之间的耦合协调状况。对于如何促进我国各区域的区域创新与城市化协调发展,我们进一步提出了若干对策与建议。

第一,推动产业结构优化升级。产业结构优化升级是转变经济发展方式的必要途径。产业升级要实现新突破,就必须加强自主创新能力,加大科技人员及经费投入,提高科技贡献程度,因此,产业结构优化升级必然使得区域创新能力提升。同时,推动产业结构优化升级,还能够极大程度地推进城市化进程。对于浙江省而言,发展现代农业,加快推进工业现代化,提升现代服务业,培育战略性新兴产业,促进信息化与工业化相融合,既能促使区域创新能力提升,又能推进城市化建设。

第二,完善城市专业化功能。城市化发展不断深化城市专业化特征,有助于推动区域创新发展,因此,借助城市专业化特征,强化城市专业化功能,有助于区域创新与城市化相互协调,共同发展。对于浙江省相对发达的城市,如杭州,可以充分发挥其休闲旅游与科教文化等综合优势,建设高新技术产业基地,打造旅游休闲和区域性金融服务中心,使之成为长三角地区重要的中心城市;而对于发展相对落后的城市,如丽水,其生态优势明显,可以积极建设绿色农产品和生态休闲养生旅游目的地。

第三,构建综合交通与信息网。扩大交通网络规模,统筹交通运输方式,提高交通运输效率与综合服务水平是区域创新与城市化协调发展的需要。对此,完善城市间铁路、公路建设显得尤为重要。此外,完善信息基础设施建设,提升网络传输速度,扩大网络覆盖面积,有助于确立城市创新网络优势,从而使区域创新与城市化协调发展。以浙江省为例,首先要加快金华—台州、衢州—丽水等城际铁路建设,加快完成甬—台—温—湖线等高速公路,推进"三网"融合,提高信息化水平。

第四,培育中心镇与小城市。由于空间效应的存在,区域创新通常由大城市向其周边或小城市扩散,因此,积极培育中心镇和小城市,不仅能提升中心镇和小城市的城市化水平,还能较好地容纳和吸收区域创新扩散带来的影响,提高区域创新水平。对于浙江省而言,由于区域创新与城市化协调发展存在空间集聚特征,在此基础上培育中心镇和小城市,能够较好地传递区域创新与城市化发展的要素信息,形成更为明显的空间聚集优势。

第4章

浙江省区域创新产出空间分异特征及成因

十八大提出实施创新驱动发展战略,强调了创新是提高社会生产力和综合国力的战略支撑,必须将发展区域创新、提升区域创新能力摆在国家发展的核心位置。国家"十二五"规划也指出了要全面落实国家关于中长期科技、教育、人才方面的规划纲要,大力提高科技创新能力,加快教育改革发展,发挥人才资源优势,推进创新型国家建设。由此可见,在全球化与知识经济的时代背景下,区域创新已经逐渐成为推动各个国家与地区经济发展,提升综合竞争力的主要驱动力。区域创新包含了创新投入和产出,其中,区域创新产出能够较好地反映区域创新活动,体现区域创新能力和水平。空间上的邻近促进创新主体间的技术流动与知识转化,邻近创新源的经济主体具有较强的区域创新能力,其创新产出优于其他经济主体。因此,研究区域内创新产出的空间结构及其时空分异特征,对于增强区域创新能力,提升区域创新水平,促进区域经济增长,保持区域综合竞争力,发挥区域竞争优势,有着极为重要的现实意义。

4.1 理 论 回 顾

目前学术界对区域创新的研究主要集中于区域创新能力评估(Simmie,2003;周立和吴玉鸣,2006;Schiuma,2008)、区域间创新能力差异研究(姜磊等,2011;曹勇和秦以旭,2012)、区域创新效率评价(Sharma,2008;陈伟等,2010)、区域创新与经济增长的关系探究(Howells,2005;Jalles,2010)及区域创新的空间结构分析(张玉明和李凯,2008;张战仁,2011)等方面。随着经济地理学的兴起,区域创新空间结构的研究正逐步深入。以往区域创新空间结构研究成果主要集中在:①区域创新能力及其影响因素的空间计量研究。例如,李婧等(2010)建立了静态与动态的空间计量模型,用于考察中国省际区域创新的空间相关性，发现中国区域创新存在显著的空间正相关，并认为地理区位特征与社会经济特征对区域创新及其空间相关性均产生了显著影响；吴玉鸣和何建坤（2008）利用空间误差模型与空间滞后模型，分析了中国省域创新集群及影响因素的空间特征，认为中国省域创新在空间上存在明显的异质性与依赖性。②区域创新的空间溢出效应的研究。例如，孙建和齐建国（2011）基于扩展的知识生产函数，研究了中国区域知识溢出的空间距离，认为中国区域创新存在着明显的正、负向知识溢出；张战仁（2012）分析了影响区域创新空间溢出的差异因素，阐释了空间溢出对区域创新差异产生的作用机制。③区域创新的空间分布及演化特征的研究。例如，李国平和王春杨（2012）以专利申请受理量为指标，对中国省域创新产出进行了探索性空间数据分析，认为省际创新活动存在显著的空间自相关，并进一步揭示了省际创新活动的空间集聚模式及其时空演化态势；何键芳等（2013）研究了广东省市域创新产出的空间分布特征，发现其区域创新产出在空间上存在明显差距。这些研究为探究区域创新空间现象及发现规律提供了新的思路和视角。

目前已有的对区域创新的空间分异或格局的研究，多为单一地采用探索性空间分析方法，从省级、地市级等大尺度面状研究区域出发，分析区域创新的空间分异特征与集聚演化态势。然而，基于县域等小尺度研究区域，将多种空间分析与空间统计方法结合，探索区域创新产出空间分布密度及热点区域的研究还较为鲜见。因此，借助空间分析和空间统计方法进行分析，有助于分析区域创新产出空间分异特征及其演化趋势，剖析其成因机理，揭示空间集聚效应的作用机制，避免出现类似单一地、孤立地探讨区域创新产出与区域创新发展及定性地分析影响机制等经验性做法。本章以浙江省为研究区域，以县域为研究单元，拟分析浙江省县域创新产出的空间分布特征，在此基础上考察创新产出的总体差异，试图探索创新产出的空间依赖性与空间集聚模式，并进一步对创新产出进行趋势预测和影响因素分析，以期为优化浙江省区域创新的空间格局，缩小区域创新差异提供参考。

4.2　研究方法与数据来源

4.2.1　总体差异测度指数[①]

反映区域差异的指数有很多，如基尼系数、变异系数、泰尔指数等。但

---

① 总体差异测度指数：general deference index，GDI。

这些差异测度指数的原理不尽相同，因此其测度区域创新产出差异可能产生不同的结果走势。因此，选取基尼系数、变异系数和泰尔指数三个传统的差异测度指数，将其指数整合，计算 GDI，以期更全面地反映区域创新产出整体差异。其建立过程（王洋等，2013）如下。

1. 三个传统的差异测度指数

基尼系数：

$$G = 1 + \frac{1}{N} - \frac{2}{N^2 \bar{y}} (y_1 + 2y_2 + 3y_3 + \cdots + Ny_N) \tag{4-1}$$

变异系数：

$$CV = \sqrt{\sum_{i=1}^{N} (y_i - \bar{y})^2 \bigg/ N} \bigg/ \bar{y} \tag{4-2}$$

泰尔指数：

$$T = \frac{1}{n} \sum_{i=1}^{N} \frac{y_i}{\bar{y}} \log \frac{y_i}{\bar{y}} \tag{4-3}$$

式中，y_i 为第 i 个区域的创新产出；$\bar{y}$ 为区域创新产出均值；N 为区域数量。

2. 区域创新产出 GDI

根据上述三个传统差异测度指数的计算结果，构建区域创新产出 GDI，$GDI = f(G, CV, T)$。由于信息熵值能够较好地反映系统的不确定程度，运用熵值法计算权重能消除主观因素影响，使权重赋值更为科学合理。进一步运用熵值法确定基尼系数、变异系数及泰尔指数的指数值权重，具体步骤（孟德友等，2012）如下：①数据标准化。设第 i 个年份的三个指数值为 y_{ij}，由于各指数值可能存在不同的量纲，需对指数值进行数据标准化处理，本章采用正向标准化方法：$x_{ij} = (y_{ij} - y_{j\min}) / (y_{j\max} - y_{j\min})$，其中，$y_{j\min}$ 与 $y_{j\max}$ 分别为第 j 个指标的最小值与最大值。②计算第 i 个年份的第 j 个指数值的比重：$x_{ij} = x_{ij} / \sum_{i=1}^{m} x_{ij}$，其中，$m$ 为年份数。③计算指标的信息熵值：$H_j = -\frac{1}{\ln m} \sum_{i=1}^{m} (X_{ij} \times \ln X_{ij})$。④计算差异性系数：$F_j = 1 - H_j$。⑤计算权重：$W_j = F_j / \sum_{i=1}^{n} F_j$，其中，$n$ 为差异测度指数的数量。⑥计算区域创新产出 GDI：$GDI = \sum_{j=1}^{n} W_j f(y_j)$。

4.2.2 核密度估计

核密度估计是一种非参数估计方法，其优点主要为可随意设定函数形式，解释变量与被解释变量的分布形式较少受到限制。因而，核密度估计具有较强的适应性，能够在广泛的基础上得到更具普遍性的结论。区域创新产出数据往往无法匹配一些既定的分布形式，因此，采用核密度函数估计区域创新产出的总体分布特征较为合适，其计算公式如下：

$$f_n(x) = \frac{1}{nh_n} \sum_{i=1}^{n} K\left(\frac{x - x_i}{h_n}\right) \qquad (4\text{-}4)$$

式中，n 为样本数；h_n 为带宽；$K\left(\dfrac{x - x_i}{h_n}\right)$ 为核函数。

此外，核密度估计法还广泛应用于空间热点分析与探测研究中。利用 ArcGIS 中的空间平滑技术，对点状数据进行空间平滑处理，使样本点周围产生一个光滑的表面，以此来估计样本点周围的密度。在二维空间中，核密度函数的一般形式表示如下：

$$\lambda(s) = \sum_{l=1}^{n} \frac{1}{\pi r^2} \varphi(d_{ls} / r) \qquad (4\text{-}5)$$

式中，$\lambda(s)$ 为地点 s 处的核密度估计；r 为带宽，即搜索半径；n 为样本数；φ 为地点 l 与 s 间距离 d_{ls} 的权重。

4.2.3 空间自相关

1. 全局空间自相关

（1）Moran's I 指数。全局 Moran's I 指数用以测度区域某属性值的空间自相关情况，反映空间邻近或邻接的区域单元的相似程度，计算公式（张新峰，2009）如下：

$$I = \frac{n \sum_{i=1}^{n} \sum_{j=1}^{n} W_{ij} |x_i - \bar{x}| |x_j - \bar{x}|}{\sum_{i=1}^{n} \sum_{j=1}^{n} W_{ij} \sum_{i=1}^{n} |x_j - \bar{x}|^2} \qquad (4\text{-}6)$$

式中，x_i、x_j 分别为不同区域单元 i 和 j 的创新产出量；$\bar{x}$ 为研究区域内的创新产出平均量；W_{ij} 为空间权重矩阵，用于定义浙江省各区域间空间关系；n 为研究区域单元总数。I 值越大，表明空间自相关程度越高。

（2）Getis-Ord General G 指数。全局 G 指数同样用以进行全局聚类检验，验证是否存在空间高值和低值集聚，其计算方法（张新峰，2009）如下：

$$G(d) = \sum_{i=1}^{n}\sum_{j=1}^{n} w_{ij}(d)x_i x_j \Big/ \sum_{i=1}^{n}\sum_{j=1}^{n} x_i x_j \qquad (4\text{-}7)$$

式中，x_i、x_j 分别为空间单元 i 和 j 的观测值；$w_{ij}(d)$ 为空间权重矩阵，用于定义区域空间关系；n 为研究区域单元总数。当 $G(d)$ 值为正且显著时，区域间存在高值集聚；当 $G(d)$ 值为负且显著时，则区域间呈现低值集聚；当 $G(d)$ 值趋于零时，表明区域空间呈现随机分布。

2. 局部空间自相关

区域之间存在的异质性特征使得全局自相关无法充分反映区域内各研究单元创新产出的空间分异特征。为了更好地反映局部区域创新产出的空间聚集程度，引入 Getis-Ord G_i^* 指数来测度浙江省各县域创新产出空间分布的高值簇和低值簇区，计算方法（张新峰，2009）如下：

$$G_i^*(d) = \frac{\sum_{j=1}^{n} W_{ij}(d)x_j}{\sum_{j=1}^{n} x_j} \qquad (4\text{-}8)$$

式中，x_j 为各区域样本观察值；W_{ij} 为空间权重矩阵；n 为研究区域单元总数。

4.2.4　趋势面分析

趋势面是实际曲面的近似值，它能模拟地理要素在空间上的分布规律与变化趋势。利用趋势面分析探索区域创新产出的总体空间分异趋势。假设 $Z_i(x_i, y_i)$ 为区域 i 的创新产出水平，(x_i, y_i) 为平面空间坐标，根据趋势面定义可知：

$$Z_i(x_i, y_i) = T_i(x_i, y_i) + \varepsilon_i \qquad (4\text{-}9)$$

式中，$T_i(x_i, y_i)$ 为趋势函数，表示大范围内的趋势值，采用二阶多项式测算区域创新产出的趋势值，趋势函数可表示为 $T_i(x_i, y_i) = \beta_0 + \beta_1 x + \beta_2 y + \beta_3 x^2 + \beta_4 y^2 + \beta_5 xy$；$\varepsilon_i$ 为自相关随机误差，表示第 i 个区域的创新产出水平真实值与趋势值之间存在的偏差。

4.2.5　指标选取与数据来源

对于区域创新产出的度量，目前学术界还未达成共识。反映创新产出的指标有很多，如新产品产值、专利授权数、技术市场成交额等。由于目前我国各个省份和地区之间对于新产品的理解不同，其认证标准存在普遍差异，因此国内学者在对区域创新水平的研究中，很少使用新产品产值等指标度量区域创新产出。而浙江省各县市技术市场开放程度不尽一致，其成交额与成交项目数的统计也不相同，大多数县市并不统计这一数据，因而在已有的对于浙江省区域创新的相关研究中，也极少出现使用技术市场成交额为指标度量区域创新产出。专利数据是研究创新的重要资源，它能够较为全面地反映区域创新的信息，且具有相对较高的商业应用价值，并能伴随研发经费与人员等创新投入的指标变化而变化，能够较好地反映区域创新能力。因此，将专利作为指标以反映区域创新产出水平具有较强的合理性和科学性。许多学者在研究区域创新产出时，较多地运用专利作为创新产出的度量指标。例如，李春燕（2010）以专利授权数作为衡量区域创新产出的指标，系统地研究了我国创新活动的空间差异；梁政骥和吕拉昌（2012）以专利授权数为变量，运用锡尔系数分析了广东省城市创新能力差异；方远平和谢蔓（2012）同样以专利为指标衡量区域创新产出，研究了我国省域范围的创新要素对创新产出的影响及其空间差异；张玉明和李凯（2007）基于省际专利统计数据，对我国区域创新产出进行了空间计量分析。基于国内外已有的研究成果，遵照浙江省县域统计数据的实际情况，我们以专利授权量测度浙江省 69 个县域的区域创新产出水平，分析其空间分异特征。专利数据来源于《浙江统计年鉴》（2007～2013 年）。

4.3 浙江省区域创新产出空间分异特征

4.3.1 浙江省区域创新产出总体差异和演变

以浙江省 2006～2012 年专利授权量为指标，运用式（4-1）～式（4-3）计算得到反映区域创新产出差异的基尼系数、变异系数和泰尔指数，进一步结合熵值法，得到区域创新产出 GDI，结果如图 4-1 所示。

结果表明，2006～2012 年浙江省区域创新产出总体存在较大差异。GDI 值整体上呈现出波动式上升的态势，表明 2006～2012 年浙江省区域创新产出差异虽存在波动，但整体趋于不断增大。其中，2006～2009 年 GDI 值波动明显，显示出明显的"下降—上升—下降"的波动态势；2009 年，GDI 值下降至 0.071，为 2006～2012 年的最低水平，表明此时浙江省区域创新产出总体差异最小；从 2009 年起，GDI 值一直呈现上升态势，表明该时期浙

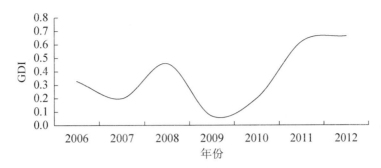

图 4-1　浙江省区域创新产出总体差异测度

江省区域创新产出差异不断增大；GDI 值在 2012 年创下新高，表明 2012 年浙江省创新产出总体差异为近年来最大。

4.3.2　浙江省区域创新产出的核密度估计

利用核密度函数分别计算 2006 年、2009 年和 2012 年浙江省区域创新产出的估计值，计算结果见图 4-2。

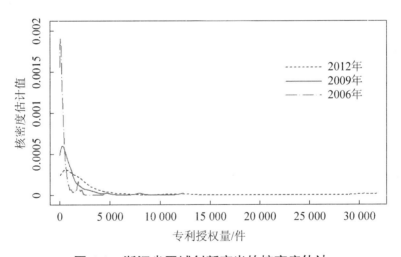

图 4-2　浙江省区域创新产出的核密度估计

由图 4-2 可知，浙江省区域创新产出的数量区间增大，分异增强，差异分布由"高耸型"向"扁平型"转变。2006 年，浙江省各县域专利授权量主要分布在数量区间[0，5000]，此时浙江省区域创新产出水平较为集中，各区域间创新产出差距相对较小；2009 年，核密度曲线发生明显变化，分布区间显著增大，区域创新产出分布于[0，15 000]的数量区间，集中程度明显下降，分布曲线已初现"扁平型"特征；2012 年，核密度曲线已呈现"扁平型"分布，分布区间持续增大，区域创新产出在区间[0，30 000]均有分布，此时，浙江省创新产出水平的区域差异增大，各县域的创新产出水平极不均匀。

为进一步探测浙江省各县域区域创新产出的空间热点，运用 ArcGIS10.1 中的核密度分析工具，设置搜索半径为 15 千米，对 2006 年、2009 年和 2012 年的浙江省各县域创新产出水平的空间分布特征进行可视化处理，将核密度值按 ArcGIS 自然分级分为低值区、较低值区、中值区、较高值区和高值区五类，生成浙江省各县域创新产出的核密度分布图。

根据核密度分布状况可知，2006~2012 年浙江省各县域创新产出的总体空间分布格局无明显变动，主要分布区域以浙江东部沿海县域和浙江北部环杭州湾地区为主。然而就核密度大小及其空间分布而言，存在较为明显的变化。2006 年，核密度分布状况相对均匀，中值区、较高值区和高值区数量较多；除杭州市辖区为高值区外，宁波市辖区、慈溪市、台州市辖区、温州市辖区及永康市 5 个县域均为较高值区；处于中值区的县域数量为 10 个。2009 年，核密度分布逐渐出现极化态势，在浙江东北部、环杭州湾地区逐渐形成高值与较高值区域；高值区未发生改变，而较高值区数量减少，由 2006 年的 5 个下降为 3 个，除宁波市辖区外，慈溪市、台州市辖区、温州市辖区及永康市的创新产出核密度值出现不同程度的下降，绍兴市辖区与绍兴县则上升为较高值区；中值区变化不是很明显。2012 年，浙江省各县域创新产出的核密度分布较 2009 年有了很大变化，极化现象更为显著；宁波市辖区由于创新产出水平的提升，成为核密度分布的高值区；较高值区与中值区数量均锐减，其中，较高值区已不存在，而处于中值分布的县域也仅有慈溪市、余姚市及温州市辖区。

4.3.3 浙江省区域创新产出的空间聚类格局及演化

为研究 2006~2012 年浙江省区域创新产出的空间聚类格局及演化情况，通过全局空间自相关方法，运用式（4-6）、式（4-7）分别计算得到浙江省各县域创新产出的全局 Moran's I 指数与全局 G 指数值，结果如表 4-1 所示。

表 4-1　　　　　　　浙江省区域创新产出全局自相关情况

	2006 年	2007 年	2008 年	2009 年	2010 年	2011 年	2012 年
Moran's I	0.144	0.201	0.278	0.196	0.147	0.181	0.231
$Z(I)$	2.189	2.916	4.012	2.955	2.480	2.865	3.515
$P(I)$	0.029	0.004	0.000	0.003	0.013	0.004	0.000

	2006 年	2007 年	2008 年	2009 年	2010 年	2011 年	2012 年
$G(d)$	0.023	0.026	0.029	0.025	0.026	0.030	0.033
$Z(d)$	2.720	3.568	4.395	3.420	3.099	3.391	4.001
$P(d)$	0.007	0.000	0.000	0.001	0.002	0.001	0.000

根据全局 Moran's I 指数测算结果可知，2006～2012 年浙江省区域创新产出在空间上呈现集聚分布态势，且随着时间的推移，呈现出"上升—下降—上升"的波动趋势。2006～2008 年，全局 Moran's I 值不断上升，由 0.144 上升至 0.278，集聚分布态势不断增强；2009 年，全局 Moran's I 值出现下降趋势，2010 年降至 0.147，表明该时段集聚分布态势仍存在，但集聚程度减弱，这与区域创新产出差异变动趋势相一致，表明差异降低带来的均衡发展趋势导致了集聚程度的减弱；2011～2012 年，全局 Moran's I 值再一次上升，浙江省区域创新产出的空间集聚程度增强。

而从全局 G 指数测算结果可知，2006～2012 年浙江省区域创新产出在空间上存在显著的高值和低值集聚现象，表明在该时期，浙江省区域创新产出集中于若干个热点区域，这些区域的创新发展往往最为活跃和迅速。全局 G 指数值呈现"波浪状"上升趋势，表明浙江省区域创新产出的高值和低值集聚现象存在整体加剧的趋势。2006～2008 年，全局 G 指数不断上升，创新产出空间集聚趋势持续强化；2009 年，全局 G 指数下降至 0.025，此时创新产出空间集聚出现短暂的弱化；2010～2012 年，全局 G 指数恢复上升态势，创新产出空间集聚现象及其强化趋势依然存在。

为进一步探索浙江省各县域创新产出的空间格局，了解其高、低值集聚分布情况，根据局部空间自相关方法，运用式（4-8），结合 ArcGIS10.1 测度浙江省各市县创新产出的 Getis-Ord G_i^* 指数值，并按自然断点法分为四级，绘制了浙江省各县域创新产出的空间冷热点分布图，结果如图 4-3 所示。

由图 4-3 可知，2006～2012 年浙江省区域创新产出的 Getis-Ord G_i^* 值分布总体呈现"自北至南、由东向西"递减的趋势，表明该时期浙江省各县域创新产出的空间热点区域主要集中于浙江省北部和东部地区，而冷点区则主要集中于浙西南地区。2006 年，热点区、次热点区、次冷点区和冷点区的数量分别为 12 个、15 个、20 个和 22 个，其中，临安市、富阳市、杭州市

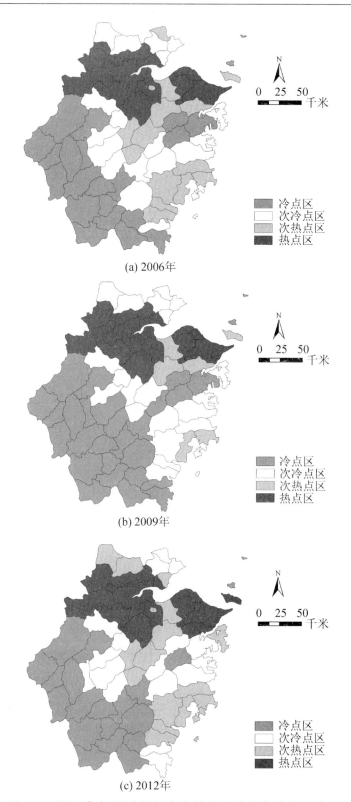

(a) 2006年

(b) 2009年

(c) 2012年

图 4-3 浙江省各县域创新产出的空间冷热点分布示意图

辖区、安吉县、德清县、桐乡市、海宁市、绍兴县、诸暨市、余姚市、慈溪市及宁波市辖区为热点区，存在明显的创新产出空间集聚特征，且创新产出水平相对较高。2009 年，热点区、次热点区、次冷点区和冷点区的数量分别为 13 个、6 个、22 个和 28 个，可见次热点区和冷点区数量均有显著变化；绍兴市辖区在该时期的创新产出水平有所提升，上升为热点区；该时期冷点区数量骤升，各县域创新产出水平相对较低且相互作用致使呈现低值集聚态势，表明浙江省区域创新发展遭遇"瓶颈"，陷入发展"低谷"。2012 年热点区、次热点区、次冷点区和冷点区的数量再次发生变动，分别为 14 个、18 个、17 个和 18 个，表现出均匀分布的空间格局态势；热点区、次热点区数量的上升和冷点区、次冷点区数量的下降很好地说明 2012 年浙江省区域创新能力较 2009 年有了较快发展，创新产出水平显著提升；杭州市辖区及其周边县域与宁波市辖区及其周边县域作为热点区域，2012 年较 2006 年、2009年均无明显变动，表明这两个区域创新产出水平相对稳定，区域创新水平及发展能力均存在显著优势。

4.3.4　浙江省区域创新产出趋势面分析

采用地理空间数据统计分析的研究分析方法，对 2006 年、2009 年和 2012年浙江省区域创新产出进行了空间趋势面分析，结果如图 4-4 所示。

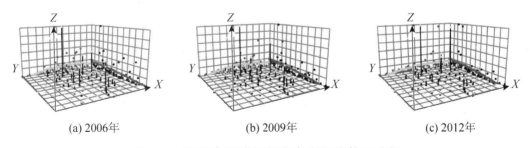

(a) 2006年　　　　　(b) 2009年　　　　　(c) 2012年

图 4-4　浙江省区域创新产出空间趋势面分析

根据图 4-4 不难发现，2006～2012 年浙江省区域创新产出整体表现出"北高南低，东高西低"的分布趋势，且趋势面较为平缓，表明东西方向与南北方向并没有出现强烈的分异现象。此外，2006 年、2009 年和 2012 年的趋势面分布无明显变动。在东西方向上，2006 年与 2009 年的趋势面呈"两头低，中间高"的倒"U"形分布，表明该时期浙江东部与西部各县域的创新产出水平不如中部地区，但东部地区明显高于西部；2012 年，趋势曲线自西向东上升，阶梯状递增的态势很好地反映了这时期的创新产出增长水平，宁波市辖区及其周边县域创新产出水平显著提升。在南北方向上，2006 年、2009 年与 2012 年均无明显变化，趋势曲线呈由北向南的降低态势，浙江北部县域如杭州市辖区的创新产出水平明显优于南部各县域。因此，浙江省区域创新产出发展的空间指向性较为明显，浙江东部及北部各县域是创新产出及区域创新发展的优势区域。

4.4 浙江省区域创新产出空间分异成因分析

4.4.1 影响因素变量选取

区域创新产出受诸多因素的影响，对此，众多学者已进行了广泛而深入的分析。郭国峰等（2007）认为人力资本是创新的源泉，而制度因素也能较大程度地优化创新资源配置；张家峰和赵顺龙（2009）认为知识生产要素的投入是影响区域创新能力的主要因素；盛翔（2011）认为区域创新产出差异主要取决于创新环境。综合已有的研究成果，结合浙江省区域创新发展的具体态势，将影响浙江省区域创新产出的因素归结为创新投入、经济基础、政策制度、技术溢出和空间区位五个方面。创新投入主要是资金、人才等知识生产要素的投入，基于浙江省县域的实际情况，结合数据的可获得性，以科学研究、技术服务与地质勘查从业人数比重为指标，用于反映创新投入；经济基础与政策制度分别用人均 GDP 与教育事业费占财政支出比重来反映；进出口贸易使得地区之间的知识和技术产生溢出，因此以进出口总值表示地区之间的技术溢出；地区客运总量的大小在一定程度上反映了该地区空间区位优劣，以此来表示空间区位。

4.4.2 回归结果分析

选取 2006 年、2012 年两个时间点的截面数据，对研究期内期初与期末的创新产出影响因素及其变动情况进行测度与分析。以创新产出（Y）为被解释变量，以创新投入（X_1）、经济基础（X_2）、政策制度（X_3）、技术溢出（X_4）和空间区位（X_5）为解释变量进行回归分析。由于被解释变量与经济基础、技术溢出和空间区位等解释变量为数值较大的宏观绝对数据，与创新投入、政策制度等相对数据存在数据上的极大差别，为减少变量的异方差性，对创新产出、经济基础等变量做取对数处理，得到如下的回归模型：

$$\ln Y = \beta_0 + \beta_1 X_1 + \beta_2 \ln X_2 + \beta_3 X_3 + \beta_4 \ln X_4 + \beta_5 \ln X_5 + \varepsilon \qquad （4-10）$$

利用 SPSS17.0 对浙江省区域创新产出影响因素进行回归分析，为了消除多重共线性，采用逐步回归的方法。将对应数据代入后分别得到 2006 年、2012 年的调整后 R^2 为 0.755、0.704，表明建立的回归方程拟合度良好，而 F 值分别为 70.794、54.803，回归方程显著成立。逐步回归测算结果显示，模型 3 最适合作为多元线性回归模型，具体回归系数及其显著性检验如表 4-2、表 4-3 所示。

表 4-2   **2006 年回归系数与显著性检验**

模型		非标准化系数		标准系数	t	Sig.	共线性统计量	
		B	标准误差	Beta			容差	VIF
1	（常量）	−1.879	0.590		−3.182	0.002		
	X_4	0.656	0.054	0.828	12.068	0.000	1.000	1.000
2	（常量）	−3.444	0.765		−4.500	0.000		
	X_4	0.683	0.052	0.862	13.090	0.000	0.969	1.032
	X_3	0.056	0.019	0.197	2.989	0.004	0.969	1.032
3	（常量）	−10.781	2.235		−4.824	0.000		
	X_4	0.456	0.082	0.576	5.593	0.000	0.340	2.937
	X_3	0.066	0.018	0.233	3.760	0.000	0.942	1.062
	X_2	0.947	0.274	0.361	3.461	0.001	0.331	3.018

表 4-3   **2012 年回归系数与显著性检验**

模型		非标准化系数		标准系数	t	Sig.	共线性统计量	
		B	标准误差	Beta			容差	VIF
1	（常量）	−0.290	0.652		−0.444	0.658		
	X_4	0.622	0.055	0.812	11.375	0.000	1.000	1.000
2	（常量）	−1.056	0.691		−1.526	0.132		
	X_4	0.436	0.089	0.568	4.901	0.000	0.349	2.869
	X_5	0.388	0.149	0.301	2.600	0.012	0.349	2.869

模型		非标准化系数		标准系数	t	Sig.	共线性统计量	
		B	标准误差	Beta			容差	VIF
3	（常量）	−2.053	0.781		−2.627	0.011		
	X_4	0.443	0.086	0.577	5.160	0.000	0.348	2.872
	X_5	0.373	0.144	0.289	2.586	0.012	0.348	2.874
	X_3	0.043	0.018	0.162	2.448	0.017	0.998	1.002

由表 4-2、表 4-3 可知，经济基础、政策制度、技术溢出和空间区位都会对创新产出产生影响，其中，2006 年影响浙江省区域创新产出的因素主要为技术溢出、政策制度和经济基础，而 2012 年的主要影响因素为技术溢出、空间区位和政策制度。2006 年，经济基础的回归系数为 0.947，表明其对区域创新产出具有最为重要的正相关作用；技术溢出的回归系数为 0.456，表明其对区域创新产出同样具有重要的正向影响；政策制度的回归系数为 0.066，相对于前两项因素来说较低，但仍对区域创新产出存在正向的影响；创新投入与空间区位在该时期对区域创新产出不产生影响。2012 年，技术溢出的回归系数为 0.443，表明该时期地区间的技术溢出对区域创新产出的影响最大；空间区位的回归系数为 0.373，表明浙江省各县市的空间区位优势对区域创新产出具有一定的正向影响；政策制度的回归系数为 0.043，相对于技术溢出与空间区位的回归系数来说较低，但仍对区域创新产出产生正向作用；创新投入与经济基础在该时期不影响区域创新产出。

4.5 结论与建议

本章以县域单元作为研究单位，分析了浙江省 2006～2012 年各县域创新产出的空间格局及演化趋势，得到以下结论。

第一，2006～2012 年浙江省区域创新产出总体存在较大差异。整体而言，2012 年浙江省区域创新产出差异较 2006 年更大，波动式的差异变动态势反映出近年来浙江省区域创新发展的不稳定。2006～2009 年，浙江省区域创新产出差异不断波动，差异增大或缩小的趋势反复，该时期也是近年来浙江省区域创新发展较不稳定的主要阶段；2009～2012 年，差异上升态势明显，区域创新发展差异加剧，表明浙江省区域创新发展可能存在极化现象。

第二，2006～2012 年浙江省区域创新产出的数量区间增大，分异增强，空间密度分布变动较大，存在明显的极化现象。从 2006 年、2009 年、2012 年三年变化趋势看，浙江省各县域的创新产出差异不断增大，空间分布越发不均匀。虽然浙江省各县域创新产出水平所具有的"东强西弱、北高南低"的总体空间分布格局在该时期并没有实质性的变化，但空间密度分布的均匀态势逐渐消失，取而代之的是日渐明显的极化现象。

第三，2006～2012 年浙江省区域创新产出在空间上呈现集聚分布态势，并伴随显著的高值和低值集聚现象，在县域区域上呈现"南冷北热、西冷东热"的分布特征。2006～2012 年，空间集聚态势明显，高值和低值集聚程度加剧，各县域创新产出的空间热点区域主要集中于浙江省北部和东部地区，而冷点区则主要集中于浙西南地区；2009 年浙江省区域创新发展遭遇"瓶颈"，陷入一段时期的发展低潮；热点区域无显著变化，其创新产出水平相对稳定，区域创新水平及发展能力均存在较强优势。

第四，2006～2012 年浙江省区域创新产出整体表现出"北高南低，东高西低"的分布趋势。浙江省各县域创新产出的空间指向性较为明显：在东西方向上，宁波市辖区及其周边县域创新水平的提升使得自西向东的阶梯状递增趋势逐渐取代了"两头低，中间高"的倒"U"形趋势分布；在南北方向上，趋势曲线呈由北向南的降低态势，浙江北部县域的创新产出水平优于南部各县域。

第五，2006～2012 年影响浙江省区域创新产出空间分异的因素主要有经济基础、政策制度、技术溢出和空间区位。随着时间的推移，影响浙江省区域创新产出的因素略有变动。2006 年，浙江省各县市经济基础、技术溢出及政策制度对区域创新产出具有正相关作用；2012 年，技术溢出、空间区位与政策制度影响浙江省区域创新产出。

基于上述成因分析，结合浙江省省情，我们对浙江省区域创新发展提出以下政策建议：①积极推进高新产业建设，以创新拉动经济，经济反哺创新，进一步提升浙江省区域创新发展水平。②出台和落实相应的法规政策，确保区域创新发展制度化、规范化及合理化。创新发展劣势县域更应制定相关政策推动创新发展，以缩小浙江省区域创新水平差异。③在全省范围内建立高新园区、高新技术产业基地等，进一步优化这些园区和基地的空间布局，以便其发挥空间邻近效应，提升浙西南地区的创新水平及创新能力，减小区域创新差异。

第5章

基于引力模型的浙江省区域创新产出空间联系

5.1 理 论 回 顾

区域空间联系的研究主要集中于区域空间经济联系、城市体系空间联系及交通网络联系格局等方面。目前，国内外学者主要通过引入物理学中的引力模型来表示区域空间相互作用，从而量化区域空间联系强度，揭示区域之间的联系强度及吸引力大小。

国外学者对区域空间联系的研究较早，自20世纪50年代起，他们就已针对城市间联系、商品流、中心地等方面进行了大量研究。例如，Matsumoto（2004）通过一系列变量构建引力模型，分析了航空流强度，从而揭示了国际航空港城市群的网络结构；Tsekeris和Stathopoulos（2006）基于引力模型，分析了城市网络结构中的动态运输机制；Grosche等（2007）通过引力模型测算了两个配对城市之间的航空运输容量。

在中国，孟德友和陆玉麒（2009）以江苏省为研究对象，通过引力模型与 GIS 网络分析功能，分析了江苏区域经济联系强度与方向；王海江等（2012）借助空间引力模型对中国省域经济联系的空间格局及变化进行了研究；顾朝林和庞海峰（2008）运用引力模型定量分析了中国城市间的空间联系强度，据此剖析了中国城市体系的空间联系状态和结节区结构；朱道才等（2011）依据引力模型的原理，修正并构建了新型引力，结合断裂点公式分析了安徽城市空间联系格局；李斌等（2010）运用引力模型模拟了河南省公路客流空间运输联系；孟德友和陆玉麒（2011）通过引力模型，分析了高速铁路对河南沿线城市可达性及经济联系的影响。

根据已有研究成果不难发现，引力模型不仅能够较为直观地表达区域之间存在的空间联系，而且能进一步将其量化，测算出区域之间的联系强度。

因此，结合上述文献，以区域空间联系作为理论基础，我们尝试运用引力模型来研究区域创新产出的空间联系。

5.2　研究方法与数据来源

5.2.1　研究方法

1. 引力模型

引力模型起源于牛顿物理学中的"引力法则"，即两个物体之间的引力与它们各自的质量成正比，且与它们之间的距离成反比。1942 年 Zipf 首次将引力模型引入空间相互作用的研究中，运用引力模型建立了城市体系空间相互作用的理论基础。此后，引力模型在空间联系的研究中被广泛应用。

通过运用引力模型研究区域创新产出空间联系，量化区域创新产出联系强度，首先需要确定能够表示区域创新产出的指标。区域创新产出往往通过专利授权数、新产品产值等指标度量（王锐淇和张宗益，2010），以此反映区域创新水平。因此，选取专利申请授权数、规模以上工业企业新产品产值及高新技术企业个数为指标，以其几何平均数来确定区域创新产出。同时，认为区域之间的距离为一地区到另一地区的时间距离，因此在确立城市间距离时采用公路里程数作为时间距离；结合刘继生和陈彦光（2000）等学者的相关研究，将省区间距离衰减指数定为 2。由此，确立的引力模型如式（5-1）所示：

$$R_{ij} = KM_iM_j / D_{ij}^2 \tag{5-1}$$

式中，R_{ij} 为两个区域之间的创新产出联系强度；M_i、M_j 分别为区域 i 和区域 j 的区域创新产出；D_{ij} 为区域 i 和区域 j 之间的时间距离；K 为引力常数，一般为 1。在此基础上测算该地区与其他所有地区的创新产出联系量，即为该地区对外创新产出联系总量，公式如下：

$$R_i = \sum_{j=1}^{n} R_{ij} \tag{5-2}$$

式中，R_i 为 i 地区对外创新产出联系总量。

2. 最大引力线

各区域选取其最大引力，即最大联系强度值

$$R_i^{\max} = \max(R_{i1}, R_{i2}, \cdots, R_{ij}, \cdots, R_{i(n-1)}, R_{in}) \tag{5-3}$$

式中，R_i^{max} 为各区域所得到的最大引力，将对应区域两两连线，得到最大引力线联结图。

3. 断裂点公式

核心区域的创新产出辐射范围主要是通过断裂点公式确定的。根据引力模型，假设区域 i 与区域 j 之间存在一点，使得两个区域对该点的吸引力相等，那么该点即为区域 i 与 j 的断裂点。以往学者对辐射范围的研究，通常是运用康弗斯断裂点公式或是修正之后的断裂点公式（谢顺平等，2009；赵雪雁等，2011），并且从以往研究中不难发现，一个经济主体对周围一定范围内的客体的吸引力通常是通过该经济主体本身的影响力来实现的。由此，我们认为，中心城市的创新活动吸引力是通过该城市本身的区域创新产出水平产生的。通过专利申请授权数、规模以上工业企业新产品产值及高新技术企业个数来反映区域创新产出水平，并以城市之间的时间距离作为两地距离，得到断裂点公式：

$$D_A = D_{AB} / [1 + (P_B / P_A)^{1/2}] \tag{5-4}$$

式中，D_A 为断裂点到城市 A 的时间距离；D_{AB} 为城市 A、B 之间的时间距离；P_A、P_B 分别为城市 A 和 B 的区域创新产出。

5.2.2 数据来源

以浙江省为例，以各市区、县域为研究单元，探讨区域创新产出空间联系强度及中心城市创新产出辐射范围。考虑到舟山、嵊泗、岱山及洞头 4 个县、市区是岛屿，无法运用公路里程来计算时间距离，因此，最终选择浙江省除以上四地以外的 65 个县、市区作为研究区域，采用引力模型与断裂点公式，结合 ArcGIS10.1，分析区域创新产出联系强度及中心城市创新产出辐射范围。研究所采用的指标原始数据来自 2006 年与 2012 年的《浙江科技统计年鉴》，以及各市、县科技局提供的统计资料，城市之间的公路里程数据通过 Google 地图计算得到。

5.3 区域创新产出空间联系强度及变化

选取 2005 年、2011 年两个时间节点，根据引力模型计算得到 2005 年、2011 年的浙江省区域创新产出联系总量情况，其结果分别如表 5-1、表 5-2 所示。

表 5-1　　　　　　　　　2005 年浙江省区域创新产出空间联系情况

市县名称	创新联系总量	占全省比重/%	市县名称	创新联系总量	占全省比重/%	市县名称	创新联系总量	占全省比重/%
杭州市辖区	3395.021	11.671	海盐县	257.891	0.887	衢州市辖区	17.792	0.061
临安市	329.473	1.133	海宁市	854.262	2.937	常山县	2.767	0.010
淳安县	18.764	0.065	平湖市	259.535	0.892	开化县	1.879	0.006
建德市	62.091	0.213	桐乡市	786.307	2.703	龙游县	17.955	0.062
富阳市	259.570	0.892	湖州市辖区	192.521	0.662	江山市	9.491	0.033
桐庐县	474.818	1.632	德清县	75.285	0.259	台州市辖区	905.336	3.112
宁波市辖区	1817.216	6.247	长兴县	16.903	0.058	玉环县	523.259	1.799
宁海县	280.769	0.965	安吉县	227.506	0.782	三门县	48.318	0.166
象山县	55.559	0.191	绍兴市辖区	220.513	0.758	天台县	64.894	0.223
余姚市	2917.635	10.030	绍兴县	394.113	1.355	仙居县	52.202	0.179
慈溪市	2738.089	9.412	嵊州市	234.224	0.805	温岭市	533.211	1.833
奉化市	263.224	0.905	新昌县	220.380	0.758	临海市	278.913	0.959
温州市辖区	2081.479	7.155	诸暨市	358.033	1.231	丽水市辖区	51.500	0.177
永嘉县	186.985	0.643	上虞市	409.475	1.408	龙泉市	8.129	0.028
平阳县	384.629	1.322	金华市辖区	380.494	1.308	青田县	7.263	0.025
苍南县	104.301	0.359	武义县	141.634	0.487	云和县	16.389	0.056
文成县	6.719	0.023	浦江县	241.907	0.832	庆元县	1.155	0.004
泰顺县	0.569	0.002	磐安县	38.715	0.133	缙云县	62.707	0.216
瑞安市	1124.746	3.866	兰溪市	48.981	0.168	遂昌县	4.093	0.014
乐清市	1142.578	3.928	义乌市	1444.004	4.964	松阳县	1.921	0.007
嘉兴市辖区	441.502	1.518	东阳市	666.233	2.290	景宁县	0.934	0.003
嘉善县	368.017	1.265	永康市	557.631	1.917			

由表 5-1 可知,2005 年浙江省区域创新产出空间联系总量位于全省总量前五位的县、市区分别为杭州市辖区、余姚市、慈溪市、温州市辖区和宁波市辖区,其占全省比重分别为 11.671%、10.030%、9.412%、7.155% 和 6.247%,其创新产出联系总量比重相加达到了 44.515%,几乎占据了 2005 年浙江全省创新产出联系总量的 1/2,可见 2005 年浙江省区域创新产出联系主要集中于这些县、市区。其中,杭州市除市辖区外,其余县、市区的比重均较低;宁波市所属的宁海县、象山县和奉化市的比重也均未达到 1%,属于创新产

表 5-2　　　　　　　　2011 年浙江省区域创新产出空间联系情况

市县名称	创新联系总量	占全省比重/%	市县名称	创新联系总量	占全省比重/%	市县名称	创新联系总量	占全省比重/%
杭州市辖区	221 071.418	15.329	海盐县	12 341.623	0.856	衢州市辖区	1 411.410	0.098
临安市	22 400.743	1.553	海宁市	33 431.048	2.318	常山县	376.659	0.026
淳安县	1 370.543	0.095	平湖市	18 675.583	1.295	开化县	341.459	0.024
建德市	3 137.013	0.218	桐乡市	23 551.353	1.633	龙游县	1 066.623	0.074
富阳市	34 451.645	2.389	湖州市辖区	32 259.584	2.237	江山市	1 004.679	0.070
桐庐县	9 027.259	0.626	德清县	26 313.674	1.825	台州市辖区	20 331.442	1.410
宁波市辖区	162 374.364	11.259	长兴县	13 871.129	0.962	玉环县	6 978.667	0.484
宁海县	10 249.948	0.711	安吉县	9 754.128	0.676	三门县	1 609.851	0.112
象山县	2 872.382	0.199	绍兴市辖区	25 181.484	1.746	天台县	4 046.340	0.281
余姚市	175 922.582	12.199	绍兴县	41 743.902	2.895	仙居县	1 279.513	0.089
慈溪市	177 546.893	12.311	嵊州市	9 683.985	0.671	温岭市	10 411.472	0.722
奉化市	16 903.610	1.172	新昌县	13 440.625	0.932	临海市	11 162.865	0.774
温州市辖区	25 825.187	1.791	诸暨市	20 358.812	1.412	丽水市辖区	1 260.156	0.087
永嘉县	4 397.314	0.305	上虞市	31 929.339	2.214	龙泉市	325.527	0.023
平阳县	7 995.122	0.554	金华市辖区	12 616.026	0.875	青田县	209.238	0.015
苍南县	3 504.683	0.243	武义县	3 719.064	0.258	云和县	782.553	0.054
文成县	227.064	0.016	浦江县	4 914.488	0.341	庆元县	110.273	0.008
泰顺县	110.070	0.008	磐安县	3 310.114	0.230	缙云县	1 713.541	0.119
瑞安市	17 291.917	1.199	兰溪市	5 504.550	0.382	遂昌县	586.436	0.041
乐清市	17 027.285	1.181	义乌市	33 020.783	2.290	松阳县	89.477	0.006
嘉兴市辖区	30 774.893	2.134	东阳市	24 854.544	1.723	景宁县	164.982	0.011
嘉善县	17 919.314	1.243	永康市	14 022.910	0.972			

出联系较弱的区域;其余城市除瑞安市、乐清市、海宁市、桐乡市、义乌市、东阳市及台州市辖区外,区域创新产出联系总量所占比重均未达到 2%,大多城市甚至低于 1%。由此可见,2005 年浙江省区域创新产出空间联系显示出不均衡现象,杭州、宁波等地创新产出联系总量大,而浙中与浙西南城市的区域创新产出联系总量普遍较小,两者差距较大。

由表 5-2 可知，2011 年浙江省区域创新产出空间联系总量位于全省总量前五位的县、市区分别为杭州市辖区、慈溪市、余姚市、宁波市辖区及绍兴县，较 2005 年略有变化。同时，其创新产出联系总量占全省比重分别为 15.329%、12.311%、12.199%、11.259%及 2.895%，相加达到 53.993%，已超过全省的一半。值得注意的是，绍兴县所占比重明显比前 4 个县、市区所占的比重低，仅为 2.895%。除杭州市辖区、慈溪市、余姚市和宁波市辖区之外，其余县、市区创新产出联系总量占全省比重均未达到 3%，大多城市处于 1%以下。由此，我们认为，2011 年浙江省区域创新产出空间联系总量分布情况较 2005 年有比较明显的差别，区域创新产出联系总量出现更为明显的差距，创新产出联系分布更加不均衡。杭州、宁波依然是创新产出联系的集中区域，同时其区域创新产出联系总量增大，而浙中与浙西南各县、市区的区域创新产出联系总量虽然也有所增大，但所占比重减小，区域创新产出空间联系不均衡现象加剧。

为了进一步研究浙江省各县域城市创新产出空间联系情况，结合软件 ArcGIS10.1，绘制了 2005 年与 2011 年的创新产出空间联系图（略），用于更直观地反映 2005 年与 2011 年浙江省区域创新产出联系强度及变化情况。

2005 年与 2011 年浙江省区域创新产出空间联系情况存在比较明显的变化，该变化主要集中在浙东北地区，尤其是杭州市辖区、余姚市、慈溪市及宁波市辖区这 4 个县、市区，2011 年的区域创新产出联系量较 2005 年相比，有了显著的增加。2005 年，杭州市辖区的创新产出联系总量最大，且与周边县、市区均有联系，联系方向均匀，是该时期浙江区域创新产出联系的主要城市；宁波市辖区、余姚市及慈溪市虽然创新产出联系总量大，但是由于它们彼此之间的联系量较大，而与其他县、市区的创新联系并不显著，在该时期并不能成为浙江区域创新产出空间联系的主要城市；义乌市、温州市辖区、台州市辖区对各自周边县、市区也存在较为明显的创新产出联系；而浙西南地区尤其是丽水、衢州两地，不论是城市内各县、市区自身的创新产出联系还是对外创新产出联系均不明显，属于创新产出空间联系较弱的县域。2011 年，浙江省区域创新产出空间联系的基本格局并未发生较大变化，创新产出联系密集区域依然集中在浙东北一带，杭州市辖区在该时期与周边县、市区依旧有较强的区域创新产出联系，且与四周县、市区均有联系，依然是浙江省区域创新产出联系的主要城市；宁波市辖区、慈溪市、余姚市的创新产出联系总量大幅上升，3 个城市之间的创新产出联系量依然较大，但相较于 2005 年，宁波市辖区的创新产出联系呈扇形发散，因此我们认为，宁波市辖区也已成为浙江区域创新产出联系的重要城市；义乌市、温州市辖区、台州市辖区各自的创新产出联系总量增大，与周边县、市区的联系量也有明显增加，但相较 2011 年浙江区域创新产出联系整体情况，在自然断点法分类时，其联系量并没有位于更高的分级水平；丽水、衢州两地的区域创新产出空间联系仍不明显。

根据以上分析，课题组认为，2011 年浙江省区域创新产出空间联系情况相较于 2005 年发生了比较明显的变化，区域创新产出联系主要城市有明显变化，由 2005 年仅有的杭州市辖区增加至 2011 年的杭州市辖区与宁波市辖区。此外，区域创新产出联系量及创新产出联系总量都有显著增加，有明显创新产出联系的区域增多。但浙西南地区尤其是丽水、衢州两地创新产出空间联系情况不明显，且在 2011 年未有明显改善，仍为创新产出联系较弱的县域。

5.4　区域创新产出联系中心城市及其辐射范围确定

为进一步研究区域创新产出空间联系，确定城市创新产出辐射范围，以浙江省为例，通过分析得到浙江区域创新产出空间联系中心城市，并以此对其创新产出辐射范围进行深入探索。

5.4.1　中心城市的确定

通过引入"最大引力线"，结合区域创新产出联系总量来确定浙江省区域创新产出空间联系中心城市。根据已有数据，应用 ArcGIS10.1 软件得到浙江区域创新产出联系最大引力线图（略）。一般来说，在最大引力线图中，一区域被连接的次数越多，表明该区域引力越大、中心地位越高。

将最大引力线数量（$N^{\max}$）和区域创新产出联系总量（R_i）相结合，以此来判断节点城市等级，从而确定中心城市。结合浙江省区域创新产出实际情况，将节点城市大致进行以下分类：$N^{\max} \geqslant 15$ 或者 $N^{\max} \geqslant 10$ 且 $R_i > M+3S$ 为一级节点城市，其中 M 与 S 分别为 R_i 的平均值与标准差；$N^{\max} \geqslant 5$ 或者 $N^{\max} \geqslant 3$ 且 $R_i > M+2S$ 为二级节点城市；$N^{\max} \geqslant 2$ 为三级节点城市。按照上述分类方法，通过计算得到 2005 年、2011 年的区域创新产出联系节点城市分类，结果如表 5-3 所示。

表 5-3　浙江省区域创新产出联系节点城市分类（2005 年、2011 年）

节点等级	年份	城市
一级节点	2005	杭州市辖区
	2011	杭州市辖区
二级节点	2005	余姚市、温州市辖区、义乌市
	2011	宁波市辖区、余姚市、温州市辖区
三级节点	2005	海宁市、宁波市辖区、瑞安市、桐乡市、永康市、台州市辖区、乐清市、嘉兴市辖区、嘉善县
	2011	慈溪市、瑞安市、永康市、海宁市、湖州市辖区、绍兴县、义乌市、台州市辖区、嘉兴市辖区

由表 5-3 可知，2005 年、2011 年杭州市辖区均为一级节点城市，表明近年来杭州市辖区在浙江省区域创新产出中的空间支配地位相对最高，区域中心性地位相对最强，因此，我们认为 2005 年、2011 年杭州市辖区为浙江省区域创新产出联系的中心城市。进一步结合图 5-2 可知，温州市辖区虽然在 2005 年最大引力线数量为 11，但由于其创新产出联系总量相对较小，尚未成为中心城市；2011 年宁波市辖区随着最大引力线数量的增加及其区域创新产出联系总量的上升，成为二级节点城市。此外，三级节点城市数量未发生变化，但慈溪市、湖州市辖区、绍兴县和义乌市取代桐乡市、乐清市、嘉善县和宁波市辖区成为三级节点城市，表明 2011 年浙江省区域创新产出联系的三级节点城市发生了变化。

5.4.2　中心城市辐射范围分析

在以上研究中所得到的节点城市相对较好地体现了浙江省区域创新产出联系层次结构，而在此基础上研究一级节点城市即中心城市对二、三级节点城市的区域创新产出辐射范围，能够更好地反映中心城市对二、三级节点城市的区域创新产出影响，同时也可以进一步发现浙江省区域创新产出空间联系情况。基于此，运用断裂点公式，计算中心城市到各二、三级节点城市的断裂点距离，结合 ArcGIS10.1 软件分析得到 2005 年、2011 年中心城市辐射范围。

根据二、三级节点城市的分布,中心城市的辐射范围主要趋于东南方向。2011 年杭州市辖区区域创新产出辐射范围相较于 2005 年有明显的变化,由于二、三级节点城市的变化与区域创新产出联系总量的增加,辐射区范围在南北方向有明显的增大。2005 年,杭州市辖区创新产出辐射范围主要涉及绍兴市辖区、绍兴县、上虞市、嵊州市、新昌县、天台县、磐安县、缙云县、永康市、东阳市、诸暨市、义乌市、富阳市、桐乡市、海宁市及嘉兴市辖区。2011 年辐射范围呈纵向扩大,覆盖区域增加,仙居县、德清县和湖州市辖区也成为杭州市辖区创新产出联系辐射区。同时,由断裂点距离可知,2011 年杭州市辖区与宁波市辖区之间的断裂点较 2005 年更靠近杭州市辖区,表明 2011 年宁波市辖区创新活动吸引力提升,使得中心城市对其辐射能力减小;2011 年温州市辖区、乐清市、瑞安市与中心城市之间的断裂点相比于 2005 年出现明显的向下偏移,表明 2011 年中心城市的创新活动吸引力对温州市辖区、乐清市、瑞安市的影响增大。

5.5　结论与展望

本章引入引力模型,结合区域创新理论,以浙江省为例,分析了区域创新产出的空间联系情况,得到以下结论。

(1)2005 年与 2011 年,浙江省区域创新产出空间联系总量存在较大的变化,2011 年浙江省区域创新产出空间联系总量较 2005 年有显著增加。区域创新产出空间联系总量较大的城市主要为杭州市辖区、宁波市辖区、余姚市、慈溪市、温州市辖区、绍兴县等县、市区,而丽水、衢州等地的区域创新产出联系总量较少,表明浙东北与浙西南地区的区域创新产出联系存在较大差异。2011 年浙江省区域创新产出联系格局较 2005 年并没有明显的变化,浙东北地区依旧是浙江省区域创新产出联系的密集区域。这表明浙东北区域创新活动较之于浙西南地区活跃,杭州市辖区、宁波市辖区等县、市区在创新投入、创新环境与政策扶持等方面均优于浙西南各县、市区,这使其区域创新产出强、空间联系密集。同时,与杭州市辖区、宁波市辖区具有明显创新产出空间联系的县、市区数量增加,表明 2011 年浙江省各县域区域创新产出联系在已有基础上显得更加密切。

（2）结合最大引力线数量与区域创新产出联系总量，共同确定了杭州市辖区为浙江省区域创新产出空间联系的中心城市。同时，二、三级节点城市的数量未发生变化，表明浙江省区域创新产出联系的城市空间结构未有较大改变。2005 年与 2011 年，余姚市、温州市辖区均成为浙江省区域创新产出联系的二级节点城市。2011 年宁波市辖区由于最大引力线数量的增加及创新产出联系总量的增大，由 2005 年的三级节点城市上升为二级节点城市。同样地，义乌市由于最大引力线数量的减少及创新产出联系总量比重的下降，在 2011 年降为三级节点城市。2011 年三级节点城市数量较 2005 年并未发生变化，但由于区域创新产出水平在一定区域内存在消长，三级节点城市也略有变动。

（3）2005 年杭州市辖区的创新产出辐射范围主要分布于东南方向，而对嘉兴、湖州两地的辐射效果并不显著；2011 年杭州市辖区辐射范围呈现出纵向增大的现象，对嘉兴、湖州两地的辐射效果明显。同时，辐射区域在横向范围内略有削减，主要由于宁波市辖区在该时期的区域创新产出水平提高，创新活动吸引力增强，对中心城市的创新产出辐射产生了一定的影响。此外，中心城市对温州市辖区、乐清市及瑞安市的创新活动吸引力增大，以致其断裂点出现了不同程度的向下偏移。

由引力模型可知，区域创新产出的空间联系强度主要取决于各区域的创新产出及区域间距离，因此，增强创新产出空间联系主要在于推动区域创新产出及缩短区域之间的距离。加大区域创新投入，优化创新环境，完善城市、县市间公路、铁路建设，大力推动信息、通信发展，从而缩短区域之间的硬距离与软距离，增强区域创新产出的空间联系，以此推动地区区域创新发展。

第6章

集群企业网络嵌入对技术创新的影响

——基于知识的视角

技术创新一直被认为是企业维持生存与不竭发展的动力,特别在科技迅猛发展的高新技术产业中,只有持续创新的企业才能满足日益变化的市场环境,确立竞争优势。近年来,随着技术创新复杂性和不确定性的增加,组织不能仅局限于从组织内部获取创新所需的信息与知识,闭门造车式的技术创新已经无法适应新形势、新环境的要求,组织不得不寻求新的技术创新模式(Escribano et al.,2009)。可见,开放式技术创新逐渐成为现代企业生存和发展的必然选择。开放式技术创新是一个交互合作的过程,也是一个不断形成合作创新网络的过程。产业集群,尤其是高新技术产业集群,作为新经济形式下一种极具活力的产业组织形式,具有技术创新所需的组织架构、产业文化基础、知识积累和转移扩散的内在机制。Dyer 和 Singh(1998)认为企业可以通过嵌入在网络中,创造关系性资产,共同学习与知识交流,彼此能力互补,并通过优化的网络结构降低交易成本,从而提升技术创新能力。Coleman(1988)认为网络嵌入性有助于行动者间信任机制的形成和协作关系的维系,能促进企业技术创新。刘雪峰(2007)认为通过网络嵌入,企业可以获取各种资源与能力,而这些资源与能力的获取对企业技术创新有推动作用。

虽然目前国内外学者对集群企业网络强度与技术创新之间的关系进行了广泛研究,但是其实证对象多集中于传统行业产业集群(Ahuja,2000;吴晓波和韦影,2005),较少涉及技术创新需求更高的高新技术产业集群。此外,尚未有学者明确提出高新技术集群企业网络嵌入、知识转移、知识创造与技术创新之间具体的影响机制。基于此,拟以知识的视角,构建集群企业网络嵌入、知识转移、知识创造与技术创新关系模型,并以浙江杭州高新集群企业为调查对象，对上述问题进行实证研究。

6.1　理　论　框　架

6.1.1　网络嵌入对知识转移的影响

产业集群从本质上而言是一种劳动分工与协作的制度安排，它嵌入于所在区域特定的文化传统、价值规范和网络成员信任网络之中（潘永涛，2007）。探索集群企业的网络嵌入性，以及集群企业的网络嵌入性对企业技术创新的影响，能够从本质上展现集群企业所在网络对企业个体的价值所在。所谓集群企业网络嵌入，是指产业集群企业发展受其所处的社会网络环境、网络关系及网络结构的影响（王国红等，2011），可以用节点度、亲近中心度和结构洞来衡量（Burt，1992；Tsai，2001；李林艳，2004）。

Polanyi 早在 20 世纪 60 年代就曾指出，知识是嵌入于个体与文化的互动结构中的（Polanyi，1962）。基于这一认识，李林艳（2004）认为，企业的网络嵌入性决定了企业在网络联系中的地位及所能获取资源的数量和质量。节点度高意味着网络地位和更大的网络资源享有权，从而能更容易寻求到有效的知识源或知识接受组织，这将推动组织间的知识转移活动。胡平波等（2006）认为企业网络会带来网络资源互补、知识学习和创新的外部效应。任志安（2006）也认为企业网络关系有益于企业间知识流动和共享。张志勇和刘益（2007）的研究发现，网络强度、网络密度与网络中心性对知识转移效果均产生正向影响。张睿和于渤（2009）认为社会网络关系对知识转移效率有显著影响。阳志梅和胡振华（2010）认为，在集群网络内，良好的网络结构特征可以促进集群内企业间的知识转移。基于以上文献，提出以下假设。

H6-1：集群企业网络嵌入对知识转移具有显著的正向影响。

6.1.2　网络嵌入对知识创造的影响

Tallman 和 Pinch（2004）指出目前知识更新速度持续加快，而集群企业自身所拥有的知识存量有限，为提升技术创新绩效，集群企业需与大学、科研机构、供应商、客户甚至竞争对手建立战略合作关系，通过知识交流，不断吸纳并创造新知识，从而形成有效循环的知识链。知识链体现了不同创新组织间的交互作用，知识链中各成员组织之间、各成员内部个体之间的社会关系可以用网络嵌入来表示。企业网络嵌入程度越高，其从网络其他成员处获取信息应用于知识创造的可能性越大。Jansen 等（2005）的研究表明了组织结构与组织知识创造活动显著正相关。可见，集群网络内非正式交流带来了最新的市场信息、管理经验、技术诀窍，能够激发集群企业知识创造活动。基于上述分析，提出以下假设。

H6-2：集群企业网络嵌入对知识创造具有显著的正向影响。

6.1.3 知识转移对知识创造的影响

集群企业知识转移是指当集群内某家企业认识到缺乏另一家企业具备的知识时，通过集群网络与另一家企业进行互动，以取得自身发展所需的知识，并加以判断、吸收、应用的过程（Davenport and Prusak，1998）。知识创造体现一个组织开发有价值的新思想、新方案的能力，是个人、团体与组织不断进行知识螺旋替换的过程（Krogh et al.，2001）。

集群知识创造是集群知识整合的结果，而知识整合又离不开集群内外部知识转移活动，组织通过创造知识的过程来实现学习目标，并通过知识创造机制，将转移取得的具有价值的知识消化、吸收，进一步转化成组织知识。Krogh 等（2001）认为企业间有效的知识转移能够提高企业的创新速度、创新频率及创新强度，同样，企业创新产生的知识又会提升企业的知识转移能力。白杨认为知识创造是知识管理过程的主要活动，而知识转移是知识创造的前提条件。于晓庆（2007）指出组织接触大量的信息将促进知识创造。基于以上文献，提出以下假设。

H6-3：知识转移对知识创造具有显著的正向影响。

6.1.4 知识转移对技术创新的影响

Jaffe 等（1993）认为，知识转移具有时间积累性特征，而技术创新首先是大量专业知识的学习积累过程，知识的长时间积累为技术创新奠定基础。Adler 和 Kwon（2002）的观点是，企业与合作伙伴之间进行知识和技术的转移，有助于企业实现内部技术创新。王毅和吴贵生（2001）发现，在产学研合作过程中，多家企业和机构共同研制复杂技术产品时，技术创新成功的关键是黏性知识在网络内的成功转移和共享。Cavusgil 等（2003）指出，技术创新能力又来自企业内部知识的转移。Dhanaraj 和 Tihanyi（2004）的研究发现，显性知识的有效转移与企业技术创新有显著正相关关系。杨玉秀和杨安宁（2008）指出，知识转移为技术创新提供了前提和基础。贾晓霞和周溪召（2007）进一步认为，企业间通过建立战略联盟等形式来实现组织间知识转移比仅靠企业自身创造知识更加经济有效。基于此，提出以下假设。

H6-4：知识转移对技术创新具有显著的正向影响。

6.1.5　知识创造对技术创新的影响

知识创造是提升创新能力和组织竞争力的关键因素（Grant，1996；Szulanski，2000；Larson，1992）。Cynthia 等认为，在企业技术创新过程中，现存知识平台和所需知识之间存在很多知识缺口，通过知识创造可弥补技术创新的知识缺口。张明等（2008）通过德国的 127 家企业的样本数据验证了知识创造与技术创新显著相关。谢洪明等（2007a）在中国的背景下同样得到了类似的结论。集群企业知识创造能力增强，可使企业产生更多的新知识，由新知识转化而来的新产品、新服务会为技术创新活动提供更多的反馈信息，这些反馈信息和创造的新知识又能成为企业知识存量的一部分，并再通过集群知识转移和创造进行新一轮的技术创新活动。基于此，提出以下假设。

H6-5：知识创造对技术创新具有显著的正向影响。

综上所述，构建理论假设模型，如图 6-1 所示。

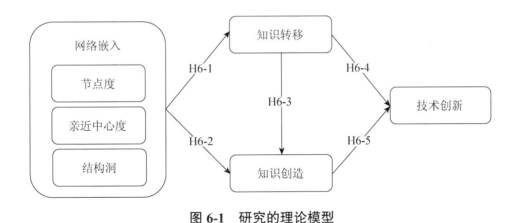

图 6-1　研究的理论模型

6.2　变量测度与信效度

6.2.1　变量测度

各集群企业的网络嵌入指标值是在资料整理和实地访谈后，根据企业中高层管理员工及技术员工的叙述判断得到各企业间的关系矩阵，然后运用

UCINET6.212 软件计算得到的。因此，问卷主体部分只包括对知识转移、知识创造和技术创新三个方面的衡量。

为确保测量的信效度，尽量采用国内外现有文献已使用过的成熟量表，再根据目标加以适当调整。知识转移的测度量表参考并修改了 Zahra 和 George（2002）编制的知识转移量表，共设计了 20 个题项。知识创造的测度量表，在 Nonaka（1994）的研究基础上，进一步参考了王颖（2008）编制的知识创造量表，共 12 个问题。集群企业技术创新主要参考了 He 和 Wong（2004）、Dewar 和 Dutton（1986）在对渐进式创新和突破性创新进行研究时所作的定义和测量，设计了 8 个问题。选取集群类型这一控制变量，将软件产业集群和文化创意产业集群分别赋值"0"和"1"。调查问卷主体部分采用李克特 5 分量表。为了保证调查问卷的科学性和合理性，能够较为客观、真实地反映主题，并让绝大多数被调查者理解并接受，笔者在正式问卷调查前先在课题组内及浙江高新技术企业工作的熟人中组织前测。经过前测，问卷删除了 4 个题项、修改了 5 个题项。

6.2.2 研究样本

以杭州软件产业和文化创意产业集群企业为调查对象，经过比较分析，笔者选择了集聚情况较好且具有一定规模的 10 个集群进行调查，分别为：北部软件园、东部软件园、天堂软件园、西湖数源软件园、杭州高新软件园等 5 个软件产业集群，西湖创意园、之江文化创意园、运河天地文化创意园、西溪创意产业园、滨江卡通城文化 5 个文化创意产业集群。同时从每个集群中随机抽取 15 家企业（共 150 家）作为被调查企业。

正式调研分访谈和问卷调查两步进行。第一步，对调查对象企业的高层管理者、中层管理者及技术人员进行实地和网上访谈，获得与本企业存在业务、资本、技术等联系的企业的勾选名单和被访者所在企业 5～8 名管理者或技术人员的 E-mail 地址、电话等联系方式，并填写第一批调查问卷；第二步，向提供有效勾选名单的企业的管理者或技术人员发放调查问卷。通过以上步骤，共发放问卷 1332 份。为了尽可能减少同源误差，选取了有 3 名及 3 名以上人员填写有效问卷的企业作为样本企业，该企业的测评数据取这些问卷的简单平均值，整理得到有效样本 143 份，获得了包括 143 家企业、10 所高校、10 个高新技术园区节点的集群创新网络。

根据社会网络分析理论，假定企业之间、企业与园区之间、企业与高校之间存在业务、资本、技术等联系，关系矩阵相应的元素赋值为"1"；不存在上述关联则为"0"，获得了关系矩阵，详见图 6-2。

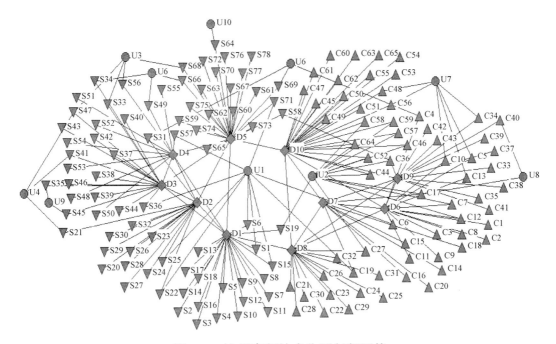

图 6-2　杭州高新技术集群创新网络

在图 6-2 中，S1～S78 分别代表 78 家软件企业，在图中用倒三角表示；C1～C65 分别代表 65 家文化创意企业，在图中用正三角表示；U1～U10 分别代表 10 家高校，在图中用圆圈表示；D1～D10 代表 10 个高新技术园区，在图中用菱形表示。

6.2.3　信度与效度分析

1. 信度分析

采用 Cronbach's α 系数来检验各变量的信度，由于集群企业网络嵌入指标数据并非通过问卷获得，仅需对知识转移、知识创造和技术创新指标进行信度分析。运用 SPSS16.0 软件，分析结果如表 6-1 所示。

表 6-1　　　　　　　　　　　　变量的信度分析

变量	Cronbach's α
知识转移（KT）	0.948
知识创造（KC）	0.919
技术创新（TI）	0.911

由表 6-1 可知，知识转移、知识创造和技术创新的 Cronbach's α 系数均大于 0.9，远大于 0.6 的基本要求，因此研究符合信度要求。

2. 效度分析

通过 AMOS17.0 软件进行结构效度检验，结果如表 6-2 所示。

表 6-2 各变量验证性因素分析的结果

拟合度指标	知识转移（KT）	知识创造（KC）	技术创新（TI）
χ^2	262.851	109.580	64.075
df	98	48	19
χ^2/df	2.682	2.280	3.372
RMSEA	0.090	0.093	0.092
GFI	0.891	0.914	0.897
IFI	0.907	0.906	0.938
CFI	0.906	0.907	0.937
NFI	0.890	0.925	0.914

注：RMSEA——root mean square error of approximation，近似误差均方根；GFI——goodness of fit index，拟合优度指数；IFI——incremental fit index，增量拟合指数；CFI——comparative fit index，比较拟合指数；NFI——normed fit index，正规拟合指数

由表 6-2 可知，知识转移的 χ^2/df 值为 2.682，位于[1，3]区间；GFI 值为 0.891，NFI 值为 0.890，均接近 0.9 的理想水平；CFI 值和 IFI 值均大于 0.9，达到理想水平；RMSEA 值等于 0.090，拟合度可以接受。综合分析各指标，我们认为知识转移、知识创造与技术创新的验证性因子分析模型各测度指标能较好地反映潜变量的情况，具有较高的效度。

6.3 实 证 分 析

利用结构方程模型验证集群企业网络嵌入、知识转移、知识创造和技术创新之间关系模型。根据分析结果，χ^2/df 值为 2.869，位于[1，3]区间；NFI 值为 0.893，略小于 0.9；GFI、CFI、IFI 值均大于 0.9；RMSEA 值为 0.014，小于 0.1。可见，理论模型的整体模型拟合度较好，整体模型路径系数见图 6-3。

由图 6-3 可知，集群企业网络嵌入和知识转移的路径系数为 0.610，假设 H6-1 获得支持，表明杭州高新技术集群企业网络嵌入对集群企业的知识转移有正向影响。同理，假设 H6-2、H6-3 和 H6-5 均获得支持，表明杭州

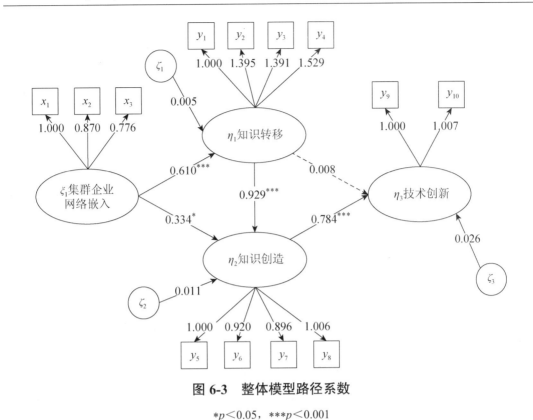

图 6-3　整体模型路径系数

*$p < 0.05$，***$p < 0.001$

高新集群企业网络嵌入对知识创造、知识转移对知识创造、知识创造对技术创新均存在正向影响。然而，知识转移对技术创新的路径系数为 0.008，不显著，假设 H6-4 未获得支持，这表明知识转移对技术创新没有显著正向作用。

在整体理论模型分析基础上，分别构建了三个模型，以进一步探讨高新集群企业网络嵌入对技术创新的影响。一是集群企业网络嵌入（NED）与技术创新（TI）之间的直接影响模型；二是以知识转移（KT）与知识创造（KC）为中介的中间变量模型；三是在中间变量模型基础上，再加入集群类型这个控制变量。结果如表 6-3 所示。

模型 1 的各拟合度指标如下。绝对拟合指数：χ^2/df 值为 1.951，位于 [1，3] 区间；GFI 值为 0.954，达到大于 0.9 的理想水平；RMSEA 值为 0.086，达到小于 0.1 的理想水平。增量拟合指数：NFI 值为 0.946，CFI 值为 0.954，IFI 值为 0.955，均达到大于 0.9 的理想水平。综合各项指标的判断，模型 1 的拟合情况较好。

同理，模型 2 的拟合情况较好，可对假设进行验证。集群企业网络嵌入和技术创新之间的影响系数为 0.031，未达到显著水平，表明在中间变量模

表 6-3   不同模型的路径系数和关系验证

假设路径	直接影响模型[a] 模型 1	中间变量模型[b] 模型 2	控制变量（集群类型）模型[b] 模型 3	
			软件产业	文化创意产业
NED→TI	0.695***	0.031	0.092	0.053
NED→KT	—	0.634***	1.524***	0.788***
KT→KC	—	1.188***	0.081	1.037**
KC→TI	—	0.764***	0.607***	0.799***
拟合度指标				
χ^2/df	1.951	2.876	2.471	
GFI	0.954	0.913	0.891	
RMSEA	0.086	0.015	0.038	
NFI	0.946	0.891	0.892	
CFI	0.954	0.924	0.883	
IFI	0.955	0.926	0.886	
AIC	55.802	261.419	210.721	

注：路径系数为标准化值

$p<0.01$，*$p<0.001$

a 只包括网络嵌入对技术创新的直接影响

b 包括网络嵌入对技术创新的直接影响，也包括知识转移和知识创造在网络嵌入和技术创新两个变量间的中介影响作用

型中，集群企业网络嵌入对技术创新没有显著的正向影响。但集群企业网络嵌入和知识转移之间的影响系数为 0.634，表明在中间变量模型中，集群企业网络嵌入对知识转移有显著的正向影响，假设 H6-1 获得支持。知识转移和知识创造之间的影响系数为 1.188，表明在中间变量模型中，知识转移对知识创造有显著的正向影响，假设 H6-3 获得支持。同理，知识创造和技术创新之间的影响系数为 0.764，表明在中间变量模型中，知识创造对技术创新有显著的正向影响，假设 H6-5 获得支持。此外，结合模型 3 的分析结果可知，在不同类型集群中，集群企业网络嵌入对技术创新均没有直接显著影响。可见，知识转移和知识创造在集群企业网络嵌入和技术创新之间起到中介作用。

同理，综合各项指标判断，模型 3 的拟合情况尚可，可对假设进行验证。

验证结果表明在杭州软件产业集群中，集群企业网络嵌入和知识转移之间的影响系数为 1.524，表明在控制变量模型中，网络嵌入对知识转移有显著影响，假设 H6-1 获得支持。知识转移与知识创造的影响系数为 0.081，未达到显著水平，假设 H6-3 未获得支持。同理，知识创造和技术创新之间的影响系数为 0.607，表明在控制变量模型中，知识创造对技术创新有显著的正向影响，假设 H6-5 获得支持。而在杭州文化创意产业集群中，集群企业网络嵌入和知识转移之间的影响系数为 0.788，表明在控制变量模型中，网络嵌入对知识转移有显著正向影响，假设 H6-1 获得支持。知识转移与知识创造、知识创造与技术创新的影响系数分别为 1.037 和 0.799，表明在控制变量模型中，知识转移对知识创造有显著的正向影响，假设 H6-3 获得支持；知识创造对技术创新有显著的正向影响，假设 H6-5 获得支持。可见，在不同的产业集群中，中间变量模型的检验结果存在差异。

模型 1 的研究结果表明，高新集群企业网络嵌入对技术创新具有显著正向影响。集群企业网络嵌入加深意味着集群中企业间的非技术性经济联系及企业与当地政府组织、专业机构等联系增强，企业技术创新资源不断丰富，技术创新能力持续提升。

模型 2 的研究结果表明，高新集群企业网络嵌入并不直接影响技术创新，知识转移和知识创造在网络嵌入与技术创新之间起完全中介作用。网络嵌入程度加深，意味着集群企业与更多其他企业及机构维持联系，在集群网络中的位置越来越向中心点靠近，且维持的非冗余关系数增加，这些都有助于集群内企业间及企业与各机构间的知识转移与后续的知识创造过程。

进一步分析形成模型 3 研究结果的原因，在杭州文化创意产业中，很多文化创意企业和园区是依托高校而成立的。比如，下沙的杭州经济技术开发区，就是依托浙江理工大学的纺织服装、艺术设计等优势学科推进建设的；之江文化创意园和西湖创意园，依托中国美术学院建立，被称为"环美院文创园"。此外，大量与文化创意相关专业毕业的学生投身杭州文化创意产业。"母校情结"与"同窗之情"的信任是其他社会关系无法比拟的，这种信任在加深企业网络嵌入的同时，也有效推动了知识转移。此外，一般而言，从事文化创意产业的员工通常更富有想象力，因此，文化创意集群企业的知识富有异质性，在异质性知识有效转移时，创造的灵感就会被激发，并推动了知识创造活动，从而促进了企业技术创新。

那么，同样是杭州高新技术产业集群，为什么在软件集群企业中知识转移对知识创造没有显著的正向影响呢？当前，杭州软件企业数量、规模、效益、实力等均有显著提高，但是，软件企业间产品方向雷同、技术含量相对较低，企业间的竞争焦点大多不在技术，而在客户。在实证调查时也发现，与客户的频繁互动已成为杭州软件产业的一大特点，与客户的频繁互动加深了软件集群企业的网络嵌入程度，频繁的互动必然促进知识转移。但是进行这类互动时，知识转移基本是单向进行的，企业在向客户介绍软件产品时将企业自身知识转移给客户，但是客户转移回来的知识与企业本身的知识基本同质，而知识创造的基础是异质性知识。此外，软件集群企业间虽然由于地理临近性可以通过正式与非正式沟通保持联系，网络嵌入程度高，也能进行有效的知识转移，但是由于产品方向雷同、技术含量低，与企业自身的知识存量相似，所转移的知识专业性弱且同构性过强，大多是冗余和重复的知识，没有对企业知识创造产生显著影响。

6.4　研　究　结　论

本章从知识的视角研究高新集群企业网络嵌入对技术创新的影响，通过结构方程模型对集群企业网络嵌入、知识转移、知识创造和技术创新四者之间的关系做了分析，并结合不同类型集群的实际情况，得出如下结论和管理启示。

（1）集群企业网络嵌入对知识转移具有显著的正向影响。研究结果表明，高新集群企业网络嵌入程度越高，越有可能通过知识转移获取丰富的信息和知识，其知识转移效率也越高，这一研究结果支持了 Koka 和 Prescott（2002）、张睿和于渤（2009）等学者的观点。可见，集群企业应积极维护社会网络关系，从合作企业、供应商和客户获取知识与技术支持，同时也应与外部的科研机构、政府机关及高校保持密切联系，以获取外部知识与信息支持，从而提升集群企业的知识转移能力。

（2）集群企业网络嵌入对知识创造具有显著的正向影响。研究结果表明，高新集群企业网络嵌入程度越高，其知识创造效率越高，这与 Jansen 等（2005）的观点一致。Jansen 等的实证研究主要在企业内部组织微观层面上进行，认为组织结构的连通性与组织中知识创造活动显著正相关，在产业集群中观层面上的实证分析可作为对 Jansen 等的实证研究的补充。这要求集群企业要善于识别企业自身的社会网络关系，积极营造集群企业与所处网络成员之间的互动氛围，通过加强员工培训、解除知识分享的心理防范、培养相互信任关系、增加研发投入等方式，提升集群企业的知识创造能力。

（3）集群企业网络嵌入并不直接影响技术创新，而是通过知识转移与知识创造间接影响技术创新。许多学者都认为集群企业网络嵌入会对企业的技术创新产生直接影响，也直接有助于提升包括技术创新在内的企业竞争优势（范群林等，2010）。研究结论与这些学者的观点存在差异，而与 Zahra 和 George（2002）的观点相似，进一步补充了他们的观点。企业网络嵌入可以通过知识转移和知识创造的中介作用对技术创新产生正向促进作用。这表明为促进技术创新，企业要提高知识转移与知识创造能力，并为与其所处网络成员之间的联系创造良好条件。

（4）企业的知识转移并不直接影响技术创新，而是通过知识创造的完全中介作用对技术创新产生影响。很多学者认为知识的成功转移能直接显著影响企业技术创新（贾晓霞和周溪召，2007；杨玉秀和杨安宁，2008），但认为单一的知识转移能够增加企业的知识存量，这些储存的知识需要经过整合后才能为企业所运用，才能真正为技术创新所用。因此，为提升技术创新能力，集群企业在大量吸收转移外部信息的同时，还需建立有效的知识分享、组织学习、知识管理机制，增强知识创造能力。

（5）加入集群类型这一控制变量后发现，在不同类型集群中，各变量间影响关系存在差异。在软件产业集群中，知识转移对知识创造没有显著的正向影响关系；而在文化创意产业集群中，网络嵌入对知识转移、知识转移对知识创造、知识创造对技术创新均有显著正向影响。可见，在高新企业管理工作实践中，应根据集群类型，因地制宜地实施技术创新策略。

第 7 章

基于网络嵌入的高新技术集群企业知识创新

高新技术产业集群是以一定数量的具有产业关联的高新技术企业为核心，以研发机构、中介机构、政府为外围支撑，在一定时空范围内（一般为产业园区）形成的创新网络体系（马有才等，2010）。知识创新是高新技术集群企业立业之本，是其实现可持续发展的必然选择。近年来，随着国家政策对高新技术产业扶持力度的持续加大，高新技术集群企业知识创新越来越受关注。企业集群的网络化特性使得一些学者把社会网络分析的基本理论和方法引入到集群企业知识创新研究中来。Giuliani 等（2005）用社会网络分析方法研究集群网络整体结构，范群林等（2010）则通过社会网络分析法研究集群网络的结构嵌入性特征与企业创新绩效的关系，徐勇和邱兵（2011）采用社会网络分析方法对集群企业的网络位置特征变量、吸收能力和企业绩效三者之间的关系进行了探讨。从社会网络分析的角度研究高新技术集群企业知识创新所面临的复杂性问题，不仅丰富了社会网络分析法的适用范围，而且拓宽了传统的集群企业理论的研究方式和研究内容。本章拟以杭州软件园区的高新技术企业为调查对象，分析网络嵌入性对其知识创新的影响，探讨其创新网络结构属性，并提出相应的政策建议。

7.1 理 论 基 础

在集群创新网络中，企业的网络嵌入程度代表企业获得新知识的机会及所获得的新知识的特性。而获得新知识的数量与质量是影响企业知识创新活动的关键性因素，因此，网络嵌入程度对集群企业知识创新有重要作用（Tsai，2001）。Wasserman 等曾指出企业的创新绩效、资源获取等都可以被解释为企业在合作网络中嵌入程度的函数（Wasserman and Faust，1994），企业在创新网络中的嵌入性可以视为企业的一种无形战略资源（Salman and Saives，2005）。那么，该如何衡量企业在集群网络中的嵌入程度呢？参考 Bell（2005）、范群林等（2010）的相关研究，通过节点度、中心度和结构洞来描述企业在集群中的嵌入程度。

7.1.1　节点度对高新技术集群企业知识创新的影响

节点度是指网络中某一节点拥有相邻节点的数目，即与该节点直接相连的节点数目。从系统科学的角度来看，节点的自身连接属性决定节点在网络中所能处的位置和发挥的作用，因此，节点度可以反映由该节点联结的网络规模，在一定程度上反映该节点在整体网络中的嵌入程度。曹霞等（2012）认为，节点度决定了企业在网络联系中的地位及所能获取资源的数量和质量。更大的节点度意味着更高的网络地位和更大的网络资源享有权，从而能更容易地寻求有效的知识源或知识接受组织，这将使得组织间的知识转移更容易实现。根据高新技术集群企业的内涵可知，在高新技术集群企业中，与企业直接连接的节点包括各类企业、研发机构、中介机构、政府机构等。节点度越大，表明该企业有更多的机会获得来自其他企业、研发机构、中介机构及政府机构的信息，能更方便地与上述各类组织进行沟通交流，从而促进高新技术集群企业知识创新活动，提高其知识创新。基于以上分析，提出以下假设。

H7-1：高新技术集群企业的节点度对知识创新有显著的正向影响。

7.1.2　中心度对高新技术集群企业知识创新的影响

中心度是用来研究网络中企业的行为与影响。中心度是指识别网络中具有高度连接的活动单元。在网络分析中，对一个节点进行多种中心度的测量，这些测量主要是分析一个节点的相对重要性。吴思竹和张智雄（2010）指出中心度是用来衡量节点重要性的指标。朱亚丽等（2012）则认为中心度是某一节点企业通过在网络中建立连接并在网络中占据的核心位置，而此位置将为其获得在信息、知识等方面对其他网络企业进行作用和支配的权力。因此，中心度高的企业更容易获得并控制新信息。Luo 等（2002）认为中心度高的企业往往能够获得重要、多样且及时的信息或知识，具有信息优势和资源控制地位。Koka 和 Prescott（2002）也认为如果企业在其所处的网络中处于较中心的位置，它们就更可能获取丰富的信息和知识。

位于网络中心位置的网络成员能够有机会接触更多的成员，因此拥有更多的信息渠道，可以及时获得更多的信息和了解技术的最新变化、市场信息等，并控制相关的新信息，及时把握相应的经营机会，通过开发新产品或开拓新市场等而获得"机会利益"。

中心度高的企业能更准确地选择和判断新信息。通过有效的技术信息交流，创新活动活跃的合作伙伴间往往可以相互促进，加快企业知识创新活动的开展。处于网络中心位置的企业可以在与之连接的众多企业中挑选最适合的合作者，而且中心度高的企业在网络内具有更高的知名度、更大的吸引力，因此更容易被选定为合作者。此外，Burt（1992）指出，出于战略原因，某些竞争对手可能故意外流或发出误导的信息，而处在网络中心位置的企业可以通观全局，更方便地筛选出这些误导信息，从而提高信息的准确性。基于以上分析，提出以下假设。

H7-2：高新技术集群企业的中心度对知识创新有显著的正向影响。

7.1.3　结构洞对高新技术集群企业知识创新的影响

Burt（1992）用结构洞来表示非冗余的联系，认为非冗余的联系人被结构洞所连接。在现实的集群网络中，集群企业间不可能两两之间都存在直接联系，因此结构洞在产业集群中是普遍存在的。根据结构洞理论，占据结构洞位置的企业会成为两个互不联系企业间或者两个小团体间的桥梁，在集群企业中，占据结构洞位置对集群企业知识创新活动有效展开非常重要。Mcevily 和 Zaheer（1999）认为占据结构洞位置的企业可以接近彼此不相关联的企业，由此可以触及差异化信息领域，更自由地筛选差异化信息，从而实现集群企业知识创新。Uzzi（1997）指出，由于非冗余的联系，企业更容易查明与自身直接联系的合作者的资质，信息不对称降低，能更快地发现机会或威胁，因此占据结构洞位置的企业的知识创新成功率更高。此外，也有不少学者（Soda and Zaheer，2004；Gnyawali and Srivastava，2013）认为占据结构洞位置的企业的非冗余联系大大降低企业维持联系的成本，使企业可以把有限的成本投入到最需维持的关系上。基于以上分析，提出以下假设。

H7-3：高新技术集群企业所占结构洞对知识创新有显著的正向影响。

根据以上分析可得图 7-1。

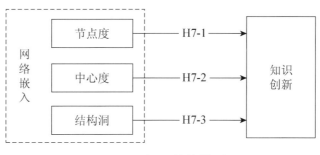

图 7-1　假设结构模型

7.2　研究方法与变量测度

7.2.1　研究样本

软件园区是杭州市发展软件产业的主要模式，20 余个有一定规模的软件园实现了杭州东、西、南、北、中都有特色软件园的分布特点，形成了一个覆盖整个杭州的创新网络。为了更好地分析集群企业的网络嵌入性与知识创新的关系，我们对研究问题进行简化处理。首先，从 20 余个软件园中选取聚集程度较高且规模较大的 5 个软件园（杭州东部软件园、杭州北部软件园、西溪软件园、西湖数源软件园及杭州高新软件园），并分别从中随机抽取 10 家软件企业，这样共选取 50 家企业，然后进行资料分析和调查研究。2012 年 3 月至 9 月，在对每家企业资料归纳整理的基础上，我们实地走访了这 50 家软件企业，向企业中的中高层管理员工及技术员工进行咨询访谈，确定企业之间、企业与园区之间、企业与高校之间的技术合作、合作开发项目、信息交流及企业的知识创新成果等。经整理，得到了包括 50 家企业、10 所高校、5 个软件园区节点的集群创新网络。在 50 家样本企业中，上市公司 8 家，国有控股企业 2 家，民营企业 37 家，外资企业 3 家；样本企业的职工规模从几十人的小公司到 2 万多人的大企业不等。

根据社会网络分析理论，假定企业间、企业与园区间、企业与高校间存在上述关系，关系矩阵相应的元素赋值为"1"；不存在上述关联则赋值为"0"，由关系矩阵直接利用 UCINET6.212 软件自动生成创新网络，如图 7-2 所示。其中，E1～E50 分别代表 50 家软件企业，在图中用圆圈表示；C1～C10 依次代表浙江大学、浙江工业大学、杭州电子科技大学、浙江理工大学、浙江工商大学、浙江科技学院、中国计量学院、浙江传媒学院、浙江财经学院、浙江商业职业技术学院，在图中用三角形表示；D1～D5 代表杭州东部软件园、杭州北部软件园、西溪软件园、西湖数源软件园及杭州高新软件园，在图中用正方形表示。

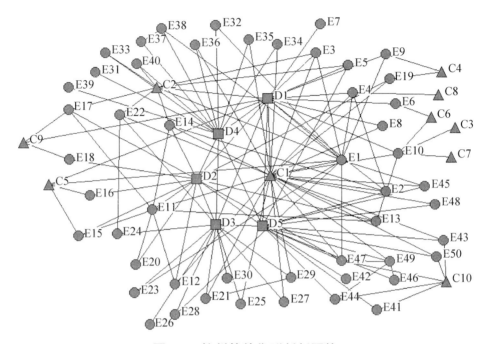

图 7-2 杭州软件集群创新网络

7.2.2 变量测度

采用上述调查分析得到的关系矩阵，对称化处理后应用 UCINET6.212 软件计算各个元素的相应网络指标，然后应用 SPSS16.0 软件对 50 家样本企业数据进行相关分析和回归分析。

1. 网络嵌入

节点度可由 UCINET6.212 软件计算直接得到。对中心度的度量，选用亲近中心度和中介中心度两个指标，并利用主成分分析法抽取出一个公共因子来衡量企业的中心度，抽取的公共因子的解释总变异量达 77.09%，表明用一个公共因子衡量企业中心度是合适的。对结构洞的衡量，按照 Zaheer 和 Bell（2005）提出的方法，利用 UCINET6.212 软件计算出各样本企业的约束值，并通过计算 1 与约束值之差，得到相应企业的结构洞丰富程度。

2. 知识创新

由于研究的软件产业属于高新技术产业集群，集群内企业的知识创新主要体现在新产品的开发及产品专利的申请等。因此，主要从三个方面度量企业的知识创新：2011 年 6 月～2012 年 6 月企业开发的新产品数、获得的专利数及新产品为企业带来的利润占企业总利润的比重。与衡量中心度的方法一样，利用主成分分析法抽取出一个公共因子来衡量企业知识创新，结果表明，抽取的公共因子的解释总变异量达 71.16%。

7.3　创新网络密度与结构

7.3.1　相关和回归分析

节点度、中心度、结构洞与企业知识创新的 Pearson 相关系数分别为 0.938、0.937、0.691，且显著（$p<0.01$），说明三个维度变量与知识创新都有一定相关性。节点度、中心度、结构洞是三个不同的网络结构特征，以创新绩效为因变量，节点度、中心度、结构洞为自变量，进行简单线性回归分析，得表 7-1 所示结果。

表 7-1　　　　　　网络嵌入维度变量与企业知识创新的回归结果

	回归系数	标准回归系数	t 值	显著性水平	F 值	调整后的 R^2
节点度	6.571	0.938	18.665	0.000	348.389**	0.876
中心度	3.051	0.937	18.59	0.000	345.594**	0.876
结构洞	39.604	0.691	6.63	0.000	43.956**	0.467

**$p<0.01$

结果显示，节点度与中心度对集群企业知识创新回归时，调整后的 R^2 均为 0.876，说明节点度与中心度特征对集群企业知识创新有较强的解释力；结构洞对集群企业知识创新回归时，调整后的 R^2 为 0.467，说明结构洞特征对集群企业知识创新有一定的解释力。而且，各 F 值均显著（$p<0.01$），说明选取的三个网络嵌入性维度变量对集群企业知识创新的解释是有效的。

从回归系数来看，节点度的标准回归系数为 0.938，且 t 检验是显著的（$p<0.01$），可以认为节点度特征对集群企业知识创新有显著的正向影响，假设 H7-1 获得支持。同理，中心度和结构洞特征均对集群企业知识创新有显著的正向影响，假设 H7-2 和 H7-3 均获得支持。综上所述，节点度、中心

度和结构洞特征对集群企业知识创新均有显著的正向影响。

7.3.2 结构属性分析

由于软件企业嵌入在整个软件产业集群中，集群企业的知识创新不仅受到企业自身网络嵌入程度的影响，还受到软件集群创新网络整体结构属性的影响。因此，为了更全面地分析影响高新技术集群企业知识创新的网络因素，我们借助 UCINET6.212 软件对杭州软件园创新网络结构属性进行深入分析。

1. 创新网络密度

创新网络密度是指网络中实际存在的关系数与最大可能存在关系数的比例，网络密度越高，表示组织关系越紧密，但是网络密度并不是越高越好，因为企业必须为高密度网络支付更多成本。研究结果表明，杭州软件集群创新网络密度是 0.0678。一般来说，一个由 65 个企业和机构构成的网络最大可能的联结数是 2080 个，而得到的联结数仅有 282 个，可见杭州软件集群创新网络的密度并不高，多个节点间不存在直接联系。

2. 创新网络中心度

杭州软件集群创新网络中心度的计算结果如表 7-2 所示（表 7-2 中只显示了各中心度指标排名均在前 20 位的 15 家企业和机构的数据）。计算结果表明，杭州软件集群整体网络中心化程度以程度衡量为 34.92%，以亲近度衡量为 35.32%，以中介度衡量为 23.93%。这三个数值较大，说明杭州软件集群创新网络联系中存在较大的不均衡性，创新网络中某些企业或机构处于比较核心的位置，而另一些企业或机构则处于比较边缘的位置。那么，哪些企业或机构处于比较核心的地位呢？由表 7-2 可知，程度中心度、亲近中心度和中介中心度均排在前列的节点主要是浙江大学、浙江工业大学等高校，所调查的 5 个软件园区，以及软件园区中的明星企业。

表 7-2 杭州软件业集群创新网络中心度计算结果统计表（部分）

编号	程度中心度		亲近中心度		中介中心度	
	绝对值	相对值/%	绝对值	相对值/%	绝对值	相对值/%
D1	18	28.1	111	57.7	480.3	23.8
D2	15	23.4	117	54.7	323.9	16.1
D3	14	21.9	120	53.3	323.1	16
D4	14	21.9	120	53.3	366.6	18.2

编号	程度中心度		亲近中心度		中介中心度	
	绝对值	相对值/%	绝对值	相对值/%	绝对值	相对值/%
D5	16	25	117	54.7	349.5	17.3
C1	26	40.6	113	56.6	523.8	26
C2	9	14.1	152	42.1	61.5	3.1
E1	13	20.3	129	49.6	164.2	8.1
E4	5	7.8	145	44.1	64.1	3.2
E10	6	9.4	146	43.8	170.7	8.5
E11	8	12.5	146	43.8	40.9	2
E13	4	6.3	150	42.7	11.2	0.6
E22	4	6.3	148	43.2	21	1
E47	6	9.4	138	46.4	39.8	2
E49	5	7.8	151	42.4	25	1.2
网络整体中心化程度	34.92%		35.32%		23.93%	

3. 创新网络核心—边缘结构

离散的核心—边缘关联缺失模型把核心区与边缘区的关联密度看作一个缺失值,这种算法只需要使核心成员间的密度最大而边缘成员间的密度最小,并且不必考虑这两个区域之间的关系密度。统计结果显示,共计 14 家企业与机构成为了核心区成员,而其他 51 家企业和机构则成为了边缘区成员(表 7-3)。在整体创新网络的平均密度为 0.0678 的情况下,核心区内成员间的联结密度达到了 0.21;然而边缘区内成员间联结密度仅为 0.013,这表明在杭州软件集群创新网络中存在着明显的结构分层,与此前中心度分析结果基本一致。由此可见,关于创新网络的核心—边缘的划分是可行的。此外,核心成员与边缘成员间的联结密度也约为 0.1,说明核心区与边缘区的联结也是比较紧密的,创新网络整体呈现出较强的竞争能力。

表 7-3　　　　　　　　　核心—边缘结构成员划分

	成员编号	数量
核心区	D1、D2、D3、D4、D5、E1、E2、E3、E4、E11、E14、E47、C1、C2	14 家
边缘区	E5、E6、E7、E8、E9、E10、E12、E13、E15、E16、E17、E18、E19、E20、E21、E22、E23、E24、E25、E26、E27、E28、E29、E30、E31、E32、E33、E34、E35、E36、E37、E38、E39、E40、E41、E42、E43、E44、E45、E46、E48、E49、E50、C3、C4、C5、C6、C7、C8、C9、C10	51 家

表 7-3 的结果进一步表明，5 个软件园全部进入核心区域，这一结果与中心度分析结果吻合。除了软件园以外，软件园内的明星企业及浙江大学、浙江工业大学也在核心区域内，表明杭州软件集群创新网络以各个软件园区为中心，企业围绕软件园区开展知识创新。软件园区的发展状况对软件企业起重要作用，高校对企业知识创新的引导和推动对软件企业知识创新起重要作用。

7.4 研究结论和展望

7.4.1 研究结论

第一，高新技术集群企业网络嵌入特征对知识创新有显著的正向影响。

研究结果表明，集群企业在创新网络中的节点度与中心度越高，结构洞越丰富，集群企业知识创新能力越强。节点度越高，企业与创新网络中的其他企业或机构的直接联系越多，越有利于提高企业的知识创新绩效。中心度越高，说明企业位于网络越核心的位置，网络权力越大，可以更及时地了解技术的最新变化，把握知识创新时机并且能对知识信息的流通和知识创新成果的扩散进行控制。占据丰富结构洞的企业常常位于其他企业非冗余连接的中介位置，拥有更多的非冗余联系。当企业扮演"信息桥"的角色时，其获得的信息及利益将远远大于占据少量结构洞的企业。

政府应引导和鼓励集群企业加强与其他企业、高校及科研机构的联系，以加强其在创新网络中的嵌入性，从而提升高新技术集群企业知识创新水平。一方面，政府可定期组织举办高新技术人才交流会、中小企业家座谈会、企业家沙龙等，邀请集群企业的企业家、技术骨干及高校和科研机构专家参加，为他们的技术交流提供平台。另一方面，政府应充分利用互联网功能，在政府官方网站上开设"集群知识创新论坛"，或者直接建立"集群网"，供集群企业发布信息、沟通交流。

第二，杭州软件集群创新网络是根植于软件园区的，软件园区的发展对创新网络和集群企业的发展起非常重要的作用。

随着对集群研究的深入，集群的地理集聚性对集群企业发展的作用被渐渐淡化，甚至有学者提出随着信息技术的发展，产业集群的发展已脱离了地理区域的限制，地理聚集对现代产业集群没有影响，政府建立产业园区只是使企业地理聚集性加强，不能对集群企业发展产生显著正向影响（李琳和熊雪梅，2012）。但是，创新网络结构属性分析表明，软件园区位于杭州软件集群创新网络的核心位置，各软件园的节点度和中心度都很高，这说明软件园区在杭州软件集群创新网络中的嵌入程度很高，软件园区的发展对软件企业创新绩效有重要影响。

软件园通常被称为"科技孵化器"，要提供适合企业创业发展的空间环境，更重要的是要为企业的发展创造一个良好的成长与产业化平台。杭州软件业已经进入新的发展阶段，政府应根据杭州软件业发展现状，合理规划杭州软件业后续发展途径及模式，并在规划中充分考虑开发软件园区的功能。

第三，高校对杭州软件集群企业知识创新的引导和推动对软件企业知识创新起重要作用。

与软件园区相同，杭州的几所高校也处于杭州软件集群创新网络的核心区域，与高校的技术交流和沟通是提升集群企业知识创新的有效途径。但是，在抽取的具有代表性的 10 所高校中，只有 2 所（浙江大学和浙江工业大学）进入杭州软件集群创新网络的核心区域，可见杭州软件集群没有合理利用高校资源来提升自身知识创新水平。

杭州的软件产业的发展和繁荣，需要构建一个完善的高素质人才培养体系，提高企业与高校的技术合作能力及技术适配程度是解决这一问题的有效途径，政府应对此采取鼓励和扶持的政策。一方面，政府要督促、鼓励高校开设并完善软件产业的相关学科，弥补学历教育的空白或缺失。同时积极推动高校、科研院所与企业合作，开展软件产业发展过程中的共性技术研发。另一方面，加快将信誉好、专业程度高的人力资源服务商引进软件园，在为企业提供用人标准、薪酬水平、人才使用与培养等整体人力资源解决方案的指导的同时，通过人力资源服务机构与高校的联系，对高校人才的职业生涯提供帮助，加强高校与软件企业的联系。

第四，杭州软件集群内的明星企业是知识创新的领跑者。

除了软件园和高校，位于杭州软件集群创新网络核心区域的还有集群内的明星企业。这些明星企业基本上都是杭州软件业的龙头企业，一方面，它们往往占据集群的信息优势，明星效应也会吸引更多企业或机构与之合作，知识创新绩效显著提升。另一方面，这些企业往往在几个软件园中都有分公司或企业分部，这样的网络分布态势使得明星企业的知识创新成果扩散在多个软件园甚至整个集群中。另外，明星企业还担任集群"外交官"的角色，这些企业有更多机会与集群外的企业和机构进行技术合作。

对软件产业而言，要使明星企业的技术力量服务于整体产业集群，建立共性技术开发平台是有效的方式。软件产业创新网络的技术提升关键是共性技术的攻关，共性技术研发需多个企业和机构共同合作。政府在构建共性技术开发平台时不仅要对产学研合作项目进行引导和协调，加大基础设施和研发经费的投入，还应积极引导明星企业，使明星企业成为共性技术开发的"领头羊"。

此外，专利申请过程繁杂、申请费用过高、小企业专利申请意识和版权保护意识薄弱等是制约杭州软件企业知识创新发展的"瓶颈"，政府可以通过引导集群企业加强与中介服务机构的网络联系来解决这些问题。比如，在版权保护方面，政府可以在软件集群内建立版权信息中心和专门的版权交易市场，方便软件企业查询和进行版权交易；也可以组织软件园区成立行业协会，通过行业协会与相关协会建立联系，对软件企业进行有关知识产权保护对策与方案的经验交流，共同探讨高技术领域知识产权事务的管理与服务。

7.4.2 研究展望

本章选取杭州软件集群企业作为研究对象，运用社会网络理论对网络嵌入的知识创新进行了分析，探讨高新技术集群企业的节点度、中心度和结构洞对知识创新的作用，得到一些有意义的结论和成果。但在研究过程中仍存在一些不足之处，需要在未来的研究中进一步完善，具体表现在以下两个方面。

第一，研究样本数量的局限性。抽样调查法是学术研究中最常用的一种方法，在现有社会网络研究分析中，很难采用随机抽样的方法，一般都是以便利抽样为基础进行设计的。选取杭州软件产业园区的 5 个产业园区中的 50 家企业、10 所高校科研机构作为研究对象，相对于整个产业集群中 500 多家具有一定规模的企业数量来说，占的比例相对偏小。

第二，网络复杂动态性研究不足。网络是一个动态演化的过程，对于一个集群企业来说，网络的形成和发展受到各个方面的影响，新的知识创新主体的进入和原有知识创新主体的退出都会影响到整个网络结构和内部运行机制的变化。在对杭州软件高新技术集群企业的研究中，未能运用复杂网络的相关模型（如小世界模型和无标度网络模型），也未能对整个嵌入网络的形成机制和演化路径进行系统深入研究，从而导致研究缺乏一定的动态性。

因此，在未来的研究中可以进一步考虑以下三个方面。

第一，网络嵌入下集群企业间知识创新和转移路径及相关机制研究。主要通过高新技术集群企业的网络嵌入研究对其知识创新的影响，对于集群企业间的知识创新、转移的路径和相关运行机制并未过多涉及。在未来的研究中，可以通过引入这两个方面的影响因素，构建更加完善的理论模型，以便进行系统深入研究。

第二，嵌入网络的动态性、演化机制的研究。在未来的研究中，可以借鉴自组织理论和复杂适应系统理论，通过引入相关模型（如小世界模型、无标度网络模型等），并借助计算机模拟仿真，深入研究嵌入网络的复杂动态演化机制。

第三，选取多个高新技术行业的集群企业的网络嵌入对知识创新影响进行对比分析。在未来的研究中，可以选取不同区域、不同行业（如绍兴的轻纺产业、海宁的皮革产业及青岛的家电产业等）的网络嵌入对知识创新的作用，进行相关的对比分析，从而探索出更有意义的、实用性更强的结论和政策建议。

第8章

网络位置、技术学习与集群企业创新绩效

技术知识已成为企业加强创新能力和提高创新绩效的关键资源。随着市场竞争的加剧，越来越多的企业开始由内部技术研发转向企业间技术合作，以提升自身的技术能力。创新是集体行动的结果，企业间的互动对创新具有积极作用（毛睿奕和曾刚，2010）。由于地理空间上的优势，产业集群成为网络内企业获取知识信息、进行技术学习的重要渠道。

Akgün 等（2005）指出产业集群网络是技术资源的密集场所，有利于组织间新知识、新观念和新技术的传播与扩散。而这种技术知识的传播扩散活动为企业间技术学习提供了便利条件（Gilbert et al.，2008），有利于集群内企业进行渐进式技术变革和突破式创新，从而实现技术升级，提高企业的创新绩效。然而，技术知识并非均匀分布在产业集群内部，而是由企业所处网络的特征所决定的（Boschma and ter Wal，2007）。Zaheer 和 Bell（2005）认为，在网络内每个企业所处的位置不同，其获取新技术、新资源的机会也不同，占据优越网络位置的企业在进行技术学习和创新活动时将更具优势。Burt（2004）指出，处于网络中心位置的企业具有更高的信息收益和控制收益。中心性高的参与者在网络中更易获取并控制与创新相关的信息资源（Tsai，2001），从而为企业的技术学习提供持续来源，提升企业的技术能力。同时，占据较多结构洞的企业具有更多的机会获取信息和知识，在信息传播和创新成果扩散活动中处于重要地位（范群林等，2010）。

为了更好地揭示产业集群中企业所处的网络位置在技术学习与创新绩效的关系中扮演何种角色，我们将在前人成果的基础上，以绍兴纺织产业集群为调查对象，借助于社会网络分析方法，探讨网络位置、技术学习和集群企业创新绩效之间的关系。

8.1　文献回顾和研究假设

8.1.1　技术学习与创新绩效

Petersen 等（2004）将技术学习定义为技术驱动型企业对组织内、外部技术知识的获取、吸收和应用过程。Carayannis 等（2006）进一步指出，技术学习是企业持续创新的核心过程，表现为企业从外部知识环境中搜索和获取对自身有用的技术知识来提升其技术能力。

由于市场竞争的加剧，技术更新速度的加快，企业的创新活动不仅依赖于企业自身的内部研发能力，还依赖于企业所处的外部网络，企业可以通过获取合作者的资源来进行技术学习，从而提升技术能力（Du et al.，2007）。Gilbert 等（2008）研究了集群内部技术学习与创新绩效之间的关系，结果表明，位于集群内的企业能够从集群网络内部获取更多的知识，推动企业的技术创新活动。对于集群内的企业而言，技术学习可以避免由独立研发带来的成本和风险，有利于企业进行渐进式技术变革和突破式创新，是企业通往技术价值链高端的重要手段（Katrak，1997）。Du 等（2007）对中国西安的 249 家企业进行了问卷调查，发现网络内组织间技术学习能够有效提升企业的技术水平和创新绩效。朱朝晖等（2009）通过对浙江、江苏等地区的企业进行实证研究，发现技术学习能够有效提升企业的创新产出。

基于此，提出如下假设。

H8-1：技术学习与集群企业创新绩效正相关。

8.1.2　网络位置与技术学习

网络位置指的是企业在产业集群网络中所处的地位，代表企业获取技术知识的渠道，反映了企业能够在多大程度上从网络内获取资源的能力（Koka and Prescott，2008）。占据有利网络位置的企业不仅能够获得资源优势，还能获得控制优势和竞争优势。王宇露和李元旭（2009）认为，企业所处的网络位置决定了其向网络内其他主体进行技术学习的效果。

在有关网络位置的研究中，衡量个体网络位置的指标主要有中心性和结构洞。中心性是衡量个体行动者在网络中重要程度的变量，用来考察企业充当网络中心枢纽的程度（Burt，1992），其分为三种形式——程度中心性、亲近中心性和中介中心度，其中中介中心度指标衡量了一个行动者作为媒介的能力，处于中介中心位置的行动者往往能够获取重要的、多样性的技术资源，具有信息优势和资源控制优势（罗家德，2010）。结构洞则表示行动者之间的非冗余联系，是行动者获利的空间。此处选择中介中心度和结构洞两个变量来衡量个体在网络中所处的位置。

1. 中介中心度与技术学习

网络中心性是衡量组织在网络中位置的重要概念工具，其提高了企业的信息容量，有利于企业搜索新知识，并在网络内部进行协调和控制（彭新敏，2009）。吴剑峰和吕振艳（2007）通过研究产业电子商务平台发现，中心位置提高了企业加入多方联盟的机会。Gnyawali 和 Mcdhavan（2001）指出，中心企业更有可能与知识源建立联系，接触到重要而新颖的信息，同时拥有更高的地位和权力，从而增加了它们讨价还价的能力。由于处在网络中心位置的企业能够更容易获取与创新有关的战略资源（van der Valk et al.，2011），同时也拥有对这些信息资源进行有效评估的优先权，中心性企业在技术学习活动中更占优势。张志勇和刘益（2007）研究发现，网络强度、网络密度、网络稳定性与网络中心性均对知识转移效果产生正向影响。Gilsing 等（2008）对制药化学和汽车行业的联盟网络中的技术学习活动进行了实证研究，结果表明，企业技术学习成功与否取决于网络中心性和技术距离。

基于此，提出如下假设。

H8-2：中介中心度与集群企业技术学习正相关。

2. 结构洞与技术学习

在产业集群网络中，企业间不可能都发生联系，因此普遍存在结构洞现象。结构洞代表了网络内主体间的非冗余联系，占据结构洞位置的企业可以以较低的成本和风险构建资源丰富的技术学习网络，实现信息收益和控制收益。拥有更多结构洞的企业更容易获取有效信息和知识，占据着信息传播和创新成果扩散的主导地位。Uzzi（1997）指出，连接结构洞的企业更容易辨别具有较强创新能力的主体，识别有关技术创新活动的机会和威胁，从而降低技术学习的风险和成本，提高创新成功率。Hossain 和 Fazio（2009）认为，连接结构洞的主体通常在技术创新活动方面比那些没有连接结构洞的主体更具效率。Zaheer 和 Bell（2005）实证研究发现，结构洞赋予企业快速获取信息的能力，连接结构洞的企业能有效且快速地学习外部的技术知识并与自身拥有的资源相整合，推动组织创新。

基于此，提出如下假设。

H8-3：结构洞与集群企业技术学习正相关。

8.1.3　网络位置与创新绩效

1. 中介中心度与创新绩效

集群网络已成为企业获取创新资源的重要渠道，嵌入在网络关系中的每个企业的创新活动都会受到网络成员之间知识创造和资源共享的影响（Chai et al.，2011）。行动者的节点度越高，说明其中心性程度越高，越处于网络的中心位置，拥有的权利也就越大，越容易获取创新资源（Hossain and Fazio，2009），可以满足自身技术创新活动的需要，提升企业创新绩效（Mehra and Brass，2001）。Tsai（2001）将社会网络分析方法应用于组织学习及创新绩效的讨论，探讨了网络中心性对企业创新及绩效的影响，研究发现处于网络中心位置的企业具有较强的创新能力和较高的产出水平。Bell（2005）对加拿大共同基金公司的创新性进行了研究，结果表明，处于网络中心位置的企业通过获取更多关于创新的信息和资源来提高自身的技术水平和创新能力，从而巩固企业的市场地位。

基于此，提出如下假设。

H8-4：中介中心度与集群企业创新绩效正相关。

2. 结构洞与创新绩效

企业之间错综复杂的关系构成了一个宽大的网络，每个企业在这张网络中所处的位置是不同的，占据有利网络位置的企业在进行创新活动时将更具优势。技术驱动型企业若能够在其所处的各种网络中处于理想的位置，它们就能获取更多的关键信息、最新的技术和市场开发知识，推动组织学习，拓宽技术知识的广度和深度，从而提高企业的技术创新绩效（Eisingerich et al.，2010）。Kim 和 Inkpen（2005）指出，可以用网络联系来表示企业结构嵌入的程度。企业的网络非冗余联系越多，则其网络嵌入的程度就越高，在网络中的影响也就越高。其后，Kim 等（2007）研究了联盟间的学习，认为当联盟间具有直接的关系或与外部知识源接近时，技术学习和创新扩散更有效率，能够显著提高企业的技术能力和创新水平。Lin 等（2009）以中国台湾 110 家企业为研究样本，实证分析发现集群网络内的结构洞能为企业带来创新优势。由此可见，企业能够在网络结构洞中不断获取信息收益和控制收益，通过重构社会网络结构，提升企业的创新绩效（姚小涛等，2004）。

基于此，提出如下假设。

H8-5：结构洞与集群企业创新绩效正相关。

8.2　信效度与网络结构属性分析

8.2.1　样本选择

绍兴市有着深厚的纺织基础，历史上就有"日出万丈绸"之美誉。绍兴纺织产业集群在全国占据重要地位，拥有全球最大的轻纺产品集散中心——中国轻纺城，现已形成了由化纤、织造、印染、服装、染料和纺机等行业组成的完整纺织产业集群。

在绍兴市中小企业局等有关部门的帮助下，课题组选取了化纤、织造、印染等 6 个行业的 47 家典型企业作为调查对象。为了确定这些企业与专业市场、科研机构等合作的情况，课题组还专门对大型专业市场、大学和地方科技服务机构进行了调研，得到了 47 家企业、7 家高校与科研院所和 4 个专业市场及政府服务机构的相关资料。同时，对所确定的企业、专业市场、科研机构逐个进行调查和分析，确定企业之间、企业与专业市场之间、企业与科研机构之间的技术合作、信息交流等关系，编制了"0—1"的关系矩阵，其中"1"代表行动者之间存在合作关系，"0"代表不存在合作关系。接着，对数据进行了对称化处理，运用 UCINET6.214 软件计算各企业的中介中心度和结构洞的网络指标。

8.2.2　变量测量与信效度分析

通过参考国内外学者的有关技术学习和创新绩效的研究，制定相关的调查量表，并选择部分企业进行预调研，根据预调研的反馈意见对量表进行适当修改，以确保调研的科学性。为了尽可能地保证数据的准确性，问卷发放对象全部为各集群企业的高层管理人员。问卷采用了通用的李克特 5 分量表形式，其中"5"代表非常符合，"1"代表非常不符合。技术学习的量表主要参考 Kim 等（2007）的研究，包括与集群内其他企业技术合作情况、与供应商技术交流情况、与科研机构技术合作情况及与政府服务机构合作等 4 个问题项。创新绩效的量表主要包括新技术的应用程度、新成果的产出水平等 4 个方面。

采用 Cronbach's α 系数检验指标的信度，用 KMO 值检验指标的效度。根据调研的数据，运用 SPSS16.0 软件，得到技术学习的 Cronbach's α 值为 0.832，KMO 的值为 0.795，均大于 0.7，说明技术学习这一变量具有较好的信度与效度。创新绩效的 Cronbach's α 值为 0.763，KMO 的值为 0.714，均大于 0.7，说明创新绩效这一变量具有较好的信度与效度。

8.2.3　绍兴市纺织产业集群网络结构分析

以 E1～E47 分别代表 47 家纺织产业集群企业，以 C1～C7 代表 7 所大学等科研机构，以 S1～S4 代表 4 个专业市场和政府服务机构。运用 UCINET6.214 软件得到产业集群网络结构，如图 8-1 所示。

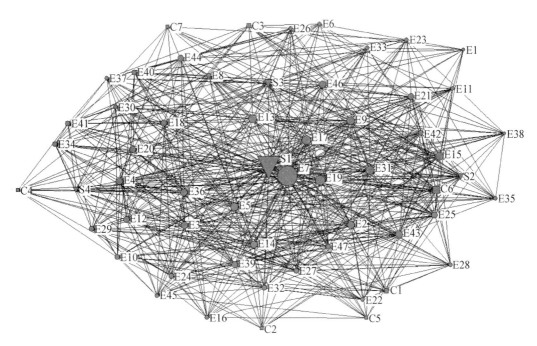

图 8-1　绍兴纺织产业集群网络

从图 8-1 中可以看出，企业 E7、E19 和专业市场 S1 处于网络的中心位置，企业 E1、E16、E38 等处于边缘位置。同时，通过计算得到，该网络的密度为 0.3896，标准差为 0.4877，这表明该网络中各行动者联系较为紧密，互动合作交流较为频繁。

通过 UCINET6.214 软件计算，得到了如表 8-1 所示的各行动者的中介中心度和结构洞两个网络指标的具体数据。

表 8-1　　　　集群网络各行动者中介中心度和结构洞指标数据

序号	中介中心度	结构洞	序号	中介中心度	结构洞
E1	7.236	6.500	E30	16.022	9.842
E2	43.734	14.964	E31	61.869	18.336
E3	54.704	16.333	E32	25.543	12.524
E4	45.872	15.040	E33	9.928	7.563
E5	57.973	17.527	E34	29.171	11.988
E6	13.706	8.467	E35	10.430	7.952
E7	136.906	30.882	E36	51.435	16.400
E8	15.449	9.421	E37	14.875	9.700
E9	58.096	16.767	E38	9.356	6.800
E10	25.771	12.150	E39	32.316	13.458
E11	15.220	9.348	E40	24.378	11.550
E12	40.118	14.522	E41	24.869	11.429
E13	55.699	17.667	E42	28.188	12.458
E14	50.837	15.686	E43	48.252	15.714
E15	56.609	16.556	E44	33.273	12.429
E16	9.277	8.920	E45	17.130	10.111
E17	68.286	18.883	E46	44.027	15.217
E18	34.062	13.957	E47	25.569	12.250
E19	79.460	20.500	C1	11.778	8.818
E20	39.364	14.286	C2	4.056	5.120
E21	34.519	13.480	C3	14.394	10.000
E22	12.973	9.278	C4	8.260	8.520
E23	14.266	8.431	C5	5.765	6.870
E24	24.658	12.442	C6	24.673	13.978
E25	42.357	14.896	C7	5.704	7.000
E26	16.851	9.400	S1	223.072	32.811
E27	30.972	12.947	S2	22.121	11.182
E28	13.843	9.313	S3	42.714	15.000
E29	23.173	11.872	S4	28.838	12.619

从表 8-1 可以看出，E7 的中介中心度为 136.906，结构洞值为 30.882，在这个网络的 47 家企业中处于最高水平；E1 的中介中心度为 7.236，结构洞值为 6.500，在 47 家企业中处于最低水平。

8.3　回归分析与比较分析

8.3.1　回归分析结果

为了验证提出的上述假设，运用 SPSS16.0 统计软件进行了回归分析。其中，表 8-2 是各变量的均值、标准差和相关系数；表 8-3 是集群企业创新绩效的回归分析结果；表 8-4 是集群企业技术学习的回归分析结果。

表 8-2　　　　　　　　　　各变量均值、标准差和相关系数

变量	均值	标准差	中介中心度	结构洞	技术学习	创新绩效
中介中心度	34.644	23.660	1.000			
结构洞	13.110	4.341	0.718^{**}	1.000		
技术学习	1.808	0.542	0.885^{**}	0.869^{**}	1.000	
创新绩效	1.7393	0.383	0.789^{**}	0.761^{**}	0.769^{**}	1.000

$**p<0.01$

表 8-3　　　　　　　　　　集群企业创新绩效回归分析结果

变量	β	标准差	标准化系数 β	t 值	R^2	调整后的 R^2	F 值
技术学习	0.459	0.058	0.761^{***}	7.875	0.579	0.570	62.009^{***}
中介中心度	0.010	0.001	0.738^{**}	7.330	0.544	0.534	53.726^{**}
结构洞	0.053	0.008	0.684^{**}	6.572	0.490	0.478	43.187^{**}

$**p<0.01$，$***p<0.001$

表 8-4　　　　　　　　　　集群企业技术学习回归分析结果

变量	β	标准差	标准化系数 β	t 值	R^2	调整后的 R^2	F 值
中介中心度	0.020	0.002	0.885^{***}	12.751	0.783	0.778	162.576^{***}
结构洞	0.109	0.009	0.869^{**}	11.781	0.755	0.750	138.788^{**}

$**p<0.01$，$***p<0.001$

从表 8-2 可以看出，中介中心度、结构洞和技术学习与创新绩效之间存在显著正相关性，且相关系数都大于 0.7。因此，在回归分析中，为了避免自变量之间的多重相关性问题，将分别构建回归模型。

从表 8-3 可以看出，技术学习对企业创新绩效产生显著正向影响（$\beta=0.761$，$p<0.001$），支持了研究假设 H8-1，验证了 Gilbert 等（2008）的观点；中介中心度对企业创新绩效产生显著正向影响（$\beta=0.738$，$p<0.01$），支持了研究假设 H8-4，也验证了 Tsai（2001）所提出的关于企业所处的网络中介中心度对创新绩效具有正向影响的观点；结构洞对企业创新绩效产生显著正向影响（$\beta=0.684$，$p<0.01$），支持了研究假设 H8-5，验证了 Zaheer 和 Bell 的观点。

从表 8-4 可以看出，中介中心度对集群企业的技术学习产生显著正向影响（$\beta=0.885$，$p<0.001$），研究假设 H8-2 得到支持，也验证了 Gnvawali 和 Madhavan（2001）的观点；结构洞对集群企业的技术学习产生显著正向影响（$\beta=0.869$，$p<0.01$），研究假设 H8-3 得到支持，验证了 Hossain 和 Fazio（2009）的研究。

8.3.2 绍兴纺织产业集群代表性企业比较分析

为了进一步验证上述研究假设，根据实地调研的情况及绍兴市纺织产业集群的现状，分别挑选了 4 家企业 E1、E14、E17 和 E31，从其所处的产业集群网络位置、企业技术学习情况、企业创新绩效等方面进行具体的分析。

选取 E1、E14 两家企业进行对比分析，探究网络位置对技术学习和企业创新绩效的影响。企业 E1 成立于 2003 年，主要从事帆布、提花类面料的设计研发和生产；企业 E14 成立于 2001 年，主要从事轻纺研发和生产。两家企业在成立时间和企业规模上都比较接近，都设有独立的研发部门，同时两家企业在发展过程中都没有出现过重大的经营管理问题，这些都确保了对比的可行性。图 8-2 是两家企业各自所处的中心网络图。

结合表 8-1 可以看出，企业 E1 的中介中心度为 7.236，结构洞为 6.500，而企业 E14 的中介中心度为 50.837，结构洞为 15.686。这说明企业 E14 比企业 E1 在整个产业集群网络中处于更有利的位置，在创新资源的获取、学习和传播方面更具优势。同时，从两家企业的技术学习情况来看，企业 E1 没有和任何一所科研机构建立合作联盟，同时也只与 S1 一家专业市场建立联系，企业新产品的研发更多的是依靠内部自身的技术能力；而企业 E14 和 C2、C5、C7 三家科研机构建立了技术合作关系，与 S1、S4 两家专业市

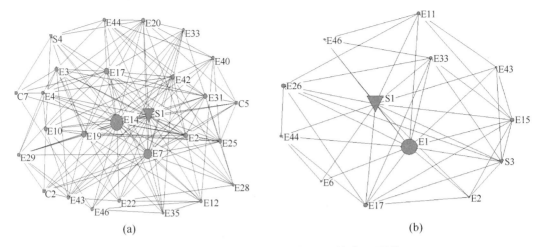

图 8-2　企业 E1、E14 各自所处的中心网络

场开展交易活动，能够及时从其他同行及科研机构、专业市场上获取有关产品和技术的信息，并结合自身实际和技术能力进行转化吸收，运用于创新实践。从两家企业的创新绩效情况来看，企业 E1 在 2001～2003 年没有重大的创新成果，一直依靠几年前研发的一款产品维持市场业绩，同时在产品设计上采取追随模仿策略，自身创新能力不足；而企业 E14 这几年来通过合作和自主研发相结合的创新模式，不断开发出适合市场需求的新产品，每年新产品产出占总销售额的 60% 以上，目前已拥有 30 余项专利，参与了多项产品标准的制定，在某些产品领域已经成为标杆。

选取 E17、E31 两家企业进行对比分析，探究技术学习对创新绩效的影响。企业 E17 成立于 1994 年，主要从事各类 TR 弹力布、纺织面料研发生产，产品远销南美、欧洲、东南亚等国家和地区。企业 E31 成立于 1998 年，主要从事棉纺面料的研发生产。两家企业在成立时间和企业规模上都比较接近，都设有独立的研发部门。图 8-3 是两家企业各自所处的中心网络图。

结合表 8-1 可以看出，企业 E17 的中介中心度为 68.286，结构洞为18.883，而企业 E31 的中介中心度为 61.869，结构洞为 18.336。这说明企业E17 和企业 E31 在整个产业集群网络中所处的位置大致相当，都处于较为中心的位置。同时，从两家企业的对外合作情况来看，企业 E17 与 C1、C6、C7 三家科研机构建立了技术合作联盟，与四个专业市场全部开展经营活动；企业 E31 与 C4、C6 两家科研机构保持技术合作关系，与 S1、S3 两个专业市场保持交易关系。从两家企业的技术学习和创新绩效情况来看，企业 E17

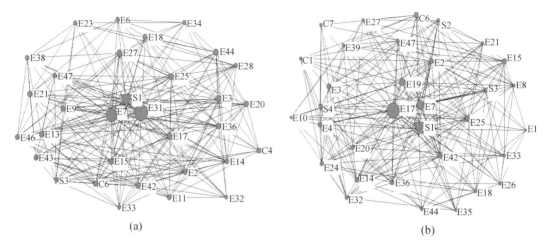

图 8-3　企业 E17、E31 各自所处的中心网络

研发实力较强，平均每年的研发投入占销售收入的 4.3%，专门研发人员有 16 人，大部分具有本科学历，其中有 3 人具有硕士及以上学历，企业每年都不定期对核心技术人员和中层以上干部外派高校或其他科研机构进行专门培训，组织人员到国内外同行企业进行考察学习和交流活动，同时企业近年来进行了技术更新升级，采用国外先进的纺织机械设备。因此，企业 E17 在创新产出方面一直居于同行业前列，产品更新速度较快，一些产品的设计成为其他企业的模仿对象，产品不仅在国内具有广阔的市场，还畅销欧洲、东南亚等国家和地区。而企业 E31 研发实力相对较弱，平均每年的研发投入占销售收入比重不足 2%，专门的研发人员仅有 7 人，且多为大专学历，并很少组织技术人员外派学习深造，虽然与同行业和科研机构进行了技术合作，但是自身设备老旧和技术能力不强，企业对外部的创新资源吸收方面存在一定困难，缺乏有效支撑企业发展的创新产品，从而企业的整体创新能力不足。

8.4　结论与建议

　　本章以绍兴纺织产业集群为调查对象，对网络位置、技术学习和创新绩效之间的关系进行了实证分析，得出了一些有意义的结论，并提出了相关政策建议。

　　（1）在产业集群的技术创新联盟网络中，企业所处的网络位置影响其对创新资源的获取，位于网络中心位置并占据丰富结构洞的企业在技术知识获取方面更具有优势。在市场竞争日益激烈的今天，企业创新能力的提升除了依靠自身的内部技术资源以外，越来越依赖于产业集群网络中其他技术合作者。位于网络中心位置的企业有更多的机会接触创新源，及时识别和获取有关技术创新的信息。位于网络中心位置的企业由于与其他企业、科研机构的频繁互动交流，在网络联盟内具有较高的信任度和良好的声誉，这增强了企业间技术学习的可能性，有利于企业对内外部技术知识进行整合，从而推动新产品的研发，提高企业的创新产出。因此，集群网络内的企业应该积极构建有利的创新合作网络，通过频繁的技术合作交流活动，占据优越的网络位置，为开展技术学习和创新活动创造良好的外部环境。

（2）本课题组研究实证结果表明，集群网络内的技术学习是影响企业创新绩效的一个重要因素。企业的技术创新活动在本质上是各种要素的重新组合，其不仅是企业内部创造新知识的过程，还是不断从外部获取和吸收新知识的过程。在技术日新月异和产品更新不断加快的市场背景下，任何一家企业已很难长期独立开展技术创新活动，企业要保持竞争优势就必须通过集群网络中其他合作者获取各种创新资源，以实现技术的共享和互补，从而提高企业的技术创新能力。因此，对于集群网络内的企业而言，要重视内部的研发能力，同时也要重视与外部创新源（如同行的龙头企业、科研机构、专业市场等）之间建立技术合作联盟，及时有效获取和利用外部的技术知识，从而不断提升创新绩效。

（3）作为产业集群网络主体之一的科研机构，在整个网络的技术创新活动中扮演着重要的角色。绍兴市纺织产业集群网络中的科研机构成为企业技术创新知识的重要来源，推动了整个产业的技术升级。但是，从它们所处的网络位置来看，科研机构与企业的联系并不紧密，未能真正有效发挥其作用。因此，在今后的纺织产业发展中，政府应该积极发挥"牵线"作用，大力推动企业与高校等科研机构开展技术合作。同时，政府部门通过搭建公共技术创新平台，着力完善区域创新体系，促进纺织科技资源的集聚、优化和共享，从而提升集群企业运用内外部创新资源进行技术学习的能力。

（4）专业市场是集群企业进行交易活动的重要平台，同时也是技术等创新资源的集散地，具有举足轻重的作用。从绍兴市纺织产业集群网络结构图来看，四个专业市场中除 S1 较为活跃外，其余三个市场的作用相对较弱。专业市场不仅为企业提供了营销的场所，还提供了一个互动交流的平台，成为创新产品和技术知识的集聚地与输出地。因此，政府部门应该通过完善纺织产业的基础设施和投资环境，不断加强专业市场的作用，提升知名度，吸引更多的企业参与交易活动。同时，政府部门可以通过搭建网上交易市场拓宽区域内外企业的交易空间，推动纺织专业市场的产品集散功能向产品和信息集散功能转变。

（5）产业集群中的龙头企业处于网络的核心地位，是整个集群的"领头羊"，扮演着对外技术学习和对内技术扩散的双重角色。龙头企业一般具有较强的资源整合能力和技术吸收能力，拥有多元化的对外交流渠道，能够利用自身的优势获取处于技术价值链高端的集群外企业的创新资源，以提升自身的竞争能力。同时，龙头企业通过与产业集群内其他企业的技术交流和产品交易产生知识溢出效应，带动整个集群的技术进步，提高创新能力。因此，政府部门在纺织产业发展规划中，应重点培育一批具有规模优势、技术创新能力高、辐射带动能力强的龙头骨干企业，并着力发展一批成长性好、竞争力强、创新能力突出的中小纺织企业，从而推动整个产业集群向全球技术价值链的高端发展。

第9章

基于资源整合观的高新技术企业战略决策研究

　　高新技术企业是以研究和开发高新技术或高新技术产品为主，集知识密集型、技术密集型和资金密集型为一体的新型企业（Monck and Porter，1988）。在经济全球化步伐加快与科学技术迅猛发展的背景下，高新技术企业高投入、高收益和高风险的内在特征，决定了其必须重视战略决策，以战略的眼光来审视企业发展。关于高新技术企业的战略决策，国内外学者进行了大量的研究。Adner（2006）指出，创新策略与创新环境是影响高新技术企业战略决策的两个重要因素。胡介埙（2001）认为，高新技术企业采用合作联盟战略是为了获取市场领先地位，明确的目标市场和清晰的产品界定则是高新技术企业合作联盟战略形成的两个重要条件。张婧（2006）则认为，实施市场驱动战略，高新技术企业可以有效降低技术与市场的不确定性和高风险性，获得收益递增效应。王爱国和刘惠萍（2007）指出，柔性的组织构成要素、柔性的管理者能力及柔性的核心能力是实现高新技术企业战略管理模式动态化的三个基本条件。总之，根据文献回顾发现，当前高新技术企业战略决策大多是在分析企业现有资源的基础上做出的，如何有效推进基于企业内外资源整合的战略决策的相关研究还很少。此外，高新技术企业成长周期短、发展速度快，处于不同发展阶段的企业所对应的战略决策存在较大差异。基于此，根据高新技术企业的内在特征，课题组从企业资源整合的视角，对影响高新技术企业战略决策的关键资源进行梳理，分析了高新技术企业资源整合框架与路径，并构建了高新技术企业战略决策三维模型。

9.1　资源整合的框架分析

　　高新技术企业资源整合框架是指高新技术企业合理配置企业内部的人

力资源、技术资源、资金资源及企业外部的环境资源等，将企业内、外部资源整合到最优状态，从而增强企业整体竞争力并确立竞争优势的企业战略行动体系。资源整合框架的核心是依据高新技术企业成长阶段及其相应的战略规划，将企业内外资源在时间和空间上以不同的方式进行高效配置，实现资源整体效用的最大化。因此，在高新技术企业资源整合的框架分析中，基于资源视角的企业类型与资源整合内容是最为重要的两个方面。

9.1.1　高新技术企业类型：基于资源的视角

根据高新技术企业内部资源的丰富程度和对外部资源的依赖、利用程度，将高新技术企业划分为追随型、内生型、外延型和成熟型四种。

追随型企业一般规模不大，内外部资源均较为稀缺，不能及时、准确地把握技术前景和市场机会。这类企业大多采用行业中已经非常成熟的技术，并且仅仅从事简单的模仿性加工与生产活动，主要的优势在于廉价的劳动力或企业集群的辐射效应。因此，追随型企业对外部经济环境的适应能力较弱，生产经营风险也相对较高，战略决策处于相对被动状态。例如，我国珠三角地区目前非常火爆的山寨 MP3、手机及笔记本电脑生产厂家等，绝大部分属于追随型高新技术企业。

内生型企业虽然内部资源较为丰富，但是受外部环境因素的制约（信息获取不充分、政府扶持力度不够或产业集群优势欠缺等），可拓展利用的外部资源较为有限。这类高新技术企业虽然具有成为行业领先者的潜质，但是真正成为行业领先者的几率却很小（Besley and Burgess，2002）。我国武汉东湖产业园和苏州工业园区内的众多光纤、芯片和软件研发企业大多属于该类企业。

与内生型企业相反，外延型企业的内部资源相对有限。但由于获取产业发展趋势等信息的水平较高、把握核心技术和市场前景的能力较强，外延型企业在战略决策上就会不遗余力地拓展其在目标国家（地区）的业务范围。这类企业借助目标国家（地区）的资源优势，建立全球化的研发机构和销售网络，以弥补企业内部资源的不足；或者依靠与相关企业的合作联盟建立竞争优势，以应对竞争者。在一些原材料与人力资源相对缺乏的发达国家，该类企业较为普遍。例如，芬兰的诺基亚集团正是凭借其分布全球的研发与销售网络，一举成为世界移动通信行业的巨擘。

成熟型企业是指既拥有丰富内部资源，又拥有充足外部资源的高新技术企业。该类企业具有充足的能力整合企业的内、外部资源，善于把握市场机遇，能根据竞争对手的不同，选择灵活并富有弹性的战略策略。这类企业一般是一些在相关产业中处于领先地位的企业集团，业务范围广，产业跨度大，拥有明显的技术优势和显著的品牌价值。例如，三星、苹果、IBM 及我国的海尔集团等均属于成熟型高新技术企业。

9.1.2 高新技术企业资源整合内容

从各国高新技术企业的成长历程来看，企业主体、融资战略与政府行为是影响一国高新技术企业发展的主要因素（吴添祖等，2000）。其中，企业主体包括员工素质、技术能力及组织文化等；融资战略表现为企业对项目投资风险的识别与控制；政府行为体现在政府为促进本国（地区）高新技术企业的发展，所采取的构建科技创新平台，推出土地、税收优惠政策等行为。因此，将高新技术企业资源整合内容概括为以下四个方面。

（1）人力资源整合。人力资源整合是指引导组织内各成员目标、行为与组织目标、要求相一致的过程，从而改善各成员行为规范，提升组织绩效。作为知识的主要载体之一，人力资源是高新技术企业内部最重要的资源，也是最具创造力的资源（曹晓峰，2003）。高新技术企业之所以能够实现知识的持续更新和技术的不断进步，是因为人力资源的高效整合（Pfeffer，1994）。高新技术企业中的员工通常具备较高的知识水平、较强的工作能力及相对较为自由的工作方式。因此，在高新技术企业中，人力资源的有效整合应重视员工的个体需求差异。此外，企业还应加强管理层与员工及各部门员工间的沟通与交流，使员工个人发展目标与企业整体战略相协调。

（2）技术资源整合。在高新技术企业中，技术资源整合的实质是技术整合。Iansiti（1995）指出，技术整合是将企业内部技术研究、开发和应用过程一体化，而不是指运用于新产品的不同技术的简单融合。与传统企业相比，高新技术企业起点高，其产品和服务要求具备较高的技术服务能力。由于技术专业性强、技术复杂度高，在高新技术企业内部，从技术方案确定到产品研发完成再到产品销售的所有环节，都由不同的技术人员承担。因而，企业中便形成了多个相对独立运作的专业化团队，而专业化团队的出现又导致了企业技术资源的相对分散。例如，研发机构仅负责新技术的开发，测试部门只关心新技术的可行性，市场推广部则只考虑新技术的市场前景和产品的市场推广等。高新技术企业内各部门间缺乏整体的协调与沟通，导致企业的一些产品虽具备先进的技术，但可能因操作复杂而"无人问津"；原本市场前景较好的产品可能会因多余或累赘的功能而降低了性价比，最终遭到淘汰。因此，企业应将技术整合作为一项系统工程进行统筹规划，通过构建技术知识、技术信息与技术资源共享平台，加强技术人员的交流与沟通，提升企业整体创新能力，实现技术资源有效整合。

（3）投资资源整合。投资资源是企业战略管理领域研究的重要内容之一。这里的投资资源是指在高新技术企业投资某一新技术或新产品项目过程中，所需要掌握的各种资源的总和，具体包括技术与产品投资信息、投资方式及投资资金来源等。在高新技术企业生产经营中，项目投资是最重要的环节。项目投资在获取高额利润的同时也伴随着高风险，当前国内外高新技术企业的项目投资成功率普遍不高（Keuschnigg，2004）。因此，投资资源的有效整合是高新技术企业资源整合的重要内容，也是正确制定企业战略决策的重要前提。

（4）环境资源整合。各国（地区）为促进高新技术企业的发展，纷纷出台了一系列扶植政策，并建立了相应的高新技术产业园区。由于建立在信息知识快速更新和信息技术高速发展的背景之下，与传统企业相比，高新技术企业对行业技术发展信息的需求更高，对科研平台、外部高素质人才及税收等优惠政策的依赖性也更强。因此，信息交流渠道、人才储备、区域创新平台的建设及政府的扶持力度是企业持续健康发展的外在保障。环境资源整合效率的实质是高新技术企业利用政府和社会为其提供的外部资源的能力。

9.2 资源整合路径分析

9.2.1 高新技术企业资源整合方式

从企业内部资源角度来说，高新技术企业资源整合方式可以分为相邻扩展和领域跨越两类。相邻扩展是指高新技术企业发展到一定规模或者具备一定实力以后，根据原有核心技术或产品的发展要求，凭借自身积累的技术或产品优势进入相关产业的资源整合方式（Kasarda and Rondinelli，1998）。由于积累了一定的技术基础和产品开发经验，高新技术企业采用相邻扩展方式进行资源整合时，风险相对较小，整合效果也比较理想。这也是目前大多数高新技术企业成长过程中普遍采用的资源整合方式。例如，分别在软件和电子产品行业取得成功的微软和索尼进入游戏产业后，都成功推出了各自的游戏机品牌；国际通信巨头思科参股游戏企业盛大网络，进而成功进入了我国的数字家庭产业等。而领域跨越则是指高新技术企业发展到相当规模后，利用以资金为主的资本优势进入新的或者陌生的行业，该行业往往存在比较可观的利润空间（Kasarda and Rondinelli，1998）。华为、TCL 和海尔等高新技术企业涉足当前炙手可热的房地产行业就是典型的案例。高新技术企业采用领域跨越资源整合方式时，虽然获取高额利润的机会较大，但是缺乏产业发展相关经验，面临的风险也相对较高。

从企业外部资源角度来说，高新技术企业资源整合主要体现在企业间的战略联盟及依赖区域创新平台两个方面。高新技术企业间的战略联盟，往往通过各自技术的交换与整合来确立竞争优势（Gomes-Casseres，1998）。例如，搜索引擎巨头 Google 兼并了视频网站 YouTube，确立了其在流媒体技术上的领先优势；联想集团收购了 IBM 的全球 PC（personal computer，个人电脑）业务，从而突破了其在个人笔记本电脑业务上的发展"瓶颈"；索尼与爱立信在手机领域的联盟，使两个濒临破产的手机生产商起死回生，重新奠定了彼此在手机行业的市场地位；等等。区域创新平台资源主要指科技园区、研发平台及企业孵化器等。这些区域创新平台是各国政府为促进高新技术企业的发展而建的，可以向高新技术企业提供研发、生产和经营的场地，具有通信、网络与办公等方面的共享设施，以及政策、融资、法律和市场推广等方面的支持优势（钱平凡，2000）。例如，美国硅谷、中国台湾新竹、日本筑波科学城及中国的中关村和张江高科技产业区等，这类高科技产业园区都具备先进的技术研发设施条件、一流的人才储备及良好的产业发展氛围。在这些园区内的高新技术企业可以有效利用区域科技创新平台提供的人、财、物的支持，且容易形成集群优势。

9.2.2　高新技术企业资源整合区域

企业在生产经营过程中，根据企业战略目标和利益需求的差异，将企业的战略决策进程划分为不同的层次，依照不同战略层次对企业内外资源进行有效整合，这种相关资源的地理位置集合构成企业的资源整合区域（D'Aveni，2004）。高新技术企业的整合区域划分如下。

（1）核心整合区域。在核心整合区域中，企业关注的重点是核心竞争力，高新技术企业的核心竞争力主要体现在核心技术的研发能力上。核心技术研发能力是企业确立竞争优势的基础，也是企业创造经营利润的主要来源。高水平的企业核心技术研发能力，对于企业维持技术领先优势、奠定市场领先地位和引领产业发展等均具有重要意义。企业管理层对技术发展趋势的洞察力、技术研发团队及人员的研发水平和企业技术创新投入强度，是高新技术企业核心技术研发的关键因素。因此，高新技术企业核心整合区域需要整合的关键资源是企业高级管理层人力资源、技术研发团队资源及技术创新资源等。

（2）主要整合区域。主要整合区域的工作任务是制定出拥有企业核心技术的产品在目标市场上获得最优效益的策略。作为高新技术企业核心技术载体的产品，拥有先进的技术、优良的性能和优质的服务，这是其具有较高市场占有率的重要保证。产品市场占有率的扩大将带动企业经营效益的提高，并进一步回馈支持企业核心技术的研发。要保持较高的市场占有率，企业必须对新产品开发做出准确的市场评估和预测，严格执行产品的生产技术标准及制定科学合理的营销策略。由此可见，在主要整合区域中，企业需要整合的资源是技术测试和评价资源、生产加工资源及市场营销资源等。

（3）轴心整合区域。轴心整合区域的主要目标是降低企业技术研发和产品开发的风险。技术更新快、外溢风险大和产品生命周期短是高新技术企业的显著特点。为了控制技术研发风险和延长产品生命周期，同时避免竞争对手进入导致的产品市场占有率下降、经营利润减少等不利局面，高新技术企业往往需要开发一些辅助技术或配套产品来延长核心技术的生命周期，同时抬高竞争产品进入市场的门槛。此外，为了有效降低技术产品生命周期偏短导致的市场风险，企业应选择拓展空间大和市场前景好的技术进行研发。因此，轴心整合区域的资源整合需要整合的资源主要包括技术发展趋势信息资源、关联技术与配套产品研发资源及产品分析与评估资源等。

（4）前沿整合区域。前沿整合区域关注的是产业发展趋势的评估和预测。信息技术的飞速发展及高新技术产业的高度关联性，使得企业间的信息交流与人员往来更为频繁。这种信息的高速传播与人员的频繁流动，一方面为企业较好地掌握行业技术发展趋势与产业发展态势等信息提供了条件，另一方面也为企业获取对方的相关技术产品信息奠定了基础。高新技术企业所处产业环境的独特性，决定了其必须尽可能多地搜集产品市场的相关信息，了解竞争对手的技术及产品状况，在知己知彼的基础上，进行相应的战略调整。进而此类企业占据市场领先地位，确立竞争优势。因而，行业发展信息资源及市场信息资源是前沿整合区域资源整合的焦点。

（5）远景整合区域。远景整合区域是一个相对概念，它不属于企业自身的经营范围，而是指竞争者所控制的技术与产品市场领域。当前，高新技术企业间技术和产品的竞争范围已经超越了共有市场领域（在共有市场中，没有绝对的技术与产品领先者）。为了探究竞争者的战略意图，更多的企业选择进入竞争者所控制的技术和产品市场。通过进入竞争者控制的市场，企业可以实现对竞争者的技术特征、产品策略及市场定位的有效分析和评估，并密切关注其发展趋势。进而企业可以扰乱竞争者的战略规划，降低其资源整合效率。据此，远景整合区域应重点整合企业的情报信息资源与行动决策资源。

根据上述分析，课题组整理了高新技术企业资源整合区域的战略意图与整合内容，详见表 9-1。

表 9-1　　　　　　　　　高新技术企业资源整合区域表

整合区域	战略意图	整合内容
核心整合区域	开发核心技术，确立竞争优势；维持技术领先优势，奠定行业领先地位，引领产业发展	管理层人员、技术研发团队和技术创新资源
主要整合区域	保持技术或产品的市场占有率；对新投资项目进行评估决策，促进新方案行动的开展	技术测试和评价资源、生产加工与市场营销资源
轴心整合区域	设立技术壁垒，开发辅助技术或产品，设置竞争者市场进入的障碍；开发拓展空间大、市场前景好的新技术，延长技术生命周期	关联技术与配套产品研发资源、产品分析与评估和技术发展趋势信息资源
前沿整合区域	多方面、多角度了解产业技术发展趋势，把握市场动向；采取主动出击战略，赢得产业发展的前沿阵地	行业发展信息资源与产品市场信息资源
远景整合区域	对竞争者的优势技术产品进行预测与评估，关注其发展趋势；转移竞争者的注意力，分散其资源整合优势	情报信息资源与行动决策资源

9.3　高新技术企业战略决策三维模型构建

在高新技术企业中，企业资源整合路径所包含的资源整合方式与资源整合区域是其战略决策的实现途径，而资源整合框架是资源整合路径的基础，这主要体现在以下两个方面：一是企业资源整合方式的差异取决于企业类型的不同；二是企业资源整合区域的差别取决于企业资源整合内容选取的不同。根据高新技术企业战略决策、资源整合路径及资源整合框架三者之间的内在关系，构建了高新技术企业战略决策三维模型（图9-1）。

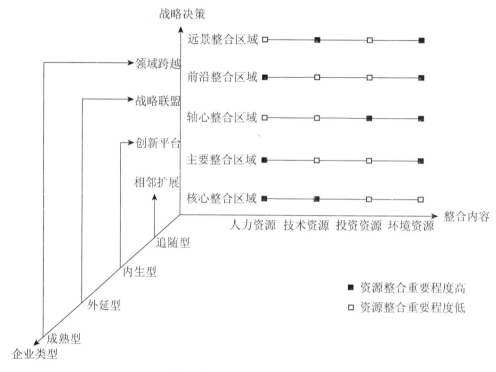

图9-1 高新技术企业战略决策三维模型图

从图9-1中可以看出，基于高新技术企业类型和资源整合内容视角的企业战略决策，分别体现在资源整合方式与资源整合区域上。

在高新技术企业类型与资源整合方式构成的平面中，企业类型与资源整合方式之间的关系较为简单，这是由高新技术企业独特的成长规律所决定的。追随型企业内外资源都非常有限，资源整合方式仅限于相邻扩展；内生型企业内部资源较为充足，但外部资源相对缺乏，为了获取竞争优势，选择利用创新平台的资源整合方式较为普遍；外延型的企业外部资源较为丰富，但内部资源较为欠缺，因此，战略联盟是其主要的资源整合方式；而成熟型企业内、外资源储备都较为充足，在资源整合方式上选择的余地最大，但当前在我国此类企业大多选择领域跨越的方式。可见，高新技术企业类型与资源整合方式间的战略决策呈现一一对应的关系。

在资源整合内容与资源整合区域构成的平面中，资源整合内容各因素（包括人力资源、技术资源、投资资源及环境资源等）与资源整合区域（包括核心整合区域、主要整合区域、轴心整合区域、前沿整合区域与远景整合区域等）之间的关系较为复杂，某一资源整合区域可能包含资源整合内容中的多个因素，资源整合内容中的某一因素也可以涵盖在多个资源整合区域中。此外，资源整合内容中的不同因素在企业特定整合区域中的重要性也存在差异。因此，高新技术企业资源整合内容与资源整合区域决策间的关系呈现出多重交叉的变化特征，详见表 9-2。

表 9-2　　资源整合内容各因素重要程度随资源整合区域变化路径表

	核心整合区域	主要整合区域	轴心整合区域	前沿整合区域	远景整合区域
人力资源					
技术资源					
投资资源					
环境资源					

注："——→"表示随着资源整合区域的变化，该资源整合的重要程度基本保持不变；"↘→"表示随着资源整合区域的变化，该资源整合的重要程度下降；"↗→"表示随着资源整合区域的变化，该资源整合的重要程度上升

9.4　结论与讨论

随着知识经济的日益兴起和科学技术的迅猛发展，准确的战略定位和高效的战略决策是高新技术企业确立竞争优势的重要前提。课题组认为，在高新技术企业制定战略前，首要任务是对影响战略决策的企业内外资源进行系统分析与评估。我们以战略决策效率提升为目标，对高新技术企业资源整合框架与资源整合路径进行了理论梳理。其中，资源整合框架包括高新技术企业类型与资源整合内容；资源整合路径包括资源整合方式和资源整合区域。

在此基础上，本章研究构建了高新技术企业战略决策三维模型。依据资源划分的观点，重点分析了高新技术企业类型对资源整合方式及资源整合内容对资源整合区域的战略决策影响，弥补了先前学者从单一资源角度研

究高新技术企业战略决策的缺陷，为高新技术企业战略决策的相关研究提供了新的思路。

课题组的研究虽然取得了一定的成果，但在研究过程中也存在一些不足，需要在后续的研究中进一步完善。一方面，关于高新技术企业类型与资源整合方式间的匹配性问题并未作深入分析及提出详细的应对措施，这是高新技术企业资源整合后续研究的主要方向之一。另一方面，处于不同发展阶段的高新技术企业发展水平与技术实力等存在差异，资源整合的区域与资源整合的重点内容也各不相同，因此，今后应加强不同发展阶段高新技术企业与资源整合区域选择关系的研究。

第 二 篇

产业集聚及其创新特征的若干理论

第 10 章

长三角知识密集型服务业集聚特征

10.1 导　　论

2008 年国务院出台《关于加快发展服务业若干政策措施的实施意见》，从完善产业政策、降低准入门槛、扩大服务业开放等为服务业发展创造条件；2011 年国家"十二五"发展规划纲要强调，要营造环境推动服务业大发展，将推动服务业大发展作为产业结构优化升级的战略重点。在此背景下，加快推进现代化服务产业的发展，使其更好地服务于经济就显得更为迫切。知识密集型服务业（knowledge intensive business service，KIBS）作为服务业的重要组成部分，其发展对于优化产业结构、促进经济增长具有不可替代的重要作用（Desmarchelier et al.，2013；时省，2013）。自 20 世纪 90 年代起，不论发达国家还是发展中国家，投资领域的重点都已经从制造业中的技术密集型制造业转向服务业中的知识密集型服务业。

产业集聚是区域产业发展的一种形式，能够促进区域经济的增长，如浙江的打火机企业集群、美国的硅谷信息技术（information technology，IT）产业企业集群。通过对产业集聚的测算与分析，能够较好地了解产业的集聚程度、变化趋势及分布状况等。在国内，知识密集型服务业的发展尚属起步阶段，且地区之间发展不均衡，不具备足够的国际竞争力。因此，测度知识密集型服务业的集聚程度，分析其集聚效应及集聚产生的影响因素，不仅有助于丰富服务业集群理论，还有利于区域产业结构调整优化，推动知识密集型服务业的发展。长三角地区经济发达，知识密集型服务业的发展基础相对良好，探究其集聚特征与演化情况具有相当的合理性与典型性。基于此，本章以长三角为研究区域，试图测度该地区知识密集型服务业的集聚程度，分析其集聚演化特征，探索集聚形成原因，以期通过定量分析来评价长三角知识密集型服务业集聚化发展的现状与成因，从而为推动长三角知识密集型服务业的发展提供参考。

10.2 文献回顾

随着现代经济的高速发展与信息技术的迅速提升，知识密集型服务业得到了飞速发展，在逐渐成为区域经济新增长点的同时，受到了国内外学者的广泛关注。国外对于知识密集型服务业的研究开始较早，主要围绕知识、创新、区位三个方面进行研究。Consoli 和 Elche-Hortelano（2010）认为知识密集型服务企业专门从事知识的筛选、评估及贸易专业咨询服务。Muller 等进一步发现知识密集型服务业在知识生产、转化、传播过程中发挥着巨大的作用，并且通过实证分析指出，创新活动通过知识创造和传播过程将中小企业与知识密集型服务业连接起来（Muller and Zenker，2001；Muller and Doloreux，2009）。Wernerheim（2003）提出，知识密集型服务业与传统制造业一样以集群的方式存在，成功地将集群理论应用到知识密集型服务业当中，从缩短产品的生命周期、提高产业的关联效应两个方面阐述了产业集群的重要性。

国内学者对于知识密集型服务业的研究开展相对较晚，但也取得了不少成果。魏江等（2007）从知识密集型服务业的高技术性、高知识性、高创造性、高互动性的特点出发，定义了知识密集型服务业；曹勇和佘硕（2008）也通过人力资源的知识密集、与制造业紧密联系、高度的客户导向等特征，界定了我国知识密集型服务业的动态概念。魏江等（2009）指出，知识密集型服务业创新的主要障碍因素分别是人力资源、创新资金、创新知识、组织结构和法律管制，并提出了知识密集型服务业创新的对策建议。对于知识密集型服务业的集聚研究，更多的是基于集群视角进行探讨。例如，陈守明和张志鹏（2009）构建知识转移模型，分析了知识密集型服务业集群内的企业间知识转移及其影响因素；朱海燕（2010）运用社会网络理论，提出了基于知识密集型服务业嵌入的内生型产业集群网络结构优化模型；魏江和夏雪玲（2004）认为，知识密集型服务业在产业集群中属于知识创新的主体之一，能够通过连接与融合公共知识库和组织特有知识库的方式，达到集群创新的目的；朱红梅（2006）、乔妍菁（2008）借鉴了国外城市知识密集型服务业的集群发展模式，分析了国内知识密集型服务业存在的问题，提出了适合我国省、市发展知识密集型服务业的集群模式。

10.3　研究方法与数据来源

10.3.1　研究方法

进行产业集聚的实证分析必须要解决一个至关重要的问题，那就是产业集聚水平的测度。目前，关于产业集聚程度的测算指数主要有区位熵、空间基尼系数、赫芬达尔指数、EG 指数等。不同产业集聚衡量指数所侧重反映的问题也不尽相同，例如，空间基尼系数只考虑了产业在区域间的集聚程度，而忽略了不同产业间企业规模、地区差异等情况，在不同产业比较上容易造成较大误差；赫芬达尔指数能够较为准确地反映产业在某一区域内的集中程度，但没有考虑不同地区的区域差异，无法反映产业的集聚分布情况。基于不同指数的不同功能，为确保分析结果稳固，本章选取了空间基尼系数（任英华和邱碧槐，2010）、区位熵（韩雪晴，2009）及 EG 指数（夏燕梅，2010）来测算长三角知识密集型服务业的集聚程度与集聚结构。

1. 空间基尼系数

空间基尼系数最初用于计算收入分配的公平程度，近年来，越来越多地被运用于产业集聚的研究。其计算公式为

$$G = \sum_i (s_i - x_i)^2 \qquad (10\text{-}1)$$

式中，G 为空间基尼系数；s_i 为长三角 i 城市知识密集型服务业就业人数占整个长三角知识密集型服务业就业人数的比重；x_i 为 i 城市就业人数占长三角总就业人数的比重。G 值越高，表明产业在空间上的集聚程度越高。

2. 区位熵

区位熵（location quotient，LQ）通常用于表示区域内某一地区的产业结构与整个区域水平间的比较差异，以此来评价某一产业在该地区的专业化水平。本章运用 LQ 来反映知识密集型服务业及其各行业在长三角各城市的集中情况，具体计算公式如下：

$$\mathrm{LQ}_{ij} = \frac{L_{ij} / L_i}{L_j / L} \qquad (10\text{-}2)$$

式中，LQ_{ij} 为区域 j 行业 i 城市的区位熵指数；L_{ij} 表示 i 城市知识密集型服务业的就业人数；L_i 表示 i 城市所有行业的总就业人数；L_j 为长三角知识密

集型服务业的就业人数；L 为长三角所有行业的总就业人数。LQ 值大于 1，表明知识密集型服务业在 i 城市相对集中。

3. EG 指数

Ellison 和 Glaeser 构建衡量产业集聚水平的 EG 指数，充分考虑了企业规模大小与区域发展差异所造成的影响，从而弥补了空间基尼系数的不足。具体公式为

$$\gamma_{\mathrm{EG}} = \frac{G - (1 - \sum_i x_i^2)H}{(1 - \sum_i x_i^2)(1 - H)} \tag{10-3}$$

式中，G 为空间基尼系数；H 为赫芬达尔指数；x_i 为 i 城市的就业总人数占整个长三角地区就业总人数的比重。γ_{EG} 越小，表明产业集聚结构越好，反之，则表明集聚结构较差。

10.3.2 数据来源

根据《国民经济行业分类》中第三产业的统计门类，本章实证分析的知识密集型服务业主要包括信息传输、计算机服务与软件业，金融业，租赁和商务服务业，科学研究、技术服务和地质勘查业这四个行业。本章以长三角为研究区域，以就业人数反映知识密集型服务业的发展水平，测度 2003～2012 年长三角知识密集型服务业的集聚水平，分析其形成原因。研究所用数据来自《中国城市统计年鉴》（2004～2013 年）。

10.4 长三角知识密集型服务业集聚水平分析

10.4.1 长三角知识密集型服务业整体发展态势

长三角地区整体经济基础良好，经济增长速度较快，保持着又好又快的发展势头。从三次产业构成来看，长三角地区近年来不断调整和优化产业结构。2012 年长三角地区三次产业结构比例依次为 4.8%、48.0%、47.2%，相较于 2003 年的 6.8%、52.3%、40.9%有了明显的优化。第一、第二产业的比重降低，第三产业的比重有较大幅度的增长，第二与第三产业的比重基本持平。2003～2012 年，上海市第三产业的比重始终高于第二产业，其中，第三产业的比重在 2012 年达到 60.4%，远高于第二产业的 38.9%。

作为第三产业的重要组成部分，长三角知识密集型服务业的发展同样迅

速。本书根据 2004～2013 年《中国城市统计年鉴》中的相关数据统计，整理了知识密集型服务业及其各行业就业人数，如图 10-1 所示。

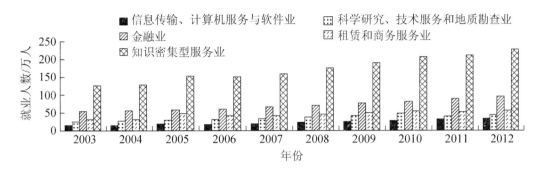

图 10-1　知识密集型服务业就业人数

由图 10-1 可知，该时期长三角地区知识密集型服务业就业人数逐年增加，从 2003 年的 126.470 万人增长为 2012 年的 227.830 万人，增长幅度较大，表明该时期长三角地区知识密集型服务业有着较快的发展。其中，金融业就业人数占知识密集型服务业就业人数比重最大，表明金融业的发展具备一定规模，且随着时间推移，产业发展规模不断扩大；租赁和商务服务业，科学研究、技术服务和地质勘查业，信息传输、计算机服务与软件业在该时期都呈现稳步增长的态势。整体而言，2003～2012 年，长三角知识密集型服务业及其各行业就业人数普遍上升，且增长态势又快又稳，充分反映了该时期长三角知识密集型服务业良好的发展水平。

10.4.2　长三角知识密集型服务业集聚水平分析

1. 空间集聚分析

本章为分析长三角地区知识密集型服务业的空间集聚特征，以就业人数为指标，运用式（10-1），计算得到了 2003～2012 年长三角知识密集型服务业的空间基尼系数，具体结果如表 10-1 所示。

表 10-1　　　　　　　　　　空间基尼系数测算结果

	2003 年	2004 年	2005 年	2006 年	2007 年	2008 年	2009 年	2010 年	2011 年	2012 年
知识密集型服务业	0.011	0.012	0.021	0.025	0.027	0.026	0.027	0.029	0.014	0.010
信息传输、计算机服务与软件业	0.003	0.003	0.011	0.012	0.019	0.022	0.025	0.027	0.026	0.027

续表

	2003年	2004年	2005年	2006年	2007年	2008年	2009年	2010年	2011年	2012年
科学研究、技术服务和地质勘查业	0.031	0.042	0.038	0.068	0.074	0.091	0.105	0.099	0.033	0.030
金融业	0.001	0.001	0.001	0.008	0.009	0.010	0.010	0.013	0.012	0.009
租赁和商务服务业	0.056	0.056	0.093	0.057	0.060	0.045	0.035	0.033	0.026	0.015

通过表 10-1 可知，2003～2012 年长三角知识密集型服务业及其各行业的空间基尼系数普遍较低，表明该时期长三角知识密集型服务业及其各行业发展较为均衡，没有出现地域上的较大差异。整体看来，除信息传输、计算机服务与软件业外，知识密集型服务业与其余行业的空间基尼系数均存在先升后降的变化趋势。从时间序列上可以发现，2005～2010 年，知识密集型服务业的空间基尼系数大于 0.02，表明在地域上出现过一定程度的集聚现象，而随着近年来整个长三角地区知识密集型服务业的快速发展，各个城市间差距相对减小，集聚现象弱化，趋向于均衡发展。由分行业计算结果不难看出，金融业的空间基尼系数最低，空间集聚程度相较于其他行业低，这在一定程度上是由于资金流动方式的便捷性受限而导致的金融行业的地域性特征不明显，而且，更重要的是由于长三角整体金融实力较强，各城市均十分重视银行、证券等金融行业发展。随着经济发展对金融服务需求的不断增加，金融业的区域布局将会更均匀，空间集聚程度更为弱化。科学研究、技术服务和地质勘查业的空间集聚程度相对较高，其中，2009 年的空间基尼系数达到 0.105，空间集聚特征明显。科学研究、技术服务和地质勘查业需要大量技术人员的投入，地区教育的不均衡性使得人才相对集中在教育相对发达的城市，因此科学研究、技术服务和地质勘查业的地域性特征相对明显，空间集聚程度较其他行业高。

2. 专业化水平测度

长三角知识密集型服务业不仅在分行业上表现出差异性，还在空间上反映出明显的异质性，具体表现为各城市间的集中程度差异。本章通过计算 2003～2012 年长三角各城市知识密集型服务业及其各行业的 LQ 值，整理得到该时期长三角知识密集型服务业 LQ 值大于 1 的城市数量，见表 10-2。

表 10-2　　　　　长三角知识密集型服务业 LQ 值大于 1 的城市数量　　　单位：个

	2003 年	2004 年	2005 年	2006 年	2007 年	2008 年	2009 年	2010 年	2011 年	2012 年
知识密集型服务业	8	8	6	7	6	7	6	6	6	6
信息传输、计算机服务与软件业	13	11	8	12	7	8	6	6	6	6
科学研究、技术服务和地质勘查业	3	3	3	3	3	3	3	3	5	5
金融业	15	14	16	9	11	12	11	12	11	13
租赁和商务服务业	6	3	4	3	4	6	6	7	9	8

分析表 10-2 不难发现，在长三角两省一市 25 个城市中，知识密集型服务业 LQ 值大于 1 的城市数量所占的比例不足 1/3，自 2009 年起稳定为 6 个，所占的比例减少至 1/4 以下，表明 2003～2012 年长三角知识密集型服务业整体地区专业化程度相对较低，空间集中特征相对较弱。金融业 LQ 值大于 1 的城市数量最多，表明金融业的整体专业化程度与空间集中特征均较明显，这与金融服务发展的重要性密不可分。科学研究、技术服务和地质勘查业 LQ 值大于 1 的城市数量最少，反映出其整体专业化程度与空间集中特征不明显。这在一定程度上是由于科学研究、技术服务和地质勘查业对技术人才要求较高，而人才往往集中在教育相对发达的少数城市。

由于篇幅所限，本章将 2003～2012 年长三角各城市知识密集型服务业及其各行业 LQ 值进行取均值处理，具体结果如表 10-3 所示。

表 10-3　　　　　　2003～2012 年长三角各城市知识密集型服务业及
其各行业 LQ 平均值

城市	知识密集型服务业	信息传输、计算机服务与软件业	科学研究、技术服务和地质勘查业	金融业	租赁和商务服务业
上海市	1.5689	1.2276	1.9309	1.2999	1.8432
南京市	1.0840	1.2231	1.7674	0.7304	1.0291
无锡市	0.8317	0.9352	0.8428	0.9170	0.6458
徐州市	0.6670	0.7481	0.6907	0.9405	0.1919
常州市	0.7999	0.7651	0.7892	0.9672	0.5729

续表

城市	知识密集型服务业	信息传输、计算机服务与软件业	科学研究、技术服务和地质勘查业	金融业	租赁和商务服务业
苏州市	0.5548	0.7626	0.2846	0.7537	0.3630
南通市	0.7042	0.7758	0.3724	1.0278	0.4360
连云港市	0.8553	0.8890	0.7573	1.0702	0.5800
淮安市	0.7073	0.7841	0.3230	0.9595	0.5833
盐城市	0.9043	0.9339	0.4191	1.2867	0.6949
扬州市	0.7250	0.9947	0.6152	0.8277	0.5321
镇江市	0.8523	0.6664	0.7932	1.1384	0.5573
泰州市	0.9508	1.1327	0.5092	1.2055	0.8315
宿迁市	0.4456	0.7716	0.2999	0.6279	0.1150
杭州市	1.3333	1.9661	1.6124	0.9317	1.4366
宁波市	0.8730	0.5304	0.5744	1.0124	1.0701
温州市	0.5652	0.5409	0.3939	0.7054	0.5064
嘉兴市	0.7306	0.5274	0.5239	0.7620	0.9579
湖州市	0.7803	0.7203	0.5499	0.9916	0.6422
绍兴市	0.4914	0.5082	0.2923	0.6569	0.3843
金华市	0.9746	0.9232	0.5737	1.0564	1.1829
衢州市	1.0646	1.0325	0.5881	1.7425	0.4164
舟山市	1.1465	1.0735	0.7697	1.1077	1.5705
台州市	0.9341	0.8504	0.5821	1.2607	0.7550
丽水市	1.2040	1.6051	0.8579	1.4906	0.8596

分析表 10-3 可知，长三角知识密集型服务业 LQ 平均值大于 1 的城市共有 6 个，分别为上海、南京、杭州、衢州、舟山及丽水，其中，上海 LQ 平均值为 1.5689，属同时期最高，表明该时期上海、南京、杭州、衢州、舟山和丽水的知识密集型服务业具有一定程度的专业化，知识密集型服务业空间集中程度较其余城市高，而上海则成为长三角知识密集型服务业的主要集中地。就分行业情况来看，信息传输、计算机服务与软件业 LQ 平均值大于 1 的城市共有 7 个，分别为上海、南京、泰州、杭州、衢州、舟山和丽水。其中，杭州的 LQ 平均值为 1.9661，为同时期最高，其信息传输、计算机服务与软件业表现出了较强的空间集聚性和较高的专业化水平。科学研究、技术服务和地质勘查业 LQ 平均值大于 1 的城市仅有 3 个，分别为上海、南京

和杭州，其 LQ 平均值依次为 1.9309、1.7674 和 1.6124，表明该时期长三角科学研究、技术服务和地质勘查业的专业化优势主要集中在上海、南京和杭州三个地区。金融业 LQ 平均值大于 1 的城市数量最多，共有 12 个。除上海外，江苏省的南通、连云港、盐城、镇江、泰州和浙江省的宁波、金华、衢州、舟山、台州、丽水的 LQ 平均值也都超过 1，表明长三角金融业专业化优势主要集中在上述城市。租赁和商务服务业 LQ 平均值大于 1 的城市有 6 个，分别为上海、南京、杭州、宁波、金华和舟山。其中，上海的 LQ 平均值最高，为 1.8432，表明该时期这些城市的租赁和商务服务业具有一定的空间集聚态势与专业化水平，而上海在这方面特征要明显高于其余城市。

　　3. 集聚结构研究

　　服务行业的发展好坏在很大程度上取决于其产业集聚结构的优劣。基于此，本章通过测算长三角知识密集型服务业的 EG 指数，分析其集聚结构，具体结果如表 10-4 所示。

表 10-4　　　　　　　　　　　　EG 指数测算结果

	2003 年	2004 年	2005 年	2006 年	2007 年	2008 年	2009 年	2010 年	2011 年	2012 年
知识密集型服务业	−0.227	−0.204	−0.195	−0.192	−0.171	−0.206	−0.219	−0.222	−0.193	−0.218
信息传输、计算机服务与软件业	0.000	0.001	0.010	0.011	0.019	0.022	0.026	0.027	0.026	0.027
科学研究、技术服务和地质勘查业	0.031	0.047	0.043	0.082	0.092	0.118	0.140	0.130	0.034	0.030
金融业	−0.048	−0.044	−0.039	−0.032	−0.031	−0.037	−0.036	−0.029	−0.028	−0.032
租赁和商务服务业	0.065	0.065	0.127	0.059	0.069	0.044	0.026	0.023	0.022	0.005

　　由表 10-4 可知，2003～2012 年长三角知识密集型服务业的 EG 指数均小于 0，这表明该时期长三角知识密集型服务业的产业集聚结构较好，该产业的发展已相对成熟。就各行业分类来看，金融业的 EG 指数同样小于 0，反映了其良好的产业集聚结构。这是由于长三角地区经济发达，金融业发展良好，上海更是作为金融中心，带动并推进了整个长三角地区的金融服务发展，金融业发展相较于其他行业更为成熟。信息传输、计算机服务与软件业，

科学研究、技术服务和地质勘查业，以及租赁和商务服务业的 EG 指数虽然大于 0，但数值较小，尤其是信息传输、计算机服务与软件业，EG 指数均不足 0.03，本章认为这些行业的产业集聚结构也普遍较好。此外，租赁和商务服务业的 EG 指数总体呈现下降趋势，表明其集聚结构正在不断优化，产业发展越来越成熟。

10.5 长三角知识密集型服务业集聚成因探究

10.5.1 影响因素变量选取

各地区知识密集型服务业集聚形成的原因不尽相同，对此，已有相关研究进行了分析与探讨。例如，夏燕梅（2010）认为，影响我国省域知识密集型服务业集聚的因素，主要有市场需求状况、知识溢出水平及区域经济环境；黄娟（2011）认为，影响我国地级市知识密集型服务业集聚的因素，主要有人力资源和信息技术。

根据已有研究，结合长三角知识密集型服务业的发展情况，本章认为经济环境（X_1）、人力资源（X_2）、资本资源（X_3）、信息技术（X_4）及政策支持（X_5）5 个方面会对知识密集型服务业集聚产生影响。区域经济水平是知识密集型服务业集聚发展的重要物质条件，本书采用各地区 GDP 增长率来反映区域经济环境（X_1）；人力资源的丰富储备与资金流动的活跃同样是知识密集型服务业发展不可或缺的部分，本章采用每万人在校大学生数与年末金融机构各项贷款余额分别表示人力资源（X_2）与资本资源（X_3）；信息技术是对知识密集型服务业发展的技术支持，并具有巨大的推进作用，本章采用各地区电信业务总量来侧面反映信息技术（X_4）；地区政策会对知识密集型服务业集聚产生不同程度的影响，政府对知识密集型服务业发展的支持程度可通过财政投入来表现，本章以财政支出中的科教支出为指标来反映政策支持（X_5）。

10.5.2 回归结果分析

本书选取 2003、2012 年两个时间节点的截面数据，对研究期内期初与期末的长三角知识密集型服务业集聚发展的影响因素进行了分析。本章以经济环境（X_1）、人力资源（X_2）、资本资源（X_3）、信息技术（X_4）及政策支持（X_5）为自变量，以长三角知识密集型服务业就业人数（Y）为因变量进行回归分析。为减少数据波动及变量的异方差性，对变量取对数处理，得到的回归模型如下：

$$\ln Y = \beta_0 + \beta_1 X_1 + \beta_2 \ln X_2 + \beta_3 \ln X_3 + \beta_4 \ln X_4 + \beta_5 \ln X_5 + \varepsilon \qquad （10\text{-}4）$$

运用 SPSS17.0 对长三角知识密集型服务业集聚的影响因素进行回归分析，为减少变量间存在的多重共线性，通过逐步回归法进行分析。计算分别得到 2003 年、2012 年的调整后 R^2 为 0.924 和 0.849，表明研究所建立的回归方程具有极好的拟合度，同时，F 值分别为 147.041、135.562，回归方程显著成立。逐步回归测算结果显示，2003 年、2012 年分别以模型 2 与模型 1 最适合作为多元线性回归模型，具体回归系数及其显著性检验如表 10-5、表 10-6 所示。

表 10-5　　　　　　　　　2003 年回归系数与显著性检验

模型		非标准化系数		标准系数	t	Sig.	共线性统计量	
		B	标准误差	Beta			容差	VIF
1	（常量）	−9.908	0.866		−11.441	0.000		
	X_3	0.702	0.055	0.936	12.801	0.000	1.000	1.000
2	（常量）	−8.885	0.711		−12.499	0.000		
	X_3	0.756	0.044	1.009	17.116	0.000	0.911	1.098
	X_1	−0.131	0.032	−0.242	−4.112	0.000	0.911	1.098

表 10-6　　　　　　　　　2012 年回归系数与显著性检验

模型		非标准化系数		标准系数	t	Sig.	共线性统计量	
		B	标准误差	Beta			容差	VIF
1	（常量）	−12.969	1.259		−10.298	0.000		
	X_3	0.843	0.072	0.925	11.643	0.000	1.000	1.000

由表 10-5、表 10-6 可知，2003～2012 年长三角知识密集型服务业集聚的影响因素主要为资本资源与经济环境。2003 年，影响长三角知识密集型服务业集聚的因素为资本资源与经济环境，其中，资本资源的回归系数为0.756，表明该时期资本资源对知识密集型服务业的发展与集聚具有较强的正相关作用。而经济环境的回归系数为−0.131，表明经济环境在此时并没有

对知识密集型服务业的发展做出较大的贡献。2003 年长三角经济的迅速发展并没有很好地带动知识密集型服务业的发展，集聚水平较弱。2012 年，资本资源对知识密集型服务业的集聚和发展仍具有显著影响，此时回归系数为 0.843，较 2003 年有所上升，表明资本资源的影响程度有所增加。而此时，经济环境已不再对长三角知识密集型服务业的发展存在显著影响。

10.6　结论与建议

10.6.1　结论

基于《中国城市统计年鉴》（2004～2013 年）的数据，运用空间基尼系数、LQ、EG 指数对长三角知识密集型服务业空间集聚特征进行分析，并探究其成因，主要得出以下结论。

第一，长三角地区知识密集型服务业集聚程度不高。长三角地区 2003～2012 年知识密集型服务业的空间基尼系数普遍较低，最大值是 2010 年的 0.029（表 10-1），且呈现出上升（2003～2010 年）—下降（2011～2012 年）的趋势；LQ 的计算也说明了空间集聚程度不高这一特点，在 2003～2012 年长三角地区 LQ 值大于 1 的城市数量所占的比例不足 1/3，且有减少的趋势，长三角知识密集型服务业 LQ 平均值大于 1 的城市仅有 6 个，这些城市的空间集中程度高于其他地区。这反映出长三角地区随着经济发展水平的提升，地级城市乃至县域经济发展水平不断提升，对知识密集型服务业的重视程度逐步加大，知识密集型服务业不单纯集中在直辖市和副省级城市，地级市甚至是县级市知识密集型服务业的发展水平也较高。这还反映出区域中心城市及副中心城市已经由对周边地区的极化作用向对周边地区产生辐射作用转变。

第二，长三角地区知识密集型服务业的产业集聚结构较好。从表 10-4 可以看出，长三角知识密集型服务业的 EG 指数均小于 0，分行业的 EG 指数虽然有大于 0 的，但是由于数值较小，仍然可以表明长三角知识密集型产业集聚结构好，并且发展已较为成熟。同时，可以看出长三角知识密集型服务业各分行业的集聚结构与区域集聚程度并未保持一致。以 2012 年的数据为例，信息传输、计算机服务与软件业的 EG 指数最高，集聚结构与其他行业相比较差，但是空间基尼系数高于其他行业，区域集聚程度高。这反映出相对于金融业受到城市级别和区位资源影响较大而言，信息传输、计算机服务与软件业受城市级别、区位资源的影响较小，与产业的融合度较高，各城市都高度重视其发展，并形成差异化特征。这与长三角区域经济发展水平、整体发展战略及块状经济特征是相吻合的。

第三，资本资源和经济环境是影响长三角知识密集型服务业集聚的主要因素。反映影响因素的指标分别为年末金融机构各项贷款余额及各地区 GDP 增长率，通过回归分析可以看出，资本资源、经济环境与该地区的知识密集型服务业能够相互促进，但是不同时期对知识密集型服务业的带动程度不同。早期经济发展更多地受到资本集聚的影响，而经过一段时间的持续发展，知识密集型服务业的主体及载体更愿意选择经济环境好的城市，因此经济环境在知识密集型服务业的集聚中发挥着重要的作用。

10.6.2　对策建议

通过长三角知识密集型服务业空间集聚特征及其形成原因的分析，本章对发展长三角知识密集型服务业提出以下几个方面的对策建议。

第一，针对行业特点采取不同的集聚发展政策。知识密集型服务业中一些分行业由于自身特性并不适合集聚发展，如 EG 指数表明金融业的集聚结构较好，发展已相对成熟，但是空间基尼系数证明了长三角地区金融业的空间集聚程度低，这主要是由于金融业发展越成熟，其区域分布越均匀，空间集聚程度就越弱。而有些行业通过集聚发展能够提升其竞争力，要根据行业的特点，促进适合集聚发展的行业集聚发展，而让不适合集聚发展的行业均匀发展。2010 年，国务院印发《长江三角洲地区区域规划》，对长三角地区的产业布局提出了详细的发展思路。规划提出要统筹区域发展空间布局，形成以上海为核心，沿沪宁和沪杭甬线、沿江、沿湾、沿海、沿宁湖杭线、沿湖、沿东陇海线、沿运河、沿温丽金衢线为发展带的"一核九带"空间格局，推动区域协调发展。规划对各城市的发展重点做出明确安排，提出优先发展现代服务业，加快建设各具特色的现代服务业集聚区。各城市应结合国务院的规划要求，有针对性地出台产业政策，在促进知识密集型服务业快速发展的同时，有效提升知识密集型服务业的空间集聚。

第二，加强长三角各城市间的合作。长三角 25 个城市的知识密集型服务业发展水平存在差异，发展水平低的地区应与其他城市进行资源互补，最大限度地整合长三角地区知识密集型服务业发展所需要的资源，为知识密集型服务业的发展提供条件。从 2009 年起，长三角相关城市将始建于 1992 年的长三角 15 个城市协作部门主任联席会议制度升格为长三角城市经济协调会，并不断吸纳相关城市加入，现在已经覆盖长三角两省一市 25 个城市。从 2008 年起，结合举办和参与 2010 年上海世博会，长三角城市经济协调会从会展业入手，逐步通过课题、专题的形式拓展到金融、物流、信息化等领域。2014 年 3 月，政府又批准设立新型城市化建设、品牌建设、旅游合作及会展合作等四个专业委员会，这些举措有效地推动了长三角知识密集型服务业的合作。借助城市合作平台与机制，对于适合集聚发展的行业，积极发挥上海作为知识密集型服务业主要集中地的辐射与带动作用，以及南京、苏州、无锡、杭州、宁波等区域副中心城市的衔接与传导作用，优化长三角地区知识密集型服务业的布局，根据各地区实际情况，重点发展特色行业，加快整个地区知识密集型服务业的发展步伐。

第三，增强行业内部的企业集聚程度。根据李文秀和谭力文（2008）的观点，服务行业发展越成熟，行业内部的企业集聚程度越高，发挥集聚优势不仅要促进区域内集聚，还要促进行业内部的企业集聚。增强行业内部的企业集聚不仅可以更好地满足消费者的需求，还会吸引外部企业进入集群内部，从而扩大企业的需求规模，加快整个行业的发展速度。早在 2008 年，国务院就出台《关于加快发展服务业若干政策措施的实施意见》，要求尽快完善产业政策，进一步放宽服务领域市场准入，稳步推进服务领域对外开放，积极创新服务业组织结构，鼓励服务领域技术创新等，这为进一步推进知识密集型服务业的集聚创新创造了有利的政策环境。各城市服务业主管部门应通过政府的导向作用，鼓励知识密集型服务业同类企业及产业链各环节企业间的收购、兼并，鼓励组建多种所有制联合体，支持服务企业在国内外上市，通过这些手段加快推进行业内部的企业集聚，培育服务企业品牌，提升综合竞争实力。

第 11 章

长江经济带制造业与物流业共同集聚研究

长江经济带东起上海，西至云南，包括上海、江苏、浙江、江西、安徽、湖北、湖南、重庆、四川、贵州、云南 11 个省份。作为我国最重要的工业走廊之一，长江经济带现代产业分布密集，2013 年，区域内国家新型工业化产业示范基地数量占全国示范基地数量的 41.5%，在重点领域形成多个产业集聚区。与此同时，作为世界上最大的以水运为主，包括铁路、高速公路、管道及超高压输电等组成的具有超大能力的综合运输通道（陆大道，2014），长江经济带的物流产业发展迅速。2014 年 4 月，长江经济带建设正式上升为国家战略，政府工作报告首次提出"要依托黄金水道，建设长江经济带"。同年 6 月，国务院常务会议部署建设综合立体交通走廊打造长江经济带，并讨论通过了《物流业发展中长期规划》，预示着区域物流基础设施将进一步完善，物流产业集聚区建设将进一步推进。产业集聚作为经济产业组织的重要形式，体现了区域经济发展的地理特征。事实上，产业的空间集聚不仅仅局限于单个产业的内部，还存在于两个或多个产业之间。以产业共同集聚为视角研究该区域制造业与物流业的空间关联及其内在联动机理，有利于了解长江经济带两大产业的空间互动格局，发现产业联动发展的空间集聚规律，这对于促进长江经济带制造业与物流业的协调发展具有重要的现实意义。

11.1 理 论 依 据

产业集聚的研究由来已久，以往研究多以单一产业为主，尤其在制造业领域，已基本形成了相对完整、成熟的理论框架。在定量研究方面，不少研究对制造业的地理集中度分别采用基尼系数、熵指数等方法进行了测度（樊秀峰和康晓琴，2013；贺灿飞和朱晟君，2008）。相较而言，学术界对于物流产业的集聚研究尚处于起步阶段，大多借鉴制造业集聚的研究框架（钟祖昌，2011；舒辉等，2014）。近年来，有学者发现，产业的空间集聚不仅存在于单个产业的内部，两个或是多个产业之间也同样存在空间集聚。1997 年，Ellison 和 Glaeser 指出产业间存在共同集聚（co-agglomeration），并以 EG 指数为基础，测算了美国制造业四位编码行业间的共同集聚程度，发现行业间尤其是上下游存在分工联系的行业在空间上共同集聚（Ellison et al.，1997）。随后 Barrios 等（2006）对爱尔兰两位和三位编码制造业共同集聚的情况进行了考察，同样发现多数行业存在共同集聚的情况。Kolko（2007）对服务业各行业间的集聚程度进行了测算，并提出了服务业不同于制造业的共同集聚机制。Rusche 等（2011）利用 EG 指数对德国木板和家具行业的产业间集聚进行了研究，发现厨房家具行业与木板加工行业集聚程度最高。国内的相关研究尚不多见，且研究尺度各不相同，路江涌和陶志刚（2006）从国家层面研究了 1998～2003年中国制造业间的集聚发展趋势，发现中国制造业共同集聚水平持续上升，但与西方发达国家相比程度仍然较低。马国霞等（2013）、郝俊卿等（2013）从城市群、都市圈的研究层面探讨了城市群内产业集聚的空间特征与效应，发现资源密集型产业和资金技术密集型产业的空间集聚度有上升趋势，劳动密集型产业变化不显著或趋于下降。吕卫国和陈雯（2009）、郑蔚（2012）则从省际层面分别测度了福建省和江苏省制造业产业间的集聚水平，发现两个省制造业均存在明显的产业间共同集聚现象。陈国亮和陈建军（2012）从第二、第三产业共同集聚的视角发现产业前后向关联和知识密集度有助于促进产业共同集聚水平的提高。整体而言，目前关于产业共同集聚的研究主要从产业共同集聚测度和产业共同集聚形成机理两个方面展开，关于共同集聚测度的研究大多以制造业的产业间集聚为研究对象，对于制造业、物流业共同集聚的相关研究鲜见，对共同集聚形成机理的探讨更是缺乏。基于此，本章以我国长江经济带为研究对象，首先以马歇尔三个外部性理论为框架，阐述制造业与物流业形成共同集聚的内在机理，再利用 EG 指数分区域探讨制造业和物流业的产业集聚情况，并通过 $C(r)$ 指数分析两大产业的共同集聚特征，最后提出相关政策建议。

11.2　制造业、物流业共同集聚机理

关于单一产业集聚的成因，马歇尔主要将其归结为劳动力市场共享、中间产品投入的地理邻近和知识技术外溢。后来，Ellison 等（2010）的研究表明，马歇尔的这三大经济集聚因素同样适用于解释产业之间的共同集聚现象。

11.2.1　劳动力市场共享

新经济地理理论认为，当某种原因导致劳动者或企业向某一地区集中时，势必扩大地区的市场规模和供给能力。考虑到收益最大化原则，劳动者或企业也将选择规模较大的区域从事生产，从而加剧了市场规模的扩大。随着市场规模的扩大，该地区产品的数量更多，种类更丰富，产品价格相对也会较低，进而吸引大量劳动者或企业向该地区集中，地区市场规模进一步加大。虽然制造业与物流业分属生产和服务不同部门，理论上存在行业壁垒，但是目前我国物流业尚未摆脱粗放式发展模式，专业化程度较低，仍属于依靠熟练劳动力进行基础业务操作的传统物流，因此具备劳动力市场共享的可行性。

11.2.2　知识技术外溢

外部规模经济效应的存在，促进了劳动者和关联企业的地理集中，从而在地方形成了一个容量较大的市场。市场效应的发挥有助于知识、技术的交流，形成知识技术的外溢。虽然制造业与物流业分属不同性质的行业，但是物流业内生于制造业，是满足制造业特殊需求的专业化行业，并且随着制造业技术的不断提高和物流业专业化水平的不断提升，物流业作为知识密集型服务机构与制造业产生更多互动，将有利于知识在产业之间的扩散，使知识、技术的交流与共享成为可能。

11.2.3　中间产品投入的地理邻近

空间共同集聚的形成是为了产生产业间的外部规模经济。物流业作为生产性服务业，与制造业存在密切的联动关系，是制造业的中间需求产业。出于规模经济效应和投入产出的联动效应，制造业与物流业毗邻分布，因为制造业与物流业的地理邻近可以充分享受共同市场带来的益处，一方面两者的地理邻近提高了交易的匹配效率；另一方面也节约了产业之间的运输和交易

成本。因此，可以认为制造业与物流业的共同集聚，最大的原因在于两大产业之间存在紧密的联动关系。制造业作为产业联动的主导，势必要求与之相关的中间品产业向制造业集聚区域靠近，如果相隔较远，就无法发挥外部规模效应，因此具备交通区位优势的地区成为物流发展基地的首选。这又无形中促进了两大产业的共同集聚。

11.3 研 究 设 计

11.3.1 研究方法

关于产业集聚的衡量指标，先有赫芬达尔指数、熵系数、胡弗系数、锡尔系数、空间基尼系数等，再有 EG 指数、共同集中指数等。由于 EG 指数既考虑了行业分布，又顾及了企业规模对产业集聚的影响，课题组选取 EG 指数来测算地区制造业和物流业的集聚程度，并用 EG 共同集聚指数来测度两大产业的共同集聚程度。

1. EG 指数

EG 指数是衡量产业集聚程度的常用指标，计算公式如下：

$$r = \frac{G - \left(1 - \sum_i X_i^2\right) H}{\left(1 - \sum_i X_i^2\right)(1 - H)} \tag{11-1}$$

式中，G 为空间基尼系数；H 为赫芬达尔指数；计算公式分别为

$$G = \sum_i (S_i - X_i)^2 \tag{11-2}$$

$$H = \sum_{i=1}^{N} Z_i^2 \tag{11-3}$$

式中，S_i 为 i 地区某产业就业人数占该产业所有区域总就业人数的比重；X_i 为 i 地区就业人数占所有区域总就业人数的比重；N 为该行业企业总数；Z_i 是某产业企业 i 的就业或产值占该产业总就业或总产值的比重。由于 H 指数要求企业层面的产值数据或就业人数数据，而获得企业层面的详细数据又较为困难，参照相关文献（杨洪焦等，2008），课题组对赫芬达尔指数的计算

公式进行了适当调整，调整后的计算公式为

$$H \equiv \sum_{i=1}^{K} n_i \left(\frac{E_i / n_i}{T} \right)^2 \equiv \sum_{i=1}^{K} \frac{1}{n_i} \left(\frac{E_i}{T} \right)^2 \equiv \sum_{i=1}^{K} \frac{1}{n_i} S_i^2 \qquad (11\text{-}4)$$

式中，K 为区域空间单元数；n_i 为 i 地区某产业企业单位数；E_i 为 i 地区该产业从业人数；T 为所有区域该产业总从业人数。调整后的指数虽然精确度有所下降，但是不影响对产业集聚程度的判断。

根据 Ellison 和 Glaseser 等的研究，EG 指数的大小可用以判断产业集聚程度。一般而言，$0 < r < 0.02$ 为低度集聚；$0.02 \leqslant r < 0.05$ 为中度集聚；$r \geqslant 0.05$ 为高度集聚（谢里和罗能生，2009）。

2. EG 共同集聚指数

Ellison 和 Glaeser 在构建了 EG 指数后又构建了用于考察多个产业间共同集聚的 EG 修正指数，Devereux 等（2004）认为计算过程过于烦琐，对其公式做了进一步简化后得到

$$C(r) = \frac{G_r - \sum_{j=1}^{r} w_j^2 G_j}{1 - \sum_{j=1}^{r} w_j^2} \qquad (11\text{-}5)$$

式中，w_j（$w_j = T_j / \sum_{j=1}^{r} T_j$）为权重指标，用产业销售份额或就业人数表示；$T_j$ 为产业 j 总就业人数；G_r 为多产业共同形成的地理集中度；G_j 为单产业形成的地理集中度，分别用赫芬达尔指数计算，公式为 $G = \sum_{k=1}^{K} S_k^2 - (1/K)$，$S_k$ 为某产业第 k 个地区的就业人数占该产业所有区域总就业人数的份额，K 为地区个数，集聚程度判断标准同 r。

11.3.2　研究对象与数据处理

根据最新的《国民经济行业分类》（GB/T4754—2011），制造业可细分为 31 个两位数行业大类，物流业可分为 8 个两位数行业大类[①]。由于该标准对 2002 版分类进行了修订，为保证数据获得的连续性，在此保留了未受到

---

① 物流业至今没有专门统一的统计口径，考虑到物流业大部分是交通运输、储运、货代、流通加工和配送等，故在此将交通运输、仓储及邮政业的统计数据视为物流产业的行业统计。

修订影响的 22 个制造业大类，分别探讨其与运输业（包括铁路、公路、水运、航空、管道运输）、装卸搬运和其他运输服务业（以下简称装运业）、仓储业和邮政业的集聚状况。由于长江经济带东部沿海地区和中部、西部地区在经济实力、产业结构、区位条件等方面都存在较大差异，故在探讨整体区域集聚情况的基础上再进行分区域探讨，根据地理位置将整个区域分为上游（渝蜀云贵）、中游（皖赣湘鄂）和下游（江浙沪）三大子区域。本章选取 2003～2012 年为研究年份，数据分别来自《中国劳动统计年鉴》（2004～2013 年）、《中国基本单位统计年鉴》（2004～2013 年）、《中国经济普查年鉴 2004》和《中国经济普查年鉴 2008》。数据结果采用 Matlab7.10 软件进行编程获得。

11.4 单一产业集聚水平及演变

11.4.1 制造产业集聚水平及演变

1. 区域总体集聚水平上升，但集聚程度不高，分区域间集聚水平趋于接近

2003 年，长江经济带总体制造业 EG 指数为 0.006 626，2012 年上升到 0.010 197，但仍处于低度集聚水平。从 EG 指数变化看，2003～2012 年，制造业总体集聚呈现倒"U"形变化态势，2003～2008 年集聚程度逐渐上升，从 2009 年开始集聚程度有所下降，2010～2012 年，集聚水平变化趋于缓和。与整体发展趋势相比，各分区域的集聚发展变化有所不同，上游地区集聚水平稳中有升，EG 指数基本保持在 0.004 左右；下游地区长期处于较低的集聚水平，发展历程呈现集聚—分散—集聚的形态；中游地区相对变化较大，2006 年以前基本保持在 0.1 左右的集聚水平，到了 2007 年集聚程度下降明显，此后出现小幅波动，并有进一步集聚趋缓的态势。从总体上看，三大分区的集聚变化多呈"U"形态势，集聚差异程度减少，集聚水平趋于接近。这一结果符合理论预期，上游地处西部，制造业水平总体相对落后，集聚程度不高；下游三省份制造业发展水平相对接近，产业空间相对分散；而中游四省份随着中部崛起战略的实施，产业发展迅速，同时伴随着产业大转移，成为产业主要承接地，制造业在中游地区不断集聚，继而呈现出中游地区制

造业 EG 指数下降而整体区域 EG 指数上升的局面。具体如图 11-1 所示。

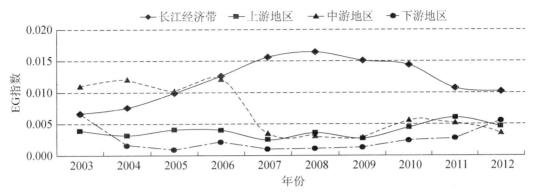

图 11-1　2003～2012 年长江经济带制造业 EG 指数

2. 行业大类中、高水平集聚占多数，区域间产业集聚各有不同

2012 年，长江经济带制造业 22 个行业大类的 EG 指数均大于 0，中、高程度集聚行业占 68.18%，集聚程度最高的前 5 个行业分别是：化学纤维制造业、家具制造业、烟草制品业、通信设备/计算机及其他电子设备制造业、纺织业。分区域来看，上游地区中、高集聚行业最多，达到 16 个，中游地区 13 个，下游地区 14 个，其中石油加工及炼焦、化学纤维制造业和家具制造业在三大区域都有较高的集聚水平。根据贺灿飞和朱彦刚（2010）的研究，进一步将 22 个大类分为劳动密集型、资源密集型和资金技术密集型三种类型，分别计算三类产业在不同区域的 EG 指数均值。结果显示，上游、中游、下游地区产业均值相对最高的分别为资金技术密集型、资源密集型和劳动密集型产业。上游地区经济发展水平相对落后，交通网络不够完善，工业发展条件较好的地区相对集中，因此总体表现出较高的集聚水平（图 11-2）。

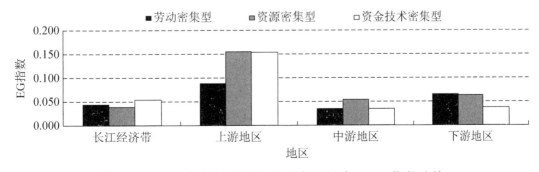

图 11-2　2012 年长江经济带不同类型制造业 EG 指数均值

3. 劳动密集型行业集聚水平上升幅度较快

长江经济带是近年来产业转移的重点发展区域，因此产业集聚水平的动态演变发展特征也颇值得关注。与 2003 年相比，2012 年产业集聚水平上升最快的三类行业分别为化学纤维制造业、家具制造业和纺织业，多为劳动密集型产业。分区域来看，上游地区产业集聚程度上升幅度最大的前三位分别是家具制造业、食品制造业和化学纤维制造业，以劳动密集型行业居多；中游地区产业集聚程度上升最明显的是非金属矿物制品业、石油加油及炼焦和造纸及纸制品业，多为资源密集型行业；下游地区集聚程度上升最快的三类行业则分别为金属制造业、食品制造业和家具制造业，均属劳动密集型行业。对此可做出的一个解释是，由于劳动密集型行业进入门槛比较低，加上劳动成本的考虑，往往少数交通条件相对较好的地区成为下游地区产业转移的主要承接地，集聚水平提高；而下游地区劳动密集型产业也由于产业转移而重组、升级，在优胜劣汰的竞争环境下，行业发展在空间上表现出更高的集聚性；中游地区则由于自然资源优势，资源依赖性产业有了更快速的集聚增长。

11.4.2 物流产业集聚水平及演变

1. 物流业总体空间集聚程度较低，集聚水平区域间差异较大

2003 年，长江经济带物流业总体 EG 指数为 0.005 959；2012 年，EG 指数略有上升，达到 0.008 719，但整体集聚水平非常低，基本处于散布的状态。分区域来看，下游地区集聚水平最高，2004 年以后一直处于高度集聚状态，2010 年以后集聚程度略有下降，但仍保持高度集聚；中游和上游地区物流集聚程度一直都很低，集聚水平趋于 0。从分布来看，物流业集聚主要集中在下游的江浙沪三个省份，区域间的物流集聚水平差异较大。物流产业集聚有其特殊性，往往更多受到区位条件、基础设施等客观因素的影响，下游地区无论在交通环境、产业环境还是基础设施及市场需求方面都具有一定的发展优势，物流费用与中游、上游地区相比更低，更能吸引物流企业的竞相入驻，集聚程度进一步加强。但从长期来看，随着中游、上游地区物流基础设施的不断完善，物流整体水平的提高，物流费用也将随之降低。当物流成本在产品成本中所占的比例越来越小时，伴随着产业转移的过程，区域间物流集聚水平的差异也将逐渐缩小，详见图 11-3。

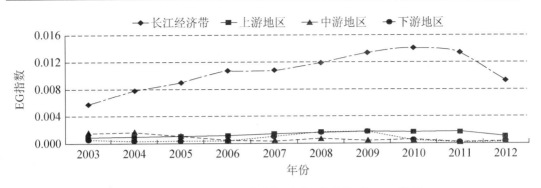

图 11-3　2003～2012 年长江经济带物流业 EG 指数

2. 物流行业大类呈现不同程度的产业集聚，各区域间集聚水平有所差异

从整体区域来看，2012 年，物流行业大类中仓储业的集聚程度最高；其次是装运业，两者均达到中等集聚水平；运输业居后，集聚度为 0.010 916，属于低度集聚；而邮政业集聚水平最低，只有 0.003 002，基本处于无集聚分布状态。分区域来看，上游地区集聚水平最高的是装运业，达到高度集聚水平，邮政业和仓储业次之，属于中度集聚，运输业集聚度最低；中游地区集聚最明显的是装运业，其他三类行业的集聚水平均低于 0.01；下游地区集聚程度最高的是仓储业，集聚水平达到 0.228 607，其次是运输业和装运业，邮政业集聚水平最低。从图 11-4 可知，各区域物流细分行业集聚差异比较明显，下游地区各大类物流集聚总体水平相对较高，中游地区仓储业集聚效应最为明显，上游地区集聚水平相对比较平均，总体集聚程度偏低。

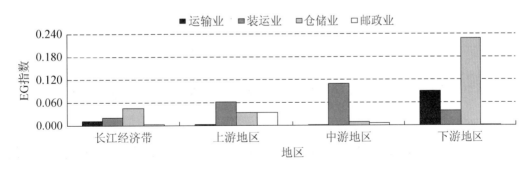

图 11-4　2012 年长江经济带及各区域物流行业大类 EG 指数比较

3. 装运业、仓储业集聚程度各地均有不同幅度提升，运输业、邮政业集聚程度地区变化略有不同

从物流分行业集聚水平变化来看（图 11-5），除邮政业外，2012 年长江

经济带各物流行业大类的 EG 指数均比 2003 年有所上升。其中，运输业上升幅度最大，增长了 313.69%；仓储业次之，增长了 160.16%；装运业居后，增长了 60.93%。分区域来看，上游地区除运输业外集聚指数均有上升，邮政业集聚增长速度最快；中游地区装运业和仓储业的集聚程度有所提升，仓储业的集聚增长幅度更大，运输业和邮政业集聚程度则有所下降；下游地区集聚变化与整体区域变化基本一致，除邮政业以外的其他行业集聚都有不同程度的提高，运输业集聚增幅最大。从总体上看，装运业、仓储业的集聚程度在各地均有不同幅度的提升，运输业在下游地区集聚程度上升较快，邮政业在上游地区集聚发展较快。

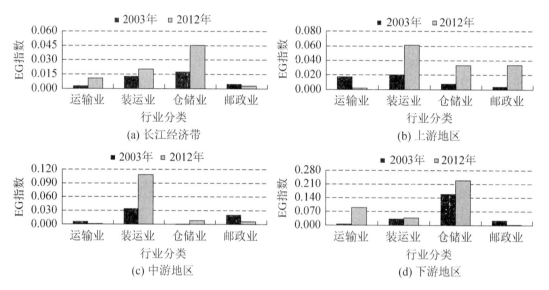

图 11-5　长江经济带及各地区物流行业大类 EG 指数比较

11.5　长江经济带制造业与物流业共同集聚特征

11.5.1　行业间多呈共同集聚态势，中、高集聚程度组合增加，上游地区共同集聚程度最高

根据 Ellison 和 Glaeser 提出的相关理论，产业间共同集聚既可以是两两产业间的共同集聚，又可以是多个产业间的组合集聚，在此仅考虑单个制造行业和单个物流行业的两两配对集聚。从整体区域来看，2012 年，长江经济带制造业与物流业行业大类间空间集聚度大于 0 的产业组合共 76 对，占

配对总数的 86.36%，各行业组合多呈共同集聚态势，且总体共同集聚水平提高。2003 年，高、中、低度共同集聚的产业组合数量比为 0∶14∶67，到了 2012 年变为 5∶41∶30，中、高集聚程度组合明显增加。分区域来看，2012 年，上游地区共同集聚度大于 0 的有 73 对，集聚程度普遍较高，中、高集聚组合占到 83.56%；中游地区共同集聚度大于 0 的组合最多，共有 75 对，但中、高集聚组合不多，只占 30.67%；下游地区共同集聚度大于 0 的组合最少，只有 39 对，其中中、高集聚组合占 35.89%。从集聚变化来看，上游地区中、高水平集聚组合数量略有下降，但高度集聚组合明显增加，从 2003 年的 18 对增加到 2012 年的 25 对，集聚程度略有上升；中游地区产业组合中、高度集聚组合增加，但中度集聚组合减少，近 70% 的集聚组合处于低度集聚水平；下游地区中、高集聚水平组合比例降低，与 2003 年相比，2012 年中、高集聚水平组合数量减少了 16 对，共同集聚程度有所下降。

11.5.2　装运业、仓储业与制造业行业大类的共同集聚度相对较高

从表 11-1 可知，2012 年长江经济带行业大类共同集聚程度最高的前 10 对行业组合中，有 7 对包含装运业，另外 3 对包含仓储业，可见装运业和仓储业在空间上与制造业表现得更为临近。从制造业行业大类来看，家具制造业，化学纤维制造业，以及橡胶、塑料制品业，与装运业、仓储业都有较高的集聚度，这些行业大多从事成品制造或是原材料加工及再制造，在生产过程中涉及大量的搬运作业，且具有较大的仓储需求，为降低流通成本，多要求装卸搬运服务和仓储服务的获得具有地域临近特性。分区域来看，上游地区集聚程度最高的前三对组合分别是运输业与化学纤维制造业、运输业与家具制造业、仓储业与化学纤维制造业。家具制造业产品运输成本高，与运输业临近分布可降低物流费用，这不难理解。化学纤维制造业与运输业、仓储业共同集聚则需要结合产业转移的背景，在此做出的一个推断是，由于化纤原料对运输要求较高，在产业转移过程中，只有交通运输和物流基础设置条件较好的地区才有可能成为产业承接地，也最有可能在该地区形成集聚，进而形成较高的共同集聚度。中游地区共同集聚程度最高的前三对均涉及装运业，其与专用设备制造业、造纸及纸制品业和农副食品加工业都有较高的集聚程度。这些行业多涉及大量的搬运需求，或对装运设备有特殊要求，因此往往与相关行业企业就近分布，继而形成较高的共同集聚水平。下游地区情况略有不同，共同集聚程度较高的前三对组合包括家具制造业与装运业、食

品制造业与仓储业、石油加工及炼焦与仓储业，相比之下，仓储业与制造业大类的共同集聚水平相对更高。仓储业单一行业集聚度在下游地区本来就比较高，与各制造业大类的共同集聚度又表现出较高的集聚水平，表明地区仓储业集聚分布与制造业行业分布关系密切。

表 11-1　　　　　　　共同集聚度排名前 10 位的产业配对

名次	制造业	物流业	$C(r)$值	名次	制造业	物流业	$C(r)$值
1	家具制造业	装运业	0.068 422	6	化学纤维制造业	仓储业	0.049 745
2	化学纤维制造业	装运业	0.067 340	7	通用设备制造业	装运业	0.047 751
3	纺织业	装运业	0.050 994	8	橡胶、塑料制品业	仓储业	0.046 892
4	电气机械及器材制造业	装运业	0.050 822	9	家具制造业	仓储业	0.044 865
5	橡胶和塑料制品业	装运业	0.050 412	10	金属制品业	装运业	0.041 290

11.5.3　装运业与制造业共同集聚水平上升明显

从发展变化来看，与 2003 年相比，2012 年整体区域共有 61 对组合的共同集聚度上升，其中 34 对组合发生了集聚程度的跃迁，从低度集聚跃迁为高度集聚的组合有 3 对，包括家具制造业与装运业、化学纤维制造业与装运业、橡胶和塑料制品业与装运业，有 2 对组合从中度集聚跃升至高度集聚，分别是纺织业与装运业、电器机械及器材制造业与装运业，另有 31 对组合从低度集聚跃迁为中度集聚，其中有 9 对组合涉及装运业。从总体上看，装运业与制造业共同集聚水平的上升趋势最为明显。2003 年，装运业与制造业大类没有高度集聚的组合，只有 5 对组合处于中度共同集聚水平；到了 2012 年，装运业与化学纤维制造业、家具制造业、橡胶和塑料制品业、电器机械及器材制造业、纺织业的共同集聚水平都超过了 0.05，另有 11 对组合达到中度集聚水平。分区域来看，下游地区有 6 个行业与装运业的共同集聚水平有所上升，包括食品制造业、家具制造业、造纸及纸制品业、印刷业、木材加工业、橡胶和塑料制品业；中游和上游地区的集聚现象相对来说更明显，各有 11 个行业与装运业的共同集聚水平上升，其中烟草制品业，农副食品加工业，食品制造业，专用设备制造业，黑色金属冶炼及压延加工业，木材加工及木、竹、藤、棕、草制品业，化学原料及化学制品制造业、装卸搬运业的共同集聚水平在中游、上游地区都有不同程度的提升。

11.5.4　公路运输业、水上运输业与制造业共同集聚趋于集中

考虑到长江经济带交通运输网络体系建设的重要性，在此将运输业进一步细分为铁路、公路、水运、航空和管道运输业，了解各运输细分行业与制造业的集聚程度及其趋势变化。从整体区域来看，公路运输业和水上运输业与制造业行业大类的共同集聚程度均有所上升。2012 年，除烟草制品业和有色金属冶炼接压延加工业，公路运输业与其他 20 个行业大类都呈集聚态势，其中有 16 对组合的集聚程度与 2003 年相比有所上升，家具制造业，橡胶、塑料制品业，化学纤维制造业与道路运输业的共同集聚度上升最为明显。水上运输业与 19 个行业大类呈集聚态势，其中有 15 对组合的集聚程度上升，印刷业、木材加工及木、竹、藤、棕、草制品业和专用设备制造业与水上运输业的集聚水平上升幅度相对较大。相比之下，铁路、航空、管道运输业与制造业大类的共同集聚度趋于分散。铁路运输业与制造业大类的分散分布趋势最为明显。2003 年，铁路运输业只与家具制造业和橡胶、塑料制品业的集聚呈分散态势，但是到了 2012 年，分散分布的组合增加到了 15 对，另 7 对组合的共同集聚程度也比较低，均值只在 0.005 左右。2003 年，航空运输业与制造业大类的共同集聚组合有 16 对，到了 2012 年，下降到了 14 对，其中有 11 对组合的集聚度与 2003 年相比有所下降。管道运输业虽然总体与制造业大类呈分散分布态势的组合并不多，只有 3 对，但是集聚程度下降趋势较为明显，与 2003 年相比，2012 年共有 18 对组合的集聚程度有所下降。分区域来看，上游地区公路、水上运输业与制造业大类的共同集聚水平变化最为明显，尤其是水上运输业，2012 年有 20 对组合的集聚水平上升，中游地区共同集聚水平变化最明显的主要体现在铁路运输业和航空运输业，各有 11 对组合的集聚水平上升；下游地区各运输行业与制造业细分行业的集聚上升变化最不明显，许多产业组合的集聚程度不升反降。

11.6　启示与建议

基于产业集聚指数和产业间共同集聚指数，本章对长江经济带制造业、物流业及两大产业间共同集聚特征进行了分析，主要得出以下结论。

第一，劳动力市场共享、中间产品投入的地理临近和知识技术外溢同样

适用于解释制造业与物流业共同集聚的内在机理。

第二，制造业总体集聚水平上升，但集聚程度不高，地区间集聚水平趋于接近，行业大类中、高水平集聚占多数，劳动密集型行业集聚水平上升幅度较快。分区域来看，上游地区集聚均值最高，中游地区集聚水平变化最为明显，劳动密集型行业在下游和上游地区的集聚水平上升较快，中游地区资源密集型行业集聚水平相对来说上升幅度更大。

第三，物流业总体空间集聚程度较低，仓储业集聚程度最高，装运业和仓储业的集聚程度均有不同幅度的提升。分区域来看，物流业集聚主要集中在下游地区，上游地区装运业集聚程度最高，邮政业集聚增长速度最快；中游地区装运业集聚程度最高，仓储业集聚程度提升最快；下游地区仓储业集聚程度最高，运输业集聚增幅最大。

第四，产业间大类组合多呈集聚态势，中、高集聚程度组合增加，装运业、仓储业与制造业行业大类的共同集聚度相对较高，装运业与制造业共同集聚水平上升明显。分区域来看，上游地区共同集聚度水平最高，高度集聚组合数量最多，集聚程度较高的组合多包含运输业；中游地区共同集聚度大于 0 的组合最多，但总体集聚水平较低，集聚程度较高的组合大多涉及装运业；下游地区中、高水平集聚组合数量减少明显，仓储业相关组合集聚程度相对较高。

第五，各运输行业中，公路、水上运输业与制造业的组合多趋于集聚。分区域来看，上游地区水上运输业与制造业大类的共同集聚水平变化最为明显，中游地区共同集聚水平变化主要体现在铁路运输业和航空运输业，下游地区各运输行业与制造业大类的集聚上升变化最不明显。

长江经济带发展战略的实施，为制造业、物流业在长江流域的集聚创造了条件。各地应抓住发展机遇，优化产业布局，重视产业转移过程中的物流配套，积极引导制造业、物流业的互动发展。一方面，依托制造业集聚扩大区域物流的有效需求，另一方面，通过物流体系建设促进制造业的集聚分布。现阶段，根据中央部署建设综合立体交通走廊打造长江经济带，以及讨论通过的《物流业发展中长期规划》中相关重点工程的建设任务，针对相关制造产业的物流配套需求，结合产业间共同集聚特点，提出如下政策建议。

第一，利用区位优势和资源禀赋，优化制造业集聚区仓储布局，积极引导经济开发区、工业园区、出口加工区、高新基础产业区等制造业集聚区域释放仓储需求,统筹规划制造业集聚区的仓储服务体系,与综合交通运输体系实现有效衔接,提高物流运作效率。

第二,重视装运业在生产流域和流通领域的作用,在综合交通运输体系建中提高装卸搬运在物流各阶段之间的相互转换,加速车船周转、提高港、站、库的利用效率,有效降低物流成本。

第三,抓住未来长江黄金水道建设的重要契机,同步推进航道建设,根据沿江产业带与内河运输协调发展的内在机理,制定沿江产业布局战略重点,同时密切上游、中游、下游水运网络联系,通过与沿江高速公路、铁路、航空等联运网络的衔接,加快沿线产业梯度转移,充分发挥下游地区对中上游地区的带动作用。各地对物流的空间布局要具有整体规划意识,尽量避免地方利益的冲突,消除物流发展过程中可能出现的重复建设、资源浪费、过度竞争等现象,从规划布局开始,积极引导,促进物流与制造业的良性互动。

第12章

浙江省县域经济差异总体特征与空间格局演化研究

12.1 引　言

区域经济差异是制约区域全面可持续发展的主要因素,也是我国经济地理领域一直关注的热点问题之一。在国内,区域经济差异研究已有较为丰硕的成果。已有研究成果中存在三个较为明显的研究趋势:一是研究区域从我国三大经济圈、省份之间及地市级区域细化为县(市)级小区域(崔长彬等,2012;柯文前和陆玉麒,2011);二是研究指标从复合指标转变为单一指标(曹方东等,2011;刘旭华等,2004);三是研究方法从传统的基尼系数、变差系数、聚类分析法等向探索性空间数据分析方法转变(蒲英霞等,2005)。

关于县域经济相关研究,国内学者主要从县域经济发展模式(王曼,2006;王秉安,2008)、县域经济的竞争力(张璐,2008;王贤海,2006)及推动县域经济发展的影响因素(杨万江和朱允卫,2005;郭燕燕,2011)等方面进行探讨。近年来,对县域经济差异的空间格局研究兴起,主要针对县域经济差异的空间总体特征、空间格局及县域经济增长格局等方面进行了分析和探讨。浙江省作为县域经济发展强省,研究其县域经济差异的空间格局不仅能够深化和推动浙江省县域经济发展,而且对我国其他省份的县域经济发展具有一定的启示意义。基于目前国内学者对浙江省县域经济差异的空间格局研究较少,本章选取浙江省69个县级单位作为研究区域,采用人均 GDP 这一指标来反映区域经济水平,试图通过探索性空间数据分析方法来揭示浙江省县域经济的空间格局总体特征及其演化情况。

12.2　研究方法与数据来源

12.2.1　研究方法

1. 锡尔系数

锡尔系数通常用以表示区域差异，由于锡尔系数可以进行分解，能将总差异分为区域间差异和区域内差异，它能够更好地反映浙江省区域经济差异，其计算方法为

$$T = \sum_{i=1}^{n} y_i \log \frac{y_i}{p_i} \tag{12-1}$$

式中，T 为锡尔系数；n 为研究区域的个数；y_i 为 i 县的 GDP 占浙江 GDP 总量的比重；p_i 表示 i 县人口占浙江总人口的比重。T 指数越大，表明浙江省县域经济差异越大，反之越小。

将浙江省县域经济总差异的锡尔系数进行分解，得到浙东北与浙西南两个区域之间的差异，以及这两个区域内部各个县或市区之间的差异，具体计算公式如下：

$$T = T_{BR} + T_{WR} = \sum_{i=1}^{2} y_i \log \frac{y_i}{p_i} + \sum_{i=1}^{2} y_i \left(\sum_{j} y_{ij} \log \frac{y_{ij}}{p_{ij}} \right) \tag{12-2}$$

式中，T_{BR} 为省内两个区域之间的差异；T_{WR} 为两个区域内各县市之间的差异；$i=1, 2$ 分别为浙东北和浙西南两个区域，j 为每个区域内的县或市区；y_{ij} 为每个区域内各县或市区的 GDP 占该区域 GDP 总量的比重；p_{ij} 为每个区域内各县或市区的人口占该区域总人口的比重。

2. 全局空间自相关

全局空间自相关采用全局 Moran's I 指数，衡量整个研究区域空间要素之间的分布特征，反映具有空间邻接或临近关系的区域单元的相似程度，其计算方法（张新峰，2009）见式（12-3）：

$$I = \frac{n \sum_{i=1}^{n} \sum_{j=1}^{n} W_{ij} |x_i - \bar{x}| |x_j - \bar{x}|}{\sum_{i=1}^{n} \sum_{j=1}^{n} W_{ij} \sum_{i=1}^{n} |x_j - \bar{x}|^2} \tag{12-3}$$

式中，x_i、x_j 分别为区域 i、j 中的观察值；$\bar{x}$ 为各区域观察值的平均值；W_{ij}

为二进制的空间权重矩阵，用来定义空间单元的相互邻接关系；n 为研究区域单元的总数。全局 Moran's I 指数的取值区间为$[-1，1]$。

3. 局部空间自相关

由于全局空间自相关未能反映区域异质性特征，为了更好地反映局部区域空间聚集程度，需要进一步引入局部空间自相关统计量，即局部 Moran's I 指数，其计算方法见式（12-4）：

$$I_i = \frac{n(x_i - \bar{x})\sum_i W_{ij}(x_j - \bar{x})}{\sum_i (x_i - \bar{x})^2} = Z_i \sum_j W_{ij} Z_j \tag{12-4}$$

式中，Z_i、Z_j 分别表示观察值的标准化形式，其余变量含义与式（12-3）相同。I_i 为正值时表示局部空间单元相似值趋于空间聚集；I_i 为负值时表示局部空间单元相似值趋于分散分布。为更好地识别不同空间位置的高值簇和低值簇，本章运用 Getis-Ord G_i^* 指数来测度浙江省县域经济热点区和冷点区的空间分布，计算方法见式（12-5）：

$$G_i^*(d) = \frac{\sum_{j=1}^n W_{ij}(d)x_j}{\sum_{j=1}^n x_j} \tag{12-5}$$

式中，x_j 为各区域样本观测值；W_{ij} 为空间权重矩阵；n 为研究区域单元总数。为便于解释与比较，将 $G_i^*(d)$ 进行标准化，得到式（12-6）：

$$Z(G_i^*) = \frac{G_i^* - E(G_i^*)}{\sqrt{\mathrm{Var}(G_i^*)}} \tag{12-6}$$

式中，$E(G_i^*)$ 和 $\mathrm{Var}(G_i^*)$ 分别为 G_i^* 的均值和变异数。当 $Z(G_i^*)$ 值为正且显著时，表明区域 i 周围的值高于均值，属高值空间集聚，称为热点区；当 $Z(G_i^*)$ 值为负且显著时，表明区域 i 周围的值低于均值，属低值空间集聚，称为冷点区。

4. NICH 指数

NICH 指数是衡量各个区域在某一时期内相对于整体研究区域的发展速度，其计算方法见式（12-7）：

$$\mathrm{NICH} = \frac{Y_{2i} - Y_{1i}}{Y_2 - Y_1} \tag{12-7}$$

式中，Y_{1i}、Y_{2i} 分别为区域 i 在某一时期末期和初期的人均 GDP；Y_1、Y_2 则分别为整个研究区域在某一时期末期和初期的人均 GDP。

12.2.2　数据来源

依据数据的客观性、科学性和可获得性等原则，本章选用县域人均 GDP 作为研究指标，选取浙江省 69 个县和市区作为研究区域，采用探索性空间数据分析方法研究浙江省 2001～2011 年县域经济的空间格局演化。本章所用数据均来自 2002～2012 年的《浙江统计年鉴》，空间数据的采集和处理软件为 ArcGIS9.3。

12.3　浙江省县域经济差异总体特征

12.3.1　浙江省县域经济差异整体趋于平稳

浙江省各个县、市区的经济发展水平不同，县域经济差异普遍存在。本书通过锡尔系数反映浙江省县域经济的总体差异，根据式（12-1）和式（12-2）计算出浙江省县域经济的锡尔系数，结果如图 12-1 所示。

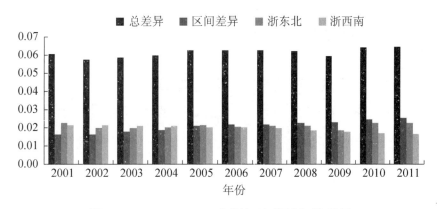

图 12-1　2001～2011 年浙江省县域经济差异

由图 12-1 可知，浙江省县域经济差异总体趋于平衡，锡尔总系数在 2001～2011 年虽有小幅波动，但整体趋于平衡。总系数由 2001 年的 0.0606 下降到 2002 年的 0.0575，表明该时期浙江省县域经济差异有所减小。2002 年之后，总系数回升且一直处于上升状态，到 2005 年达到 0.0626，表明这四年间浙江省县域经济差异不断增大。而在 2005～2008 年，浙江省县域经济差异趋于平衡，并没有太大变化。2008～2009 年，总系数由 0.0622 下降到 0.0594，下降幅度较大，但自 2009 年后，锡尔总系数又回升至 0.0641，上涨幅度同样较大，该变化显示了浙江县域经济差异在 2008～2010 年有明显波动，并在 2011 年趋于平稳。

12.3.2 浙江省县域经济区间差异增大，区内差异总体平衡

依据锡尔系数的空间分解性，浙江省县域经济总差异可分解为浙东北、浙西南两个区域之间的经济差异及这两个区域内各县、市区经济差异。据图 12-1 可知，区间差异总体呈现上升趋势，系数由 2001 年的 0.0164 上升为 2011 年的 0.0254，表明浙东北与浙西南之间的经济差异在逐年增大。区内差异方面，浙西南各县、市区的锡尔系数从 2001 年的 0.0215 下降为 2011 年的 0.0165，区域内部经济差异明显减小；浙东北各县、市区锡尔系数呈现出上下波动的趋势，显示的差异变化幅度较小，表明该区域在 2001～2011 年经济水平较为均衡，没有随着时间的推移呈现出明显的差异递增的趋势。

浙江省县域经济差异的锡尔系数表明，2001～2011 年，浙江省县域经济差异总体趋于平衡，虽有波动且锡尔总系数由 2001 年的 0.0606 上升为 2011 年的 0.0644，但波动幅度较小，增幅并不明显，因此，我们认为 2001～2011 年浙江省县域经济总体差异变化并不显著。然而一方面，浙东北与浙西南之间的县域经济差异却显著增大，另一方面，浙西南各县、市区经济差异逐年减小，浙东北各县、市区经济差异虽有波动但不明显。

12.3.3 浙江省县域经济差异空间集聚态势明显

本章运用空间自相关方法，进一步探究浙江省县域差异的空间联系情况。根据式（12-3），可以得到图 12-2。

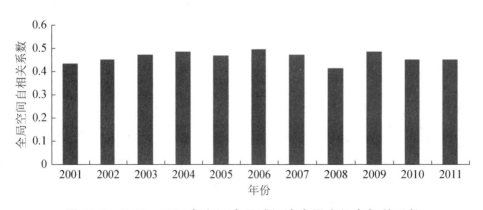

图 12-2　2001～2011 年浙江省县域经济全局空间自相关系数

由图 12-2 可知,2001～2011 年浙江省县域经济全局空间自相关 Moran's I 指数整体表现为平稳。2001 年全局 Moran's I 指数为 0.4325,2011 年为 0.4525, 期间略有增幅, 表明浙江省县域经济差异在 2001～2011 年的空间变化不明显。2001～2004 年, 全局 Moran's I 指数由 0.4325 上升为 0.4858, 浙江省县域经济差异在该时期增大, 且呈现出空间正相关关系, 县域经济呈现空间集聚态势; 从 2004 年起至 2011 年这段时间内, 浙江省县域经济差异的全局 Moran's I 指数呈现出上下波动的趋势, 且震荡幅度较为明显, 其中, 2004 年与 2006 年两个年份的指数下跌, 尤其在 2006～2008 年持续下跌, 2008 年的全局 Moran's I 指数下降为 0.4126, 随后出现上扬, 并自 2010 年起趋于平稳。该变化态势表明了 2001～2011 年浙江省县域经济始终表现为空间正相关, 且该空间关系无明显变动, 县域经济水平整体呈现出集聚现象。

12.4 浙江省县域经济空间格局演化

12.4.1 浙江省县域经济空间异质性分析

全局空间自相关是在假定区域是同质的基础上进行分析的, 而实际上, 区域要素往往存在异质性, 局部空间自相关分析能够更准确地把握空间要素的异质性特性。据此, 本章选取 2001 年、2006 年与 2011 年三个年份的浙江省县域人均 GDP 作为研究指标,运用 ArcGIS 软件计算得到 Local Moran's I 指数。

根据软件 ArcGIS 分析结果可知,2001～2011 年浙江省县域经济的空间异质性格局产生了较为明显的变化。2001 年,浙江全省共有 20 个县、市区的 Local Moran's I 系数为正值, 而仅有温州市辖区的 Local Moran's I 系数为负值。其中, 宁波市辖区、杭州市辖区、海宁市、绍兴县、文成县、泰顺县及景宁县这七个县、市区的 Local Moran's I 系数均大于 2.58, 表明这七个县、市区的人均 GDP 在空间上与周围区域的相似值存在聚集关系。杭州市辖区、绍兴县、海宁市及宁波市辖区的经济水平与其周围区域相似, 均相对较高。而相反的, 文成县、泰顺县和景宁县由于经济水平较弱, 其周围区域经济水平同样较低。其余县、市区,如桐乡市、绍兴市辖区、慈溪市、余姚市等 13 个县、市区的 Local Moran's I 系数同样为正值, 其显著程度虽不如宁波市辖区、海宁等县、市区, 但其人均 GDP 在空间上也存在集聚关系。值得一提的是，温州市辖区的经济水平较高，但是其周围县、市区的经济水平较低，因此形成了空间非相似值的集聚。2006 年，浙江全省有 21 个县、市区的 Local Moran's I 系数为正值，其数量与 2001 年相较基本无异，但集聚区域却发生了变化。Local Moran's I 系数值大于 2.58 的区域增加至 9 个，绍兴市辖区、慈溪市在这一时期的经济发展较快，经济水平有所增长，在空间上呈现出集聚现象。同时，龙泉市的经济水平相对较弱，成为与文成、泰顺等县具有相似值的集聚区域。此外，嘉兴市辖区、海盐、平湖等县、市区的经济水平由原先的空间随机分布变为空间集聚分布，表明该时期这些区域的经济水平均有不同程度的提高。2011 年，浙江全省 Local Moran's I 系数为正值的县、市区数量下降为 16 个，其中，集聚最显著的县、市区诸如杭州市辖区、绍兴县、绍兴市辖区、慈溪市及宁波市辖区，均分布于浙江东北部地区；而如文成、泰顺与景宁，则均分布于浙江南部。由此可见，浙江县域经济所呈现的极化现象已十分明显。

12.4.2 浙江省县域经济热点区空间演化

通过计算 Getis-Ord G_i^* 指数，得到浙江省县域经济空间格局热点演化情况。

根据 Getis-Ord G_i^* 指数的高低及显著性水平，结合 ArcGIS 软件中的 Manual 分类法，将浙江省县域经济空间格局分为七类，分别为冷点低显著区、冷点中显著区、冷点高显著区、随机区、热点低显著区、热点中显著区和热点高显著区。2001 年，浙江省县域经济高值集聚区即热点区共有 13 个，其中，海宁市、杭州市辖区、绍兴县和慈溪市为热点高显著区，表明杭嘉湖及绍兴、宁波等地的经济水平较高，是浙江省经济发展的核心区域。低值集聚区即冷点区共有 16 个，其中，景宁、龙泉为冷点高显著区。冷点区主要集中于丽水及温州的文成、泰顺等县、市区，表明该区域的经济水平普遍较低，在空间上形成了低值集聚。2006 年，浙江省县域经济空间格局并没有太大改变，热点区域仍然主要集中于杭嘉湖与绍兴、宁波地区，绍兴市辖区与宁波市辖区在该时期由热点中显著区变为热点高显著区；文成、泰顺在该时期转变为冷点高显著区，冷点区数量也由 2001 年的 16 个增加至 19 个。2011 年，热点区演化格局较为稳定，县域经济发展的核心区域与 2006 年相同，杭州市辖区、海宁市、绍兴县、绍兴市辖区及慈溪市和宁波市辖区处于高值集聚状态且相对稳定，而冷点区演化格局有明显的变动，冷点区数量由 2006 年的 19 个下降至 15 个，冷点高显著区变为 3 个，即景宁、文成和泰顺，不难看出，浙江县域经济的冷点高显著区正由丽水向温州转移。从浙江省县域经济空间格局热点演化情况来看，浙江省县域经济发展的热点区域较为稳定，核心县、市区主要集中于杭嘉湖及绍兴、宁波等地区，而浙江南部区域经济水平相对较低，成为了县域经济发展的冷点区，这进一步反映了浙江省县域经济的极化现象。

12.4.3　浙江省县域经济增长格局演化

本章进一步将研究期分为 2001～2006 年、2006～2011 年两个时间段，运用式（12-7）计算浙江省县域经济的 NICH 指数，并通过 ArcGIS 软件计算经济增长的 Local Moran's I 系数。由计算结果得到浙江省县域经济增长空间格局演化情况。

2001～2006 年，浙江省县域经济增长呈现出空间集聚的态势，NICH 指数的 Local Moran's I 系数为正值的县、市区共有 19 个，其中，Local Moran's I 值大于 2.58 的县、市区有 8 个，且主要分布于浙东北与浙南地区，经济增长不平衡，增长格局趋于极化。值得注意的是，温州市辖区在该时期的经济增长的 Local Moran's I 系数为负值，表明 2001～2006 年温州市辖区经济增长较快，而其周围县、市区经济增长速度则比较缓慢，形成了非相似值的空间集聚。2006～2011 年，浙江省县域经济增长的空间格局并未发生重大改变，依然显现出集聚态势，且集聚更为明显，主要是杭州市辖区与绍兴县，宁波市辖区，以及文成、泰顺和景宁这三个区域。具有空间关系的县、市区数量减少为 13 个，更多的县、市区的经济增长格局呈现随机分布。

为了进一步探究浙江省经济增长的核心区域，本章通过计算 NICH 指数的 Getis-Ord G_i^* 值，并运用 ArcGIS 软件将其空间化，得到浙江省县域经济增长的热点区和冷点区。

2001～2006 年，浙江省县域经济增长的热点区主要集中于浙东北地区，杭州市辖区、绍兴县及绍兴市辖区这三个县、市区为热点高显著区，也是该时期浙江省经济增长最快、最具活力的核心区域。冷点区主要集中于浙西南地区，且数量较多。2001～2006 年，浙江省县域经济增长冷点区域共有 17 个，表明浙江西南较多县、市区的经济增长存在低值集聚现象，其中，景宁、文成和泰顺为冷点高显著区，是浙江省经济增长最缓慢的地区。2006～2011 年，热点高显著区有所改变，宁波市辖区取代绍兴市辖区成为热点高显著区，尽管浙江省经济增长核心区域略有转变，但其总体格局并未发生改变，浙东

北地区始终是经济增长的热点区域。而该时期冷点区的数量锐减，由原先的
17 个下降为 11 个，其空间分布也由浙江西南部地区转移至浙江南部地区，
景宁是该时期唯一的冷点高显著区。

12.5 动 图 分 析

12.5.1 经济发展基础

经济发展基础是造成浙江省县域经济差异的主要动因。2001～2011 年，
浙东北与浙西南之间区域经济差异增大，在一定程度上取决于浙东北和浙西
南地区各县、市区的经济发展基础不同。浙东北各县、市区具有较好的经济
发展基础，在基础设施、产业发展及人力资本等方面均优于浙西南地区，由
此，浙东北与浙西南的区域经济差异逐年增大。由于浙东北区域的经济发展
基础较好，浙江省县域经济发展的热点县、市区在该时期集中于杭州、绍兴
和宁波等地区，其经济增长核心区域也主要集中在该地区；相对于经济发展
基础较好的浙东北区域，浙西南县、市区经济发展基础较弱，成为该时期浙
江省县域经济及其增长的冷点区域。

12.5.2 经济发展区位

区位条件是浙江省县域经济差异存在的又一动因。2001～2011 年，浙
江省县域经济发展的热点县、市区主要集中于杭州、绍兴和宁波等地区，该
地区属于水网密集的冲积平原，地势相对平坦，水陆交通便利。此外，浙东
北大部分县、市区临近上海，受上海的经济辐射较大，经济联系密切。而浙
西南地区群山盘结，限制了城市主体功能的发挥，交通、通信条件等相对较
差，这也限制了浙西南地区县域经济的较快提升。

12.5.3 经济发展政策

经济发展政策是浙江省县域经济差异空间演化的重要推动力。2003 年
浙江省出台了《环杭州湾地区城市群空间发展战略规划》，对环杭州湾城市
群的空间发展进行了统筹规划，使得浙东北县、市区经济发展具有良好的政
策环境。同时，浙江省"十一五"规划也强调了区域中心城市与城市群建设，
加快推动了杭州都市经济圈与宁波都市经济圈的建设。以上这些推动了浙东
北地区县域经济的发展。2001～2011 年，由于浙江省的经济政策主要在于

推动环杭州湾地区城市群的经济发展，因此，浙东北地区县域经济有较快的发展，与浙西南各县、市区的经济差异逐渐拉大，推动了该时期浙江省县域经济差异的空间演化。

12.5.4　空间邻近效应

空间邻近效应认为，任何地理事物或者现象之间均存在相关性，且空间距离邻近的事物总比远的事物具有更高的相关性。2001～2011 年浙江省县域经济差异空间格局表明，该时期浙江省县域经济空间邻近效应较为明显。2001～2011 年浙江省县域经济差异存在空间集聚，且由 2001 年、2006 年与 2011 年的空间异质性格局可知，集聚区域主要出现在浙东北与浙南地区；由热点演化过程可知，杭州市辖区、绍兴县、宁波市辖区等核心县、市区周围区域大部分为热点区域，而景宁、文成和泰顺等冷点县、市区周围分布均为冷点区域，远离冷热点集聚区域的浙中地区则呈现随机分布的空间特征。

12.6　研究结论与建议

本章选取浙江省 69 个县、市区作为研究区域，以人均 GDP 为指标，运用探索性空间数据分析研究 2001～2011 年浙江省县域经济差异的总体特征及空间格局演化，得到以下结论。

第一，近年来，浙江省县域经济差异整体呈现平稳态势，但存在一定的波动。总体而言，2001～2011 年浙江省县域经济差异呈现在波动中稳定发展的良好态势。通过锡尔系数将浙江省县域经济差异分解为浙东北和浙西南两个区域之间及两个区域内部的差异可知，2001～2011 年，一方面，浙东北与浙西南之间的区域经济差异逐年增大，经济发展的不平衡势头加剧；另一方面，浙西南各县、市区经济差异逐渐减小，浙东北各县、市区经济差异略有浮动，但整体无明显变化，且浙东北各县、市区经济差异占总差异的比重最大，已成为浙江省县域经济差异的最主要组成部分。

第二，浙江省县域经济发展水平趋于空间集聚，并在近年来一直保持集聚态势。通过 Local Moran's I 系数的测算，2001～2011 年集聚的中心区域主要出现在杭州、绍兴、宁波、温州及丽水这五个城市。浙东北各县、市区的集聚状态无明显变化，而浙西南及浙中地区的县域经济空间集聚区域数量逐渐减小，到 2011 年已形成鲜明的南北集聚的空间格局。通过进一步测算 Getis-Ord G_i^* 指数，得到浙江省县域经济发展的热点区域，分别为杭州市辖区、绍兴县、绍兴市辖区、宁波市辖区、慈溪市及海宁市，而冷点区主要集中于浙西南一带，最主要区域为景宁、文成、泰顺及龙泉市。这表明 2001~2011 年浙江县域经济发展较快，较有活力的区域主要集中于浙东北地区，尤其是杭州、绍兴和宁波三个城市，已经成为浙江省经济发展核心城市，同时也形成了"杭—绍—甬"经济发展核心城市带，对推动浙江经济发展有着重要的作用。

第三，近年来，浙江省县域经济增长空间格局也呈现集聚态势，集聚区域主要分布在杭州、绍兴、宁波、温州和丽水等地区。2001~2006 年，温州市辖区经济增长在空间上表现为离散分布，但是随着时间推移，2006~2011 年浙江全省经济增长空间格局已无离散分布现象，浙东北和浙南地区分别呈现集聚态势，表明浙江省县域经济增长的极化现象明显。通过经济增长空间格局的热点区域分布，进一步了解了浙江省县域经济增长的热点区域主要集中于浙东北地区，杭州市辖区和绍兴县近年来一直处于县域经济增长的核心区域。2006~2011 年，宁波市辖区经济发展相对较快，也已成为浙江省县域经济增长的核心区域。而冷点区主要分布于浙西南地区，究其原因，主要受地理位置影响，经济基础相对薄弱，经济发展相对滞后，因此浙西南地区无论是经济水平还是经济增长速度均处于较低水平。

由以上动因分析可知，2001~2011 年浙江省县域经济差异空间格局及其演化主要是受经济发展基础、区位、政策及空间邻近效应的影响。对此，本章对浙江省县域经济发展提出若干建议。

第一，实施多中心空间经济发展，提升浙江省县域经济的整体水平。巩固以杭州市辖区、宁波市辖区为中心的浙东北县域经济发展；加快建设以金华、义乌为主的金衢丽浙中城市群，以此为中心推动浙中县域经济；强化温州经济发展，促进温台沿海县、市区经济发展。根据空间邻近效应，多个经济中心势必带动"点-轴"发展，实现多区域经济联动，以此缩小县域经济差异。

第二，充分发挥优势区位条件，利用地缘优势发展特色经济。浙西南地区群山盘结，拥有良好的自然资源，因此，浙西南各县、市区可以发展旅游经济、休闲经济，从而拉动县域经济；东部沿海县、市区则可以着重发展海洋经济，优化海洋空间开发格局，打造港口物流服务体系，加快建设现代海洋产业，以此推动县域经济增长。

第三，实施集群化发展战略，加快培育现代产业集群。受空间邻近效应等原因的影响，浙西南各县、市区经济发展相对较弱。通过建立现代产业集群，能够有效避免空间距离带来的影响。例如，龙泉汽车空调零部件产业集群、遂昌金属制品产业集群等，其发展具有相对独立性，对中心县、市区的依赖相对较弱，因此较好地避免了空间距离带来的弊端，从而能够很好地推动浙西南地区县域经济发展。

第13章

浙江省县域第三产业时空格局演化格局分析

13.1 引　言

在英国经济学家希尔教授于 1935 年提出"第三产业"这一概念后，越来越多的学者开始重视并研究这个产业。虽然我国第三产业发展时间较短、速度缓慢，但是根据国外发达国家第三产业发展和产业结构演变过程可以推测，我国全面建设小康社会的过程，将是第三产业在市场经济当中所占比重进一步上升的过程，第三产业将成为衡量市场经济发展水平和生产社会化程度的一项重要指标。目前国内学者主要从发展第三产业的对策建议（曾国平和曹跃群，2005；Wang，2013）、第三产业与第一、第二产业的关系（李江帆，2004；彭志龙，2009）、第三产业对经济增长的影响、第三产业的就业效应、第三产业的内部结构等方面进行研究（阮陆宁和杨尚波，2010）。从现有的研究成果可以看出，研究区域主要集中在我国省际，研究方法大都采用参数法、回归分析方法、因子分析方法等。

浙江省县域经济发展快速，2011～2013 年全国县域经济百强中浙江省分别有 24、20、18 个县、市区上榜，但是位列县域经济百强的县、市区区位差异明显。作为浙江省经济重要增长点的第三产业发展也存在差异，以 2012 年的数据为例，杭州市区和景宁县第三产业的年产值分别为 3426.82 亿元和 16.49 亿元，县域第三产业发展差异明显。但是目前我国学者对于浙江省县域第三产业的研究还处于初级阶段，研究成果较少，并且现有的成果并不能很好地解答县域第三产业及其增长的空间演化情况、是否存在空间联系及造成差异存在的原因等问题。基于此，本章选择浙江省 69 个县级单位作为研究的对象，以浙江省各县、市区第三产业年生产总值来反映第三产业的发展水平，运用空间统计方法，反映浙江省县域第三产业发展的总体特征与空间格局的演化情况，并分析其原因。

13.2　空间分析方法

13.2.1　研究方法

1. 变异系数

变异系数是用来测量县域第三产业发展水平相对差异的一个统计量，是标准差与平均值的比值。其计算公式为

$$\mathrm{CV}=\sqrt{\sum_{i=1}^{N}\left(x_i-\bar{x}\right)^2/N}/\bar{x} \tag{13-1}$$

式中，CV 为变异系数；x_i 为单个的样本值；N 为样本总数；$\bar{x}$ 为整个样本的平均值。

2. 全局空间自相关

全局空间自相关是利用全局 Moran's I 指数研究要素在区域的空间分布特征，也是反映空间邻近、邻接区域单元相似的程度。其计算公式为（张新峰，2009）

$$I=\frac{n\sum\limits_{i=1}^{n}\sum\limits_{j=1}^{n}W_{ij}\,|\,x_i-\bar{x}\,\|\,x_j-\bar{x}\,|}{\sum\limits_{i=1}^{n}\sum\limits_{j=1}^{n}W_{ij}\sum\limits_{i=1}^{n}|\,x_j-\bar{x}\,|^2} \tag{13-2}$$

式中，x_i、x_j 分别为第 i、j 区域的观察值；W_{ij} 为二进制的空间权重矩阵；$\bar{x}$ 为各个区域观察值的平均值，可以用来定义空间单位的相互邻接关系；n 为研究区域中单元的总数。全局空间自相关系数的范围是[-1，1]，其中正负值分别表示的是两个区域之间是正相关还是负相关。

3. 局部空间自相关

局部空间自相关能够更好地反映局部区域空间的聚集程度，即局部 Moran's I 指数，这个指数弥补了全局空间自相关不能反映区域异质性特征的缺点。计算公式为

$$I_i=\frac{n(x_i-\bar{x})\sum\limits_{i}W_{ij}(x_j-\bar{x})}{\sum(x_i-\bar{x})^2}=Z_i\sum W_{ij}Z_j \tag{13-3}$$

式中，Z_i、Z_j 为观察值的标准化形式；x_i、x_j、W_{ij} 表示的含义与全局空间自相关公式中的一样。另外，局部空间自相关也分为正值和负值，其为正值时表示局部空间单元相似值趋于空间聚集，反之则趋于分散分布。

4. NICH 指数

NICH 指数是用来衡量各个区域在一定时间段内的发展变化速度差异，计算公式为

$$\text{NICH} = \frac{Y_{2i} - Y_{1i}}{Y_2 - Y_1} \tag{13-4}$$

式中，Y_{1i}、Y_{2i} 分别为区域 i 在某一时期的初期和末期的第三产业的年生产总值；Y_1、Y_2 分别为整个研究区域在该时间段内初期和末期的第三产业年生产总值。

13.2.2　数据来源

本章采用浙江省各县、市区第三产业的年生产总值作为浙江省县域第三产业发展的研究指标。因为在 1997～2012 年浙江省对部分县、市区进行了调整（2001 年萧山、余杭划归杭州市区，2002 年鄞县改为宁波市鄞州区），所以为了保持数据的一致性，本章对这些地区的数据做了技术处理。浙江省的 58 个县、县级市和 11 个地级市辖区，共 69 个县域单元的所有数据都是来自 1997～2012 年的《浙江统计年鉴》。课题组利用 ArcGIS 软件，采用空间数据分析的方法，研究 1997～2012 年县域第三产业的空间格局演化。

13.3　浙江省县域第三产业发展的总体特征

13.3.1　县域第三产业发展差异整体呈现增长趋势

浙江省县域第三产业发展存在差异，总体来说浙东北地区的县域第三产业年生产总值高于浙西南地区的，浙东北地区杭州市区与宁波市区的年产值也远远高于舟山市区、湖州市区等地的年产值。本课题组通过变异系数反映浙江省县域第三产业发展的变化程度，根据式（13-1）计算出浙江省县域第三产业发展的变异系数，结果如图 13-1 所示。

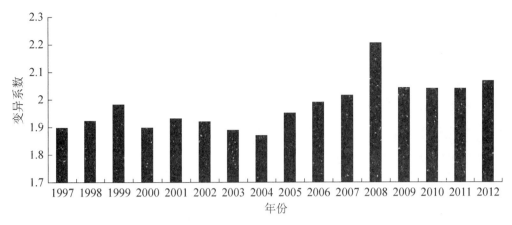

图 13-1　1997～2012 年浙江省县域第三产业变异系数发展趋势

由图 13-1 可知，1997～2012 年浙江省县域第三产业变异系数虽然有小波动，但整体上是呈上升的趋势。变异系数从 1999 年的 1.982 25 下降到 2000 年的 1.897 63，从 2001 年的 1.931 38 下降到 2004 年的 1.871 03，表明在这两个时期浙江省县域第三产业的差异是减小的。2005 年之后变异系数一直处于上升状态，且增幅较为明显，在 2008 年的时候达到最大值 2.205 32，表明这期间浙江省县域第三产业经济差异不断增大。2009～2012 年浙江省县域第三产业差异是趋于平缓的，并没有太大的变化，从 2009 年的 2.044 02 变为 2012 年的 2.067 97。

13.3.2　县域第三产业呈现出空间集聚态势

为了更加深入地了解县域第三产业的变动趋势，本章采用全局空间自相关方法对浙江省县域第三产业进行分析，根据式（13-2），可以得到图 13-2。

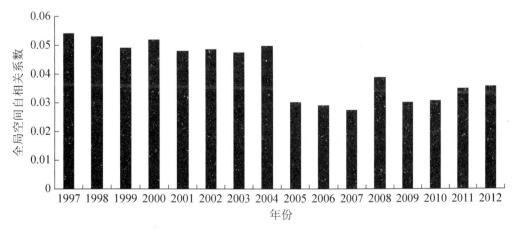

图 13-2　1997～2012 年浙江省县域第三产业全局空间自相关系数

从图 13-2 可知，1997～2012 年浙江省县域第三产业全局空间自相关系数 Moran's *I* 指数由 1997 年的 0.054 18 变为 2012 年的 0.035 75，下降幅度达到 34%，表明浙江省县域第三产业在 1997～2012 年的空间变化较为明显。分析 1997～2012 年的变化规律后，可以将其分为三个阶段。第一个阶段为 1997～1999 年，在这个阶段全局空间自相关系数呈下降趋势，全局空间自相关系数由 1997 年的 0.054 18 下降为 1999 年 0.049 13，下降幅度为 9.3%，下降幅度较小，说明在 1997～1999 年浙江省县域第三产业的空间变化不明显。第二个阶段是 2000～2008 年，这一时期，浙江省县域第三产业发展的全局空间自相关系数呈现上下波动的形态，并且在 2005 年、2008 年两个年份震荡幅度较大，在 2005 年全局 Moran's *I* 指数下降明显，集聚态势减弱，县域第三产业发展差异减小。第三阶段是 2009～2012 年，全局空间自相关系数不断上升，浙江省县域第三产业发展差异在这一时期增大，并且呈现出空间正相关关系。在整个研究期间，1997 年的全局空间自相关系数最大，为 0.054 18，这说明浙江省县域第三产业发展的空间集聚水平较低，各个区域之间发展第三产业的联系较弱。

13.4 浙江省县域第三产业空间格局演化

13.4.1 县域第三产业空间格局演化

本章选用浙江省县域第三产业年产值作为指标，运用 ArcGIS 软件对原始数据进行分析，绘制出 1997 年、2002 年、2007 年和 2012 年浙江省县域第三产业发展的空间格局，以此来反映浙江省第三产业发展水平的变化情况，详见图 13-3。

参考曹芳东等（2011）研究区域经济时的划分观点，我们按照浙江省县域第三产业的年生产总值将研究区域分为低水平区、较低水平区、较高水平区和高水平区四个类型区域。从图 13-3 可以看出，从 1997 年到 2012 年，浙江省县域第三产业的四大类区域个数相差不大，变化不明显，仅仅有个别区域发生变化。高水平区在这四年当中都只有 2 个：杭州市区与宁波市区。较高水平区在 1997 年、2002 年、2007 年都有 13 个地区，其中乐清县由 2002 年较高水平区变为 2007 年的较低水平区，舟山市区由 2002 年的较低水平区变为 2007 年的较高水平区，其他地区没有发生变化。到 2012 年较高水平区由原来的 13 个减少为 11 个，余姚市与瑞安市被归为较低水平区。2002 年低水平区的数量变为 27 个，较 1997 年有所下降。2007 年变化更为明显，低水平区的数量变为 30 个，建德市与德清县都被归于低水平区。从 1997～2012 年高水平区、较高水平区、较低水平区与低水平区的分布变化情况可以看出，在这 16 年间浙东北地区的第三产业发展水平远远高于浙西南地区的水平，并且两个高水平区位于浙东北地区；低水平区的数量一直维持在 27～30 个，高水平区的数量一直是 2 个，表明浙江省县域第三产业发展水平不均衡，第三产业发展水平差异相对较大。

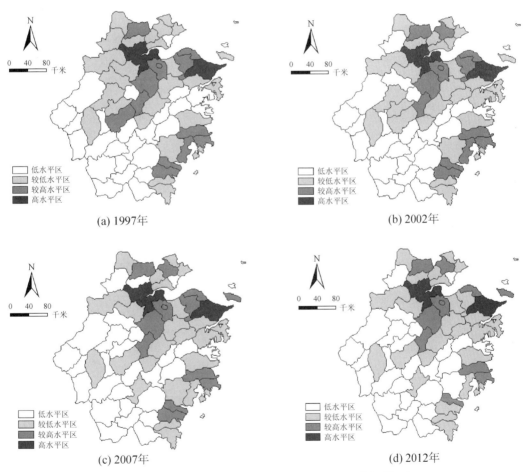

(a) 1997年　　　　(b) 2002年

(c) 2007年　　　　(d) 2012年

图 13-3　浙江省县域第三产业发展水平空间格局

13.4.2　县域第三产业发展的 LISA 集聚图

为了进一步分析浙江省县域第三产业的局部空间特性，根据式（13-3），运用 GeoDa 软件绘制出了 1997 年、2002 年、2007 年和 2012 年的 LISA 集聚图（13-4）。LISA 值是用来衡量观测区域属性和其周围区域的相异或者相近程度及显著性水平的指标。本章以"低-低""低-高""高-低""高-高""无"代表低值正相关、低值负相关、高值负相关、高值正相关、不显著区五个区域。

从图 13-4 中可以看出，在 1997 年显著的低值负相关区域有安吉县、德清县、桐乡市、海宁市、舟山市区、富阳市 6 个地区，这些地区第三产业发展水平低，同时对于周边地区的负辐射作用较弱，周边地区发展水平相对较高；显著的低值正相关区域有衢州市区、天台县、缙云县、丽水市区、松阳县、云和县、龙泉市、景宁县、庆元县 9 个地区，这 9 个地区是整个研究区域当中第三产业欠发达的区域，对周边区域的负辐射作用较强。研究区域当中其他地区的相关性均不显著。2002 年显著的高值正相关地区是桐乡市、海宁市，说明这两个地区的第三产业发展的集聚性强，和周围区域的联系紧密，正辐射带动的作用强；与 1997 年相比，桐乡市和海宁市两个地区的第三产业发展速度变快，进入了高值正相关类型区域；遂昌县第三产业的发展变得缓慢，进入低值正相关类型区域；天台县退出低值正相关区，成为了不显著区域。2007 年显著的低值负相关区域有安吉县、德清县、桐乡市、海宁市、富阳市 5 个地区；显著的低值正相关区域有建德市、衢州市区、缙云县、丽水市区、松阳县、云和县、景宁县、龙泉市、庆元县 9 个地区，其他区域不显著。与 2002 年相比，桐乡市、海宁市退出了高值正相关类型的区域而进入低值负相关类型区域；舟山市区退出低值负相关类型区域，遂昌县退出低值正相关区域而进入不显著类型区域；建德市进入低值正相关区域。2012 年显著的高值正相关区域有舟山；显著的低值负相关区域有安吉县、德清县、桐乡市、海宁市、富阳市 5 个地区；显著的低值正相关区域有衢州市区、缙云县、丽水市区、松阳县、龙泉市、云和县、景宁县、庆元县、苍南县 9 个地区。总体来说，在 1997～2012 年高值正相关区域仅仅出现在浙东北地区，且个数较少，低值正相关区域集中在浙西南地区，高值负相关区域均位于不显著区域。

13.4.3 县域第三产业发展水平增长格局演化

进一步将研究时期分为 1997～2004 年、2005～2012 年两个时间段，运用式（13-4）计算浙江省县域第三产业发展的 NICH 指数，并运用 ArcGIS

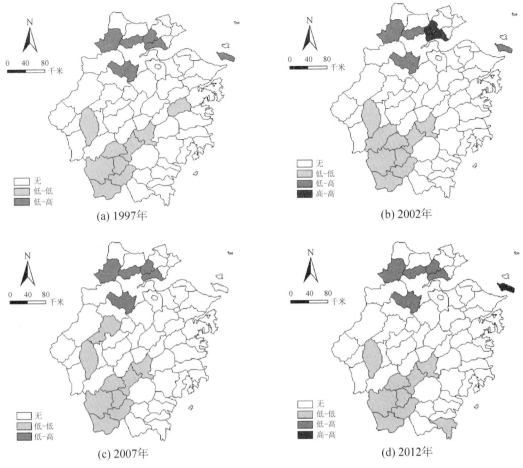

图 13-4 浙江省县域第三产业发展水平的 LISA 集聚图

软件对计算结果进行处理，将整个研究区域分为低增长区、较低增长区、较高增长区和高增长区，如图 13-5 所示。

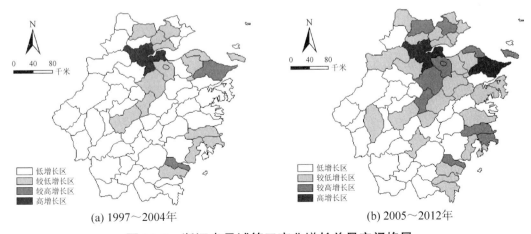

图 13-5 浙江省县域第三产业增长差异空间格局

从图 13-5 可以看出，在这两个时期，浙江省县域第三产业的增长情况有较为明显的变化。在 1997～2004 年，浙江省大部分地区的第三产业处于低增长区和较低增长区。处于高增长区的只有杭州市区，NICH 指数为 0.191 06；处于较高增长区的宁波市区、温州市区 2 个地区，这与前面分析的浙江省县域第三产业发展情况是较为一致的。杭州市区与宁波市区第三产业都位于高水平区，发展速度较快，虽然温州市区第三产业年产值要低于杭州市区、宁波市区等地的年产值，但是其增长的速度快。1997～2004 年浙江省 69 个市、县、区当中有 50 个处于低增长类型区域，NICH 指数仅仅为 0.000 68～0.012 42，这主要是因为在这个时期，浙江省大部分地区第三产业主要集中在交通运输、仓储、零售批发、住宿餐饮等传统的行业，产业结构单一。2005～2012 年浙江省县域第三产业增长差异有了较大的变化。虽然高增长区的数量仅仅增加了 1 个，即宁波市区，由较高增长区变为高增长区，但是较高增长区、较低增长区的数量明显增加。较高增长区的数量由 1997～2004 年的 2 个变为 11 个，低增长区数量减少到 30 个。从图 13-5 可以看出，浙江省第三产业发展水平增长差异的分布有了明显的变化。高增长区、较高增长区主要集中在浙东北地区及水网稠密的地区，低增长区、较低增长区主要集中在浙西南地区。

为了更明显地反映浙江省县域第三产业发展水平增长差异变化，本章利用 ArcGIS 软件计算 NICH 指数的局部空间自相关系数，并由计算结果得到反映县域第三产业增长的 LISA 图（图 13-6）。与上文一致，将图 13-6 中的"低-低""低-高""高-低""高-高""无"五个类型区域分别定义为低值正相关、低值负相关、高值负相关、高值正相关、不显著区五个区域。

从图 13-6 可以看出，1997～2004 年海宁市和桐乡市属于高值正相关类型区域，虽然在图 13-5 中，海宁市和桐乡市在这个时期是属于较高增长区，但是这仅仅是相对于区域之间而划分的，这两个区域周边的地区的增长幅度均较高，因此在这个时期海宁市和桐乡市在增长 LISA 图中是位于 High-High 类型当中。此外，安吉县、德清县、富阳市位于增长的 LISA 集聚图当中的低值负相关类型区域，表明这四个地区自身第三产业增长速度较慢，而其周边地区第三产业发展较快。2005～2012 年，桐乡市、海宁市由于在这个时期第三产业发展变慢，其周边地区联系减弱，变为了低值负相关区域，宁波市区变为高值正相关类型区域。其他地区在 2005～2012 年也发生了一些变化：低值负相关区域变为洞头县、瑞安市和永嘉县，安吉县、德清县、富阳市的县域第三产业增长的空间联系减弱，变成了不显著类型区域。总体来说，在 1997～2012 年绝大部分区域都是不显著区域，表明在这些地区第三产业增长没有空间关系；部分区域的 NICH 指数的局部空间自相关系数为负数，说明浙江省县域第三产业增长形成了非相似的空间集聚态势。

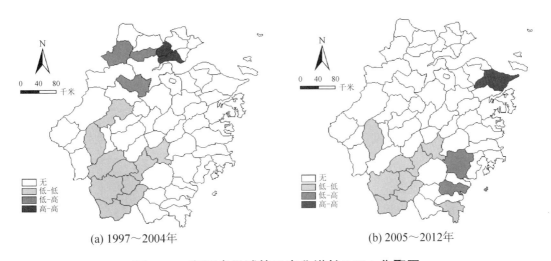

(a) 1997～2004年　　　　　　　　(b) 2005～2012年

图 13-6　浙江省县域第三产业增长 LISA 集聚图

13.5　驱动机理分析

通过上面的分析可以看出，浙江省县域第三产业发展及增长的空间格局均表现出一定的空间集聚态势，但是集聚水平偏低，浙江省县域第三产业发展存在差异，分析其原因主要如下。

13.5.1　地理区位

地理区位是造成浙江省县域第三产业发展差异的主要原因。1997～2012 年浙江省县域第三产业发展的高水平区、较高水平区变化不大，主要集中在杭州市区、宁波市区、绍兴市区、温州市区、湖州市区等浙东北地区，这与这些地区的地理位置有着很大的关系。杭州市区、宁波市区等地位于长三角经济圈内，长三角地区是我国经济最为发达、生活最为富裕的地区；浙东北地区临近上海，与上海经济联系紧密，受上海经济辐射作用较大。而根据王鹏[14]等学者的观点，居民消费的增加是促进第三产业经济增长的一项重要因素，因此浙江省位于长三角地区的市、县、区的第三产业发展较好。另一个原因是宁波市区、杭州市区、温州市区等地属于沿海或者水网稠密的平原地区，该地区水运、铁路、公路交通便利，这对于发展第三产业是至关重要的。

13.5.2　基础设施

基础设施是导致浙江省县域第三产业发展差异的又一因素。1997～2012年浙江省县域第三产业表现出来的空间特征主要与基础设施建设不同有关。基础设施尤其是交通基础设施有一定的空间效应，能够形成空间上第三产业发展的集聚和扩散。杭州市区、宁波市区、嘉兴市区等地用于第三产业的投资高于青田县、云和县等地，并且呈现逐年上升的趋势，其中大量的投资用于建设交通、教育、文化等基础设施，这些投资会极大地拉动县域第三产业的年产值。因此，这些地区属于浙江省县域第三产业发展的高增长区与较高增长区。

13.5.3　资源禀赋

资源禀赋是直接影响浙江省县域第三产业空间演化的重要因素。资源禀赋包括两个方面的内容：自然资源和非物质资源。自然资源对于第三产业中的旅游业有着重要的影响，浙江省 9 个国家 5A 级景区分布在浙东北地区，这些地区的旅游收入大大拉动了该地区第三产业的年产值，并且会带动周边地区第三产业的发展，加大浙江省县域第三产业之间的空间联系。非物质资源中的人力资本状况对于第三产业的集聚有着一定的影响，如果一个地区人力资本水平高，从事第三产业的企业就能够吸入更多高素质的人才，提高企业的创新能力。

13.5.4　经济水平

经济水平是造成县域第三产业差异的原因之一。浙江省县域经济发展水平存在差异，最为发达的地区是杭州市区、宁波市区、温州市区等地，这些地区的 GDP 及人均 GDP 明显高于其他地区，而第三产业作为以消费为主的产业，与居民的消费能力有着密切的关系。根据申玉铭等学者的观点，若人均 GDP 高，服务业增长速度和比重也会较高，从而提高县域第三产业的发展。另外，随着经济水平的提高，对第三产业的供给和需求也会有所增加。因此，杭州市区、宁波市区等浙东北地区县域第三产业有着快速的发展，浙江省县域第三产业显现出空间特征。

13.6　结论与建议

本章以县域第三产业年产值作为测量指标，运用探索性空间分析的方法，对浙江省 69 个县、市区作为研究单位，从时空演化、增长空间格局演化、区域间联系方面，分析了 1997～2012 年浙江省县域第三产业的空间格局演化，得到了以下的结论。

第一，1997～2012 年，浙江省县域第三产业差异呈现出波浪式上升趋势。根据变异系数变化情况，绝对差异经历了"上升—下降—上升"的波动变化过程。浙江省县域第三产业呈现出了两极化的发展趋势，并且低水平区的数量远远高于高水平区数量。1997 年低水平区、较低水平区、较高水平区、高水平区的数量分别为 28、26、13、2，这个数量在 2012 年时变为 31、26、10、2，总体上变化不大，仅仅是低水平区的数量增加，说明在 1997～2012 年浙江省县域第三产业发展相对缓慢。

第二，浙江省县域第三产业发展水平表现出一定的空间相关性。1997～2012 年全局空间自相关系数值较小，并且呈现出下降趋势，表明浙江省县域第三产业发展空间相关性不明显，集聚水平低且分布不显著。通过对局部空间自相关系数的测量发现，在 1997～2012 年集聚的核心区域数量经历了"上升—下降—上升"的过程，在 2002 年，桐乡市、海宁市成为浙江省县域第三产业经济发展的高值正相关区域，核心区域开始显现出来，然而 2007 年没有出现高值正相关区域，直到 2012 年舟山市区重新成为高值正相关区域，这表明浙江省县域第三产业发展的核心区域减少。

第三，浙江省县域第三产业增长也表现出空间差异。1997～2012 年，位于高增长区、较高增长区的市县数量不断增加。与 2002 年浙江省县域第三产业发展的 LISA 集聚图一致，1997～2004 年在增长的 LISA 集聚图当中也仅有桐乡市、海宁市是位于高值正相关类型区域，低值负相关区域变化较小，低值正相关类型区域数量减少，淳安县、建德市、江山市、遂昌县由于对周边县域的辐射作用减小，变为了增长的不显著类型区域。

第四，总体来说，浙江省县域第三产业是以地理区位为基础，在基础设施、资源禀赋、经济水平的影响下不断演化的。第三产业发达地区利用其优越的地理区位与上海、南京等地进行经济上的往来，受到的辐射作用强。同时，该地区利用完善的基础设施尤其是交通条件拉动与周边地区资金、人员、信息等的合理分配，在资源禀赋的推动作用下保持第三产业持续快速地发展。

针对以上对影响因素的分析及得出的结论，本章提出浙江省县域第三产业发展的若干建议。

第一，加快实施空间经济发展中心建设，提升浙江省县域第三产业的整体发展水平。杭州市区、宁波市区作为浙江省第三产业发展的高水平区要带动周边地区第三产业的发展，同时也要巩固桐乡市、海宁市作为高值正相关的核心区域的带动作用，形成以这些市、县为中心的浙东北县域第三产业发展区域；发展多个经济中心，在多个经济中心的带动下，县域第三产业发展差异会减小，县域第三产业空间联系也会增强。因此，也要以丽水市、衢州市为中心推动浙西南地区第三产业的发展。在浙东北、浙西南两个经济发展中心的带动作用下，推动整个浙江省县域第三产业的发展。

第二，利用浙江省优越的地理条件，发展特色第三产业。第三产业分为四个层次的内容：社会公共、科教文化、生活服务、流通部门。浙江省可以重点发展生活服务层次的旅游业和流通部门的交通运输业。要制订好浙江省交通运输业中长期发展规划，指导交通运输业的发展，考虑到浙江省尤其是宁波市的地理位置，这种规划要包括水运、铁路、航空、公路、管道这五种运输方式，根据国内外经济的发展，合理规划水运航线，保证浙江省交通运输业的合理发展。在旅游业方面，浙江省是著名的风景名胜区，有9个景区入选国家5A级景区，仅次于苏州，这9个景区集中在杭州市区、宁波市区、嘉兴市区、金华市区4个地区。周边区域可以与这4个地区共同开发旅游项目，借鉴其成功经验，不仅能够提高周边区域第三产业发展水平，还会增强浙江省县域第三产业的空间联系。

第三，统筹浙江省县域第三产业的协调发展。可以从经济、市场、财政、资金等方面进行统筹协调，对资源密集的地区进行统筹协调，并将资源转移到第三产业欠发达的地区，促进浙江省各市、县、区的相互联系、相互补充、相互依赖和相互促进。第三产业欠发达地区的发展离不开发达地区的辐射与带动，而发达地区的发展也需要欠发达地区的促进和支持。进行统筹协调，实现浙江省县域第三产业发展水平的整体提高。

第 14 章

基于贝叶斯网络的组织创新影响机制研究

14.1 问题的提出

在我国经济转型和产业结构调整的背景下，企业家们纷纷将战略管理的重点转移到组织管理创新和技术创新上来。在持续变化的环境中，组织创新是现代企业保持竞争优势的关键因素。然而，伴随着企业组织结构的复杂化和组织功能的多样化，决定组织创新的因素也在不断地增加。当前企业中，影响组织创新的因素主要包括组织环境、领导行为、组织文化、组织结构、组织学习、知识存量、知识整合能力及知识创造能力等方面。

关于组织创新影响因素在组织创新进程中的具体作用机制，国内外相关学者已经作了大量的研究。Glynn（1996）认为，组织学习能力不仅会影响组织创新的初始阶段，也会影响组织创新的执行阶段。Inkpen（2000）指出，企业构建合理的组织结构并维持组织创新的持续性，不仅依赖于组织所拥有的知识存量，还依赖于组织获取所需知识的速度和强度。Nystrom 等（2002）在对美国 70 家医院相关数据进行分析的基础上，证实了组织规模、资源存量与组织创新间的相互影响关系，并指出，组织资源存量的多少决定了组织规模大小，而组织规模的大小又影响组织创新的强弱。Montes 等（2005）探讨了组织学习和团队凝聚力对于组织创新的影响作用，研究表明，组织学习与团队凝聚力均对组织创新产生显著的影响。Gumusluoglu 和 Ilsev（2009）研究了基于市场导向的新兴产业组织中，变革型领导与组织创新的影响关系，研究认为，高效的变革型领导行为对组织创新具有重要促进作用。在我国，陈学光（2009）将组织结构分为层级组织和网络组织两种类型，并通过实证研究指出，网络组织结构更能提升组织创新绩效。谢洪明等在对华南地区 11 个行业、149 家企业进行实证研究的基础上指出，组织文化主要通过组织学习导向间接影响组织创新。孙锐等（2009）以领导支持、学习成长、资源支持及知识技能等因素为研究对象，分别研究了在不同类型企业中各影响因素对组织创新的影响程度，实证结论指出，各影响因素对组织创新的作用效果在三资企业中最高，在民营企业中次之，在国有企业中最低。陈衍泰等（2007）通过分析江、浙、沪、闽四地241家中小高新技术企业的调查数据，研究了组织文化与市场导向对组织创新的影响，研究得出，市场导向越高，组织创新绩效越低；而组织文化的开放程度越高，组织创新绩效也越高。简兆权等（2008）将吸收能力与知识整合作为组织创新的主要影响因素，并通过实证研究验证了其与组织创新之间的内在关系，研究结论指出，知识整合对组织创新有正向影响，而吸收能力对组织创新的直接影响并不显著。

通过文献回顾，可以发现，组织创新影响因素在组织创新中的作用机制具有以下两个方面的特征：第一，相同的组织创新影响因素在不同组织情境下对组织创新的影响程度存在着显著的差异；第二，在具体组织结构中，不仅组织创新影响因素构成不同，而且各因素间的影响关系存在一定关联性。事实上，组织创新影响因素及其影响机制具有不确定性和动态性的特征，即使是在同一组织中，随着环境的不断改变，组织创新影响因素无论在数量还是影响程度上也在持续动态变化，这种动态变化是企业组织优化、组织重构的重要决策依据。然而，以往常见的层次分析法、数据包络分析法和结构方程模型等研究方法，侧重的是静态推理与验证，关于组织创新影响机制的这种动态变化过程则难以进行模拟。

基于此，本章提出了基于贝叶斯网络（Bayesian network）的组织创新影响机制模型，通过贝叶斯网络来模拟组织创新影响机制的动态过程。贝叶斯网络是一种采用有向图来描述变量间概率关系的理论，它适用于不确定性事物和概率性事件的推理，应用于有条件的依赖多种控制因素的相关问题（肖秦琨，2007）。作为人工智能领域的研究成果之一，贝叶斯网络可以将一系列节点条件概率组合成一个整体的联合概率，并将联合概率运用拓扑图表示出来，通过拓扑图中各节点及节点间的概率变化，模拟各变量的动态过程，从而仿真事件发展的全过程。伴随组织环境的不断改变和组织结构、功能的持续演化，企业中组织创新影响因素也将发生相应的变化，这种变化可以通过贝叶斯网络中节点条件概率的变化来表示。此外，在具体的组织结构中，组织创新的全体影响因素之间均存在直接或间接的联系，由于全体组织创新因素都围绕着组织创新绩效的提高，组织创新因素之间是一种单向作用的关系，符合贝叶斯网络有向性拓扑网络构建的要求。由此可见，利用贝叶斯网络来反映组织创新影响因素的作用机制，模拟组织创新的动态过程在理论上具有合理性与可行性。

14.2　组织创新影响机制贝叶斯网络的构建与分析

14.2.1　贝叶斯网络的基本原理

贝叶斯网络是一种非循环的有向图。它主要由两个元素组成：节点和有向弧。节点是贝叶斯网络结构的基础，它代表贝叶斯网络建模事件组成的基本因子。有向弧是节点之间相互联系的媒介，它表示结构中各因子之间的条件依赖关系，并且节点间的有向弧由起因节点指向结果节点（张连文，2006）。贝叶斯网络可以用如下数学表达式表示：$DAG = (P, L)$，$P = (p_1, p_2, \cdots, p_i)$，$L = (l_1, l_2, \cdots, l_i)$，$P$ 和 L 分别代表贝叶斯网络中的节点和有向弧。一个简单的贝叶斯网络可由图 14-1 来表示。

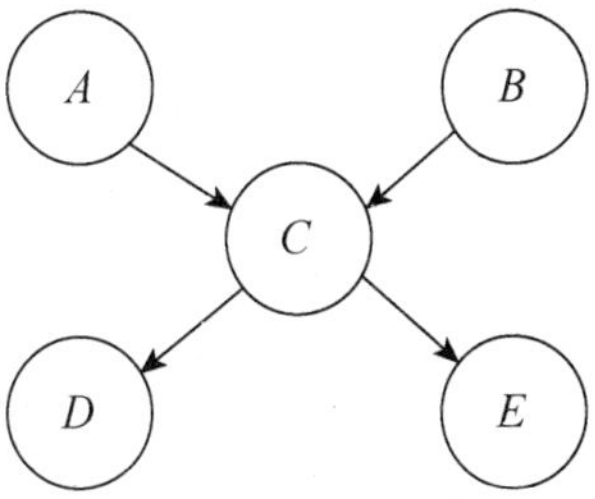

图 14-1　简单贝叶斯网络结构

在图 14-1 中，A、B、C、D、E 分别代表一个节点，每个节点相应的变量用对应的小写字母表示。例如，把节点 A 的变量表示为：$a_1, a_2, \cdots, a_i$，并且满足 $P(a_1) + P(a_2) + \cdots + P(a_i) = 1$。同理，可以得到节点 B、C、D、E 相应的变量表示，这里不再一一赘述。假设贝叶斯网络中存在 $X_1, X_2, \cdots, X_i$ 个相互独立的节点，则有

$$P(X_1, X_2, \cdots, X_i) = P(X_1)\ P(X_2) \cdots P(X_i) \tag{14-1}$$

根据式（14-1）及贝叶斯定理，不难得出贝叶斯网络中，某种条件下的联合概率为

$$P(X_1, X_2, \cdots, X_i) = P(X_1 \mid X_2, X_3, \cdots, X_i)\ P(X_2 \mid X_3, X_4, \cdots, X_i) \cdots P(X_{i-1} \mid X_i) \tag{14-2}$$

式（14-2）可以进一步表示为

$$P(X_1, X_2, \cdots, X_i) = \prod_{i=1}^{n} P(X_i \mid \chi(X_i)) \tag{14-3}$$

式中，$\chi(X_i)$ 为 X_i 的父节点。在贝叶斯网络中，若连接节点 X 和 Y 的有向弧从节点 X 指向 Y，就称 X 为 Y 的父节点，Y 为 X 的子节点。

在贝叶斯网络中，节点的初始状态是事先设定的，这种设定不受贝叶斯网络中其他条件的限制，因此，节点的初始状态也叫先验概率。而贝叶斯网络中相邻节点之间的关系通过条件概率来表示，它是节点之间概率推理的桥梁。贝叶斯网络学习是指基于贝叶斯网络的节点变量之间关系的概率推理（肖秦琨，2007）。由于事件的类型、属性不同，不同事件在确定相邻变量间条件概率的操作方法上存在差异，在贝叶斯网络学习中，通常是利用经验数据或由专家评判来设定条件概率。

在贝叶斯网络学习中，首先设定贝叶斯网络节点的先验概率，并通过有向弧来表示节点之间的关系，然后根据各节点之间的内在联系，描述它们之间的逻辑关系，最后通过概率的推算来反映起因节点对结果节点的影响程度。利用概率论的基本原理在网络节点间进行概率推理，可以根据需要计算不同结构中关系节点之间的概率，进而通过概率来反映节点之间的关系。虽然起因节点的先验概率是事先设定的，但是其对接下来进行组织创新影响机制的推理没有任何影响。

在组织创新影响因素研究实例应用中，根据某一组织中各组织创新因素之间的内在联系建立组织创新影响机制贝叶斯网络模型，把动态、复杂的组织创新影响因素分析问题整合为贝叶斯网络推理问题，在贝叶斯网络中分析组织创新各影响因素之间的关系，以及其对于组织创新绩效的作用机理。

14.2.2 组织创新影响机制贝叶斯网络的构建

在不同的组织情境下，组织创新的影响因素存在差异，甄别各影响因素之间的内在联系及各影响因素与组织创新之间的关系，是建立组织创新贝叶斯网络拓扑图的前提。组织创新影响因素从整体上可分为直接影响因素和间接影响因素两大类。其中，直接影响因素主要包括组织文化、组织结构、组织领导行为、组织外部环境及组织知识创造等。在间接影响因素中，组织价值与员工价值主要通过组织文化影响组织创新；组织规模和组织层级主要通过组织结构影响组织创新；资源支持则主要通过动态环境影响组织创新；员工激励通过创新氛围影响组织创新。此外，知识吸收能力与组织知识水平首先通过知识整合影响知识创造，然后通过知识创造影响组织创新。

各组织创新影响因素之间关系非常复杂，某些组织创新直接影响因素之间存在一定联系，某些间接影响因素也会通过不同的直接影响因素对组织创新产生影响，整体上形成错综复杂的"网络状"结构。根据前文关于贝叶斯网络特征及其适用范围的分析，构建了贝叶斯网络拓扑图，详见图 14-2。

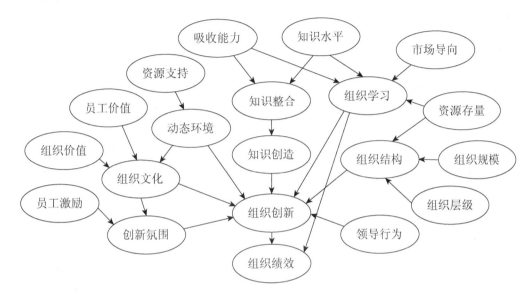

图 14-2　组织创新影响机制拓扑图

通过上文分析知道，组织创新影响机制随着组织外部环境改变与组织本身发展而持续变化。运用贝叶斯网络来研究组织创新影响机制的优势之一，就是通过改变先验概率与条件概率来反映组织创新的这种动态变化过程。在组织创新影响机制贝叶斯网络中，可以通过节点先验概率的变化来模拟组织创新影响因素的动态变化，而节点间条件概率的变化则可以仿真外部环境变化或组织自身发展对于组织创新的影响。

在贝叶斯网络分析中，另一个重要问题就是确定先验概率与条件概率。在本章的分析中，确定组织创新影响机制贝叶斯网络中的先验概率和条件概率，主要采用了如下步骤：第一步，通过组织创新影响机制中起因变量测量表获得初始测度数据，并对所获数据进行统计分析，得到组织创新影响机制中起因变量的先验概率。第二步，通过分析相关文献，并结合有关经验累积及专家评判，获得组织创新影响机制各变量间的条件概率。

14.2.3　复杂贝叶斯网络算法的简化

在贝叶斯网络中，随着网络节点数的增加，贝叶斯网络越来越复杂，从而导致贝叶斯概率计算工作量以几何级数的速度增长。由于需要进行贝叶斯网络建模的目标事件通常很复杂，建模后的贝叶斯网络概率推理往往会面临困难。

建立的贝叶斯网络组织创新影响机制模型同样比较复杂，因此，将复杂模型简化，将有利于概率推理的顺利进行。在贝叶斯网络中，由于假定各非相邻节点之间是相互独立的，可以定义某一节点为中间节点，并将其与中间节点的子节点和父节点组成一个"子贝叶斯网络"。按照这一划分方法，复杂的贝叶斯网络就可以分解为若干个简单的"子贝叶斯网络"（Cooper，1990），即可以把图 14-1 看作一个以节点 C 为中间节点的"子贝叶斯网络"，则节点 C 的父节点是 A、B，子节点是 D、E，假设节点 C 的状态为 $C=（x_1,x_2,\cdots,x_i）$，则节点 C 在其子节点（A、B）和父节点（D、E）约束条件下的状态表示为 $P(C|A,B,D,E)$，为了便于下文的推理，假设 $P(C|A,B,D,E)=P(C|\varsigma)$，则由贝叶斯网络中子节点、父节点之间的关系，得到

$$P(C|\varsigma) \propto P(\varsigma^z|C)\,P(C|\varsigma^F) \tag{14-4}$$

式中，ς 为 A、B、D、E 所组成的先验状态；ς^z 为 A、B 子节点的先验概率；ς^F 为 D、E 父节点的先验概率。当节点 C 有多个子节点时，根据贝叶斯网络中节点独立性原理，可以对 $P(\varsigma^z|C)$ 做如下变形：

$$P(\varsigma^z|C) = P(\varsigma_{z_1},\varsigma_{z_2},\varsigma_{z_3},\cdots,\varsigma_{z_Z}|C)$$
$$= P(\varsigma_{z_1}|C)P(\varsigma_{z_2}|C)P(\varsigma_{z_3}|C)\cdots P(\varsigma_{z_Z}|C)$$
$$= \prod_{z=1}^{Z} P(\varsigma_{z_Z}|C) \tag{14-5}$$

式中，Z_z 为第 z 个节点；ς_{z_z} 为 z 节点的概率值；Z 为集合 Z 中的元素个数。

对于父节点，则有

$$P(C|\varsigma^F) = P(C|\varsigma_{z_1},\varsigma_{z_2},\varsigma_{z_3},\cdots,\varsigma_{z_F})$$
$$= \sum_{i,j,k} P(C|F_{1i},F_{2j},\cdots,F_{Fk}) \times P(F_{1i},F_{2j},\cdots,F_{Fk}|\varsigma_{z_1},\varsigma_{z_2},\cdots,\varsigma_{z_F})$$
$$= \sum_{i,j,k} P(C|F_{1i},F_{2j},\cdots,F_{Fk}) \times P(F_{1i}|\varsigma_{z_1})\cdots P(F_{Fk}|\varsigma_{z_{Fk1}}) \tag{14-6}$$

式中，F_{Fk} 为父节点 F_F 处于状态 k 时的概率值。

所以，对式（14-6）进一步化简可得

$$P(C \mid \varsigma^F) = \sum_{i,j,k} P(C \mid F_{1i}, F_{2j}, \cdots, F_{Fk}) \prod_{F=1}^{F} P(F_Z \mid \varsigma_{z_z}) \quad （14-7）$$

联立式（14-5）和式（14-7）可以推导出节点 C 的概率为

$$P(C \mid \varsigma) = \prod_{z=1}^{Z} P(\varsigma_{z_z} \mid C) \left[\sum_{i'j'k} P(C \mid F_{1i}, F_{2j}, \cdots, F_{Fk}) \prod_{F=1}^{F} P(F_Z \mid \varsigma_{z_z}) \right] \quad （14-8）$$

通过上述分析推导，就可以将组织创新影响机制复杂贝叶斯网络分解成若干个简单的"子贝叶斯网络"，并分别计算各"子贝叶斯网络"中的节点概率和条件概率，从而实现复杂贝叶斯网络概率推理的简单化。

14.3　研　究　案　例

为了便于分析，选取图 14-2 中某一"子贝叶斯网络"进行实例推理计算。选取的"子贝叶斯网络"中，知识整合、知识创造为中间节点集，吸收能力、知识水平为父节点集，组织创新为子节点，如图 14-3 所示。运用 Nonaka（1994）的知识创造量表，Alavi 和 Leidner 的知识转移、组织知识量表，以及王众托（2004）有关知识应用量表进行数据收集，并设定父节点吸收能力和知识水平的先验概率，在这里，假设吸收能力 A 的先验概率为 $A=$（"吸收能力强"=0.8，"吸收能力弱"=0.2），知识水平 B 先验概率为 $B=$（"知识水平高"=0.7，"知识水平低"=0.3）；而节点间的条件概率则由相关领域专家评判获得。详见表 14-1 和图 14-3。

表 14-1　　　　　　　　　　先验概率与条件概率表

$P(A)$

强	弱
0.8	0.2

$P(B)$

高	低
0.7	0.3

$P(D|C)$

知识创造	知识整合效率高	知识整合效率低
效率高	0.7	0.1
效率低	0.3	0.9

$P(C|A, B)$

组织创新	知识创造效率高	知识创造效率低
效率高	0.9	0.05
效率低	0.1	0.95

$P(E|D)$

	吸收能力强		吸收能力弱	
知识整合	知识水平高	知识水平低	知识水平高	知识水平低
高	0.95	0.8	0.7	0.04
低	0.05	0.2	0.3	0.96

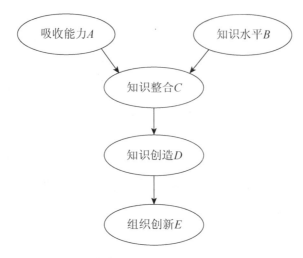

图 14-3　组织创新影响机制子贝叶斯网络拓扑图

14.3.1　先验概率改变下的节点间关联度推理

根据式（14-3），并结合表 14-1，可以对图 14-3 中的节点状态（概率）进行分析推理。知识整合的节点概率为

$P(C=$"效率高"$| A,B)$

$= P(A=$"强"$) \times \big[P(C=$"效率高"$|A=$"强"，$B=$"高"$) \times P(B=$"高"$)$

$\quad + P(C=$"效率高"$|A=$"强"，$B=$"低"$) \times P(B=$"低"$) \big]$

$\quad + P(A=$"弱"$) \times \big[P(C=$"效率低"$|A=$"强"，$B=$"高"$) \times P(B=$"高"$)$

$\quad + P(C=$"效率低"$|A=$"强"，$B=$"低"$) \times P(B=$"低"$) \big]=0.7430$

$P(C=$"效率低"$| A,B)=1- P(C=$"效率高"$| A,B)=1-0.7430=0.2570$

知识创造的节点概率为

$P(D=$"效率高"$|C)$

$\quad = P(D=$"效率高"$|C=$"效率高"$) \times P(C=$"效率高"$)$

$\quad + P(D=$"效率高"$|C=$"效率低"$) \times P(C=$"效率低"$)$

$\quad =0.5458$

因此，$P(D=$"效率低"$|C)=1- P(D=$"效率高"$|C)=1-0.5458=0.4542$。

同理，可以得到组织创新的节点概率为

$P(E=$"效率高"$|D)$

$\quad = P(E=$"效率高"$|D=$"效率高"$) \times P(D=$"效率高"$)$

$\quad + P(E=$"效率高"$|D=$"效率低"$) \times P(D=$"效率低"$)$

$\quad =0.5138$

$$P(E = \text{"效率低"}|D) = 1 - 0.5138 = 0.4862$$

接着，将吸收能力的先验概率改变为：$A = $（"吸收能力强" $= 0.6$，"吸收能力弱" $= 0.4$），并且保持知识水平的初始状态不变。同理，可推理得到知识整合、知识创造、组织创新三个变量的节点概率分别为

$C = $（"知识整合效率高" $= 0.5810$，"知识整合效率低" $= 0.4190$）

$D = $（"知识创造效率高" $= 0.4486$，"知识创造效率低" $= 0.5514$）

$E = $（"组织创新效率高" $= 0.4313$，"组织创新效率低" $= 0.5687$）

在贝叶斯网络概率推理中，将各节点之间的相互影响程度定义为关联度。节点先验概率改变下的贝叶斯网络组织创新影响机制的关联度可以用以下公式来表示：

$$\varphi\theta_{i \to j} = \frac{\Delta p_i}{\Delta p_j} \tag{14-9}$$

式中，Δp_i 为父节点概率的改变量；Δp_j 为子节点概率的改变量；$i \to j$ 为由 i 引起 j 的变化。根据式（14-9）可以求得吸收能力与知识整合、知识创造、组织创新等的关联度分别为

$$\varphi\theta_{a \to c} = \frac{\Delta p_c}{\Delta p_a} = 0.81, \quad \varphi\theta_{a \to d} = \frac{\Delta p_d}{\Delta p_a} = 0.49, \quad \varphi\theta_{a \to e} = \frac{\Delta p_e}{\Delta p_a} = 0.41$$

根据上面的分析结果发现，吸收能力与知识整合之间的关联度较高（0.81）；而吸收能力与知识创造及组织创新之间的关联度相对较低（分别为 0.49 和 0.41），这表明吸收能力主要通过知识整合间接影响组织创新。

14.3.2　条件概率改变下的节点概率推理

在贝叶斯网络概率推理中，可以通过节点间条件概率的改变模拟特定组织情境下组织创新影响因素对组织创新影响程度的变化。本章以知识创造与组织创新之间条件概率改变为例进行分析。假设随着外部环境的变化，知识创造效率高与组织创新效率高的联合概率从 0.9 下降至 0.8，而知识创造效率低与组织创新效率高的联合概率从 0.05 下降至 0.01。由 14.3.1 小节部分计算可知，$P(D = \text{"效率高"}, D = \text{"效率低"}) = $（0.5458，0.4542），考虑改变后的知识创造与组织创新之间的条件概率，计算可得组织创新的节点概率为 $P'(E = \text{"效率高"}, E = \text{"效率低"}) = $（0.4411，0.5589），而改变前的组织创新节点概率为 $P(E = \text{"效率高"}, E = \text{"效率低"}) = $（0.5138，0.4862）。因此，可以计算出节点间条件概率改变而导致的组织创新变化的幅度为

$$\Delta \Phi = \left| \frac{0.4411 - 0.5138}{0.5138} \right| = 14.1\%$$

即当知识创造对组织创新之间的条件概率发生变化时（条件概率变化 $0.9 \rightarrow 0.8$，$0.05 \rightarrow 0.01$），组织创新的效率将会下降 14.1%。同理，还可以推算出其他节点间条件概率改变下的组织创新影响机制各节点概率的变化情况。

14.4　主　要　结　论

本章利用贝叶斯网络建立组织创新影响机制拓扑图，并通过实例分析，比较准确地反映了组织创新影响机制各变量之间的关系。研究得到了如下结论。

第一，在组织创新影响机制贝叶斯网络推理中，改变起因节点先验概率可以计算出组织创新影响机制各变量之间的关联度，而通过对各变量关联度数值的分析就可以推理出各影响因素对组织创新的具体作用机制（主要通过哪个中间变量产生作用等）。

第二，通过调整变量间的条件概率，就可以较为真实地反映外部环境变化或组织自身发展后的组织创新影响机制中各变量之间关系的动态变化过程。

第三，复杂贝叶斯网络计算虽然非常困难，但根据贝叶斯网络结构的特征，选择合适的中间节点，可以将复杂的贝叶斯网络划分为若干"子贝叶斯网络"，从而降低贝叶斯网络的计算难度，为运用贝叶斯网络分析复杂问题提供了较为理想的解决方法。

在组织创新影响机制贝叶斯网络分析中，一方面，贝叶斯网络分析法克服了原先相关研究方法侧重于组织某一发展阶段或单一环境条件下组织创新影响机制静态研究的局限性，突出了组织创新过程的动态性。另一方面，在组织创新影响机制过程中实现了量化研究，将原本不同状态下的组织创新影响因素对组织创新的影响程度通过标准化后的概率反映出来，实现了不同组织创新影响因素的可比较性，为处于激烈竞争环境下的企业进行组织优化、组织重构及组织其他相关决策提供了参考。

本章运用贝叶斯网络对组织创新影响机制进行研究获得了较为理想的

结果，但还存在一些不足之处。在贝叶斯网络中，网络拓扑建构不仅是贝叶斯网络概率推理的基础，还是贝叶斯网络研究的重点问题，本章还未对组织创新影响机制贝叶斯网络的结构进行深入的分析与探讨。因此，我们将在后续的研究中重点分析特定组织情景下组织创新影响机制贝叶斯网络拓扑结构的识别与优化问题，加强不同组织创新影响因素之间内在关系的研究，进一步深入探究组织创新影响因素与贝叶斯网络拓扑结构在理论上的匹配性。

第 15 章

知识创新与组织绩效关系的元分析

15.1 引 言

近年来，随着大批新兴技术的涌现，知识逐渐成为企业的核心资源，越来越多的企业开始通过知识创新来提升组织绩效，从而确立企业竞争优势。通过文献整理发现，国内外对知识创新与组织绩效关系的研究结果主要是正向的促进作用。国外学者 Subrahmanya 和 Kumar（2011）、Kyrgidou 和 Spyropoulou 对班加罗尔的 51 家中小企业和希腊的制造业分别进行实证研究，结果表明知识创新与组织绩效间呈显著正相关关系。国内许多学者以国内制造业、东北地区企业、IT 行业及工业企业为实证研究对象，分析了知识创新与组织绩效的关系，得到与国外学者相似的结论。

国内外学者针对知识创新是否及如何影响组织创新进行了大量的研究，但其结果存在差异性，主要集中在知识创新对组织绩效的影响程度及测量维度等方面。吴翠花等（2011）在对山西和陕西部分企业进行问卷调查后发现，知识创新主要通过组织知识创造、技术知识创造和产品知识创造三个维度对组织绩效产生影响，其中技术知识创造能力对组织绩效具有最显著影响，路径系数达到 0.440，而组织知识创造能力对组织绩效影响最小；蒋天颖等（2014）的研究结果显示，知识创新并不直接影响组织绩效，主要是通过影响技术创新和管理创新从而影响组织绩效。Abd Rahman 等（2013）对马来西亚的制造业进行研究后认为，知识创新仅作为中介变量对组织绩效产生影响。而这些差异给理论研究者和管理实践者的工作带来了困惑。

学者们对知识创新与组织绩效的关系还未形成一致的看法，为了系统全面地分析知识创新对组织绩效的影响，课题组首先通过理论阐述知识创新与组织绩效的相关关系分析，在此基础上提出理论假设模型，采用元分析方法

（Meta 分析），对众多单个研究结果进行再分析，探讨普遍意义下的知识创新对组织绩效的影响，分析比较测量维度、中介变量及文化差异对两者之间关系的研究产生的影响，以期为当前知识创新与组织绩效关系研究产生的差异提供合理解释，为组织绩效的提高提供实践启示。

15.2 理论模型设计

15.2.1 知识创新

对于"知识创新"的定义首先由美国学者 Rogers 在 1996 年提出，他认为知识创新就是把创造、整合、演化、交换和应用的新想法转变成为市场化的产品和服务，以获得企业的成功甚至是国民经济的活力和社会进步。此后，我国学者何传启基于科学研究的视角，认为知识创新是通过科学研究获得新的技术科学知识和社会科学知识的过程，它主要由科学知识创新和技术知识创新组成。但对企业组织而言，知识创新是技术创新、制度创新和管理创新的综合，体现在企业组织的研发、生产和经营的各个阶段。Khalique 等（2015）在对巴基斯坦的中小企业进行研究时指出，企业知识创新不仅有技术的创新，还有管理的创新及制度创新。陈建勋等（2009）在研究中指出了企业知识创新模式包括知识创造、知识获取、知识融和、知识共享等过程，对组织绩效的提高具有显著正向影响。由此可以看出，在科研领域和社会实践中，知识创新能够提高组织绩效，增强其核心竞争力。

15.2.2 知识创新与组织绩效的关系

随着知识经济时代的到来，知识成为获取竞争优势的一种重要资源，起到越来越重要的作用。企业组织实施知识创新是为了达成企业的既定目标，因此学术界一般会把组织绩效作为知识创新实施的结果进行探讨。国内外学者对知识创新与组织绩效的关系进行了大量的研究，国外学者 Cho 和 Korte（2014）、Borthick 等（2006）及我国学者陈建勋等（2009）、吴翠花等（2011）、谢洪明和韩子天（2005）已经证实了知识创新对组织绩效具有显著的正向促进作用；只有少数学者证实知识创新对组织绩效的促进作用并不显著，如Khalique（2015）、我国学者朱瑜和王雁飞（2010）分别对巴基斯坦和我国企业进行研究，得出知识创新对组织绩效没有显著的促进作用的结论。

基于上述分析，提出如下假设。

H15-1：知识创新对组织绩效有显著正向影响。

15.2.3 潜在调节变量

鉴于相关知识创新与组织绩效之间关系的研究结果具有差异性，因此两者之间的关系可能受到一些潜在调节变量的影响。与一般调节变量的来源相比，元分析的调节变量是由理论分析判断和对两个变量之间的方差解释程度得到的，通常包括测量因素和情景因素。课题组在对51篇文献进行梳理后，使用文化差异、测量维度和是否存在中介变量作为潜在调节变量来分析知识创新与组织绩效关系的影响。

1. 文化差异

文化是组织价值观念、行事作风及实践特征等的综合，而样本的数据也是综合反映研究对象所在区域文化风俗、管理理念和区域特色的结果，不同的文化背景引导出的组织行为也不尽相同，也就是不同的区域组织一般都会结合当地的特色对组织进行管理，从而达到最高的绩效。课题组搜集的数据涵盖国内外很多国家，与国外地区的商业组织相比，国内企业具有更强的集权意识，降低了不确定性，管理运营效率得以提高。辛冲等（2008）、郝生宾和于渤（2009）、孟坤等（2010）、Liao等（2008）、Ho等（2014）对国内企业进行研究后发现，知识创新、知识创造及技术创新对组织绩效的提高具有明显的促进作用，其效应值达到了0.6以上，而Khalique等（2015）、Lichtenthaler（2012）、Scott-Kennel和Giroud（2015）对当地的商业组织进行研究的结果显示，在当地文化背景下，知识创新、知识创造及技术创新对组织绩效的促进作用并不明显。

基于以上分析，提出如下假设。

H15-2：知识创新与组织绩效关系受文化背景的影响，在国内大陆文化背景下，知识创新对组织绩效的促进作用更加明显。

2. 测量维度

对于知识创新的维度，大部分的学者认可知识创新是由多维度构成的。国外学者Sung和Choi（2012）对韩国商业组织进行研究时，将知识创新的维度分为知识存量及知识利用两个维度，认为它们对组织绩效产生影响；国内学者陈建勋、潘昌才等把知识创新分为知识的社会化创新、知识外部化创新、知识综合化及内部化创新四个维度，对北京和广州的企业进行研究；吴翠花、于江鹏等把知识创新分为组织知识创新、技术知识创新和产品知识创新三个方面,研究山西和陕西等地区的商业组织;国内外多数学者如蒋天颖、谢洪明、Kyrgidou 及 Margaret 等,认为知识创新对组织绩效的影响分为多个维度。但是也有少数学者在研究知识创新对组织绩效的影响时采用一维测量,如国外学者 Beck 等(2005)、Lichtenthaler(2012)、Bergendahl 和 Magnusson(2015),以及国内学者邹国庆和许诺(2013)、曾萍(2009)。一般认为多维度的测量更加准确,对组织绩效具有更加显著的影响。

基于以上分析,提出如下假设。

H15-3:知识创新与组织绩效关系受测量维度的影响,多维度知识创新对组织绩效的促进作用更加显著。

3. 中介变量

权变理论认为,在不同的组织与环境中存在着不同的潜在变量,它们对知识创新和组织绩效之间的关系产生影响,并尝试解释中介变量对知识创新和组织绩效关系有何种影响,以及知识创新与组织绩效间存在显著关系的条件。Liao 等(2008)分别对中国的国企和私企进行研究,发现只有当该组织员工有共同的愿景、学习新知识的意愿及开阔的视野时,知识创新才能够对组织绩效产生明显的影响,即知识创新需要员工有共同的愿景、学习新知识的意愿及开阔的视野作为中介对组织绩效产生影响。国内学者曾萍则认为,知识创新产生后直接对组织绩效产生的促进作用并不显著,只有通过对知识创新的成果进行些调整及重组转型,结合本组织的管理及运营才能达到提高组织绩效的作用。又如陈建勋的研究,知识创新并不能对组织绩效产生直接影响,主要是通过技术创新和核心能力的中介作用来实现对组织绩效的影响。但是也有学者认为知识创新可促进组织绩效的提升。例如,Martine R. Haas、I-Chieh Hsu、Azmawani Abd Rahman、Nikhal Aswanth Kumar、Margaret L. Sheng 等均认为知识创新与组织绩效之间关系存在中介变量,它们间接对组织绩效产生影响;Shu-Mei Tseng、Ulrich Lichtenthaler、Magnus Bergendahl、Islam El-Bayoumi Salem、Chien Yu、J. P. Francois、F. Favre、田丽娜均认为知识创新可以直接提升组织绩效。

基于以上分析,提出如下假设。

H15-4:知识创新与组织绩效间关系受中介变量的影响,在没有中介变量存在的情况下,知识创新对组织绩效的促进作用更加明显。

根据上文的相关理论分析与假设,初步建立知识创新和组织绩效关联性的研究假设框架（图 15-1）。

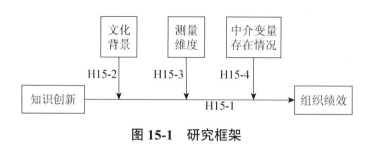

图 15-1　研究框架

15.3　效应与验证

15.3.1　整体效应关系

通过异质性检验和离群值检验分析后，我们确认了样本效应值的异质性并剔除了三篇离群文献。为确认样本的整体效果，采用 CMA2.0 软件生成研究样本的漏斗图（图 15-2）。

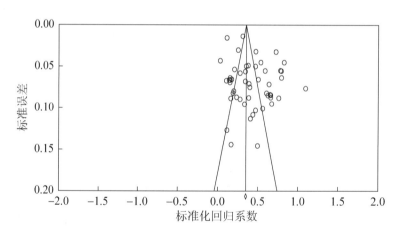

图 15-2　总体样本的漏斗图

根据漏斗图原理可知，当代表研究样本的点集中在顶部，并沿直线向下扩散，基本均匀分布在中线两侧时，则代表样本的选取具有代表性不存在偏倚，同时 Meta 分析结果也比较可靠。若相反，则说明所选择的样本不具有代表性，同时 Meta 分析的结果不准确。根据图 15-2 可以看出，所有代表知识创新和组织绩效关系的点主要集中在靠近顶端，并沿直线向下扩散，基本均匀分布在中线两侧，证实了所选文献的代表性和分析结果的可靠性。

15.3.2　Meta 分析

结合前文的研究假设，剔除离群文献后，由 48 篇文献组成新的研究样本，对新样本进行整体效应值的检验，其检验结果如表 15-1 所示。

表 15-1　　　　　　　**总体样本 Meta 分析的整体效应检验结果**

方法	效应值	样本数	异质性			双尾检验		95%置信区间	
			Q 值	df（Q）	I^2	Z 值	p 值	下限	上限
随机效应	0.415	48	1004.4	47	95.321	12.938	0.000	0.358	0.469

剔除了三个离群样本后，新样本文献的 Q 值为 1004.4（$p<0.001$），符合所选的随机效应模型。新样本文献的综合效应值为 0.415（$p<0.001$），由此可知，知识创新与组织绩效的相关关系是 0.415，即知识创新对组织绩效有明显的促进作用，假设 H15-1 成立。

将新样本的数据输入 CMA2.0 软件，生成文化背景、测量维度、中介变量作为潜在调节变量对知识创新与组织绩效关系的影响结果，如表 15-2 所示。

表 15-2　　　　　　　　　　　　　**Meta 分析结果**

变量	文献数量	样本容量	效应值	95%置信区间		异质性检验			双尾检验	
				下限	上限	Q 值	df（Q）	I^2	Z 值	p 值
H15-2 文化背景										
中国大陆	25	6 696	0.464	0.375	0.554	310.1	24	92.260	10.183	0.000
非中国大陆	23	14 578	0.417	0.330	0.504	486.3	22	95.476	9.381	0.000
H15-3 测量维度										
多维测量	40	14 747	0.447	0.363	0.532	952.7	39	95.900	10.379	0.000
一维测量	8	6 527	0.405	0.307	0.502	41.3	7	83.000	8.150	0.000
H15-4 中介变量										
有	26	6 312	0.427	0.327	0.527	385.7	25	93.519	8.370	0.000
无	22	14 962	0.459	0.364	0.555	585.2	21	96.411	9.423	0.000

如表 15-2 所示，在中国大陆的文化背景下，知识创新与组织绩效的效应值达到 0.464（$p<0.001$）大于非中国大陆文化背景下知识创新与组织绩效的效应值 0.417（$p<0.001$），并通过了异质性检验和双尾检验，这说明知识创新与组织绩效关系受文化背景的影响。在中国大陆文化背景下，知识创新对组织绩效的促进作用更加明显，假设 H15-2 成立。知识创新与组织绩效的相关关系在采用多维测量时的效应值为 0.447（$p<0.001$），该值大于一维测量时的效应值 0.405（$p<0.001$），并通过了异质性检验和双尾检验。这说明知识创新与组织绩效关系受测量维度的影响，多维度知识创新对组织绩效的促进作用更加显著，即假设 H15-3 成立。对知识创新与组织绩效相关关系进行测量时，若不存在中介变量，知识创新与组织绩效间的效应值为 0.459（$p<0.001$），该值大于存在中介变量时两者间的效应值 0.427（$p<0.001$），并通过了异质性检验和双尾检验。这说明知识创新与组织绩效间关系受中介变量的影响，在没有中介变量存在的情况下，知识创新对组织绩效的促进作用更加明显，即假设 H15-4 成立。

15.4　研究结论与展望

本章采用 Meta 分析法，对 2001～2015 年关于知识创新与组织绩效相关关系的文献进行整理汇总，综合分析并深入探讨知识创新与组织绩效间存在的潜在调节变量（文化背景、测量维度与中介变量）对两者之间关系的影响，得到以下结论。

第一，知识创新与组织绩效间存在明显的正相关关系，两者的相关系数为 0.415（$p<0.001$），表明知识创新对组织绩效的促进作用明显。在竞争日益激烈的环境中，商业组织可以从知识创新入手，增加组织绩效，获得竞争优势。一方面，组织应建立良好的学习氛围，让组织成员具有学习的动力，只有组织成员具备了足够的知识储备，才能够进行有效的创新；另一方面，在吸收新成员时，组织应注重考察员工的创新能力及思维能力，以便达到提高知识创新的能力。

第二，在国内大陆文化背景下，知识创新对组织绩效的促进作用更加明显。这表明，对中国大陆的组织而言，知识创新对组织绩效的作用和非中国大陆组织相比更重要，对两者之间关系进行研的意义也更大。究其原因，可能是中国东方文化更加注重物质与精神的运动共性，掌握事物运动与人之间的关系，根据这种关系做出预测和运筹，寻找最佳决策，从而有利于商业组织高效率工作。所以，大陆企业的发展需要建立符合国情的价值观，这样有利于提高组织绩效。对于进驻我国的外企而言，了解中国文化特点，结合实际进行企业管理，有利于企业组织的良好运营管理。

第三，知识创新与组织绩效关系受测量维度的影响，多维度测量的知识创新对组织绩效的促进作用更显著。在复杂多变的环境中，知识创新受到多方面的影响，其与组织绩效的关系也受到知识创新各个维度的影响，在关于知识创新与组织绩效关系的研究中，知识创新应该进行多维测量，并对各个维度与组织绩效的关系进行研究，可以更加准确地把握知识创新的各个方面，有利于得到更加科学准确的两者之间的关系。

第四，知识创新与组织绩效间关系受中介变量的影响，在没有中介变量存在的情况下，知识创新对组织绩效的促进作用更明显。当知识创新与组织绩效之间不存在中介变量时，知识创新直接对组织绩效产生影响，且效果比较明显。但是在有些社会实践中，知识创新与组织绩效并没有直接关系，需要借助其他的中介变量使知识创新与组织绩效间产生间接关系，这时，知识创新与组织绩效间的关系不是特别明显。因此，在组织运营过程中，需要加强两者间的联系，积极互动，增强组织竞争力。

课题组通过对 2001～2015 年关于知识创新和组织绩效关系的文献梳理，证实了知识创新与组织绩效间存在的正相关关系，并进一步探讨了潜在调节变量（文化背景、测量维度与中介变量存在情况）对组织绩效的影响，揭示了在不同的文化背景、测量维度下知识创新与组织绩效关系的差异，以及中介变量的存在情况对两者之间关系的影响。但是研究仍存在不足之处：首先是将测量维度粗略分为一维和多维两类，没有对多维进行细致划分；其次是关于文献的搜集方面，仅对 2000 年以后的文献进行了搜集，具有一定的局限性，为了增强结论的说服力，在后续研究中需要搜集 2000 年之前的文献，进一步检验。

第16章

智力资本、组织学习与企业创新绩效的关系分析

16.1 引　言

在知识经济时代，企业家们将智力资本的投入、获得与应用作为企业战略法宝和竞争焦点，不惜一切代价争夺和发展智力资本。智力资本不仅是企业创造价值和获得持续竞争优势的重要源泉，还是企业实现组织创新和利润增长的关键所在。国外学者对智力资本与组织创新关系已进行了广泛的理论和实证研究。Wiig（1993）认为，智力资本包含了企业员工所有智力活动所创造的所有资产，那些能够迅速有效地开发员工智力资本的组织，面对竞争对手可以先发制人，率先将新产品或服务推向市场，因而更有可能战胜其竞争者。Chen 等（2006）的实证研究表明，组织的智力资本显著影响组织的创新绩效。Hsu 和 Fang（2009）进一步指出，智力资本与组织学习的联系非常紧密，它通过组织学习对企业创新绩效产生了重要的影响。可见，国外的研究已表明智力资本、组织学习与组织创新绩效之间有显著的内在联系。但遗憾的是，我国学者对智力资本、组织学习及组织创新关系的研究多数停留在理论阶段，实证研究甚少。仅有的一些实证分析，如张炜（2007）、朱瑜等（2007a）也只是研究了智力资本与组织创新能力或组织绩效的关系，并没有提到组织学习在其中发挥的重要作用。未来的社会是一个知识社会，在这样的社会里，组织成员必须经过组织学习来吸收大量的知识，并依靠知识管理和整合来实现组织创新，以获得竞争优势。因而，研究我国企业智力资本、组织学习和组织创新绩效之间的作用机理具有重要的现实意义。那么，我国企业智力资本的结构是怎样的？企业智力资本各维度与组织学习关系怎样？智力资本又是如何促提升创新绩效的呢？国外的研究结论适用于我国吗？基于此，课题组通过分析企业智力资本对组织学习及创新绩效的影响

路径与方式，以期揭示智力资本对创新绩效的作用机制。

本章主要分为以下几个部分，首先是对智力资本结构及智力资本、组织学习与创新绩效关系等理论的分析，并在此基础上提出理论假设；接着对研究方法进行介绍，主要包括样本选取和变量测量方法；然后进行实证分析；最后对实证分析结果进行讨论及总结，并说明进一步研究的方向。

16.2　理论假设与研究框架

16.2.1　人力资本、结构资本和关系资本

Sveiby（1997）、Stewart（1997）及 Johnson（1999）的研究都提出，企业智力资本是由人力资本、结构资本和关系资本三部分构成的。人力资本是指企业员工所拥有的各种技能与知识，员工的素质及工作态度；结构资本包括企业的组织结构、制度规范、工作流程、专利、商标权、版权、知识库及企业文化等；关系资本是指企业信誉、顾客关系、供货商关系、研发合作伙伴关系等。

Stewart（1997）认为企业智力资本各因素中，人力资本、结构资本和关系资本这三个因素互相支持的时候，智力资本才能发挥最大的效用。Bontis（2001）的研究结果表明，在所有行业中，人力资本显著地影响顾客资本与结构资本。同时，他指出，能力强的员工能向顾客和商业伙伴转移更多的知识，这种行为又能吸引更多的顾客和商业伙伴，当一个企业与顾客及商业伙伴一直保持着良好的联系时，它们就能更好地探讨业务流程和业务创新。可见，关系资本积极地影响结构资本。基于此，提出以下假设。

H16-1a：人力资本对结构资本有正向影响。

H16-1b：人力资本对关系资本有正向影响。

H16-1c：关系资本对结构资本有正向影响。

16.2.2　智力资本和组织学习

Baker 认为在知识经济体系下，高素质的员工是企业发展的第一要素。企业管理者对员工进行培训，可以提高员工的整体素质，同时也推动了组织学习。Kogut 和 Zander（1992）认为组织学习主要依靠交换和整合现有的信息、知识及各种想法，员工素质越高，能获取的知识越多，对组织学习的促

进也越明显。Persaud 等（2001）等认为信息技术是一种获取外部知识的手段，企业文化对促进组织学习也有帮助。Hansen 发现具有良好沟通技巧并经常与外界联络的员工，有更多的机会接触各种知识资源，这有助于提升企业的学习能力。Hsu 和 Fang 的实证研究也表明，企业关系资本与组织学习存在显著的正相关关系。基于此，提出以下假设。

H16-2a：人力资本对组织学习有正向影响。

H16-2b：结构资本对组织学习有正向影响。

H16-2c：关系资本对组织学习有正向影响。

16.2.3　智力资本和创新绩效

Chen 等认为，一家企业拥有的包括人力资本、结构资本及关系资本在内的智力资本越多，其创新能力越强。Harrison 和 Sullivan 的研究指出，企业的智力资本能给企业带来全方位的收益，创新能力的提升是其中之一。国内学者关于这两者关系的研究虽然不多，但张炜（2007）以浙江省中小技术企业为实证研究对象，得出了组织智力资本显著影响组织创新绩效水平的研究结论。因此，提出以下假设。

H16-3a：人力资本对创新绩效有正向影响。

H16-3b：结构资本对创新绩效有正向影响。

H16-3c：关系资本对创新绩效有正向影响。

16.2.4　组织学习和创新绩效

国内外已有大量研究表明，组织学习对组织创新绩效有显著作用。Cohen 和 Levinthal（1990）认为，组织成员必须经过组织学习来吸收大量的知识，产生创新的意识，进而形成创新行为。Mabey 和 Salaman（1995）认为，组织学习是组织维持创新的主要因素。Tuckerr（2001）认为，构建学习型组织，提升组织学习能力，是提高组织创新绩效的重要途径。Calantone 等（2002）指出，组织学习更能够强化企业改善旧有规范的能力，从而提升组织完成新的想法、产品和程序的能力。在国内，周晓和何明升认为，知识是组织创新的基础，组织创新离不开众多知识及信息的支持，组织中学习倾向将有助于帮助组织成员解释和使用内外部的信息，提升组织成员的创造性，从而促进组织整体创新能力的提升。谢洪明等对我国珠三角地区企业进行了大量调查研究，认为组织学习对组织技术创新和管理创新都有显著的直接影响。因而，提出以下假设。

H16-4：组织学习对创新绩效有正向影响。

16.2.5　研究框架

在以上理论假设的基础上，得到了假设框架模型，如图 16-1 所示。

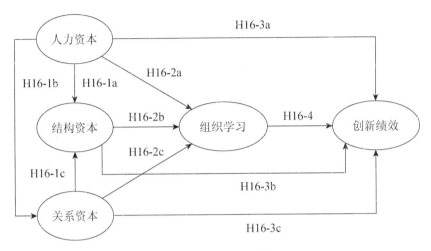

图 16-1　假设结构模型

16.3　研　究　设　计

16.3.1　变量测量方法

企业智力资本量表主要改编自 Hsu 和 Fan 的研究成果，其中人力资本采用 4 个指标，结构资本采用 5 个指标，关系资本采用 4 个指标。组织学习的量表是在龙勇等（2005）研究的基础上改编的，量表由 4 个指标组成，包括学习意识、学习目的、学习机制与吸收能力。创新绩效有多种不同的衡量方法，这里主要参考了陈劲等学者的测度体系，采用 3 个非财务指标，包括新产品数、专利申请和技术诀窍。

将以上测量指标分别设计成调研问卷。问卷记分方式采用了李克特 7 分量表，其中的值"1"为完全不符合，值"7"为完全符合，请被调查者根据实际情况进行打分。数据分析工具为 SPSS13.0 和 AMOS4.0 软件。SPSS13.0 统计软件对假设模型中各要素进行描述性统计分析，AMOS4.0 软件对假设模型的拟合度和相关假设进行检验。

16.3.2　数据收集

这里大部分的量表采用国内外现有文献中已经使用过的量表，再结合本章研究的特点加以修改。在正式量表确定前，先对浙江大学和浙江工业大学的工商管理硕士（master of business administration，MBA）学员进行了预试。

采用预试后的问卷进行了大规模正式调查，最后统计数据来自浙江省 9 个城市 78 家企业的 555 份有效问卷。被试基本情况如下：从企业性质来看，国有企业 23 家（29.5%）、民营企业 32 家（41.1%）、三资企业 16 家（20.5%）、其他 7 家（9.9%）；从企业规模来看，100 人以下的 11 家（14.1%）、100～1000 人的 40 家（51.31%）、1000～2000 人的 22 家（28.2%）、2000 人以上的 5 家（6.4%）；从样本所涉及的行业来看，机械制造业 21 家（26.9%）、IT 业 12 家（15.4%）、化工制造业 13 家（16.7%）、医药制造业 8 家（10.3%）、纺织服装业 11 家（14.1%）、建筑业 11 家（14.1%）、其他 2 家（2.5%）；从员工职位来看，一般员工 262 人（47.1%）、基层管理者 117 人（21.1%）、中层管理者 108 人（19.5%）、高层管理者 68 人（12.3%）。可见，样本具有较广的分布，达到研究的基本要求。

16.3.3　信度与效度分析

研究的信度用 Cronbach's α 系数来检验，检验结果见表 16-1。人力资本、结构资本、关系资本、组织学习及创新绩效的 Cronbach's α 分别是 0.803、0.821、0.894、0.796、0.921，总量表的 Cronbach's α 是 0.811，所有值都超过了 0.7 的标准，表明问卷具有良好的信度。总问卷中各题项的因子载荷系数最小的为 0.637，都远远高于 0.5 的基本要求，因此各题项全部保留，问卷具有很好的区分效度。

表 16-1　　　　　　　　　　　　信度和效度分析

变量	测量指标	因子载荷	共同度	Cronbach's α
人力资本	工作态度	0.848	0.803	0.803
	专业技能	0.798	0.721	
	企业培训	0.679	0.573	
	创新意识	0.844	0.621	
结构资本	组织结构	0.731	0.801	0.821
	制度规范	0.698	0.668	
	工作流程	0.889	0.754	
	知识库	0.831	0.644	
	企业文化	0.798	0.703	

续表

变量	测量指标	因子载荷	共同度	Cronbach's α
关系资本	企业信誉	0.903	0.816	0.894
	顾客联系	0.884	0.765	
	供应商关系	0.876	0.673	
	合作伙伴关系	0.792	0.780	
组织学习	学习意识	0.876	0.698	0.796
	学习目的	0.843	0.691	
	学习机制	0.832	0.598	
	吸收能力	0.637	0.603	
创新绩效	新产品数	0.908	0.871	0.921
	专利申请	0.835	0.809	
	技术诀窍	0.861	0.746	

16.4　实　证　分　析

16.4.1　描述性分析

表 16-2 显示了变量的描述性统计，包括变量的均值、标准差及各变量之间的相关性值。从表 16-2 可以看出，人力资本，结构资本，关系资本、组织学习与创新绩效之间均存在显著的正相关关系。

表 16-2　　　　　　　　　　变量的描述性统计表

	均值	标准差	人力资本	结构资本	关系资本	组织学习	创新绩效
人力资本	5.371	1.514	1.000				
结构资本	4.723	1.034	0.631**	1.000			
关系资本	4.638	0.983	0.548**	0.343**	1.000		
组织学习	4.325	0.912	0.478**	0.374**	0.384**	1.000	
创新绩效	4.088	1.522	0.557**	0.289*	0.315*	0.575**	1.000

＊$p < 0.05$，＊＊$p < 0.01$，＊＊＊$p < 0.001$

16.4.2 企业资力资本、组织学习与创新绩效的逐步回归分析

为了说明企业智力资本各维度、组织学习对企业创新绩效的影响，初步证实提出的基本理论框架的可行性，以企业智力资本各维度、组织学习为自变量，企业创新绩效为因变量进行逐步回归分析。由表 16-3 可知，人力资本、结构资本、关系资本、组织学习的加入对企业创新绩效的解释和预测有了显著提高，它们共同解释了企业创新绩效 51.30%的变异。因此，人力资本、结构资本、关系资本与组织学习均对企业创新绩效有预测作用。

表 16-3　　智力资本、组织学习对企业创新绩效的逐步回归分析

自变量	R^2	调整后的 R^2	R^2 改变量	回归系数 β	t 值
人力资本	0.294	0.278	0.278	0.315***	8.73
结构资本	0.323	0.311	0.033	0.138**	2.89
关系资本	0.398	0.378	0.067	0.101***	5.94
组织学习	0.221	0.513	0.135	0.198***	7.25

** $p<0.01$，*** $p<0.001$

16.4.3 假设检验

使用结构方程模型分析软件 AMOS4.0 进行模型的整体拟合度分析，检验结果如表 16-4 所示。用于评价模型拟合度的指标可以分为整体拟合指标和相对拟合指标，主要包括卡方指数（χ^2/df）、近似误差的均方根（RMSEA）、拟合优度指数（GFI）、比较拟合指数（IFI、CFI、TLI、NFI）。通常情况下，χ^2/df 大于 1 且小于 3，表明整体拟合优度较好；RMSEA 值小于 0.08，数值越小，表明样本数据与假设协方差矩阵中元素的平均误差越小，从而整体拟合度越好。GFI、IFI、CFI、TLI、NFI 等五个指标高于 0.90 水平，则说明对数据进行了较好的拟合,表明整体模型拟合优度好。由表 16-4 可以知道,χ^2/df 值小于 3，RMSEA 值小于 0.08，其余拟合指标中，除了 TLI 值略低于 0.9 以外，GFI、IFI、CFI、NFI 等四个指标高于 0.90 水平。综合判断，理论模型的整体模型与数据的拟合情况较好，其结果有参考价值。

表 16-4　　　　　　　　　研究模型的拟合指标

	χ^2	df	χ^2/df	RMSEA	GFI	IFI	CFI	TLI	NFI
假设模型	193.697	67	2.891	0.063	0.904	0.917	0.931	0.884	0.923

根据统计分析的结果，变量间的路径系数与假设验证情况如表 16-5 所示。结果表明，在 10 个理论假设中 8 个得到了统计支持，从而在实证数据上证明了理论框架的有效性。删除不显著的关系，修正后整体模型及变量之间的关系如图 16-2 所示。

表 16-5　　　　　　　　　整体理论模型的路径系数与假设验证

原假设	路径系数	p 值	验证结果
H16-1a：人力资本对结构资本有正向影响	0.54***	0.000	支持
H16-1b：人力资本对关系资本有正向影响	0.66***	0.000	支持
H16-1c：关系资本对结构资本有正向影响	0.37***	0.000	支持
H16-2a：人力资本对组织学习有正向影响	0.33***	0.037	支持
H16-2b：结构资本对组织学习有正向影响	0.18*	0.028	支持
H16-2c：关系资本对组织学习有正向影响	0.21**	0.008	支持
H16-3a：人力资本对创新绩效有正向影响	0.31***	0.000	支持
H16-3b：结构资本对创新绩效有正向影响	0.08	0.135	不支持
H16-3c：关系资本对创新绩效有正向影响	0.13	0.083	不支持
H16-4：组织学习对创新绩效有正向影响	0.63***	0.000	支持

$* p<0.05$，$** p<0.01$，$*** p<0.001$

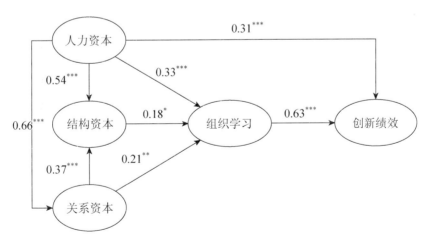

图 16-2　验证后的结构模型

$* p<0.05$，$** p<0.01$，$*** p<0.001$

由表 16-5 和图 16-2 可知，假设 H16-1a、H16-1b 及 H16-1c 都获得了实证数据支持，表明企业智力资本三个因素之间存在着一定的因果关系，人力资本不仅直接影响结构资本，还能通过关系资本的中介作用，对结构资本产生间接的影响作用。这一结论和 Stewart 和 Bontis 的研究结论相似。企业智力资本各维度对组织学习的路径系数分别为 0.33、0.18、0.21，假设 H16-2a、H16-2b 及 H16-2c 都通过了实证检验，表明企业人力资本、结构资本及关系资本都显著影响组织学习。假设 H16-3a 得到了支持，而假设 H16-3b 与 H16-3c 却没有通过实证检验，这表明企业人力资本直接影响创新绩效，而结构资本和关系资本对创新绩效系数的直接影响不显著，但存在着间接影响，并通过组织学习而实现。这与 Hsu 和 Fang 的研究结论不一致，这也是课题组的一个重要发现。组织学习对创新绩效的路径系数达到 0.63，假设 H16-4 通过了实证检验，表明组织学习对创新绩效有显著的正向影响，这一结论和国内外众多研究者的研究相一致。

16.5 结论与启示

通过文献回顾构建研究模型，并对浙江省 78 家企业 555 名员工问卷调查结果进行统计分析，我们得到了以下三点基本结论。

第一，企业智力资本由人力资本、结构资本及关系资本三个部分组成，人力资本不仅直接影响结构资本，还能通过关系资本的中介作用，对结构资本产生间接的影响作用。人力资本、结构资本及关系资本组成的企业三个维度智力资本结构，既适应当前知识管理和学习型组织发展的要求，又是对智力资本结构模型理论的进一步拓展。

第二，人力资本、结构资本及关系资本对组织学习均产生了积极的影响。高素质的员工、积极的工作态度及强烈的创新意识，对浓厚的组织学习氛围的营造具有重要的推动作用。当企业能提供一个开放的企业文化环境，鼓励成员之间的交流和学习，企业员工会更愿意与他人分享知识，这使得企业整体组织学习能力得到提升。企业建立制度规范、知识库等也会促进组织学习，同时还可以减少因为获取信息不全面做出的错误决策而导致的企业成本上升。与企业的利益相关者、顾客、供应商建立良好的互动关系，企业的商业伙伴间的员工才会有更多的机会分享知识，促进彼此的组织学习。

第三，人力资本对创新绩效存在着直接影响，而结构资本、关系资本对企业创新绩效存在着间接影响，通过组织学习而实现。可见，在企业智力资本各个维度中，人力资本是对创新绩效产生影响的关键因素，是有效提升企业创新能力的"助推器"。还可以发现，在智力资本对创新绩效的作用机制中，组织学习起到了部分中介作用。事实上，智力资本投资是一项系统工程，企业必须充分挖掘组织学习的潜力，通过有效的组织学习，促进企业员工学习行为的自觉产生，从而带来创新绩效的提高。

以上结论表明了企业智力资本和组织学习对提升企业创新绩效的重要作用，具体来看，这些结论对我国企业管理实践有一定的启示。

第一，在当前大力倡导科技创新、产业升级的宏观背景下，企业的首要任务是重视智力资本尤其是人力资本的投入。为了提高创新能力，企业不能仅以提高研发投入为手段，还需要提高结构资本、维护关系资本。更为重要的是，企业应该通过有效的人力资源管理实践来肯定员工的贡献，关心员工，强化员工对企业的组织认同，提升员工的忠诚度。同时，企业应加强对员工的业务培训，培养员工的创新意识，提高员工的综合素质。"高企业智力资本"可以产生"高组织学习"，进而通过显性或隐性的方式推动企业创新绩效。

第二，企业要为员工学习创造良好的环境，加强组织学习氛围的营造。当前，企业需要进一步落实支持组织学习的机制与措施，构建支撑组织学习的信息技术系统，建立高效的组合激励机制，激发员工的学习热情和开拓创新能力。

课题组通过结构方程模型的方法，分析了企业智力资本各维度、组织学习与企业创新绩效之间的具体关系，但是还有很多内容需要进一步探讨。例如，为什么只有人力资本对企业创新绩效有显著的直接正向影响，关系资本和结构资本为什么没有显著的直接影响作用？在研究方法上，课题组仅采用了在问卷调查基础上的数理统计手段，事实上，没有具体的案例研究法、实验研究法或者观察研究法的支撑，研究得出的结论也是不充分的。此外，课题组采用的是横截面式的研究，没有跨时间序列收集数据进行纵向研究，因而并不能真正确定变量之间的因果关系。今后，我们将进一步对模型进行探索，相信这将是一个值得深入研究的课题。

第 17 章

关系嵌入强度、知识吸收能力
与集群企业技术创新扩散

17.1 导　论

近年来，技术创新扩散已成为技术创新研究领域的热点问题。技术创新扩散的作用要比技术创新本身更具有意义（Miller and Garnsey，2000），Lin（2010）进一步指出，技术创新扩散有助于区域内企业知识技术能力的提升。那么什么是技术创新扩散呢？熊彼特早在 20 世纪初就提出了技术创新扩散这一概念，他认为技术创新扩散实质上是一种模仿行为。Rogers（1995）在熊彼特观点的基础上提出，技术创新扩散是指技术创新通过一种或多种渠道在社会系统网络的各成员间传播并推广应用的过程，由创新、信息渠道、时机和社会系统等四个关键因素构成。Lee 等（2010）则认为，技术创新扩散是一种新技术、新知识在组织成员间传播和学习的活动。

早期关于技术创新扩散的研究主要集中在宏观经济领域。Haegerstrand在 20 世纪 50 年代比较系统地阐述了技术创新扩散理论。接着，Mansfield提出了著名的"S"形扩散模型，推动了技术创新扩散问题的定量研究。此后，Kohli（1991）、Coe 和 Helpman（1995）、Fagerberg 和 Verspagen（1996）等分别从国际贸易、跨国公司海外直接投资及研发布局的角度研究了国家或地区间的技术创新扩散问题。

随着研究的深入，有关技术创新扩散的研究焦点开始由宏观层面转移到区域内产业集群网络这一中观层面，部分学者探讨了集群企业内网络关系嵌入强度对技术创新扩散的影响。Williams（2007）指出，在集群网络内，强关系嵌入的企业通过与其他企业频繁交流，能够促进双方复杂技术和隐性知识的转移，从而推动网络内技术创新扩散。同时，网络内组织间的关联度越高，意味着组织间拥有的技术创新扩散的渠道越多，技术创新扩散的速度越快，效率越高。此外，基于企业内部能力观点的学者认为，企业自身的知识吸收能力影响技术创新在集群网络内的扩散。知识吸收能力越强，组织对外部隐性知识的转化能力也越强，越有利于组织间的技术知识扩散。Kim 和 Inkpen（2005）研究发现，企业的知识获取、消化、转化和应用能力在很大程度上决定了网络内企业间技术创新扩散的效率。

可见，目前学术界从产业集群网络关系嵌入强度、企业自身知识吸收能力方面研究了其与技术创新扩散的关系，并已证实关系嵌入强度、知识吸收能力对技术创新扩散具有重要影响。但是，关系嵌入强度如何影响集群企业网络内技术创新扩散？是否通过知识吸收能力的中介作用对技术创新扩散产生影响？集群内企业的不同规模和发展阶段是否会对关系嵌入强度、知识吸收能力和技术创新扩散三者之间的关系产生影响？相关学者未能做出很好的回答。基于此，课题组拟从网络关系嵌入强度出发，以浙江省杭州市等 5 个地区的集群企业为研究对象进行实证分析，进一步探索关系嵌入强度、知识吸收能力与集群企业技术创新扩散之间的关系。

17.2　文　献　回　顾

17.2.1　关系嵌入强度与技术创新扩散

关系嵌入这一概念最早由 Granovetter（1992）提出，他认为关系嵌入是组织成员间基于互惠预期而发生的双向关系。Gulati（1998）进一步将关系嵌入定义为企业从联盟网络中获取知识资源的一种直接联结机制。杨斌和王学东（2009）则从社会网络理论出发，认为社会网络中的关系嵌入是指嵌入于社会网络中的个体间的关系在多大程度上影响经济活动。综合相关学者对关系嵌入概念的界定，学者普遍认为关系嵌入是一种基于成员间资源交换共享的互惠二元关系。

关于关系嵌入强度的测量，Granovetter（1992）认为，可以通过网络内成员间在某一联结上所花的时间、情感投入程度、亲密程度和互惠性服务水平等因素进行综合测度。此后，部分学者在 Granovetter（1992）研究的基础上，提出将关系嵌入强度分为信任、信息共享和共同解决问题三个维度来进行度量。

在产业集群内部的技术创新网络中，关系嵌入强度与技术创新扩散密切相关。Cheng 等（2009）研究发现，行动者可获得知识资源的丰富程度与其在网络内和其他成员间关系的强弱有关。一方面，强关系嵌入的企业在网络中更容易获取与技术创新相关的知识。魏露露和王文平（2006）在对产业集群中小团体网络结构对技术扩散影响的研究中发现，在社会网络中，节点之间交往频繁有助于新的技术知识在网络内传播。此外，知识的复杂性和隐性特征是影响技术创新扩散的重要因素，而网络中企业间的强关系有利于复杂的非解码知识的转移。另一方面，强关系嵌入的企业意味着在网络内企业间拥有较高的信任度。强关系嵌入的企业通常与产业集群网络中其他成员间保持着较高的感情契约，能够提高组织成员间稀缺资源的投入水平。同时，强关系意味着组织间 "社会距离" 的缩短，有利于降低搜索成本，减少信息失真，从而提高知识传播扩散的速度。

基于此，提出如下假设。

H17-1：关系嵌入强度与集群企业技术创新扩散正相关。

17.2.2　知识吸收能力与技术创新扩散

在知识经济时代，企业越来越依赖从技术创新联盟网络中获取知识和技术。Escribano 等（2009）研究发现，拥有较强知识吸收能力的企业能够从外部知识流中获得较高的收益。Cohen 和 Levinthal 早在 20 世纪 90 年代初就提出知识吸收能力是指企业对外部新技术知识的评估、消化和应用的能力。Zahra 和 George 在综合相关学者研究的基础上，对知识吸收能力进行了较为系统的分析和总结，认为知识吸收能力是企业获得外部知识并对所获取的知识加以消化、转化和应用的能力，并将吸收能力划分为潜在吸收能力（获取能力、消化能力）和实现吸收能力（转化能力、应用能力）。

1. 潜在知识吸收能力与技术创新扩散

潜在知识吸收能力是指企业在外部环境中搜索、获取和消化外部知识的能力。企业的潜在知识吸收能力水平对技术创新扩散活动产生重要影响。于旭和朱秀梅（2010）在对长春市 97 家软件企业进行实证研究中发现，潜在知识吸收能力能够帮助企业快速识别、消化从集群内其他成员所获得的知识。企业知识获取能力越强，越有机会将网络内其他企业的外溢知识引进到企业内部，从而加快企业的知识更新进度。同时，企业的知识消化能力能够帮助企业理解、分析和处理来自网络内其他企业的知识，并与自身所拥有的知识相整合，从而提升技术创新扩散水平。

基于此，提出如下假设。

H17-2a：集群企业潜在知识吸收能力与技术创新扩散正相关。

2. 实现知识吸收能力与技术创新扩散

实现知识吸收能力是指企业整合外部知识，通过创新活动创造新的知识，并产生经济效益的能力。企业的实现知识吸收能力越强，其将外部知识内化的能力也越强。企业拥有的知识转化能力，能够帮助企业将复杂知识简单化、隐性知识显性化，从而提升内在知识的广度和深度，加速技术创新扩散。同时，它能够将培育的新技术知识运用到生产活动中，提升企业绩效。因此，企业的知识应用能力越强，越能够将外部知识内化为自身知识，并运用到实际的创新活动中，进而推动技术创新扩散。

基于此，提出如下假设。

H17-2b：集群企业实现知识吸收能力与技术创新扩散正相关。

3. 关系嵌入强度与知识吸收能力

集群网络内企业间密切的社会互动能够提高彼此知识交流的深度、广度和效率，加强彼此对技术知识的潜在吸收能力。Tiwana（2008）认为，强关系嵌入的企业拥有更多的资源和渠道与网络内其他成员进行知识交流，从而提高企业知识的获取能力和消化能力。Sorenson 等（2006）研究发现，在对高复杂性知识的获取和消化方面，具有社会临近性特点的企业更具优势。

由于技术创新扩散过程受到知识本身的复杂性和大量隐性知识壁垒的限制，知识接收方在知识转化和应用方面存在一定的障碍。Uzzi（1997）指出，由强关系嵌入生成的企业间信任有助于组织对外部知识的转化和利用。同时，网络成员企业彼此间的强关系意味着双方互惠性服务频繁，沟通渠道多且顺畅，这将促进双方对技术创新在扩散过程中存在的难题进行共同探讨交流，从而有利于提高企业的实现知识吸收能力。

基于此，提出如下假设。

H17-3a：关系嵌入强度与集群企业潜在知识吸收能力正相关。

H17-3b：关系嵌入强度与集群企业实现知识吸收能力正相关。

综上所述，构建了研究概念模型，如图 17-1 所示。

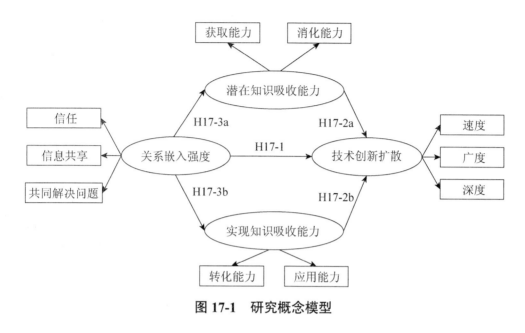

图 17-1　研究概念模型

17.3　变量测度与样本描述

17.3.1　变量测量

通过整合国内外学者的相关研究，形成了各指标的调查量表，并根据预调研的情况对量表加以修改，以确保本次调研的科学性。问卷采用了通用的李克特 5 分量表形式，其中"5"代表非常符合，"1"代表非常不符合。

1. 关系变量

关系嵌入强度的量表主要参考了 McEvily、Gulati 等的研究，分为信任、信息共享和共同解决问题三个维度。信任反映了集群企业网络内合作双方之间良好的感情契约；信息共享反映了在合作过程中双方为实现目标所提供的优质和专用资源的程度；共同解决问题反映了双方在复杂技术共享和隐性知识转移上的水平。信任和信息共享各有 3 个问题项，共同解决问题有 4 个问题项。

企业潜在知识吸收能力和实现知识吸收能力的量表主要参考了 Zahra、George 和 Jansen 等的研究成果。潜在知识吸收能力分为获取能力和消化能力两个维度；实现知识吸收能力分为转化能力和应用能力两个维度。获取能力反映了企业对外部知识的识别和获得能力；消化能力体现了企业对外部知识分析、处理和理解的能力；转化能力体现了企业对获取的外部知识进行整合的能力；应用能力体现了企业在获取、消化、转化的基础上进行知识创造和运用的能力。每个维度各 3 个题项，共 12 个题项。

技术创新扩散的量表参考了 Rogers、Cooke 等学者的研究，分为速度、深度、广度三个维度。技术创新扩散速度是指在一定时间内知识的转移程度；技术创新扩散深度是指知识在扩散过程中的集中度；技术创新扩散广度是指转移过程中知识的丰富程度。技术创新扩散速度有 3 个问题项，技术创新扩散深度和技术创新扩散广度各 4 个问题项。

2. 控制变量

（1）企业规模。产业集群内的企业基本上为中小微企业，根据 2011 年 7 月国家工业和信息化部等四部门联合发布的《中小企业划型标准规定》，按照雇员人数，将样本中的企业分为中型企业、小型企业和微型企业，"1"代表中型企业，"2"代表小型企业，"3"代表微型企业。

（2）企业发展阶段。根据有关企业发展阶段的理论，企业发展阶段分为初创期、发展期和成熟期，"1"代表初创期，"2"代表发展期，"3"代表成熟期。

17.3.2　研究样本

以浙江省杭州软件产业群、温州乐清低压电器产业群、金华永康五金产业群、嘉兴海宁皮革产业群、绍兴纺织产业群等 5 个地区产业集群的 117 家企业为调查对象。在发放方式和渠道方面，分别通过电子邮件、当面填写等方式对企业的中高层管理人员进行了调查，确保每家企业的问卷数不少于 3 份。其中通过电子邮件方式共发放问卷 302 份，最终回收问卷 183 份，其中有效问卷 114 份，问卷回收率和有效问卷率分别达到 60.6% 和 62.3%。通过当面填写问卷的方式共发放 210 份，回收 210 份，其中有效问卷 165 份，问卷回收率和有效问卷率分别达到 100% 和 78.6%。本次研究共计发放问卷 512 份，回收 393 份，有效问卷数 279 份，问卷回收率和有效问卷率分别达到 76.8% 和 71.0%。

为了消除数据同源偏差的影响，采取了以下措施：一是采用哈曼单因子检测方法，将问卷所有条目一起做因子分析，在未旋转时得到第一个主成分的载荷量为 21.85%（小于 50%），因此，可以判断同源偏差并不严重；二是针对同一家企业有多份问卷的情况，采用将多份问卷数据简单平均的方法，整合形成一份该企业的相关数据，因此，最终有效样本总数为 117 份。

17.3.3 样本描述

本节主要使用频数分配等方法对样本的基本特性进行统计分析,包括企业规模、企业发展阶段和集群企业类型。具体结果如下:①按《中小企业划型标准规定》划分企业规模:在所有的样本企业中,中型企业有47家,占样本总数的40.2%;小型企业有42家,占样本总数的35.9%;微型企业有28家,占样本总数的23.9%。②按企业发展阶段划分:在所有样本企业中,初创期企业有31家,占样本总数的26.5%;发展期企业有46家,占样本总数的39.3%;成熟期企业有40家,占样本总数的34.2%。③按集群企业类型划分:杭州软件企业29家,占24.8%;温州低压电器企业24家,占20.5%;金华五金企业21家,占18.0%;嘉兴皮革企业20家,占17.1%;绍兴纺织企业23家,占19.6%。可见本次研究所抽取的样本覆盖范围较广且在地域分布上比较均匀,兼顾了多个产业集群,具有良好的代表性。

17.3.4 样本信效度检验

1. 信度分析

采用Cronbach's α 系数和因素分析累计解释量来检验各变量的信度,结果如表17-1所示。

表 17-1　　　　　　　　　各变量的信度分析

变量	Cronbach's α	因素分析累计解释量
关系嵌入强度	0.95	0.91
信任	0.84	0.76
信息共享	0.83	0.75
共同解决问题	0.89	0.76
潜在知识吸收能力	0.92	0.93
获取能力	0.83	0.76
消化能力	0.88	0.81
实现知识吸收能力	0.90	0.89
转化能力	0.80	0.72
应用能力	0.82	0.74
技术创新扩散	0.96	0.93
技术创新扩散速度	0.88	0.81
技术创新扩散深度	0.92	0.79
技术创新扩散广度	0.93	0.82

根据表 17-1 可以看出，各变量的 Cronbach's α 值都大于 0.80，因素分析累计解释量都大于 0.70，说明各变量具有较高的信度。

2. 效度分析

主要对关系嵌入强度、潜在知识吸收能力、实现知识吸收能力和技术创新扩散变量进行区别效度的检验。首先生成多个模型，分别为未限制模型（变量所包含因素间不加以限制）与限制模型（变量所包含因素的两两相关系数限定为 1），然后将限制模式与未限定模式进行卡方差异度检验。若卡方值差异量愈大且达到显著水平，表示变量中各因素的区别效度愈高。检验结果如表 17-2 所示。

表 17-2 各量表区别效度分析

模式	χ^2	df	$\Delta\chi^2$
关系嵌入强度量表的区别效度分析			
未限定测量模式	73.97	32	——
信任与信息共享的相关系数限定为 1	86.33	33	12.36***
信任与共同解决问题的相关系数限定为 1	94.12	33	20.15***
信息共享与共同解决问题的相关系数限定为 1	91.05	33	17.08***
潜在知识吸收能力量表的区别效度分析			
未限定测量模式	18.51	8	——
获取能力与消化能力的相关系数限定为 1	25.74	9	7.23**
实现知识吸收能力量表的区别效度分析			
未限定测量模式	15.63	8	——
转化能力与应用能力的相关系数限定为 1	26.54	9	10.91***
技术创新扩散量表的区别效度分析			
未限定测量模式	86.94	41	——
技术创新扩散速度与深度的相关系数限定为 1	103.37	42	16.43***
技术创新扩散速度与广度的相关系数限定为 1	110.85	42	23.91***
技术创新扩散深度与广度的相关系数限定为 1	105.59	42	18.65***

$** p < 0.01$，$*** p < 0.001$

根据表 17-2 可以看出，各研究变量的卡方差异值大且都达到显著性水平，说明各变量具有较高的区别效度。

17.4 研 究 结 果

运用 AMOS17.0 统计软件，采用利用极大似然法，对理论模型进行结构方程模型估算，结果如表 17-3 所示。

表 17-3   假设检验结果

假设路径	模型 1	模型 2（企业规模）			模型 3（企业发展阶段）		
		中型	小型	微型	初创期	发展期	成熟期
H17-1	0.241^{**}	0.426^{**}	0.302^{**}	-0.147	-0.273	0.173^{*}	0.361^{**}
H17-2a	0.493^{***}	0.451^{***}	0.435^{**}	0.326^{**}	0.367^{**}	0.433^{***}	0.457^{***}
H17-2b	0.287^{***}	0.282^{***}	0.168^{***}	0.138^{***}	0.104^{**}	0.179^{***}	0.305^{***}
H17-3a	0.202^{***}	0.219^{***}	0.176^{**}	0.213	0.204	0.192^{**}	0.237^{***}
H17-3b	0.184^{***}	0.168^{**}	0.104^{**}	0.115	0.131	0.128^{**}	0.171^{***}
拟合度指标							
χ^2	62.761	209.254			217.178		
df	30	90			90		
χ^2/df	2.092	2.325			2.413		
NFI	0.912	0.902			0.916		
CFI	0.919	0.907			0.921		
GFI	0.884	0.873			0.903		
IFI	0.919	0.908			0.920		
RMSEA	0.043	0.046			0.058		

$* p < 0.05$，$** p < 0.01$，$*** p < 0.001$

适配度指标的理想数值范围是 NFI、CFI、GFI、IFI 都大于 0.9，RMSEA 低于 0.05。RMSEA 值等于 0 代表完全拟合，小于 0.05 代表接近拟合，0.05～0.08 代表相当拟合，0.08～0.10 则代表一般拟合。

模型 1 表示关系嵌入强度、潜在知识吸收能力、实现知识吸收能力和技术创新扩散之间的关系检验。在各拟合度指标中，卡方与自由度比值为 2.092，NFI、CFI、IFI 值均大于 0.900，GFI 值为 0.884，属于可接受水平，RMSEA 值为 0.043，达到接近拟合水平。可见，模型 1 的拟合情况整体较好，可对假设进行验证。验证结果发现，各假设路径系数都达到了显著水平，所有假设均获得支持。

模型 2 是各变量在企业规模这一控制变量下的关系检验。在各拟合度指标中，卡方与自由度比值为 2.325，GFI 为 0.873，属于可接受水平，NFI、CFI、IFI 值均大于 0.900，RMSEA 值为 0.046，达到接近拟合水平。可见，模型 2 的拟合情况整体较好，可对假设进行验证。验证结果表明，在中型企业和小型企业条件下，各假设路径系数都达到了显著水平，表明所有假设都获得支持；在小微企业条件下，只有假设 H17-2a、H17-2b 获得支持，其余假设均未获得支持。

模型 3 是各变量在企业发展阶段这一控制变量下的关系检验。在各拟合度指标中，卡方与自由度比值为 2.413，NFI、CFI、GFI 和 IFI 值均大于 0.900，RMSEA 值为 0.058，达到相当拟合水平。可见，模型 3 的拟合情况整体较好，可对假设进行验证。验证结果表明，在发展期和成熟期企业条件下，所有假设均获得支持；在初创期企业条件下，只有假设 H17-2a、H17-2b 通过检验，而假设 H17-1、H17-3b、H17-3a 未获支持。

研究在上述测量模型的基础上，采用温忠麟等检验中介效应的程序和方法，对潜在知识吸收能力和实现知识吸收能力两个变量是否在关系嵌入强度对技术创新扩散影响中发挥中介作用进行检验。检验结果如表 17-4 所示。

表 17-4　　　　　　　　　　　中间变量模型检验结果

假设路径	模型 4 （潜在知识吸收能力）	模型 5 （实现知识吸收能力）
H17-1	0.297^{***}	0.235
H17-2a	0.571^{***}	—
H17-2b	—	0.342^{***}
H17-3a	0.196^{***}	—
H17-3b	—	0.173^{***}
拟合度指标		
χ^2	33.762	35.428
df	17	17
χ^2/df	1.986	2.084
NFI	0.933	0.926
CFI	0.938	0.931

假设路径	模型 4 （潜在知识吸收能力）	模型 5 （实现知识吸收能力）
拟合度指标		
GFI	0.840	0.843
IFI	0.938	0.931
RMSEA	0.056	0.048

*** $p < 0.001$

模型 4 是潜在知识吸收能力作为中间变量的关系检验。在各拟合度指标中，卡方与自由度比值为 1.986，NFI、CFI 和 IFI 值均大于 0.900，GFI 值为 0.840，属于可接受水平，RMSEA 值为 0.056，达到相当拟合水平。可见，模型 4 的拟合情况整体较好，可对假设进行验证。H17-1、H17-2a、H17-3a 的假设路径系数均达到显著性水平，根据温忠麟等（2004）提出的检验方法，可以发现，潜在知识吸收能力对关系嵌入强度和技术创新扩散间的关系具有部分中介作用。

模型 5 是实现知识吸收能力作为中间变量的关系检验。在各拟合度指标中，卡方与自由度比值为 2.084，NFI、CFI 和 IFI 值均大于 0.900，GFI 值为 0.843，属于可接受水平，RMSEA 值为 0.048，达到接近拟合水平。可见，模型 5 的拟合情况整体较好，可对假设进行验证。假设 H17-2b、H17-3b 的路径系数达到显著水平，而假设 H17-1 未获支持，表明实现知识吸收能力对关系嵌入强度和技术创新扩散间的关系具有完全中介作用。

17.5　结论与讨论

根据上述研究分析，课题组取得了一些有意义的成果，并发现了一些值得深入探讨的问题。

第一，关系嵌入强度正向影响集群企业技术创新扩散。在集群网络内，强关系嵌入的企业在知识资源的获取上占有显著优势。强关系嵌入的企业一般与其他企业保持频繁的互动联系，并通过知识共享和共同解决问题的方式，在网络联盟内建立起较高的信任和良好的声誉。而这些优势能够帮助它们提高对新技术知识感知的灵敏度，从而强化技术创新扩散的深度和广度。

同时，在知识引进的过程中，强关系嵌入的企业凭借其在网络内的关系优势，率先从合作企业中获取知识，加快技术创新扩散。关系是一种资源，也是一种投资。在集群企业生产经营活动中，企业间可以通过一些信息的共享行为，加强彼此的交流，增强互信。

第二，知识吸收能力正向影响集群企业技术创新扩散。企业的知识吸收能力越强，其对外部隐性知识的转化能力也越强，越有利于企业间的知识扩散。企业的潜在知识吸收能力水平反映了企业对外部知识获取及消化的能力，决定了企业能在多大程度上将外部知识导入到组织内部，从而实现知识更新。而企业的实现知识吸收能力体现了企业对导入组织内部知识的转化和应用水平，直接影响企业能否将外部知识内化为自身知识，取得突破，提高创新绩效。在知识经济时代，知识更新速度不断加快，企业很难通过闭门造车的方式实现技术创新，而需要不断从技术联盟网络内汲取新的知识。在对外部知识引进的过程中，企业知识吸收能力扮演着重要角色。集群企业可以通过加强员工培训、增加研发投入、引进高技术人才的方式强化知识吸收能力，从而推进技术创新扩散。

第三，关系嵌入强度正向影响集群企业知识吸收能力。企业间知识的获取和交换需要彼此间拥有良好的关系。在集群网络内，强关系嵌入的企业通过建立广泛的关系网，获得宝贵的稀缺资源，从而提高其对知识的潜在吸收能力。而且，由于平时与其他企业间保持着频繁的接触，以及在网络内树立的良好的信誉，强关系嵌入的企业更容易获得其他企业的帮助，在外部知识转化及应用上面临的障碍相对也会小一些。同时，强关系嵌入的企业往往占据网络内更多的知识资源，在资源支配和使用上更具有优势。因此，从某种程度上说，与集群网络中其他企业保持良好的关系，能够为企业带来更多的创新资源。可见，建立和维护优质的关系网络对组织而言是必然的战略选择。

第四，潜在知识吸收能力在关系嵌入强度和集群企业技术创新扩散之间起到了部分中介作用，实现知识吸收能力则起到了完全中介作用。这一研究结果也从另一角度验证了企业知识吸收能力对技术创新扩散的重要影响（谢洪明等，2008；徐勇和邱兵，2011）。集群网络内企业间技术创新扩散这一过程中，关系嵌入很大程度上扮演着推动者的角色，或是起到"催化剂"的作用。集群企业需要通过自身的知识吸收能力将外部复杂知识简单化、隐性知识显性化，以提高技术创新扩散的深度和广度。尤其是实现知识吸收能力强弱直接决定了企业能否成功将外部知识内化为自身知识。在市场竞争激烈的环境中，技术能力是一种战略资源，谁拥有了核心技术知识，谁就掌握了主导权。而知识吸收能力正向影响企业技术能力，因此，集群企业在拓展和维护外部关系的同时，迫切需要通过加强组织创新、知识管理和组织文化等软实力，不断提高其对外部知识的获取、消化、转化及应用的能力。

第五，在微型企业和初创期企业中，关系嵌入强度对知识吸收能力和技术创新扩散不产生显著正向影响；而在中小型企业和发展期、成熟期企业中，关系嵌入强度对两者均产生显著正向影响。在调研中发现，微型企业和初创期企业对创新知识获取和引进的愿望非常强烈，但由于缺乏合适的途径，大多只能徘徊于技术链的低端。事实上，微型企业和初创期企业由于受到自身技术实力、员工学历水平和综合素质的影响，无论其在集群内处于强关系或弱关系，知识吸收能力和技术创新扩散状况均不尽如人意。而中小型企业和发展期、成熟期企业，往往积累了更多的知识和能力，有助于其对外部知识的吸收。因此，对于微型企业和初创期企业而言，一方面需要提高员工的综合素质和技术能力，以加强对外部知识的吸收能力；另一方面应该注重与集群网络内其他企业建立多层次稳定的关系，并通过提供中间产品、市场信息、人员交流等频繁的互动关系，增强双方的互信度。同时，微型企业和初创期企业可以通过专注于其他企业所忽视的中低端技术，走专业化道路，突破技术壁垒，从而赢得与其他企业进行知识交流合作的机会。

第 三 篇

知识转移及竞争力的相关理论

第 18 章

企业知识转移生态学模型

知识转移一直是企业知识管理领域研究的焦点问题。高效的知识转移能够促进企业充分利用组织内外知识，培育核心能力及确立竞争优势（Dixon，2000）。近年来，随着企业规模的不断扩大和企业结构的日益复杂，企业知识转移过程中呈现出来的类生态学特征引起了学术界的普遍关注，很多学者对这一现象进行了研究（Holsapple and Singh，2001；刘希宋和王辉坡，2007；和金生和李江，2008）。然而，他们的研究仅仅基于知识自身属性、知识成长或企业员工间知识转移的角度，并未从企业整体视阈进行探讨。与其他组织相比，企业作为市场经济的"细胞"，为了获取竞争优势，必须进行持续、高效的知识转移。企业知识转移主要涉及员工、团队及组织三个层面上的知识交流与分享，因此，在企业中，存在着由不同层次与性质的知识构成的高速运行的复杂知识群落，这与能量不断转化的自然生态系统具有一定的相似性。基于此，我们尝试从生态学能量转化的视角研究企业知识转移机理，应用生物能量转移的方法揭示企业内不同层面知识主体间的知识转移过程。本章研究创新了企业知识转移的研究方法，丰富了知识生态学的研究内容，并得到了若干管理启示。

18.1　企业知识的生态学特征

18.1.1　散落分布性

在自然生态系统中，能量以各种形态分散、错落地储存于自然界或生物体中，而不同生物体能够利用的能量形式存在局限性，例如，植物一般只能利用太阳能或光能，食草动物的能量来源主要是绿色植物，食肉动物则需要通过捕获食草动物获取能量维持生命等。企业知识也是以分散、错落的形式存储于各种知识载体中。企业知识的散落分布性使得企业在设置预定目标、完成重要任务或制定重大决策时，必须全面、系统地收集分散在不同空间与载体上的各种知识源（Hansen et al.，2005）。然而，企业知识的散落分布并不是杂乱无章的，往往具有区域化分布的特征。具体表现为，相似或相近的知识在空间距离上比较接近，同一载体上的知识通常存在较强的关联性。由于空间距离、知识载体和知识关联程度的制约，区域内的知识往往具有静态性，不易被移动或挖掘。企业知识的这种散落分布性特征给企业知识转移带来的影响主要体现在以下两个方面：一是知识转移的不对称性。企业知识的接收者在获得知识拥有者传递的知识后，运用这种知识的效率往往不及知识拥有者，这与生态系统中能量传递的递减规律相类似。二是知识转移的不确定性。知识从某一知识主体转移到另一知识主体经常伴随着知识空间的改变，也就意味着知识使用情境发生变化，而知识所处情境的改变通常致使企业难以分析和预测知识在新情境下的作用效果（徐金发等，2003）。在企业中，知识的散落分布使得单个员工或团队不可能拥有完成特定目标所需的全部知识，必须通过有效的知识转移来获取完成工作所需的所有知识。

18.1.2　嵌入依附性

生态系统中的能量储存于各种自然物质载体中，不同形态的能量获取和利用的难易度不一。就如能量需要某种物质作为载体一样，企业中的知识也是嵌入或依附在不同知识主体上的，企业中的员工、团队、组织、工作手册、技术报告、机器设备及生产流程等都可以作为企业知识的存储载体。在企业中，知识载体千差万别，存储于载体的知识在形态上也存在明显差异。根据知识属性划分的经典理论（Nonaka and Takeuchi，1995），我们也将企业知识分为显性知识与隐性知识两大类。其中，具有可见性和易读性，嵌入在工作手册、技术报告、机器设备及生产流程上的知识通常表现为显性知识；而依附于企业员工、团队和组织流程中的知识则更多的是隐性知识，不易获取与分享。由于知识载体和知识属性的差异，企业知识无论在分享、交流还是应用上都需要支付一定的成本。事实上，随着信息技术的进步与知识经济的兴起，当前企业知识尤其是隐性知识要进行高效转移时往往需要支付高昂的成本。

18.1.3　动态集成性

生态系统中的能量总是处于不断转换与变化的过程中，具有动态特性，并且能量的持续转化使得各种能量形态之间联系非常紧密，具有集成性。企业知识的动态性是由员工与团队之间不断的社会性互动与社会性学习产生的（Lam，1997）。企业知识的集成性则强调知识的整体性与不可分割性，其实质是企业员工与团队在共同行动过程中所形成的互动原则与宗旨（Tsoukas and Vladimirou，2001）。企业知识动态集成的特点意味着企业知识并不是企业中员工个人或团队知识的简单、机械相加与组合。企业知识的这种动态集成性能够很好地解释不同企业间员工独特的行动能力及同一企业内员工共同的行动模式，也从知识层面说明了不同企业间企业价值观和企业文化存在差异的原因。因此，动态集成性的强弱是反映企业知识利用效率高低的重要指标。企业知识的强动态集成性要求企业加强员工、团队及组织间的交流与沟通效率，以提高知识转移绩效。

18.1.4　增量累积性

生态系统中生物能量从一种形态向另一种形态转化总是在一定的条件下进行的，这个条件就是食物链的存在。在自然界中，特定形态的生物能量大多会经历一个长期的累积过程，最后在相应食物链的引导下实现能量形态的转变。企业知识也有其特殊的发展过程，该过程在时空上表现为过去的投入促进了现阶段知识的增量累积（Fang，2008）。因此，企业知识的成长也要经历长期累积，且这种累积具有历史演进与路径依赖的特点。企业知识累积的历史演进主要指企业知识在分享、交流与扩散过程中具有继承性，表现为员工间、团队间及员工与团队间在共同行动中的相互学习与合作，汲取对自身发展有益的知识，完善自身知识体系。而企业知识累积的路径依赖则是指企业任一新知识的增加，都是一个特殊的知识转移和创造过程，该过程需要员工、团队或组织在特定组织情境下，结合具体目标来实现。因而，知识的增量累积性使得企业知识可以被看作一种诠释、判断某一事件或解决某一问题的认知体系，具有反馈效应（Watson and Hewett，2006）。例如，假设某家企业需要解决其面临的生产效率低下问题，其将相应知识应用于解决该问题就是一种"知识投入"，而在解决问题中所获得的经验及问题解决结果则可以认为是一种"知识产出"，这种"知识产出"又将累加在原有企业知识体系中。

18.2 企业知识转移的生态机制

18.2.1 知识个体、知识种群与知识群落

自然生态系统中的生物均分布在个体、种群和群落三个层次，个体组成种群，种群构成群落，群落中不同生物间的能量流动主要依赖于食物链。根据上文分析可知，企业中不同的知识都有其特定的载体，在企业知识载体中，依附于员工、团队及组织上的知识以隐性、缄默知识为主，这些知识在交流、分享与应用时通常比较困难，效率较低。因而，如何提高企业知识转移效率引起了学者们的普遍关注（Karamanos，2003）。然而，企业员工、团队与组织三个层面中的知识并不孤立存在，他们之间的相互关系错综复杂，并且由员工到组织层面通过纵向整合形成网络化的整体系统，就像生态系统中的个体、群落与种群一样，通过食物链构成复杂的生态网络。结合相关文献的分析，划分了企业知识生态系统中的知识主体及其知识载体内容，详见表 18-1。

表 18-1 知识主体及其知识载体内容

知识主体	知识载体内容	文献来源
知识个体	员工智力水平 员工情感因素 员工职业态度 员工学习能力 员工工作技能	Pisano（1994）；Szulanski（1996）； Swan 和 Scarbrough（2001）
知识种群	团队交流、协作能力 团队知识整合、应用能力 团队创新能力 团队工作胜任力 团队凝聚力	Oliver（1990）；Lyles（1992）； Spender（1996）； Strati（1998）；Osterloh 和 Frey（2000）； Postrel（2002）
知识群落	组织沟通、协调能力 组织战略决策能力 组织文化 组织价值观	Walsh 和 Ungson（1991）；Nonaka（1994）； Kogut 和 Zander（1996）； Tsoukas（1996）；Kostova（1999）； Lindenberg（2003）

知识个体是企业知识生态系统中知识构成的基本单位。在企业知识生态

系统中，知识个体的知识维度主要包括员工智力水平、情感因素、职业态度、学习能力和工作技能等。知识维度与员工特殊的学习、生活及工作经历有关，体现员工个人特质，具有独特性、不可模仿和替代的特点。

知识种群是企业中具有关联或依存关系的知识个体的有效集聚与整合，这种集聚与整合通常表现为知识个体主动的行为过程。知识个体要发挥作用，需要借助于一定的集体区域环境，从而要求其必须归附于某个有利于自身知识发挥效用的群体。在知识种群中，团队交流与协作能力、知识整合与应用能力、创新能力、工作胜任力及凝聚力是最为关键的知识要素。

基于知识个体与知识种群的知识群落，其实质是知识个体与知识种群在知识共享与整合过程中表现出来的一种动态能力。知识群落中的知识依附于组织制度与组织运行机制中，具有路径依赖性和高转移障碍的特点。企业良好的组织沟通与协调能力、及时准确的组织战略决策能力及优秀的组织文化与正确的组织价值观，是知识群落良性运行的重要体现。

18.2.2　企业知识生态系统中的知识转移机制

在企业知识生态系统中，知识个体、知识种群与知识群落间知识的相互联系构成了企业知识链和知识网。在企业配套环境（如生产设备、工作条件、企业制度等）的支持下，企业中各条知识链纵横交错，形成完整、复杂的企业知识转移有机生态网络。在有机生态网络中，不同层面上知识转移的内容和目标不同，个体知识转移强调知识的衍生、迁移、扩散及知识体系的完善，员工依据自身的知识背景和技能特点选择与之匹配的岗位或领域。种群知识转移重点则是知识的整合与创新，例如，企业中针对特定目标或具体项目成立的核心团队、攻关小组，通过加强交流与合作，整合与创造新知识，开发出了关键产品或提供了优质服务。而群落知识转移则体现知识的巩固与知识运作过程的完善，协调了企业内各知识载体间的关系。通过群落间知识转移，支持员工进入特定的小生境，保证团队系统的高效运作，树立了以知识为主导的组织文化与组织价值观，促进了企业各知识载体的协同发展。企业知识生态系统中，在特定环境支持下的企业知识转移机制可以用图 18-1 来表示。

从图 18-1 中可以发现，个体知识间的知识转移是企业知识转移的基本组成单元。为了完成共同目标，将具有知识关联性或互补性的员工聚集在一起，通过彼此的知识交流与共享，既弥补了各自知识储备的不足，又奠定了

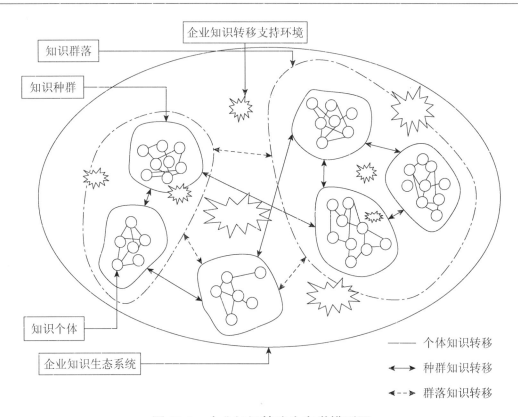

知识群落

企业知识转移支持环境

知识种群

知识个体

企业知识生态系统

—— 个体知识转移

←→ 种群知识转移

◄--► 群落知识转移

图 18-1 企业知识转移生态学模型图

团队协作的知识基础。种群知识是由个体知识间通过衍生、迁移、扩散过程，并结合具体目标任务整合与创新而成。通常情况下，种群知识表现出较强的功能性与应用性。种群知识转移强调知识的运用，具有目标明确性和阶段性的特点。不同种群间知识转移往往是为了开发新产品或提供更好的服务，一旦产品开发成功或服务完成，种群间的知识转移就会相应减少。群落知识关注的重点是群落内部知识运作的效率，相对于个体知识与种群知识来说，群落知识无论在知识存量还是知识体系上都较为完备。在企业知识生态系统中，知识个体、知识种群与知识群落总是处于不断演进状态，在知识种群内部，若干知识个体经过高效的知识转移过程可以进化成新的知识种群，实现独立发展。例如，企业创新团队中技术研发小组可以演化为技术研发团队。随着时间的推移和经验的累积，一个知识种群经过长期的成长与演化，也可以具备知识群落的特征，甚至演变成新的知识群落。当前，一些大型企业内部不同产品或技术部门最终进化为子公司就是知识种群向知识群落跨越的最好例证。因而，知识个体、知识种群与知识群落的划分并不是绝对的，它们之间具有相对性和历史交替性。

18.3 企业知识转移的超生态学特征

企业知识生态系统中知识转移与自然生态系统中生物间的能量转移过程存在相似性，但企业知识转移由于涉及人的主观能动性，贯穿员工的后天努力因素和团队、组织的社会性禀赋，在转移过程中呈现出较自然生态系统能量转移更为复杂的过程，将这一现象称为超生态学特征。

18.3.1 知识转移条件更为复杂

在自然生态系统中，能量在从生产者到最高级消费者形成的特定食物链上单向流动，只要有食物链存在，能量就会在该食物链上实现转移。而企业中的知识转移与知识链之间没有必然联系，即知识链的存在不一定导致企业知识的转移。这是由于在知识转移过程中，三个知识价值主体——知识成本价值、知识转移价值和知识绩效价值之间的博弈决定了知识转移的效率。知识成本价值是知识输出者为创造或获得某种知识而付出的劳动量；知识绩效价值指知识接收者接受某种知识后，利用这种知识所取得的"产出"量；而知识转移价值则是指知识接收者为获得某种知识而支付给知识输出者的报酬。当知识转移价值低于知识成本价值时，知识输出者不会转移该知识；当知识转移价值高于知识绩效价值时，知识接收者也不会接受该知识；因而，只有当知识转移价值高于知识成本价值，并且低于知识绩效价值时，高效的知识转移才会发生。

18.3.2 知识转移效率差异明显

在自然生态系统中，食物链特定环节上能量转移的效率是基本不变的。然而，企业知识生态系统中的知识转移效率却存在明显差异，这种差异不仅表现在不同知识转移主体间知识转移效率不一样，还表现在即使是同样的知识转移主体在不同情境下知识转移的效率也有区别。在企业知识生态系统中，知识转移效率不仅与知识本身属性有关，还受到知识转移主体、知识转移渠道及企业内部知识转移氛围等因素的制约。相对于原有知识来说，企业中创造的新知识更容易在企业各知识主体之间实现转移，并且转移效率也较高。

18.3.3 知识总量逐渐增加

自然生态系统中转移的能量总和一定是守恒的，但企业知识生态系统中转移的知识总量却不守恒。在企业知识生态系统中，知识个体间通过知识迁移、分享和扩散，并结合自身原有的知识体系，对接收到的知识进行理解和消化，形成新知识，优化自身知识结构；知识团队在开发产品和提供服务的过程中，对原有知识进行有选择的分析、整合与重构，也创造了大量的新知识。而个体与团队在知识重构、创造的动态过程中进一步形成了组织层面上的新知识。因此，从企业知识生态系统整体的角度来看，企业知识总量随着企业知识的不断转移而逐渐增加。

18.3.4 知识质量不断提高

自然生态系统中生物能量循环只是能量物理形态的变化，这种变化仅仅是生态客观规律的一种外在体现，并不涉及生物体本身的主观努力因素。然而，企业知识转移却带有强烈的目的性，明显受到知识主体主观因素的影响。企业知识转移的根本目的是为了提高企业知识的利用效率，使所有知识"物尽其用"，充分发挥知识效益。此外，在企业知识转移过程中，知识主体对接收到的知识进行整理、分析、编码和重构，创造出更有用的新知识，其凝结了知识主体的辛劳与智力，这种新知识更符合当前企业技术发展的要求。因此，企业知识转移过程，也是一个企业知识质量不断提高、知识效益持续扩大的过程。

18.4 案例分析与讨论

通信设备巨头思科公司自诞生之日起，一直致力于成为其所在领域的市场领导者。实践表明，思科公司实现了成立之初所设立的目标，其在网络硬件设备生产、互联网操作系统业务上是世界范围内最成功的范例。从知识管理的角度分析，思科的成功是企业内部知识高效转移的结果。为了及时、有效地掌握行业发展信息，并提高企业知识转移绩效，思科公司依据不同业务特点和行业标准，建立了各种功能独特、内容完善的员工培训认证体系，例如思科网络支持工程师（Cisco certified network associate，CCNA）、思科网络高级工程师（Cisco certified network professinal，CCNP）、思科互联网专家（Cisco certified network expert，CCIE）等。对于刚进入企业的新员工来说，加入思科培训认证体系有利于促进他们熟悉、掌握公司的技术和产品标准，了解公司企业文化，从而尽快融入到公司的相关团队中；对于老员工来说，进行定期的培训，既是为了分享公司不同团队的阶段性研究成果，总结经验，又是为了加强与新员工的技能与经验交流，获取当前行业发展的相关信息与技术演进趋势，进而建立新的行业技术、产品标准，引领产业发展。

在企业技术创新与新产品开发实践中，思科公司跨越了传统的层级组织机构，以研发部门为基本组织单元，在研发部门中依据开发方向成立技术攻关小组，各技术攻关小组负责具体的研发任务，研发部门则通过思科培训认证体系中不同的技术和产品标准协调其内部各小组间的日常交流与合作工作，保证研发部门整体运作的效率。在技术攻关过程中，小组内的员工可以根据任务需要或结合自身实际，在小组与部门间实现岗位流动或互换。在激励制度上，思科公司构建了以项目为导向的弹性报酬制度，即员工报酬与员工个人努力程度及其所在小组的工作绩效挂钩，视技术攻关小组的项目完成情况而给予不同等级的报酬。这种弹性报酬制度体现了思科公司注重员工与团队知识共享、整合及创新的组织价值观。

在思科知识生态系统中，新、老员工即为知识个体，各种技术攻关小组构成了不同的知识种群，具有关联性的技术攻关小组整合形成的研发部门则是知识群落，思科公司独特、多样的员工培训认证体系代表多样化的知识链与知识网，而弹性报酬制度在功能上等同于知识转移的支持环境。思科公司的知识转移生态机制可以用图 18-2 来表示。

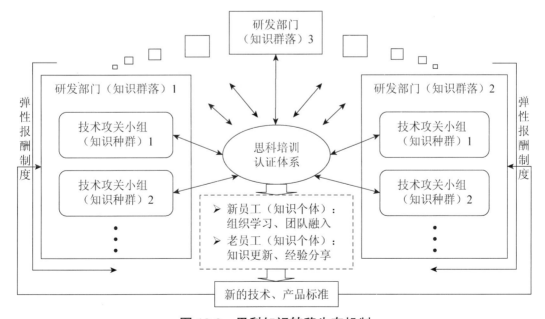

图 18-2　思科知识转移生态机制

在思科公司内部,各种不同技术、产品标准的思科培训认证体系的构建不仅为企业知识转移搭建了多样化、异质化的知识链与知识网,为拥有不同知识背景与专业技能的员工提供了广泛交流的平台,扩大了员工知识交流面,创造了知识转移条件,还为研发部门协调各技术攻关小组间日常运作提供了操作渠道,有效促进了思科公司知识转移的效率。思科公司以研发部门、技术攻关小组及员工个体为组织知识主体构面,创建了动态、弹性的组织制度,不仅适应了企业知识生态系统中知识转移三层次知识主体建设的需要,还符合企业知识转移的动态原则。此外,思科公司员工岗位可以在小组、部门间实现自由变换,进一步增强了企业知识的流动性,促进了知识转移。而思科公司以项目为导向的弹性激励制度是一种倡导知识为主导的企业文化,组织知识价值观的建立,是企业重视其内部知识管理的重要体现,为企业实现知识的高效转移创建了良好的环境氛围,有效促进了企业知识转移的效率。

18.5 基于生态学的企业知识转移效率提升策略

在自然生态系统中,生物种类繁多,结构复杂的食物链是维持生态系统健康、稳定运行的重要保证。根据上文分析可以知道,为了保持企业知识生态系统的稳定性,企业需要创造知识转移条件,完善知识转移组织支持制度及创建基于知识价值观的企业文化。因此,构建多样、异质和复杂的企业知识链与知识网,开拓企业知识转移新渠道,重构企业组织体系,倡导以知识为主导的企业文化对于企业提高知识转移的效率具有重要价值和意义。

18.5.1 创造知识转移条件,构建多样化与异质化的知识链与知识网

要创造企业知识转移条件,关键是提高知识转移价值与知识绩效价值。知识转移价值的主要影响因素是知识输出者和知识接收者之间的知识距离,两者间知识距离越大,知识转移价值越高;而知识绩效价值在很大程度上取决于接收者利用它的能力或利用它的方式,若利用能力强、利用方式合理,则知识绩效价值高,反之,则知识绩效价值低。因此,为了提高企业知识转移效率,企业一方面需要加强不同知识之间的比较与差异分析,重构各组织与部门间知识交流模式,开拓交流新渠道,创新交流方式,扩大知识主体的

知识交流面，构建知识异质化程度高、知识距离大的新知识链与知识网；另一方面需要积极探索知识利用的新途径和新方向，挖掘知识利用潜力，注重员工技能训练，提高员工知识利用水平，有效提升知识绩效价值。

18.5.2 重构企业组织体系，完善人力资源管理制度

经过深化改革，我国大多数企业组织结构趋于扁平化。但是，组织单元划分的依据还是以行政管理和岗位设置为主，并且组织机制缺乏弹性，一旦建立就不易改变，不能很好满足企业知识不断成长、更新的动态要求，客观上形成了知识迁移与分享的障碍。组织结构的僵化，导致企业知识在转移过程中缺乏相应的灵活应变能力，其对企业知识转移的动态适应性较差。此外，在福利与报酬等员工激励政策上，大多以员工的技术水平与实际业务等显性指标来衡量员工的价值，忽略了员工知识共享、知识创造等隐性指标对企业发展的作用。因此，从企业组织体系与人力资源管理上来说，首先，要重建组织架构，简化组织体系，突破传统组织体系层次过多导致的知识转移效率低下的困境。其次，将企业的基本组织单元功能化，建立动态化组织运作模块，创建弹性组织机制，为企业知识高效转移提供组织保障。再次，打破员工定岗定职的传统人力资源管理体制，加强员工的流动性，进而促进知识的自由迁移。最后，改革企业员工的分配与激励制度，加强对员工知识创造、知识共享行为的奖励。

18.5.3 创建以知识为主导的企业文化，优化企业知识转移支持制度

当前，我国大多数企业在塑造企业文化与企业价值观时，重点关注的是企业组织、技术及管理等方面的内容。而涵盖企业内部知识管理相关主题的文化建设比较缺乏，促进知识高效转移的企业知识生态环境支持制度尚未成型。在企业文化建设实践中，一些企业尤其是中小企业将企业文化建设等同于企业形象塑造，注重企业表层形式，忽视企业文化底蕴的积累。因此，倡导员工"合作、交流与分享"的知识价值观和知识团队精神，促进企业学习型文化的建设，创造企业浓厚的知识交流、共享和创造氛围，树立知识主导型企业文化，从而形成促进知识转移效率的良好企业知识生态环境系统。

第 19 章

网络位置、知识转移对集群企业竞争优势的影响

在市场环境和科技环境快速变化的知识经济时代，知识作为企业的战略性资源，成为推动创新行为和形成竞争优势的重要力量（Yang，2011）。然而，随着创新内容自身复杂性和不确定性的增加，基于内部知识资源的闭门造车式的企业创新将难以适应竞争日益激烈的市场。因此，越来越多的企业开始由内部知识创造转向与其他企业合作，实现知识转移和共享，从而推动组织创新，提升企业竞争能力（Escribano et al.，2009）。通过广泛获取外部知识，企业不仅有效缓解了内部资源有限性制约，降低了研发成本并提高了创新绩效（简兆权等，2010），而且可以避免内部同质性知识积累可能导致的创新能力惯性问题。大量实证研究表明，企业间的知识转移特别是隐性知识和复杂知识的转移与共享，对集群企业技术创新、新产品开发、复杂创新及管理创新均具有积极的影响。产业集群内企业由于地理上的邻近性，在长期的业务往来和技术合作过程中，逐步形成了集群创新网络。创新网络为集群企业获取互补性资源和异质性知识提供了平台，成为集群企业组织创新和竞争优势的重要来源（Gilbert et al.，2008）。因此，如何占据有利的网络位置以有效获取创新知识和技术资源，提升自身创新能力，从而确立竞争优势，已成为集群企业亟待解决的问题。

19.1　理　论　基　础

19.1.1　网络位置与知识转移

集群创新网络内部知识转移是通过各主体间相互作用而实现的。网络位置影响合作伙伴间获取知识和参与活动的方式，进而影响着网络内知识转移效率[8]。处于网络中心位置，且占据较多结构洞的企业具有信息优势和控制

优势，能够缩短知识转移距离（Burt，2004）。同时，处于有利网络位置的企业通过与其他企业频繁的联系，建立起较高的信任度，突破网络内知识转移的障碍。申小莉（2011）通过对中小企业创新网络内部知识转移影响因素的研究，发现影响知识转移绩效的因素包括知识距离、信任机制、网络位置等。通过对技术联盟企业间知识转移行为的分析，发现知识特性、联盟间知识距离、关系距离对知识转移的效率具有显著影响。

19.1.2 网络位置与组织创新

集群创新网络成为企业创新资源的重要来源，外部网络化能够帮助企业在复杂多变的环境下降低研发风险，推动组织创新。在研究集群创新机制时发现，集群企业的创新机制和绩效受其所处的网络位置影响。占据优越网络位置的企业具有通畅的信息和知识流动渠道，有利于其推动联合创新，降低创新的风险、成本，提高创新效率。Schilling 和 Phelps（2007）通过研究 11 个战略产业联盟合作的网络结构与知识转移之间的关系，发现拥有较高网络聚类系数与较短网络平均路径的企业能够获取更好的知识转移效益。Hossain 和 Fazio（2009）研究证实网络位置与组织创新存在显著正相关关系，处于网络中心位置的企业更易获取更多类型的创新资源。

19.1.3 网络位置与竞争优势

基于创新网络的技术学习和知识共享为集群企业提供了大量创新资源，增强了企业技术创新能力，并使企业具有了竞争优势（Chai et al.，2011）。Hung 等（2008）认为网络位置影响了集群企业的知识管理行为和知识转移效率，最终影响其竞争能力。Lin 等（2009）以中国台湾 110 家企业为研究样本，实证分析得到结构洞对集群企业的竞争优势具有显著正向影响，占据较多结构洞的企业通过利用其地位优势不断获取信息收益和控制收益，从而提升企业的市场竞争能力。企业所嵌入的网络能够为其带来丰富的战略性资源，网络位置影响企业对这些资源的利用效率，从而影响企业的创新行为和市场绩效。

19.1.4 知识转移与组织创新

在知识经济时代，企业需要不断通过对外部知识的吸收、提炼，并与内部自身知识相整合创造新知识，促进技术创新和管理创新。在集群创新网络内部知识转移活动中，有学者发现通过频繁合作而形成的技术联盟有助于隐性的、复杂知识的传播、创造，提高集群企业的创新绩效。曾萍等

（2011）以珠三角地区 122 家 IT 企业为研究对象，考察了 IT 基础、知识共享与组织创新之间的关系，研究发现企业间的知识共享和转移能够促进集群企业的技术创新和管理创新。张刚和王宇峰（2011）通过建立知识集聚与不确定环境下技术创新绩效的研究模型，并以我国高新技术企业为样本进行了研究，结果表明在不确定环境下知识集聚和知识溢出有助于集群企业突破式创新。

19.1.5　知识转移与竞争优势

创新网络内部的知识转移有利于提高产业集群整体知识积累水平，激发产业集群内部的创新活动，形成集群企业独特的竞争优势。知识特别是核心知识对企业的竞争优势起着决定性作用。创新能力发展的重要前提就是拥有充足的知识，从而有利于组织提升创新能力，形成核心竞争力。企业间的知识转移成为组织学习的一种重要途径，企业通过这种方式弥补自身知识的不足，推动新知识、新技术的创造，从而提高企业产品和服务的市场竞争能力。König 等（2011）通过对德国 300 家区域创新网络企业进行实证研究发现，企业间基于强联系的信任机制对知识转移具有重要影响，集群内部知识转移在一定程度上促进了新知识的创造，加强了集群企业的技术和产品的竞争能力。

19.1.6　组织创新与竞争优势

组织创新是集群企业持续成长、形成竞争优势的关键因素。在复杂的、动态的市场环境下，企业内部的技术创新和管理创新是企业确立竞争优势的重要来源。企业持续的技术创新，可以使其产品拥有强大的应变能力，并保持产品的技术优势和市场优势，研究结果表明，创新能力是企业形成竞争优势的重要因素之一。组织创新能力有助于增强企业资源整合能力及将创新知识转化为有价值的商业成果的能力，企业不同类型的创新能力将形成差异化竞争优势，产品创新和模式创新能促进短期优势，而技术创新则能形成长期优势。

虽然目前国内外学者对集群企业网络位置、知识转移、组织创新和竞争优势之间关系进行了相关研究，但是已有的成果并没有阐明网络中心度和结构洞对竞争优势的影响机理，也未能揭示网络位置、知识转移、组织创新和集群企业竞争优势之间的具体影响机制。值得一提的是，集群企业所处的网络位置是否通过知识转移和组织创新才能真正影响其竞争优势，学术界并未达成共识。

那么网络位置到底如何影响集群企业的竞争优势？知识转移和组织创新在这一过程中又起到怎样的作用？基于此，课题组通过对温州乐清低压电器产业集群创新网络的系统研究，探讨网络位置、知识转移、组织创新和集群企业竞争优势之间的关系，揭示网络位置、知识转移对集群企业竞争优势的具体影响机制。

19.2　研究模型构建

19.2.1　研究假设

基于上述理论基础分析，提出如下假设。

H19-1：网络位置正向影响创新网络内知识转移。

H19-2：网络位置正向影响创新网络内集群企业组织创新。

H19-3：网络位置正向影响创新网络内集群企业竞争优势。

H19-4：创新网络内知识转移正向影响集群企业组织创新。

H19-5：创新网络内知识转移正向影响集群企业竞争优势。

H19-6：组织创新正向影响集群企业竞争优势。

在理论基础和研究假设的基础上，构建了图 19-1 的研究假设模型。

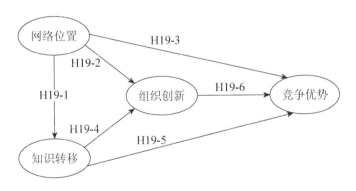

图 19-1　研究假设模型

19.2.2　数据获取

温州乐清低压电器产业集群在全国甚至全球低压电器产业中占据重要

地位，有 600 多家不同规模的生产企业，2011 年，温州乐清低压电器产品出口共计 4.3 万批次，实现外贸收入 9.77 亿美元。为了促进产业集群的发展，相关企业和部门在 2009 年专门搭建了温州低压电器技术创新平台，2010 年成立了浙江省低压电器产业技术创新战略联盟。同时建立了不同层级的行业协会，并与高等院校和科研机构展开了广泛合作，有效推动了温州乐清低压电器产业集群创新网络的构建。

通过浏览企业网站及在乐清市相关部门的帮助下，我们收集了大量有关温州乐清低压电器产业集群创新网络的相关资料，并从中选取了 80 家企业作为研究样本，其中大型企业 23 家，占样本总数的 28.75%；中型企业 46 家，占样本总数的 57.5%；小微企业 11 家，占样本总数的 13.75%。我们于 2012 年 1 月至 2012 年 3 月进行了实地走访和问卷调查，向企业的中高层管理人员及技术人员进行了咨询访谈，了解企业之间、企业与行业协会之间、企业与高校科研机构之间的知识转移、技术合作及企业的技术创新成果等方面的信息。经整理，最终得到了涉及 80 家企业、6 所高校科研机构、4 个行业协会的乐清低压电器产业集群创新网络。根据企业之间、企业与行业协会之间、企业与高校科研机构之间的技术合作、信息交流等关系，我们首先编制了"0—1"的关系矩阵，其中"1"代表行动者之间存在合作关系，"0"代表不存在合作关系。然后，对数据进行了对称化处理，运用 UCINET6.214 软件计算创新网络内各主体程度中心度和结构洞的网络位置指标，并对数据进行标准化处理。

19.2.3 变量表述

在有关网络位置的研究中，衡量个体网络位置指标主要有中心度和结构洞。中心度是衡量个体行动者在网络中重要程度的变量，用来考察企业充当网络中心枢纽的程度，分为三种形式——程度中心度、接近中心度和中介中心度（Burt，1992），这里选择程度中心度指标来衡量创新网络内集群企业的中心度。结构洞则表示行动者之间的非冗余联系，是行动者获利的空间。衡量结构洞的四个指数包括：有效规模、效率、限制度和等级度。其中，限制度指数是一个高度概括性指数，运用最广，能够有效地测量企业结构洞的匮乏程度。限制度指数最大值为 1，限制度越高，表明企业所拥有的结构洞越少，因此，学者们常用 1 与限制度值之差来衡量结构洞的丰富程度。

对于组织创新的量表，我们参考了许庆瑞等（2013）、谢洪明等（2006）等的研究。组织创新分为管理创新和技术创新两个维度，共设计了 8 个问题项。竞争优势分为财务绩效和战略绩效两个维度，其中财务绩效是对企业现有优势的测量，设计了 4 个问题项；战略绩效是对企业长期可持续发展的能力的测量，设计了 5 个问题项。调查问卷的问题项全部采用李克特 5 分量表正向计分法。

19.2.4　研究方法

运用 SPSS16.0 软件，通过 Cronbach's α 系数来检验各变量的信度。其中知识转移的 Cronbach's α 值为 0.841；组织创新中的管理创新和技术创新两个指标的 Cronbach's α 值分别为 0.795、0.823；竞争优势中的财务绩效和战略绩效两个指标的 Cronbach's α 值分别为 0.892、0.916。上述变量的 Cronbach's α 值均大于 0.7，表明各变量均具有较高的信度。

在效度检验方面，由于所使用的问卷项目参考了过去很多学者的相关研究，并通过咨询相关领域的专家及根据预调研的情况对问卷进行了必要修改，问卷具有良好的内容效度。同时，课题组通过探索性因子分析检验建构效度。分析知识转移量表的效度发现，KMO 值为 0.721，Bartlett 球体检验值为 23.957，显著性水平为 0.000，符合因子提取分析要求。按照特征根大于 1 的原则和最大方差法正交旋转进行因子抽取，公共因子解释了总变异量的 79.031%，说明知识转移量表具有良好的建构效度。分析组织创新量表的效度发现，KMO 值为 0.813，Bartlett 球体检验值为 157.496，显著性水平为 0.000，符合因子提取分析要求，公共因子解释了总变异量的 68.754%，说明组织创新量表具有良好的建构效度。分析竞争优势量表的效度发现，KMO 值为 0.689，Bartlett 球体检验值为 129.199，显著性水平为 0.000，符合因子提取分析要求，公共因子解释了总变异量的 73.521%，说明竞争优势量表具有良好的建构效度。

为了消除数据同源偏差的影响，采取了以下措施：一是在程序控制上，尽可能使用清晰的用语及反向语句进行变量测量，并使用匿名填写方式；二是采用哈曼单因子检测方法，将问卷所有条目一起做因素分析，在未旋转时得到第一个主成分的载荷量为 23.45%，可见并没有占到多数。因此，可以认为数据同源偏差并不严重。

19.3 实证分析

19.3.1 温州乐清低压电器产业集群创新网络结构分析

以 E1～E80 分别代表 80 家集群企业，以 C1～C6 分别代表温州大学、浙江大学、河北工业大学、西安交通大学、上海电器科学研究院、西安高压电器研究所等 6 所高校科研机构，以 S1～S4 分别代表乐清市电器协会、乐清市输配电行业协会、乐清市继电器行业协会、浙江省电器行业协会等 4 个行业协会。运用 UCINET6.214 软件得到产业集群创新网络，如图 19-2 所示，创新网络内各主体的中心度和结构洞指标数据如表 19-1 所示。

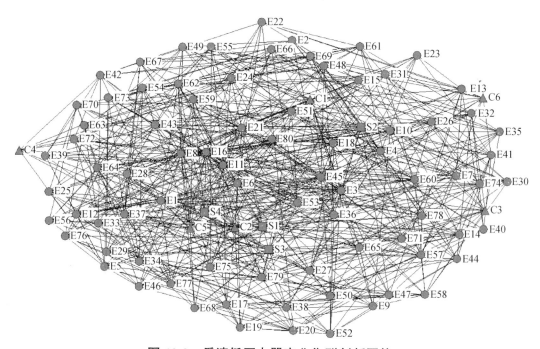

图 19-2　乐清低压电器产业集群创新网络

表 19-1　　　　　集群创新网络各主体中心度和结构洞指标数据

序号	中心度	结构洞	序号	中心度	结构洞	序号	中心度	结构洞
E1	0.233	0.831	E5	0.189	0.838	E9	0.144	0.803
E2	0.144	0.797	E6	0.356	0.889	E10	0.200	0.845
E3	0.256	0.854	E7	0.133	0.758	E11	0.411	0.906
E4	0.222	0.856	E8	0.322	0.885	E12	0.167	0.785

续表

序号	中心度	结构洞	序号	中心度	结构洞	序号	中心度	结构洞
E13	0.133	0.788	E39	0.133	0.789	E65	0.178	0.812
E14	0.122	0.748	E40	0.111	0.802	E66	0.144	0.760
E15	0.144	0.786	E41	0.144	0.789	E67	0.144	0.785
E16	0.311	0.875	E42	0.144	0.767	E68	0.122	0.758
E17	0.133	0.771	E43	0.211	0.829	E69	0.167	0.825
E18	0.267	0.857	E44	0.111	0.728	E70	0.133	0.748
E19	0.144	0.769	E45	0.233	0.855	E71	0.200	0.855
E20	0.156	0.816	E46	0.133	0.756	E72	0.156	0.776
E21	0.267	0.871	E47	0.111	0.712	E73	0.156	0.792
E22	0.122	0.753	E48	0.156	0.813	E74	0.133	0.800
E23	0.100	0.705	E49	0.156	0.796	E75	0.167	0.784
E24	0.178	0.800	E50	0.144	0.785	E76	0.122	0.764
E25	0.156	0.780	E51	0.189	0.845	E76	0.156	0.798
E26	0.144	0.779	E52	0.111	0.755	E78	0.167	0.791
E27	0.144	0.765	E53	0.211	0.835	E79	0.178	0.818
E28	0.200	0.838	E54	0.189	0.810	E80	0.244	0.845
E29	0.144	0.773	E55	0.144	0.778	C1	0.222	0.829
E30	0.122	0.797	E56	0.144	0.782	C2	0.278	0.861
E31	0.144	0.793	E57	0.167	0.824	C3	0.156	0.813
E32	0.133	0.796	E58	0.133	0.854	C4	0.100	0.732
E33	0.178	0.825	E59	0.156	0.774	C5	0.222	0.834
E34	0.167	0.811	E60	0.156	0.782	C6	0.122	0.824
E35	0.122	0.782	E61	0.144	0.818	S1	0.222	0.847
E36	0.189	0.816	E62	0.167	0.783	S2	0.224	0.856
E37	0.200	0.813	E63	0.144	0.802	S3	0.233	0.850
E38	0.189	0.839	E64	0.178	0.814	S4	0.200	0.829

通过计算得到，该网络的整体密度为 0.1762，标准差为 0.381，表明温州乐清低压电器产业集群创新网络中各创新主体间的联系较为紧密，知识技术等互动合作交流较为频繁。从表 19-1 和图 19-2 可知，企业 E23 的中心度值为 0.100，结构洞值为 0.705，处于网络的边缘位置；企业 E11 的中心度值为 0.411，结构洞值为 0.906，占据了有利的网络位置。

19.3.2 回归分析

为了验证提出的上述假设，运用 SPSS16.0 统计软件进行了回归分析。

其中，表 19-2 为各变量的均值、标准差和相关系数；表 19-3～表 19-5 分别为集群企业知识转移、组织创新、竞争优势的回归分析结果。

表 19-2 各变量均值、标准差和相关系数

变量	均值	标准差	中心度	结构洞	知识转移	组织创新	竞争优势
中心度	0.171	0.056	1.000				
结构洞	0.794	0.080	0.420**	1.000			
知识转移	2.375	0.635	0.668**	0.570**	1.000		
组织创新	2.692	0.690	0.635**	0.247*	0.703**	1.000	
竞争优势	2.296	0.530	0.626**	0.203*	0.672**	0.801**	1.000

*$p < 0.05$，**$p < 0.01$

表 19-3 网络位置与知识转移回归分析

	β 值	t 值	F 值	调整后的 R^2
中心度	0.668***	7.929	62.868***	0.439
结构洞	0.570***	6.132	37.596***	0.317

***$p < 0.001$

表 19-4 网络位置、知识转移与组织创新回归分析

	β 值	t 值	F 值	调整后的 R^2
中心度	0.635***	7.263	52.747***	0.396
结构洞	0.247**	2.795	7.849**	0.121
知识转移	0.703***	8.729	76.193***	0.488

$p < 0.01$，*$p < 0.001$

表 19-5 网络位置、知识转移、组织创新与竞争优势回归分析

	β 值	t 值	F 值	调整后的 R^2
中心度	0.626***	7.083	50.166***	0.384
结构洞	0.203*	2.081	4.331*	0.064
知识转移	0.672***	8.01	64.164***	0.444
组织创新	0.801***	11.823	139.773***	0.637

*$p < 0.05$，***$p < 0.001$

从表 19-2 可知，中心度、结构洞、知识转移、组织创新和竞争优势几个变量间存在显著正相关性。因此，在回归分析中，为了避免自变量之间的多重共线性问题，我们将分别构建回归模型来验证上述假设。

从表 19-3 可知，中心度、结构洞两个网络位置指标均对创新网络内知识转移具有显著正向影响，从而支持了研究假设 H19-1。占据有利网络位置的企业能够有效利用其在集群创新网络内部的控制优势和信息优势，突破知识转移过程中的障碍，提升知识转移的效率。这进一步验证了邹艳、Burt 等的观点。

从表 19-4 可知，网络位置、知识转移均对集群企业组织创新具有显著正向影响，支持了研究假设 H19-2 和 H19-4。处于网络中心位置的企业通过与创新网络内部其他创新主体间的知识技术交流，能够推动其管理创新和技术创新，从而进一步验证了黄中伟、Hossain 等的观点。

从表 19-5 可知，网络位置、知识转移、组织创新均对集群企业竞争优势具有显著正向影响，从而验证了研究假设 H19-3、H19-5 和 H19-6。拥有较多结构洞和占据中间位置的企业能够充分利用创新网络内部的创新资源，通过与自身内部知识技术资源的有效结合，不断强化组织创新，提高产品的技术含量和市场竞争力。这也进一步验证了 Chai、钱锡红、Michael 等的观点。

19.3.3　温州乐清低压电器产业集群代表性企业比较分析

根据实地调研的情况及温州乐清低压电器产业集群发展现状，挑选了 E16 和 E68 两家企业，从它们的网络位置、知识转移、组织创新和竞争优势等方面进行了具体的比较分析。

企业 E16 成立于 1998 年，以生产高低压元器件、继电器、防爆器为主；企业 E68 成立于 2000 年，以生产热继电器、小型断路器为主。两家企业在成立时间和企业规模上都比较接近，均设有独立的研发中心，同时两家企业在发展过程中都没有出现过重大的经营管理问题，这些都确保了对比的可行性。从表 19-1 可知，企业 E16 的中心度值为 0.311，结构洞值为 0.875；企业 E68 的中心度值为 0.122，结构洞值为 0.758。图 19-3 为两家企业各自所处的中心网络。从中可以看出，与企业 E68 相比，企业 E16 在集群创新网络内处于更为有利的位置。

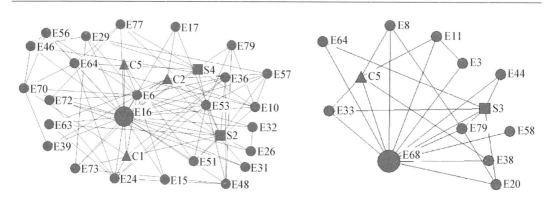

图 19-3　企业 E16、E68 各自所处的中心网络

　　企业 E16 与三所高校科研机构建立了技术合作关系，是两个行业协会的副会长单位，是浙江省温州低压电器技术创新服务平台的首批加盟企业之一。近年来，企业制定了联合创新的技术研发战略，借助创新平台积极与本地区的其他企业开展技术交流活动，共同研发新产品，同时通过人才引进、技术人员培养和重大科技创新合作等方式，与多家高校科研机构建立了合作关系，构建了多渠道的创新技术知识来源网络。2008～2011 年，企业累计取得了透明型断路器、可调性漏电断路器等低压电器产品领域的十多项专利，多种创新产品被列入浙江省新产品试制计划。企业产品远销日本、美国、东南亚等多个国家和地区，同时是国家电网认定的集中规模采购指定供应商。其销售收入以每年 20%～30%的速度稳步增长，其中新产品销售收入占到其总销售收入的 65%左右。

　　而企业 E68 自成立以来，一直以自主创新、独立研发为主，从图 19-3 可以看出，企业仅与一所科研机构和一个行业协会建立合作机制。近几年，虽然在某些产品技术方面取得了突破，但缺乏有效的外部创新知识获取渠道，以及在内部技术人员深造、外部人才引进等方面进展缓慢，导致企业知识更新停滞，知识同质性严重，从而导致其在新技术、新工艺研发方面一直受阻，产品更新周期较长。相比于同行业的其他优秀企业，其在产品持续创新和市场竞争力等方面明显不足。

　　根据对上述两家企业的比较分析发现，企业实际情况与实证研究结论基本一致，进一步验证了网络位置、知识转移对集群企业竞争优势的影响机制，也说明了社会网络分析理论方法的适用性。

19.4　结论与建议

以温州乐清低压电器产业集群为研究对象，我们分析了网络位置、知识转移对集群企业竞争优势的影响机制，得出了一些有价值的结论，并提出了相关政策建议。

（1）在产业集群技术创新网络中，位于网络中心位置并占据丰富结构洞的企业在知识转移、组织创新方面更具有优势。在市场竞争日益激烈的时代，企业创新能力的提升不仅依靠内部知识资源，还越来越依赖于集群创新网络中其他创新主体。位于网络中心位置的企业在与其他企业、高校科研机构、行业协会等频繁互动交流过程中，建立了较高的信任度和良好的声誉，能够及时识别和获取有关创新的信息，有利于对内外部技术知识的整合，并有效运用于新产品和新技术的研发，推动技术创新和管理创新。因此，集群企业应积极构建有利于自身创新的合作网络，通过与网络内其他创新主体开展频繁的技术合作交流活动，为提升其创新能力和形成竞争优势提供坚实的外部技术知识支持。

（2）知识转移是影响集群企业组织创新和竞争优势的重要因素。集群企业的创新活动在本质上是各种要素的重新组合，是内部创造新知识的过程，同时也是不断从外部获取和吸收新知识的过程（张方华，2010）。在知识经济时代和产品更新不断加快的市场背景下，任何一家企业已很难长期独立开展技术创新活动。企业加强组织创新能力和确立竞争优势就必须通过与创新网络内其他创新主体进行合作交流，以实现知识共享和互补。因此，对于创新网络内的企业而言，要重视内部知识创造，同时也要重视与外部创新源之间建立技术合作联盟关系，通过整体集群网络内部的知识交流和转移，实现技术创新和管理创新，不断提升集群企业的创新绩效。

（3）组织创新对集群企业竞争优势具有显著正向影响。在复杂的、动态的市场环境下，组织创新是企业持续成长、形成长期竞争优势的重要来源。组织创新有助于增强企业对创新网络内不同知识资源的整合能力，以及通过消化吸收将其转化为具有市场竞争力的产品和服务的能力。因此，集群企业必须根据市场变化和客户需求，通过与创新网络内其他创新主体的互动交流，加大研发投入，不断提升自身的技术创新能力。同时，通过构建运行科学合理的创新体系，在企业内部积极营造有利于创新的氛围，不断加强管理创新能力。

（4）作为集群创新网络重要组成部分的高校科研机构和行业协会，在整个网络的知识转移活动中扮演着重要的角色。温州乐清低压电器产业集群创新网络中的高校科研机构成为企业技术创新知识的重要来源，推动了集群的技术升级；行业协会则为企业间进行知识交流合作提供了重要平台。但是，从它们所处的网络位置来看，其与集群企业的联系仍不紧密，作用也未能充分发挥。因此，在低压电器产业可持续发展中，政府应积极发挥桥梁作用，大力推动企业与高校科研机构、行业协会的互动合作，搭建多方面、多层次的交流平台，促进知识资源的集聚、优化和共享，提升集群企业创新能力，确立竞争优势。

第 20 章

员工个人知识组织化模型构建与分析

20.1 引 言

随着知识经济时代的到来，知识已成为企业获取竞争优势所需的主要资源。基于知识的企业竞争优势不仅依赖于员工拥有与组织发展相匹配知识，更依赖于员工间知识的高效传播，以实现员工个人知识组织化。员工个人知识组织化是指员工个人知识经过消化、传播、分享及整合等一系列过程后，被组织内其他成员所掌握和利用，从而有效地转化为组织的知识和能力，以支持组织战略和提高核心能力。在员工个人知识组织化过程中，有许多因素阻碍着个人知识顺利向组织知识转化。在这些制约因素中，以员工个人因素最为重要。已有研究表明，个人知识组织化过程中的员工个人因素主要表现在以下两个方面：一是个人知识共享倾向，二是个人知识累积存量。

个人知识共享倾向是指组织中员工将自己拥有的知识无条件传授给他人的意愿。Davenport 和 Prusak（1998）认为，组织内员工向其他成员传授知识若能获得相应的回报或提高自己在组织内的地位，则其知识共享倾向就较为强烈。个人知识是个体经验信息的内化，具有独特性和可传播性，个人是否愿意与他人共享自身的知识受其对组织知识分享认知和人际互动感受等因素的影响。如果组织内的员工将个人知识看作一种自身的特权，就不太愿意与其他员工分享这种知识，而当员工将个人知识看作一种组织资本时，则该知识与其他员工分享的几率较大。企业员工头脑中的知识划分为共享知识和隐藏知识两种类型，隐藏知识表达的难易程度是决定员工是否共享该种知识的关键因素。个人知识积累存量是指特定时点个人的知识总量，依附于组织中知识型员工身上的专业知识与能力。员工个人知识存量的多少是组织内成员间能否实现知识有效交流的关键因素。阅读相关资料，参加专业研讨会，以及不同组织成员间互访、交流，能够有效促进组织内员工个人知识存量的增加，并且这种个人知识存量的增加促进了企业竞争力的提高。在 IT 企业中，拥有较高知识水平的员工成为业务主干的机会较大，其个人知识和技能更容易为组织内其他员工所接受。党兴华和汤喜建（2007）以调研案例为基础，认为员工知识背景差异与组织内知识转移之间存在矛盾，这种矛盾将会降低员工个人知识组织化程度。

通过文献回顾发现，当前学者主要从员工个人知识共享倾向、知识属性、知识存量及组织环境影响等方面来探讨员工个人知识组织化，且前人的研究大多是从某一特定知识转移的角度展开，并以定性分析为主，关于多种知识状况下的员工个人知识组织化研究还很少。基于此，课题组试图构建多种知识相互影响下的员工个人知识组织化模型，并在模型分析的基础上，通过数值检验，对员工个人知识组织化程度进行定量研究。

20.2 模 型 构 建

员工个人知识组织化是通过组织内员工之间知识传播来实现的，据此，课题组认为，员工个人知识组织化程度可以通过组织内掌握某一知识的员工人数占该组织员工总人数的比例来反映。在单一知识和多种知识这两种状况下，分别建立员工个人知识组织化模型。

20.2.1 单一知识

假设组织内掌握某种新知识的员工为核心员工，未掌握新知识 x，需要核心员工传授的员工为目标员工。核心员工与目标员工之间的知识传播是一对多的映射关系，即一个核心员工可以同时向多个目标员工进行知识传播，但一个目标员工仅接受一个核心员工传授的知识。假设单位时间内每个核心员工传授新知识 x 给目标员工的人数为 λ。由于传授过程中只有新知识 x，目标员工没有选择其他知识的机会，此时新知识 x 的传播效率最高。

对于某一组织，假设其总员工数为 N，并且核心员工与目标员工的数量占员工总数的比例分别为函数 $\alpha(t)$ 和 $\beta(t)$，由于只存在一种新知识 x，组织内员工只有掌握新知识 x 的核心员工和未掌握新知识 x 的目标员工两种类型，因此，$\alpha(t)$ 与 $\beta(t)$ 之间的关系为 $\alpha(t) + \beta(t) = 1$。由前面假设可知，每个核心员工单位时间内可以将新知识 x 传授给目标员工的人数为 $\lambda\beta(t)$，而核心员工总人数为 $N\alpha(t)$，因而，在 Δt 时间内，该组织增加的核心员工数为

$$N[\alpha(\Delta t+t)-\alpha(t)]=\lambda N\alpha(t)\beta(t)\Delta t \tag{20-1}$$

对式（20-1）进行化解，可得一种知识状况下的员工个人知识组织化模型

$$\frac{\mathrm{d}\alpha(t)}{\mathrm{d}t}=\lambda\alpha(t)\beta(t) \tag{20-2}$$

而 $\alpha(t)+\beta(t)=1$，若初始状态下，组织内核心员工数量占员工总数的比例为 α_0，将其代入式（20-2），可解得

$$\alpha(t)=\frac{1}{1+(\alpha_0^{-1}-1)\mathrm{e}^{-\lambda t}} \tag{20-3}$$

由于 $\mathrm{d}\alpha(t)/\mathrm{d}t=\lambda\alpha(t)\beta(t)=\lambda\alpha(t)(1-\alpha(t))=-\lambda(\alpha(t)-1/2)^2+\lambda/4$，当组织内核心员工数量达到组织内员工总数的一半时，新知识 x 在组织内的传播速度达到最大值，为 $\lambda/4$。由式（20-3）可知，当 t 趋向于 $+\infty$ 时，$\alpha(t)$ 将趋向于 1，即只要时间足够长，组织内所有员工都将掌握这种新知识，成为核心员工。因此，当组织内员工只能选择新知识 x 时，新知识 x 的知识空间溢出过程如图 20-1 所示。

从图 20-1 可以看出，当组织中仅有一种新知识传播的情况下，经过足够长的时间，员工个人知识组织化程度将达到非常高的水平。而现实中的组织不可能仅有一种知识在组织内传播，因此，这是一种理想状态下的员工个人知识组织化过程。

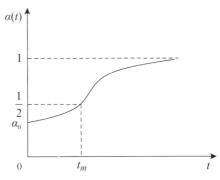

图 20-1　单一知识状况下的核心员工比例变化图

20.2.2　多种知识

假设某一组织中存在多种知识，并且这些知识之间具有互斥特性，即组织内的员工只选择接受最适合自身情况的一种知识。将需要组织化的知识表示为 x，其他知识表示为 y_i（$i=1,2,3,\cdots$，i 取不同的值表示不同的知识），该组织内员工总数为 N。由于其他知识 y_i 的存在，某些目标员工在接受核心员工传授的知识 x 后，根据其兴趣、爱好、职业发展方向等不同，最终放弃知识 x 而选择更适合自身情况的知识 y_i，将这部分员工称为新型员工。若组织内核心员工、目标员工与新型员工占员工的数量总人数的比例分别为 $\alpha(t)$、$\beta(t)$ 和

$\gamma(t)$，则有 $\alpha(t) + \beta(t) + \gamma(t) = 1$。假设员工个人知识组织化过程中，新型员工数量占新增核心员工数量的比例为 μ，在 Δt 时间内，由于新增核心员工中放弃知识 x 而选择知识 y_i 的员工人数为 $\mu N\alpha(t)\Delta t$。那么，组织内新增核心员工人数就为 $\lambda N\alpha(t)\beta(t)\Delta t - \mu N\alpha(t)\Delta t$。而新增核心员工人数又可以表示为 $N(\alpha(t + \Delta t) - \alpha(\Delta t))$，因此

$$N(\alpha(t + \Delta t) - \alpha(\Delta t)) = \lambda N\alpha(t)\beta(t)\Delta t - \mu N\alpha(t)\Delta t \tag{20-4}$$

式（20-4）可以进一步化简为

$$\frac{\mathrm{d}\alpha(t)}{\mathrm{d}t} = \lambda\alpha(t)\beta(t) - \mu\alpha(t) \tag{20-5}$$

对于新型员工而言，

$$\frac{\mathrm{d}\gamma(t)}{\mathrm{d}t} = \mu\alpha(t) \tag{20-6}$$

假设初始阶段，该组织内核心员工与目标员工占员工总人数的比例分别为 α_0 和 β_0，结合式（20-5）和式（20-6），并考虑到 $\alpha(t) + \beta(t) + \gamma(t) = 1$，可得多种知识状况下的员工个人知识组织化模型为

$$\begin{cases} \dfrac{\mathrm{d}\alpha(t)}{\mathrm{d}t} = \lambda\alpha(t)\beta(t) - \mu\alpha(t) \\ \dfrac{\mathrm{d}\gamma(t)}{\mathrm{d}t} = \mu\alpha(t) \\ \alpha(t) + \beta(t) + \gamma(t) = 1 \\ \alpha(0) = \alpha_0, \beta(0) = \beta_0 \end{cases} \tag{20-7}$$

在式（20-7）中，对 $\alpha(t) + \beta(t) + \gamma(t) = 1$ 求导，有

$$\frac{\mathrm{d}\alpha(t)}{\mathrm{d}t} + \frac{\mathrm{d}\beta(t)}{\mathrm{d}t} + \frac{\mathrm{d}\gamma(t)}{\mathrm{d}t} = 0 \tag{20-8}$$

将式（20-5）和式（20-6）代入式（20-8），则

$$\frac{\mathrm{d}\beta(t)}{\mathrm{d}t} = -\lambda\alpha(t)\beta(t) \tag{20-9}$$

由于 $\alpha(0) = \alpha_0$，将其代入式（20-9），并结合式（20-6）解得

$$\beta(t) = \alpha_0 \mathrm{e}^{-\frac{\lambda}{\mu}\gamma(t)} \tag{20-10}$$

将式（20-9）代入式（20-5），可以得到

$$\frac{\mathrm{d}\alpha(t)}{\mathrm{d}t} = -\frac{\mathrm{d}\beta(t)}{\mathrm{d}t} + \frac{\mu}{\lambda\beta(t)}\frac{\mathrm{d}\beta(t)}{\mathrm{d}t} \qquad (20\text{-}11)$$

将式（20-11）做如下处理：

$$\frac{\mathrm{d}\alpha(t)}{\mathrm{d}t} = -\frac{\mathrm{d}\beta(t)}{\mathrm{d}t} + \frac{\mu}{\lambda\beta(t)}\frac{\mathrm{d}\beta(t)}{\mathrm{d}t} = \frac{\mathrm{d}\beta(t)}{\mathrm{d}t}\left(\frac{\mu}{\lambda\beta(t)} - 1\right) \qquad (20\text{-}12)$$

由于组织内目标员工人数随着时间的变化而逐渐减少，$\beta(t)$ 必定是减函数，即 $\beta'(t) < 0$，当知识 x 开始在员工间传播时，目标员工数量占员工总数比例最大：$\beta_{\max} = \beta_0$。由式（20-12）可知，当 $\mu/\lambda > \beta_0$ 时，$\alpha'(t) < 0$，此时 $\alpha(t)$ 是减函数；当 $\mu/\lambda < \beta_0$ 时，$\alpha'(t) > 0$，此时 $\alpha(t)$ 是增函数。因此，员工个人知识组织化程度与 λ、μ 和 β_0 的值相关。

当 $\mu/\lambda > \beta_0$ 时，$\alpha(t)$ 是减函数，则 $\alpha_{\max} = \alpha_0$，即初始阶段的核心员工人数就是知识 x 传播过程中组织内核心员工人数的最大值。这表明，在这种情况下，知识 x 并未在组织内传播开来，相反，原先掌握知识 x 的核心员工随着时间的推移也逐渐放弃知识 x，进而选择更为合适的知识 y_i。经过足够长的时间，$\alpha(t)$ 趋向于 0，意味着组织中知识 x 最终遭到淘汰。

当 $\mu/\lambda < \beta_0$ 时，$\alpha(t)$ 是增函数，随着时间的变化，组织内核心员工数量不断增加，同时目标员工数量不断减少。当目标员工数量减少到占总员工人数的比例为 $\beta(t_m)$，并且 $\beta(t_m)$ 满足 $\beta(t_m) = \mu/\lambda$ 时，$\alpha(t)$ 达到最大值为 $\alpha(t_m)$。此后，$\alpha(t)$ 将再次逐渐减小，最后也趋向于 0。在此过程中，组织内核心员工人数先增加后减少，表明在知识 x 传播的某一段时间内，组织中有若干员工接受了知识 x，知识 x 的组织化程度可以通过组织内核心员工人数占员工总人数比例的最大值来表示。

从以上两种情况可以看出，不论 λ、μ 和 β_0 取何值，经过足够长的时间，核心员工都将消失，表明组织内所有员工最终都放弃了知识 x，这与现实中组织的实际情况相吻合。因为在知识经济时代，各种新知识不断涌现，组织为了保持生命力和竞争力，必须不断淘汰陈旧的知识，并创造和接受新知识。

当 $\alpha_\infty = 0$ 时，有 $\beta_\infty + \gamma_\infty = 1$，又由式（20-10）可知 $\beta_\infty = \alpha_0 \mathrm{e}^{-\lambda\gamma_\infty/\mu}$，因此，当 $\alpha_\infty = 0$ 时，$\beta(t)$ 也将稳定在 β_∞，并且 β_∞ 满足 $\beta_\infty \in [0, \mu/\lambda]$。若以 $\beta(t)$ 和 $\alpha(t)$ 分别表示横坐标与纵坐标，则 $\alpha(t)$ 与 $\beta(t)$ 的关系可由图 20-2 来表示。

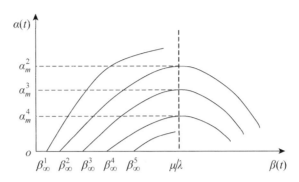

图 20-2　多种知识状况下的核心员工与目标员工比例变化图

20.3　数　值　验　证

由于 $\alpha(0)=\alpha_0$，$\beta(0)=\beta_0$，对式（20-11）两边积分可得

$$\alpha(t)=(\alpha_0+\beta_0)-\beta(t)+\frac{\mu}{\lambda}\ln\frac{\beta(t)}{\beta_0} \qquad （20\text{-}13）$$

由前面分析可知，任何一种组织化的知识经过足够长的时间，最终都会被淘汰。将 $\alpha_\infty=0$ 代入式（20-13），可以得到

$$(\alpha_0+\beta_0)-\beta_\infty+\frac{\mu}{\lambda}\ln\frac{\beta(t)}{\beta_0}=0 \qquad （20\text{-}14）$$

当 $\dfrac{\mu}{\lambda}<\beta_0$ 时，$\alpha(t)$ 的最大值为

$$\alpha_m=\alpha_0+\beta_0-\frac{\mu}{\lambda}\left(1+\ln\frac{\mu}{\lambda\beta_0}\right) \qquad （20\text{-}15）$$

若有两个组织 A 和 B 同时进行知识的员工个人知识组织化过程。在初始状态下，组织 A 中核心员工与目标员工数量占员工总人数的比例分别为 $\alpha_0{}^A=0.05$ 和 $\beta_0{}^A=0.95$，组织 B 中核心员工与目标员工数量占员工总人数的比例分别为 $\alpha_0{}^B=0.25$ 和 $\beta_0{}^B=0.75$。则当 λ、μ 分别取不同值时，依据式（20-14）和式（20-15），利用 Matlab7.0 软件进行计算，可以得到 α_m^A、β_∞^A、α_∞^B、β_m^B、γ_∞^A 和 γ_∞^B 的值，如表 20-1 和表 20-2 所示。

表 20-1　　　　　　　　　　组织中员工个人知识组织化程度

λ	μ	α_0^A	β_0^A	α_m^A	β_∞^A	γ_∞^A
2	0.9	0.05	0.95	0.89	0.14	0.86
1	0.9	0.05	0.95	0.15	0.63	0.37
1	0.8	0.05	0.95	0.34	0.53	0.47
0.8	0.8	0.05	0.95	0.05	0.72	0.28
0.6	0.7	0.05	0.95	0.05	0.81	0.19

表 20-2　　　　　　　　　　组织中员工个人知识组织化程度

λ	μ	α_0^B	β_0^B	α_m^B	β_∞^B	γ_∞^B
2	0.9	0.25	0.75	0.78	0.10	0.90
1	0.7	0.25	0.75	0.65	0.26	0.74
1	0.6	0.25	0.75	0.55	0.20	0.80
0.8	0.6	0.25	0.75	0.25	0.29	0.71
0.8	0.4	0.25	0.75	0.25	0.13	0.87

通过对表 20-1 和表 20-2 的分析，可以得出如下结果。

（1）当 $\mu/\lambda<\beta_0$ 且组织 A 中 λ 和 μ 的取值与组织相同时，$\alpha_m^A>\alpha_m^B$。可见，相对于组织 B，知识 x 在组织 A 中的组织化程度较高。因此，在 $\mu/\lambda<\beta_0$ 且 λ 和 μ 不变的情况下，若某一组织中目标员工越多，则该知识的员工个人知识组织化程度就越高。

（2）当 μ 不变，λ 增大时，γ_∞^A 和 γ_∞^B 也随之增大，即组织内新型员工比例增加。究其原因，λ 增大的实质就是知识 x 在员工间传播效率的提高，知识 x 传播效率的提高促使组织内更多目标员工接收到知识 x，接收到知识 x 的目标员工将其与组织内其他知识进行比较、分析，筛选出最适合自身情况的知识，一旦选定其他知识后，他们就将放弃知识 x，成为新型员工。

（3）当 λ 不变，μ 增大时，γ_∞^A 和 γ_∞^B 减小，即组织内新型员工比例减少。究其原因，μ 的增大，意味着组织内接收到知识 x 后，又选择放弃的员工数量在核心员工数量中所占的比例增大。在这种情况下，知识 x 在组织内员工间的传播效率下降，致使很多目标员工无法有效地接收到知识 x，从而缺乏与组织内其他知识进行比较的对象，降低了组织内员工选择适合自身情况的知识并成为新型员工的机会。

20.4　结论与启示

在知识经济时代背景下，企业要增强核心竞争力，必须在努力提高员工个人知识组织化程度的同时，尽量扩大组织内新型员工的比例。由上文分析可知，员工个人知识组织化程度与员工间知识的传播效率、组织化知识的接受程度及目标员工比例有关。提高员工个人知识组织化程度的方法有三种：提高员工间知识传播效率；增强员工的组织化知识接受程度；扩大组织内目标员工比例。根据上述研究结论，得到以下管理启示。

一是处于成长期的企业，其生产经营活动尚处于探索阶段，组织结构还未完全成型，员工流动较大，导致员工间知识传播效率低下，而组织内员工集体荣誉感及团队意识的相对薄弱，使得其对组织化知识的接受程度不高。因此，一方面，企业应加强员工间的交流和沟通，培养骨干员工，构建学习型组织，提高知识在员工间的传播效率；另一方面，企业应加强组织核心价值观的宣传，强化员工集体意识，使其树立团队观念，提高员工组织化知识的接受程度。

二是处于稳定期的企业，由于工作岗位和工作内容比较稳定，组织内员工通常都已经选择了既适合自身情况又满足工作要求的知识，从而导致组织内目标员工比例偏低。因此，一方面，企业应该引入竞争机制，淘汰组织内不符合企业发展要求的冗余员工，并积极吸收新员工，直接扩大组织内目标员工的比例；另一方面，企业应构建员工间工作轮换机制，增加员工工作范围、丰富员工工作内容，间接扩大组织内目标员工的比例（Kim et al., 2007）。我们在理论研究的基础上，分别构建了单一知识和多种知识状况下的员工个人知识组织化模型。研究发现，单一知识下的员工个人知识组织化程度虽然非常高，但这是一种理想化的状态。而多种知识下的员工个人知识组织化过程虽然较为复杂，但通过模型分析，并结合数值检验论证了知识传播效率、组织化知识接受程度及目标员工比例等因素对员工个人知识组织化程度的影响，研究结果与现实组织的实际状况相吻合，能为处于不同时期的企业提高核心竞争力、实现员工个人知识组织化提供决策参考。

第 21 章

员工知识学习绩效模型研究

当前，在知识经济和经济全球化背景下，产品生命周期逐渐缩短、客户需求不断变化及企业间竞争日益加剧，这就要求企业员工必须不断进行知识学习，创造出优于竞争对手的新知识，淘汰与其发展不相匹配的旧知识。因此，员工知识学习绩效越来越受到理论界和企业界的关注。

学者们从不同研究视角对员工知识学习绩效进行了内涵界定。Kim 等（2007）认为，员工知识学习绩效是指"员工吸收、消化知识，并创造新知识的绩效"，并从知识学习过程视角将员工知识学习绩效定义为"员工从外界鉴别、消化与开发知识的绩效"。Lau 等（2008）认为，员工知识学习绩效是组织成员积极主动地利用有关经验与信息来重新规范工作认知的绩效。据此，课题组认为，员工知识学习绩效是围绕着员工知识转移和创造过程的一系列绩效的总和。国外已有文献主要集中在企业整体组织学习状况及绩效的理论与实证分析上，罕见对员工知识学习绩效的内容结构及其与人口统计学变量之间内在关系的实证研究。那么，我国企业中员工知识学习绩效究竟包括哪些方面？是否有别于西方国家的研究成果？正是针对我国企业员工知识学习绩效结构量化研究的缺乏，我们力图从员工学习过程角度分析员工知识学习绩效的内容，并以此为依据，开发具有较高信度、效度的员工知识学习绩效问卷，为了解员工知识学习绩效内容及有效评估员工知识学习绩效提供测量工具。

21.1 研 究 方 法

21.1.1 问卷项目收集

参考相关文献，并根据员工知识学习绩效的定义，确定了访谈提纲及开放式问卷。深入杭州地区杭州土特产有限公司等 10 家不同规模和性质的企业，对员工和管理者进行访谈，访谈以个别访谈和小组座谈的方式进行。另外，将设计好的员工知识学习绩效开放式问卷发放给绍兴地区海亮集团等 5 家企业的 318 名员工，要求被试根据他们的理解和观测，列出 5 条左右体现员工知识学习绩效的问题。对访谈和开放式问卷调查得到的条目进行归类和整理，得到了员工知识学习绩效内容条目的频次和重要性排序。结果显示，员工和管理者所列举的内容主要集中在知识获取、知识共享、知识吸收、知识创造这四个方面，这与对员工知识学习绩效的内涵界定结果基本吻合。

将整理后的条目请 50 名浙江工业大学 MBA 学员进行评定，综合考虑内容效度、文字表述及是否符合企业的实际情况等，最后得到了包括 37 个条目的预试问卷。问卷要求被试在李克特 7 分量表上评价对这些描述的同意程度，"1"代表非常不同意，"7"代表非常同意，所有条目均采取正向计分。

21.1.2 预试

预试对象为宁波罗蒙集团等 5 家企业员工和浙江工业大学企业管理培训班部分学员。发放问卷 238 份，回收有效问卷 186 份。对回收问卷数据进行因子分析，根据因子的特征值大于 1、符合碎石检验及抽出的因子旋转前至少能解释 3%的变异等因子筛选标准，经过多次探索性因子分析。此外，删除了在两个或两个以上因素上负荷都比较高的条目，还删除了条目得分与总分相关在 0.35 以下的条目。综合因子分析和项目分析结果，共计删除了 21 个不合适的条目，最后保留 16 个条目形成正式问卷。

21.1.3 样本获取

对浙江省杭州、温州、宁波、绍兴、台州及金华等地区企业进行了较大范围内的正式调查，调查企业共计 73 家，其中 IT 企业 21 家，传统制造业企业 52 家。问卷发放的主要方式有两种：一种是进入企业直接发放，当场回收；另一种是通过电子邮件将问卷发给被试，并通过电子邮件回收问卷。本次调查共发放问卷 800 份，收回问卷 613 份，经分析处理得到有效问卷 517 份。在被试中，男性占 63.7%，女性占 36.3%；工作年限在 2 年以下的占 39.1%，工作年限在 2 年以上的占 60.9%；中高层管理者占 17.6%，一般员工占 82.4%；大学本科以下的占 69.1%，大学本科及以上的占 30.9%。

随机抽取 300 份有效问卷（样本 1）用于探索性因子分析，统计分析工具为 SPSS13.0 软件；剩余 217 份有效问卷（样本 2）用于验证性因子分析，统计分析工具为 AMOS5.0 软件。

21.2　研　究　结　果

21.2.1　探索性因子分析

1. 信效度分析

在进行探索性因子分析分析之前，首先进行了 KMO 测度和巴特利特球体检验，以分析统计数据是否适合做因子分析。经分析，KMO 测度测度的值为 0.888，这说明员工知识学习绩效调查问卷所收集的数据适合做因子分析。巴特利特球体检验统计量 7418.223，$p<0.000$，说明数据相关系数阵不是单位阵，显著异于 0，统计数据非常适合做因子分析。

以 Cronbach's α 系数作为检测问卷信度的工具，得到的 α 系数值越高，则代表其检验的因子内部一致性越大，信度越高。从表 21-1 可以看出，各维度因子的 Cronbach's α 系数皆大于 0.7。此外，总问卷的 Cronbach's α 系数为 0.812。可见，问卷的信度较好。

表 21-1　　　　　　　员工知识学习绩效四因子结构（$N=300$）

问卷条目	知识获取	知识共享	知识吸收	知识创造
我关注本行业新产品、新生产工艺变化信息	0.814			
我关注客户反馈的信息	0.702			
我注重积累工作过程中的知识和经验	0.621			
我从企业资料库中找到工作需要的知识	0.559			
我和周围同事共同分享工作的体会和收获		0.775		
我将新知识及时地传授给周围同事		0.701		
我信任周围同事所提供的信息与知识		0.699		
在与周围同事工作讨论中,我能尽己所能提供意见		0.677		
我迅速完善自身缺乏的工作知识			0.774	
我及时发现工作过程中出现的错误			0.746	
我乐于接受周围同事提供的工作知识			0.702	
我关注学习绩效的效果			0.603	
我对工作提出许多新见解和思路				0.801

问卷条目	知识获取	知识共享	知识吸收	知识创造
我对周围同事提出的措施提出进一步改进方法				0.761
我用新知识解决实际工作问题				0.603
我改进我原来的工作方法				0.519
特征根值	4.332	3.211	1.991	1.678
解释变异量百分比/%	25.978	19.316	11.939	10.063
Cronbach's α 系数	0.827	0.798	0.801	0.788

由表 21-1 同样可知，经过探索性因子分析，得到了员工知识学习绩效四个因子，四个因子的项目分布合理，每个因子各分四个条目，而且每个条目在相应因子上的载荷较高，累计解释总体方差变异的 67.296%。因此，问卷的结构效度好。以两两因子间的相关系数小于 0.85 为参考标准，若到达此标准，表明这些因子具有一定程度的区别效度。由表 21-2 可知，两两因子间的相关系数均明显小于 0.85，表示各个因子有其存在的必要，具有良好的区别效度。

表 21-2　　　　　　员工知识学习绩效各因子相关系数（$N=300$）

因子	M	SD	知识获取	知识共享	知识吸收	知识创造
知识获取	5.361	1.213	1			
知识共享	4.372	1.231	0.575***	1		
知识吸收	5.021	1.322	0.698***	0.231**	1	
知识创造	5.002	1.048	0.359**	0.337**	0.418**	1

$**p<0.01$，$***p<0.001$

探索性因子分析结果见表21-1。第一个因子方差变异的解释率为25.978%，因子命名为知识获取，主要反映员工获取新知识的绩效。第二个因子方差变异的解释率为19.316%，因子命名为知识共享，主要反映员工间知识转移与知识分享绩效。第三个因子方差变异的解释率为11.939%，因子命名为知识吸收，主要反映新知识理解与运用的绩效。第四个因子方差变异的解释率为10.063%，因子命名为知识创造，主要反映知识对工作的促进及知识创新的绩效。

2. 验证性因子分析

根据表 21-2 可以发现，知识获取、知识共享、知识吸收、知识创造之间相关系数较高。其中，知识获取和知识吸收之间的相关系数达到了 0.698，知识获取和知识共享之间相关系数也达到了 0.575。因此，探索将其中一些因子合并，观察模型拟合的改善状况，以确定员工知识学习绩效的最佳结构。其中，将所有 16 个条目合并为一个因子形成单维假设模型；将知识获取、知识吸收、知识共享合并为一个因子形成二因子假设模型；将知识获取和知识吸收合并为一个因子形成三因子假设模型 1；将知识获取和知识共享合并为一个因子形成三因子假设模型 2；经过探索性因子分析得到的初步结构是四因子假设模型。

对样本 2 数据进行了验证性因子分析，各模型的拟合指标见表 21-3。结果表明，从 χ^2/df（χ^2/df 值大于 1 且小于 3 表明拟合较好）和 RMSEA（RMSEA 值小于 0.08）来分析，单维模型、三因子模型 2、二因子模型显然是不能接受的。三因子模型 1 虽然拟合度达到可以接受的范围，但各拟合指标较四因子模型相对较差。由上可见，验证性因素分析验证了探索性因素分析得到四因子模型。因此，四因子模型确实是我国企业员工知识学习绩效结构的比较理想模型。对四因子结构模型用极大似然法进行参数估计，其完全标准化解如图 21-1 所示。在图 21-1 中，观测变量有 16 个，分别用 Q1～Q16 表示。

表 21-3 　　　　　　　　各假设模型的拟合指标（N=217）

	χ^2	df	χ^2/df	RMSEA	GFI	IFI	CFI	TLI	NFI
单维模型	1076.669	193	5.786	0.131	0.841	0.789	0.601	0.834	0.801
二因子模型	757.512	189	4.008	0.102	0.765	0.865	0.765	0.744	0.765
三因子模型 1	341.515	167	2.045	0.061	0.854	0.881	0.876	0.957	0.841
三因子模型 2	638.144	169	3.776	0.083	0.888	0.879	0.901	0.601	0.839
四因子模型	226.551	157	1.443	0.054	0.889	0.946	0.903	0.935	0.905

下面进一步对员工知识学习绩效结构进行二阶因子结构模型验证。结果显示，χ^2/df 值为 1.49，GFI、IFI、CFI、TLI 和 NFI 等各项拟合指标值在 0.94 以上（接近 1），RMSEA 值为 0.051，说明员工知识学习绩效二阶结构拟合效果比一阶四因子模型更好。也就是说，知识获取、知识共享、知识吸收、知识创造四个维度共同解释着员工知识学习绩效这一高阶因子。由图 21-2 可知，各个维度对员工知识学习绩效高阶因子的因素载荷在 0.62～0.88，其中知识获取的因子载荷最高，系数为 0.88，这表明在员工知识学习绩效各因子中，最重要的因子是知识获取绩效。

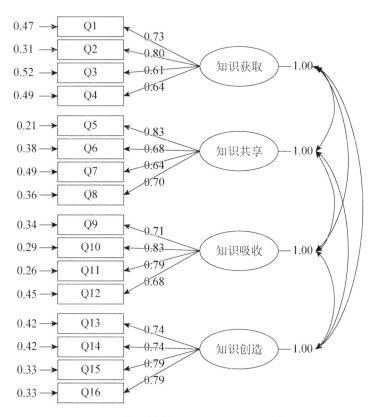

图 21-1　员工知识学习绩效一阶四因子结构模型完全标准解

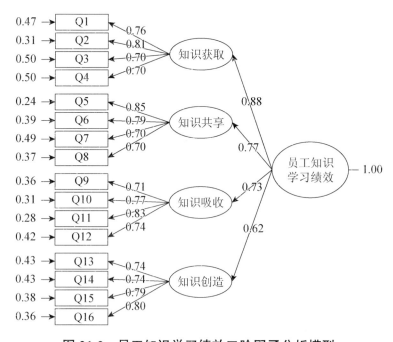

图 21-2　员工知识学习绩效二阶因子分析模型

3. 人口背景、组织背景变量对员工知识学习绩效的影响

对所有 517 份调查所得的有效问卷数据进行人口统计与组织背景变量的分析，采用独立样本检验和单因素方差分析，结果如表 21-4 所示。结果表明，员工知识学习绩效四个维度除了在性别方面不存在显著差异，在工作年限、职位、学历及企业性质等变量上都存在显著差异。

表 21-4　　不同人口背景、组织背景的员工知识学习绩效维度的比较（N=517）

员工知识学习绩效维度	性别	工作年限	职位	教育水平	企业性质
知识获取	—	2 年以下＜2 年以上	一般员工＜中高层管理者	大学本科以下＜大学本科及以上	IT＜传统制造业
知识共享	—	2 年以下＜2 年以上	—	大学本科及以上＜大学本科以下	—
知识吸收	—	2 年以下＜2 年以上	一般员工＜中高层管理者	—	—
知识创造	—	—	—	大学本科以下＜大学本科及以上	IT＜传统制造业

注：—表示比较结果没有显著差异，＜表示比较结果前者显著低于后者

21.2.2　分析与讨论

课题组认为，了解员工知识学习绩效的结构是认识员工知识学习绩效特征，提升员工学习能力的前提和基础。本章运用探索性因子分析及验证性因素分析的方法，对员工知识学习绩效的结构进行了探讨。

通过探索性因子分析建构了员工知识学习绩效结构的一阶四因子模型，即员工知识学习绩效由员工知识获取、知识共享、知识吸收和知识创造四个维度构成。同时发现，与以往大多数研究结果一样，员工知识学习绩效各构面之间的相关度较高。但经过验证性因子分析，这种相关性并未影响到员工知识学习绩效的结构效度。为了进一步验证各因子是否共同解释着一个更高层次的统一因子，构建了员工知识学习绩效二阶因子模型。综合理论建构和数据分析（拟合指数和因素载荷）的结果来看，员工知识学习绩效二阶结构模型具有更好的构想效度。

二阶结构模型显示，各因子对员工知识学习绩效的解释率也是不同的，其中知识获取的因子载荷最大，是员工知识学习绩效结构中最为重要的因子。可以说，

知识获取绩效是员工知识学习绩效的基础，员工在知识共享、知识吸收或者知识创造中，都离不开知识获取的支持。相对而言，知识创造绩效主要反映知识对工作的促进及知识创新绩效，尽管它是员工知识学习绩效的重要维度之一，但它必须建立在员工知识获取、知识共享及知识吸收绩效支撑的基础上，在员工知识学习绩效中占的比重相对较小、其因子载荷相对其他因子而言也稍低。

比较分析发现，除了性别变量以外，不同工作年限、职位、教育水平、企业性质的员工在员工知识学习绩效维度上存在差异，部分支持了我们所编制的员工知识学习绩效问卷的预测效度。在工作年限方面，工作年限较长的员工知识获取、知识共享及知识吸收得分显著较高，这是因为工作年限长的员工业务能力相对熟练，对组织环境相对熟悉，对组织有较高的认同感和归属感，也比较容易信任周围同事。在职位方面，中高层管理者在知识获取和知识吸收上比一般员工得分高，这可能与中高层管理者掌握和调配企业资源较多，知识获取和知识吸收的主观能动性较强有关。在教育水平方面，不同教育水平的员工在知识吸收、知识共享及知识创造三个因子上存在差异非常显著。一般而言，学历越高，知识获取与知识创造越强。但是，知识共享得分却相反，其原因可能是低学历者在组织中没有知识优势，和周围同事共享知识资源对其有利，而高学历者为了保持自身在组织中的地位，不愿和周围同事共同分享知识。在企业性质方面，IT 企业员工知识获取和知识创造显著高于传统制造业企业员工，原因在于知识密集型企业员工一般具有较高的受教育程度和专业知识水平，而且知识更新速度非常快，这在客观上促进了员工的知识获取和知识创造。

21.3　主　要　结　论

经过探索性因子分析和验证性因子分析，得出了如下结论。企业员工知识学习绩效是由一个二阶四因子结构模型构成的，四个因子分别为知识获取、知识共享、知识吸收和知识创造，在员工知识学习绩效各因子中，最重要的因子是知识获取；编制的员工知识学习绩效问卷具有较好的信度和效度，可用来测量员工知识学习绩效；不同工作年限、职位、教育水平、企业性质的员工在员工知识学习绩效维度上存在差异。

第22章

基于偏好 DEA 模型的企业知识管理效率评价

在知识经济时代，知识资源已经取代物质资源成为企业的核心资源。因此，有效的知识管理是企业构建核心能力，形成竞争优势的前提和基础。知识管理效率评价是企业实施有效的知识管理的重要环节，它不仅可以实现对企业知识管理状况的实时监控，而且能使企业管理者及时发现知识管理过程中存在的问题与不足，为改进其知识管理提供决策依据。

国内外学者们对知识管理评价相关问题已进行了广泛的理论和实证研究，Lau 等（2008）构建了基于知识创造、知识积累、知识共享、知识利用和知识内化的知识循环过程的知识管理绩效指数，该指数可以实时评估组织在某个时点的知识管理绩效。谢洪明等（2002）在对知识管理战略与知识管理方法的一致性的研究的基础上，探讨了知识管理绩效评价问题，并从知识管理的过程、组织结构和知识管理受益情况出发，建立了一套较为完整的知识管理绩效的综合评价方法。蒋天颖（2008）将反向传播（back propagation，BP）神经网络与遗传算法相结合，提出运用基于遗传算法的神经网络优化模型来评估企业的知识管理水平。以上学者运用不同方法对企业知识管理绩效进行了有效评价，为知识管理绩效分析后续研究奠定了较好的研究基础。

数据包络分析（data envelopment analysis，DEA）是一种近年来比较流行的评价方法。蒋天颖（2008）在对知识成长抑制环路分析的基础上，应用 DEA 方法查找知识链内部致使知识管理难度存在的主要影响因素，最后运用复合 DEA 方法对企业知识管理绩效进行测度和评价，并从影响企业知识管理系统柔性的有关指标着手，运用 DEA 方法分析企业知识管理系统的相对柔性。由此可见，运用 DEA 方法评价知识管理效率具有较强的适用性。但以上学者均利用标准 DEA 模型进行评价，而标准 DEA 模型在评价过程中对指标权重没有任何限制，它实际上是选取了对评估单元最有利的权重，这往往会与人们对指标相对重要性的认识不一致，这样得出的研究结果可能不符合客观实际状况。基于此，课题组结合知识管理的实际，引入偏好 DEA 模型，从知识管理的投入产出角度来全面衡量企业知识管理的相对效率，为企业进一步实施有效的知识管理战略提供决策参考。

22.1 偏好 DEA 评价方法

22.1.1 理论基础

DEA 以"相对效率评价"概念为基础，于 1978 年由著名运筹学家 A. Charnes 和 W. W. Copper 等提出，用于测评一组具有多投入和多产出的决策单元的相对效率的一种运筹方法。在标准 DEA 模型中，投入指标和产出指标的权重没有任何限制，从而不能准确反映决策者的主观偏好信息，这是因为在一般的决策分析中决策者总是对各个指标存在主观偏好。由此，A. Charnes 等在 1987 年提出了含有偏好约束锥的 DEA 模型，这一模型通过调整锥比率的方式来反映决策者的偏好，从而使决策更有效地反映决策者的主观意愿。

层次分析法（analytic hierarchy process，AHP）根据决策者的主观判断来构造判断矩阵，将决策者的主观判断与政策经验导入模型，可以充分反映决策者的偏好。因此，本章运用 AHP 构建约束锥，结合 DEA 和 AHP 各自的优点，构造带有偏好约束锥的 DEA 模型，使 DEA 评价的客观分析与 AHP 的主观分析相结合，从而使带偏好约束锥的 DEA 模型更符合实际情况、评价结果更为可靠。

设有 n 个决策单元（decision making unit，DMU），每个决策单元有 m 种输入 $x_j = (x_{1j}, x_{2j}, \cdots, x_{mj})$ 和 s 种输出 $y_j = (y_{1j}, y_{2j}, \cdots, y_{sj})$。为反映决策者对知识管理各指标重要性的偏好，分别对投入指标和产出指标应用 AHP，并对权重选择上加以一定的偏好限制，由此构造出 AHP 约束锥 DEA 模型（马占新，2010）。

$$
\begin{cases}
\max \mu^{\mathrm{T}} y_0 \\
\omega^{\mathrm{T}} X - \mu^{\mathrm{T}} Y \geqslant 0 \\
\omega^{\mathrm{T}} x_0 = 1 \\
\omega \in V_{\mathrm{AHP}} = \{\omega \mid C\omega \geqslant 0, \omega \geqslant 0\} \\
\mu \in U_{\mathrm{AHP}} = \{\mu \mid B\mu \geqslant 0, \mu \geqslant 0\}
\end{cases}
\tag{22-1}
$$

其对偶问题为

$$\begin{cases} \min \theta \\ X\lambda - \theta x_0 \in V^* = \{v \mid \hat{v}^{\mathrm{T}} v \leqslant 0, \forall \hat{v} \in V_{\mathrm{AHP}}\} \\ -Y\lambda + y_0 \in U^* = \{u \mid \hat{u}^{\mathrm{T}} u \leqslant 0, \forall \hat{u} \in U_{\mathrm{AHP}}\} \\ \lambda \geqslant 0 \end{cases} \qquad (22\text{-}2)$$

其中，$X = (x_1, x_2, \cdots, x_n)$，$Y = (y_1, y_2, \cdots, y_n)$，$C = \overline{C}_m - \lambda_C E_m$，$B = \overline{B}_s - \lambda_B E_s$，$\overline{C}_m = (c_{ij})_{m \times m}$ 和 $\overline{B}_s = (b_{ij})_{s \times s}$ 分别为投入指标和产出指标的判断矩阵，λ_C 和 λ_B 分别为判断矩阵 $\overline{C}_m$ 和 $\overline{B}_s$ 的最大特征值，$V_{\mathrm{AHP}} = \{\omega \mid C\omega \geqslant 0, \omega \geqslant 0\}$ 和 $U_{\mathrm{AHP}} = \{\mu \mid B\mu \geqslant 0, \mu \geqslant 0\}$ 为偏好约束锥，V^* 和 U^* 分别为偏好约束锥 V_{AHP} 和 U_{AHP} 的极锥。如果线性规划问题式（22-1）存在最优解 ω^*、μ^* 满足 $\mu^{\mathrm{T}} y_0 = 1$ 且 $\omega^* \in \mathrm{Int} V_{\mathrm{AHP}}$、$\mu^* \in \mathrm{Int} U_{\mathrm{AHP}}$，则称决策单元 DMU_{j0} 为 DEA 有效。对于非 DEA 有效单元，可通过其对偶问题式（22-2）在 DEA 相对有效面上进行"投影"，从而调整知识管理投入、产出指标值，使该决策单元转变为有效状态。

22.1.2　评价指标体系的构建

根据指标选取的一般原则，并参考了相关文献（Kebede，2010），结合企业知识管理实践，选取组织重视度、组织结构、基础设施和人力资本四个一级指标来衡量知识管理投入状况，选取知识存量、创新能力和经济效益三个一级指标来衡量知识管理产出状况，每个一级指标又包含若干个具体二级指标，从而构建了一整套较为完整的知识管理效率评价体系，详见表 22-1。

表 22-1　知识管理效率的评价指标

投入/产出指标	一级指标	二级指标
投入指标	组织重视度	知识管理最高领导者的地位
		知识管理战略和预算的制定情况
	组织结构	知识共享的激励机制
		知识沟通渠道的丰富程度
		创新失败的宽容机制
	基础设施	信息化水平
		知识门户网站建设水平
		数据库建设及应用水平

续表

投入/产出指标	一级指标	二级指标
投入指标	人力资本	职位技能和评价标准的制定情况
		研发投入力度
		员工培训投入力度
产出指标	知识存量	组织知识存量
		个人知识存量
	创新能力	推出新产品/服务
		获得新专利
		开辟新市场
	经济效益	新产品/服务的获利水平

22.2 数据收集及处理

本课题组的研究数据通过问卷调查方法进行收集，问卷采用了李克特7分量表形式，其中"7"代表非常符合，"1"代表非常不符合。课题组在浙江省的杭州、宁波、温州、嘉兴等地区，选取了在各个行业中具有一定代表性的 16 家大型企业作为调研对象，为确保信息提供者对所要调查的组织层面上的问题是了解和熟悉的，受访者限定于了解企业知识管理情况的中高层管理人员。而员工个人层面上的评价得分，则由该企业不少于 50 名员工的评价得分平均加权得到。

为计算各一级指标的综合得分，需对二级指标赋予权重。以人力资本为例，邀请浙江大学和浙江工业大学的 7 位知识管理领域研究的专家，对人力资本的三个二级指标利用 AHP 进行比较打分，构造 5 标度判断矩阵，判断矩阵为

$$\begin{bmatrix} 1 & 2 & 2 \\ 1/2 & 1 & 2 \\ 1/2 & 1/2 & 1 \end{bmatrix}$$

其中，C.R=0.0516＜0.1，满足完全一致性条件，由此计算得到三个二级指标的权重分别为 0.4934、0.3108、0.1958。同理，可以得到其余一级指标下

的二级指标权重，这里不再一一赘述。

在评价系统中，决策单元数目为 16，投入、产出指标共 7 个，符合采用 DEA 评价时决策单元的个数至少是投入、产出项目数之和的两倍的经验法则（Banker et al.，1984）。

22.3　企业知识管理效率评价

运用偏好 DEA 模型评价企业知识管理效率，首先必须确定知识管理投入与产出指标相互之间的相对偏好关系，使评价结果既能够反映实际状况，又能够反映决策者的主观偏好。根据浙江大学和浙江工业大学的 7 位知识管理领域研究专家的长期深入研究及实践经验，在他们分析判断的基础上确定了投入指标和产出指标的 AHP 判断矩阵 $\overline{C}$ 和 $\overline{B}$。

$$\overline{C} = \begin{bmatrix} 1 & 1/2 & 1/3 & 1/3 \\ 2 & 1 & 1 & 1/2 \\ 3 & 1 & 1 & 1 \\ 3 & 2 & 1 & 1 \end{bmatrix}, \quad \overline{B} = \begin{bmatrix} 1 & 1/2 & 1/2 \\ 2 & 1 & 2 \\ 2 & 1/2 & 1 \end{bmatrix}$$

$\lambda_C = 4.0458$ 和 $\lambda_B = 3.0536$ 分别为判断矩阵 $\overline{C}$ 和 $\overline{B}$ 的最大特征值，判断矩阵的一致性指标 C.R 值分别为 0.0172 和 0.0516，均小于 0.1，可以认为矩阵满足一致性条件，令

$$C = \begin{bmatrix} -3.0458 & 1/2 & 1/3 & 1/3 \\ 2 & -3.0458 & 1 & 1/2 \\ 3 & 1 & -3.0458 & 1 \\ 3 & 2 & 1 & -3.0458 \end{bmatrix}$$

$$B = \begin{bmatrix} -2.0536 & 1/2 & 1/2 \\ 2 & -2.0536 & 2 \\ 2 & 1/2 & -2.0536 \end{bmatrix}$$

由此得到 AHP 偏好约束锥 $V_{AHP} = \{\omega \mid C\omega \geqslant 0, \omega \geqslant 0\}$ 和 $U_{AHP} = \{\mu \mid B\mu \geqslant 0, \mu \geqslant 0\}$，进而构造出带有 AHP 约束锥的偏好 DEA 模型。

22.3.1 偏好 DEA 模型评价结果分析

利用统计数据，采用偏好 DEA 模型，对浙江省 16 家受访企业的相对知识管理相对效率进行评价，结果见表 22-2。

表 22-2　　　　　　　　　　偏好 DEA 模型的效率值

决策单元	效率值	决策单元	效率值
浙江华孚集团有限公司	1.0000	飞跃集团有限公司	0.5099
温州东瓯建设集团有限公司	0.4741	兴惠化纤集团有限公司	0.6061
浙江圣雷机械有限公司	0.7554	杭州东忠软件有限公司	0.8688
西子电梯集团有限公司	0.9217	浙江赐富化纤集团有限公司	0.5885
浙江麦当劳有限公司	0.6857	温州市亚泰进出口有限公司	0.6665
宁波海螺水泥有限公司	0.5082	杭州银河线缆有限公司	0.8196
浙江环宇建设集团有限公司	0.4882	嘉兴市创嘉科技有限公司	0.7787
宁波医药股份有限公司	0.6411	浙大网新科技股份有限公司	0.9672

从表 22-2 的评价结果可以看出，除了浙江华孚集团有限公司的知识管理效率为 DEA 相对有效外，其余企业的知识管理效率均为 DEA 无效，这说明了绝大多数企业在知识管理的投入产出配置上存在着不合理性。研究还发现，在 16 家受访企业中，有 11 家企业的知识管理效率值低于 0.8，占调研企业总量的 68.75%，这部分企业的知识管理能力及效率明显不足，且在浙江省所调研企业中所占比重较大。另外，浙江省所调研企业知识管理的平均效率为 0.7050，整体效率较低，在一定程度上说明浙江省大型企业的知识管理水平总体状况不容乐观，同时也显示了浙江省大型企业知识管理效率还有很大的改进空间。因此，企业在注重知识管理绩效的同时，应该对企业知识管理的资源投入和产出效率给予更多的关注。

22.3.2 偏好 DEA 模型与标准 DEA 模型评价结果比较

标准 DEA 模型在进行相对效率评价时，完全依赖客观数据，选择对决策单元最有利的权重，偏好 DEA 模型由于加入了决策者的偏好信息，其评价结果既能体现客观数据，又能反映决策者对各准则的偏好程度。为比较两者之间的差异，分别用偏好 DEA 模型和标准 DEA 模型计算各企业知识管理的产出指标权重，结果见表 22-3。

表 22-3　　　　偏好 DEA 模型与标准 DEA 模型产出指标权重的比较

决策单元	偏好 DEA 模型产出指标权重			标准 DEA 模型产出指标权重		
	知识存量	创新能力	经济效益	知识存量	创新能力	经济效益
浙江华孚集团有限公司	0.0619	0.1560	0.0982	0.0048	0.1574	0.0318
温州东瓯建设集团有限公司	0.0743	0.1872	0.1179	0.0000	0.0205	0.2087
浙江圣雷机械有限公司	0.0472	0.1190	0.0749	0.0033	0.0005	0.1643
西子电梯集团有限公司	0.0538	0.1356	0.0854	0.0086	0.1683	0.0047
浙江麦当劳有限公司	0.0513	0.1293	0.0814	0.0000	0.0239	0.2434
宁波海螺水泥有限公司	0.0382	0.0962	0.0606	0.0000	0.1617	0.0000
浙江环宇建设集团有限公司	0.0497	0.1252	0.0789	0.1609	0.0000	0.0000
宁波医药股份有限公司	0.0508	0.1280	0.0806	0.2051	0.0000	0.0000
飞跃集团有限公司	0.0612	0.1542	0.0971	0.2029	0.0000	0.0000
兴惠化纤集团有限公司	0.0482	0.1215	0.0765	0.1694	0.0000	0.0000
杭州东忠软件有限公司	0.0386	0.0973	0.0613	0.0000	0.0000	0.2416
浙江赐富化纤集团有限公司	0.0393	0.0990	0.0624	0.0368	0.1598	0.0091
温州市亚泰进出口有限公司	0.0355	0.0895	0.0564	0.0052	0.0232	0.1736
杭州银河线缆有限公司	0.0769	0.1938	0.1220	0.0000	0.2058	0.0000
嘉兴市创嘉科技有限公司	0.0667	0.1681	0.1059	0.1123	0.0000	0.1327
浙大网新科技股份有限公司	0.0468	0.1179	0.0743	0.1993	0.0012	0.0330

由表 22-3 可知，在标准 DEA 模型的评价结果中，16 家企业的产出指标权重中有 17 个权值为 0，显然无法从管理及经济意义上加以解释。而在加入 AHP 约束锥的偏好 DEA 模型的评价结果中，所有产出指标的权重均不为 0，符合客观状况。因此，偏好 DEA 模型的计算结果比标准 DEA 模型的结果包含了更符合客观实际、更有价值的评价信息。

为进一步分析偏好 DEA 模型和标准 DEA 模型之间的差异，计算得到了标准 DEA 模型的效率值，结果见表 22-4。

表 22-4　　　　　　　　标准 DEA 模型的效率值

决策单元	效率值	决策单元	效率值
浙江华孚集团有限公司	1.0000	浙江圣雷机械有限公司	1.0000
温州东瓯建设集团有限公司	0.6878	西子电梯集团有限公司	1.0000

决策单元	效率值	决策单元	效率值
浙江麦当劳有限公司	0.7988	杭州东忠软件有限公司	0.9664
宁波海螺水泥有限公司	0.6143	浙江赐富化纤集团有限公司	1.0000
浙江环宇建设集团有限公司	0.8046	温州市亚泰进出口有限公司	1.0000
宁波医药股份有限公司	0.8880	杭州银河线缆有限公司	0.8643
飞跃集团有限公司	0.6086	嘉兴市创嘉科技有限公司	0.9431
兴惠化纤集团有限公司	0.7335	浙大网新科技股份有限公司	1.0000

由表 22-2 和表 22-4 的知识管理相对效率值可以看出，在标准 DEA 模型的评价结果中，知识管理效率相对有效的企业有 6 家；而在偏好 DEA 模型的评价结果中，知识管理效率有效的企业仅有 1 家，标准 DEA 模型得到的知识管理效率普遍高于偏好 DEA 模型的结果。偏好 DEA 模型由于加入了决策者的偏好信息，其效率值低于标准 DEA 模型得到的效率值，而标准 DEA 模型则明显高估了企业的知识管理效率。

以西子电梯集团有限公司为例，在标准 DEA 模型下，其知识管理相对效率值为 1，是 DEA 有效的，而在偏好 DEA 模型下，其效率值为 0.9217，变为 DEA 无效。究其原因，西子电梯集团有限公司在人力资本方面利用率低下，而决策者的偏好则给人力资本赋予最高权重，即决策者最希望通过提高人力资本的利用效率来提升知识管理效率，而实际上，这是无法实现的。因此，企业知识管理效率从"有效"变为"无效"。此外，西子电梯集团有限公司的组织结构得分为 6.13，相对较高的组织机构投入，却并没有得到相应的高知识管理产出，因此，如何更好地发挥知识共享的激励制度和创新失败的宽容机制的作用，提高知识沟通渠道的利用率，是该企业在知识管理中亟待解决的问题。

22.4 DEA 无效企业的分析及调整

为找出 DEA 无效企业知识管理效率不高的原因并给出改进效率的措施，用偏好 DEA 模型的对偶问题进行"投影"，计算得到各企业知识管理的投入与产出的松散值，进而对无效企业的投入和产出值进行合理调整使其达到 DEA 有效（侯启娉，2005）。结果见表 22-5。

表 22-5　　　　　各企业知识管理的投入与产出的松散值

决策单元	组织重视度	组织结构	基础设施	人力资本	知识存量	创新能力	经济效益
浙江华孚集团有限公司	0.0000	0.0000	0.0000	0.0000	0.0000	0.0000	0.0000
温州东瓯建设集团有限公司	0.0000	2.1020	0.2012	0.7100	1.2031	0.8110	0.0000
浙江圣雷机械有限公司	0.0000	0.9741	0.0000	0.0000	0.0000	0.3158	0.1926
西子电梯集团有限公司	0.0000	1.0369	0.0000	0.0000	0.0000	0.0000	0.0000
浙江麦当劳有限公司	0.0538	1.0302	0.0000	0.9325	0.0000	0.0336	0.0000
宁波海螺水泥有限公司	0.0000	0.5478	0.0000	0.4397	0.0000	0.7735	0.0000
浙江环宇建设集团有限公司	0.0000	1.0207	0.0000	1.5568	0.0016	0.6747	0.0000
宁波医药股份有限公司	0.0000	0.9357	0.0000	1.1474	0.0000	0.5457	0.0000
飞跃集团有限公司	0.0000	0.6591	0.0000	0.0000	0.0000	0.2140	0.0000
兴惠化纤集团有限公司	0.0000	1.7451	0.0000	0.0000	0.0000	1.2472	0.0000
杭州东忠软件有限公司	0.0000	0.0000	0.0000	0.1213	0.0000	0.2723	0.0000
浙江赐富化纤集团有限公司	0.0000	1.3093	0.0000	0.6938	0.0000	1.1272	0.8101
温州市亚泰进出口有限公司	0.0000	1.2864	0.3657	0.9956	0.0000	0.4519	0.0000
杭州银河线缆有限公司	0.0000	0.0000	0.0000	0.3847	0.2519	0.0000	0.0996
嘉兴市创嘉科技有限公司	0.2219	0.7788	0.0000	0.0000	0.0000	0.5206	0.0000
浙大网新科技股份有限公司	0.0000	0.0000	0.2647	0.1264	0.0000	0.0000	0.0000

由表 22-2 和表 22-5 可以看到，DEA 有效的浙江华孚集团有限公司知识管理的投入与产出的松散值均为 0，说明其知识管理投入得到了充分利用并且具有较高的产出水平。而其他 DEA 无效企业的投入与产出的松散值不完全为 0，即这些 DEA 无效企业的部分投入指标未能得到有效利用或部分产出指标的产出水平不足。

从投入方面来看，其松散值主要集中在组织结构和人力资本方面，即多数 DEA 无效企业在组织结构和人力资本方面存在着不同程度的冗余，说明大多数企业的组织结构和人力资本的利用效率较低。要达到相对有效的状态，应努力提高组织结构和人力资本的使用效率。

从产出方面来看，其松散值主要集中于创新能力上，说明创新能力产出不足是大多数企业 DEA 无效的真正原因；而需要通过增加其知识存量或经济效益从而提高效率的企业数量并不多，说明多数 DEA 无效企业没有必要一味增加知识存量和经济效益。可见，有效提高创新能力是改进企业知识管理效率的十分重要的调整途径。

以兴惠化纤集团有限公司为例，作进一步的分析。由表 22-2 可以看出，兴惠化纤集团有限公司的知识管理效率评价值仅为 0.6061，在 16 家受访企业中其效率值处于较低水平，在一定程度上反映了该企业在知识管理的投入产出配置上存在着不合理性。从表 22-5 各企业知识管理的投入与产出的松散值可以看出，兴惠化纤集团有限公司在组织结构上存在较大程度的冗余，创新能力的产出水平明显较弱。因此，其知识管理效率相对低下。兴惠化纤集团有限公司只有在充分利用组织结构投入资源的基础上提升创新能力，才能使其知识管理效率达到 DEA 相对有效。从实际调研情况来看，兴惠化纤集团有限公司是浙江省一家现代化民营集团企业，现有总资产近 30 亿元，员工 1800 余人，占地面积 60 万平方米，是以化纤纺丝、服装面料为主业的劳动密集型企业。但是，在调研中我们发现，与其他劳动密集型企业一样，该企业还存在着员工整体素质偏低，团队合作意识薄弱，企业整体科研能力不足等问题。与其他知识管理效率相对较高的企业相比，其组织结构利用效率不高，创新能力水平明显偏低，可见，现实状况与本课题组的评价结果基本吻合。

22.5　结　　论

针对标准 DEA 模型无法体现决策者偏好的缺点，课题组采用偏好 DEA 模型对浙江省 16 家大型企业的知识管理相对效率进行分析。实证分析表明，浙江省大型企业知识管理的整体效率较低，且绝大多数企业的知识管理相对效率为 DEA 无效。通过与标准 DEA 模型的评价结果比较，发现标准 DEA 模型存在一定的缺陷，而偏好 DEA 模型的评价结果更符合客观实际状况。在对 DEA 无效企业的分析与调整时，发现造成大多数企业知识管理效率低下的主要原因是知识管理投入中的组织结构和人力资本的利用率过低，知识管理产出中的创新能力不强。

根据本课题组的结论，组织结构、人力资本的利用率过低，以及创新能力产出不足，是浙江省大多数企业知识管理效率相对无效的主要原因。基于此，提出以下对策建议。

首先，优化组织结构，建立更加高效的知识共享的激励机制和创新失败的宽容机制，鼓励企业员工相互之间的沟通和交流，增强员工的团队意识，从而激发员工的学习热情，进一步增强其创新能力。

其次，完善人力资本结构，制定科学合理的职位技能标准和公平公正的绩效评价标准，减少劳动成本和提高工作效率；优化员工培训方法，重视对员工培训结果的检查和评估，避免企业培训资源的浪费，有效提升员工培训效果；提高研发投入产出转化率，使研发投入在技术创新中发挥重要作用，使之更多地转化为企业创新能力。

最后，提升企业创新能力，营造浓厚的组织创新环境和氛围，培养创新意识，强化创新激励机制，建立科学合理的企业组织创新体系，不断推出新产品或新服务、获得新专利及开辟新市场。

第 23 章

网络强度、知识转移对集群企业创新绩效的影响

"竞争战略之父"迈克尔·波特率先提出了"产业集群"（industrial cluster）这一概念，他认为集群是特定产业中互有联系的公司或机构聚集在特定地理位置的一种现象。此后，众多中外学者根据不同地域和产业的特征对产业集群的概念进行了进一步阐述，概括起来，这些学者主要强调集群两个方面的特征：一是地理集聚性；二是集群各部分的交互作用。地理集聚曾对企业集群的发展起着重要作用，但集群周期理论认为，当集群发展到成长期和成熟期之后，地理集聚将不再成为促进集群发展的关键因素，取而代之的是集群网络关系，集群企业网络关系促进集群企业创新机制形成和发展，为集群提供可持续发展的动力（吴义杰和何健，2010）。当前，产业集群内的企业一般通过集群企业网络与其他企业或其他组织机构不断地进行交流与沟通，以获取企业创新所需的知识和信息等资源。闫莹和陈建富（2010）指出，发展产业集群的当务之急，是通过调整集群内部关系网络，尽快培育与集群企业相配套的知识转移网络，发动具有关联性和互补性的集群企业积极整合资源，在互助合作中推动学习，以提高集群企业的创新能力。随着知识管理理论的发展，部分学者对知识转移与创新绩效之间的关系进行了探讨，认为通过企业间知识、技术资源的共享与交流，企业能够快速获取外部知识资源，从而提高创新绩效（Glassman，2001；Dhanaraj and Tihanyi，2004）。也有学者根据 Granovetter 的强弱关系理论提出网络强度与知识转移之间存在内在的耦合联系，弱关系具有信息传递的优势，利于显性知识的转移；强关系则有传递感情、信任和影响力的优势，有利于隐性知识的转移（Hansen and Wernerfelt，1989；Yli-Renko and Sapienza，2001）。

虽然目前国内外学者对网络强度、知识转移和企业创新绩效之间的关系进行了广泛研究，但是已有成果主要停留在案例佐证阶段（Rocha，2004；Giuliani et al.，2005），尚未明确提出网络强度、知识转移与企业创新绩效之

间具体的影响机制。此外，学者们更侧重于探究单个企业内部知识转移与创新绩效的关系，将这一问题置于产业集群层面的研究比较鲜见。可见，研究网络强度、知识转移和集群企业创新绩效之间的具体作用机制，不仅可以丰富相关理论研究成果，而且可以为集群企业创新实践提供指导。课题组拟构建网络强度、知识转移与集群企业创新绩效关系模型，应用结构方程模型方法，并以浙江省集群企业为调查对象，对上述问题进行实证研究。

23.1 理 论 基 础

23.1.1 网络强度对集群企业创新绩效的影响

集群企业网络强度是指集群网络中各节点之间关系的强弱，是集群网络关系研究中的重要特征变量。早在 20 世纪 70 年代 Granovetter 就提出关系强度是指人与人、组织与组织由于沟通交流而形成的一种关系纽带，包括节点之间交流的时间、情感的紧密程度、熟悉程度和互惠性等四个方面。产业集群形成过程本身就是集群内企业网络关系形成的过程，集群网络形成和发展的状况直接影响集群的创新能力及可持续发展能力。创新绩效一直是应用经济学和管理学领域学者关注的重要问题。Hagedoorn 和 Cloodt（2003）认为，狭义上创新绩效是指企业将发明创造引入市场的程度，而广义上创新绩效是指从概念产生到将其引入市场整个过程所取得的发明、技术、创新三个方面的绩效。上述定义主要强调的是企业的技术创新绩效，而这里讨论的创新绩效是技术创新绩效和管理创新绩效两个方面的综合。管理创新指企业根据其内外环境的变化及企业的生产力发展水平和自身各种资源状况，所进行的一系列管理观念、管理方式的调整和优化（史仕新，2002）。

关于网络强度和集群企业创新绩效之间的关系，Powell 等早在 20 世纪 90 年代就提出企业网络是产生新思想和信息的重要来源，通过组织间学习能够获取和使用伙伴企业的知识资源，促进企业的技术创新。蔡宁和潘松挺（2008）研究了网络强度与技术创新模式的耦合性问题，认为弱关系因其低成本和低信息冗余度的特点能够向关系网络提供异质性信息，有利于企业进行探索式创新；而强关系之间建立的信任关系有利于传递复杂知识，便于企业进行利用式创新。闫莹和陈建富（2010）的实证研究也表明，网络强度对产业集群竞争优势有显著的正向影响，他们所分析的竞争优势包括集群企业的技术创新能力和组织学习能力。基于以上分析，提出以下假设，拟加以验证。

H23-1：网络强度对集群企业创新绩效有显著的正向影响。

23.1.2 知识转移对集群企业创新绩效的影响

知识转移是一个动态学习的过程，是知识势能高的主体向知识势能低的主体转移知识的过程（史仕新，2002），集群企业间的知识转移往往是双向互动，并在多个行为主体之间同时进行，知识发送方和知识接收方之间没有绝对的界限。

关于知识转移与集群企业创新绩效之间的关系，Jaffe 等（1993）认为，知识转移具有时间积累性特征，而创新首先是大量专业知识（特别是隐性知识）的学习积累过程，知识的时间积累为创新奠定基础。王毅和吴贵生（2001）发现，在产学研合作过程中，多家企业和机构共同研制复杂技术产品时，创新成功的关键是知识（特别是黏性知识）在企业间的成功转移和共享。贾晓霞和周溪召（2007）也认为，企业间通过建立战略联盟等形式来实现组织间知识转移比仅靠企业自身创造知识更加经济有效，知识能否在组织间成功转移直接影响到合作创新的绩效好坏。基于以上分析，提出以下假设，拟加以验证。

H23-2：知识转移对集群企业创新绩效有显著的正向影响。

23.1.3 网络强度对集群企业知识转移的影响

关于网络强度与集群企业知识转移的关系，学者们大多根据被转移知识的类型展开分析。王晓娟（2007）在研究中指出，由于网络强度的差异，其对在集群网络内传递的知识类型的影响程度也存在差异。Matusik 和 Hill（1998）则认为，基于弱网络关系的市场交易关系，企业之间转移的是公共知识，相反，基于强网络关系，集群企业在网络中形成了信任感和互惠意识，企业更倾向于传递私人知识。至于强弱关系哪个更有利于组织间知识转移，学者们有不同的看法。弱关系优势理论秉承了 Granovetter 的"弱联系"理论，认为弱网络关系可以发挥信息沟通中"桥"的作用而有利于知识转移（王晓娟，2007）。虽然组织之间的强关系可以传递信任和影响力，但由强关系传递的大多是冗余甚至重复的信息，易造成信息通路的重叠和浪费（林润辉，2004）。另一个观点是由 Coleman 提出的，Coleman（1988）认为，具有强关系的企业间具有较强的信任感，因此，知识转移带来负面效应的不确定性的风险较少，更有利于集群内信息自由流动。其实在集群企业知识转移过程中，强关系和弱关系所起的作用是不同的，弱关系有利于信息的流动，而强关系内部的信任可能更有利于集群创新资源和其他辅助资源的获得，无论是强关系还是弱关系，都将对集群内企业间的知识转移产生影响。基于此，提出以下假设，拟加以验证。

H23-3：网络强度对集群企业知识转移具有显著的正向影响。

综上所述，概念模型如图 23-1 所示。

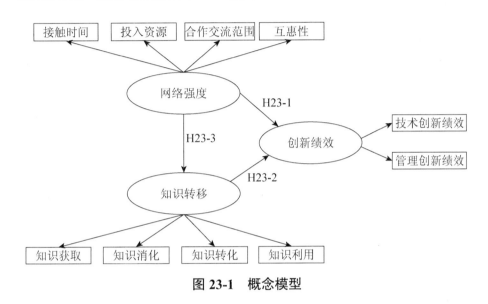

图 23-1　概念模型

23.2　模　型　构　建

23.2.1　变量测度

为确保测量的信度及效度，课题组尽量采用国内外现有文献已使用过的成熟量表，再根据研究的目的加以适当修改。例如，对于网络强度的测度量表，主要参考潘松挺和蔡宁（2010）的研究成果，采用接触时间、投入资源、合作交流范围和互惠性等四个指标来衡量网络强度，包括 16 个问题项。对于知识转移的测度量表，借鉴并修改了 Zahra 和 George（2002）的研究成果，量表包括知识获取、知识消化、知识转化和知识利用等方面的 12 个问题项。企业创新绩效有多种不同的衡量方法，这里主要参考了 Hagedoorn 和 Hill（2003）学者的测度体系，采用技术创新绩效和管理创新绩效两个非财务指标，具体包括 10 个问题项。选取集群类型这一控制变量，将绍兴纺织业产业集群、诸暨大唐袜业产业集群、台州塑料模具产业集群、温州柳市低压电器集群和永康五金制造业产业集群分别赋值"1""2""3""4""5"。问卷记分方式采用了李克特 5 分量表，其中的值"1"为完全不符合，值"5"为完全符合，请被调查者根据实际情况进行打分。对于概念的操作性定义及衡量方法，主要采用自国内外已发表的学术论文，在问卷正式定稿前，先对部分企业界人士进行问卷的预调查，以评估问卷设计及用词的恰当性；再根据预试者提供的意见对问卷进行修订。

23.2.2　研究样本

以绍兴纺织业产业集群、诸暨大唐袜业产业集群、台州塑料模具产业集群、温州柳市低压电器集群和永康五金制造业产业集群内的企业为调研对象，采用以下两种途径来收集数据。一是借助国家自然科学基金研究的推动，委托与本课题组有协作关系的政府机关和事业单位提供调查对象的相关资料等，通过邮寄、传真调查问卷和 E-mail 发出电子版问卷的方式，向上述五个产业集群内的企业进行调研；二是于 2011 年 8～10 月，实际走访绍兴、诸暨、台州、温州、永康五县、市的相关集群企业，进行实地调研，向企业中的中高层管理员工及技术员工发放问卷。通过以上两种方式，本次调研共发放问卷 3540 份。为了尽可能减少同源误差的影响，选取了有 5 名及 5 名以上人员填写有效问卷的企业作为样本企业，该企业的测评数据取这些问卷的简单平均值，整理得到有效样本 509 份。使用频数分配法对样本的基本特征进行描述，结果如下：在所有有效样本对应的企业中，绍兴纺织业产业集群的企业有 101 家，占样本总数的 19.8%。诸暨大唐袜业产业集群的企业有108 家，占样本总数的 21.2%。台州塑料模具产业集群的企业有 108 家，占样本总数的 21.2%。温州柳市低压电器产业集群的企业有 93 家，占样本总数的 18.4%。永康五金制造业产业集群的企业有 99 家，占样本总数的 19.4%。为验证问卷题项的有效性，我们进行了一次预调研，对预调研的 6 份预调研问卷主要指标均值和正式问卷的相关指标均值做 t 检验，未发现显著性差异（$p > 0.10$），同时预调研问卷各项指标与正式问卷各项指标高度相关，说明被调研者提供了有效回答。

23.2.3　信度与效度分析

1. 信度分析

本书采用 Cronbach's α 系数和因素分析累计解释量来检验各变量的信

度，Nunnally 认为当量表各项指标达到 0.7 时，衡量各变量的题项有较高的内部一致性，具有较高信度。通过运用 SPSS16.0 软件，结果如表 23-1 所示。

表 23-1　　　　　　　　　　　各变量的信度分析

变量	Cronbach's α	因素分析累计解释量
网络强度 NS	0.941	0.638
知识转移 KT	0.892	0.711
创新绩效 IP	0.889	0.679

从表 23-1 的数据可以得出模型各变量的信度检验结果：网络强度变量的 Cronbach's α 值为 0.941，远大于 0.7 的指标标准；因素分析累计解释量为 0.638，大于 0.500。这说明衡量网络强度变量的各题项体现出较高的内部一致性，具有较高的信度。同理可得，衡量知识转移变量和创新绩效变量的各题项均体现出较高的内部一致性，具有较高的信度。

2. 效度分析

采用验证性因素分析来检验各变量的效度，通过运用 AMOS17.0 软件，结果如表 23-2 所示。

表 23-2　　　　　　　　　　各变量验证性因素分析的结果

拟合度指标	网络强度 NS	知识转移 KT	企业创新绩效 IP
GFI	0.857	0.825	0.922
CFI	0.904	0.850	0.931
RMR	0.067	0.053	0.046
RMSEA	0.053	0.074	0.055
NFI	0.889	0.839	0.920
IFI	0.904	0.851	0.909

由表 23-2 可知各变量的效度检验结果：企业网络关系强度的 GFI 值为 0.857，NFI 值为 0.889，均接近 0.9 的理想水平；CFI 值和 IFI 值均达到大于 0.9 的理想水平；RMR 值略大于 0.05，仍可接受；RMSEA 值为 0.053，拟合情况很好，因此可以认定网络强度的验证性因素分析的拟合程度较好，表示衡量网络强度的各题项的收敛效度在比较理想的范围内。同理，可以认定知

识转移、集群企业创新绩效的验证性因素分析的拟合程度均较好，表示衡量企业知识转移、集群企业创新绩效的各题项的收敛效度均在比较理想的范围内。

23.3　模　型　验　证

本章利用 AMOS17.0 软件，构建如下三个模型，模型 1 是网络强度（NS）与集群企业创新绩效（IP）之间的直接模型，模型 2 是以知识转移（KT）为中介的中间变量模型，模型 3 在中间变量模型基础上，再纳入所属集群类型这一控制变量。采用结构方程模型（SEM）来检验各变量间的单向影响关系，结果如表 23-3 所示。

表 23-3　　　　　　　　　不同模型的路径系数和关系验证

假设路径	直接影响模型[a]（模型 1）	中间变量模型[b]（模型 2）	控制变量（集群类型）[b]（模型 3）				
			绍兴纺织	诸暨袜业	台州塑料	永康五金	温州电器
NS→IP	0.530***	0.063	−0.407	−0.680	0.838***	0.580	−1.347
KT→IP	—	1.870***	1.645***	1.756***	1.721**	1.282**	3.202
NS→KT	—	0.640***	0.562***	0.632***	0.743***	0.536***	0.624***
拟合度指标							
χ^2	54.44	383.29	879.76				
df	18	132	296				
GFI	0.888	0.838	0.808				
CFI	0.903	0.892	0.875				
RMR	0.032	0.065	0.055				

注：路径系数为标准化值；带*表示关系显著，假设获得支持

$p<0.01$，*$p<0.001$

a 只包括网络强度对创新绩效的直接影响

b 包括网络强度对创新绩效的直接影响，也包括知识转移在网络强度和创新绩效两个变量间的中介影响作用

模型 1 的各适配指标如下：绝对适配指数 χ^2/df 值为 3.02，略大于 3，仍然可以接受；GFI 值为 0.888，略小于 0.9，处于可接受范围；RMR 值为 0.032，达到小于 0.05 的理想适配水平。简效适配指数：PNFI 值为 0.48，PCFI

值为 0.482，均接近 0.5 的理想水平。相对拟合指数：NFI 值为 0.909，CFI 值为 0.903，IFI 值为 0.904，都达到大于 0.9 的理想水平。综合各项指标的判断，模型 1 的拟合情况尚可。

同理可知，模型 2 的拟合情况整体较好，可对假设进行验证。验证结果表明网络强度和创新绩效之间的单向影响系数为 0.063，未达到显著水平，假设 H23-1 未通过检验。但知识转移和创新绩效之间的单向影响系数为 1.870，达到显著水平，假设 H23-2 获得支持。同理可见，网络强度和知识转移之间的单向影响系数为 0.640，达到显著水平，假设 H23-3 获得支持。可见，知识转移在网络强度和集群企业创新绩效之间起完全中介作用。

同理，综合各项指标判断，模型 3 的拟合情况整体较好，可对假设进行验证。验证结果表明在绍兴纺织业产业集群中，网络强度和创新绩效之间的单向影响系数为 -0.407，没有达到显著水平，假设 H23-1 未获得支持；知识转移与创新绩效、网络强度与知识转移之间的单向影响系数分别为 1.645 和 0.562，均达到显著水平，假设 H23-2 和 H23-3 均获得支持。进一步分析诸暨大唐袜业产业集群和永康五金产业集群的数据计算结果可知，在这两个产业集群中，各指标间的单向影响结果与绍兴纺织业产业集群相同，不再一一赘述。而在台州塑料模具产业集群中，网络强度与创新绩效、知识转移与创新绩效、网络强度与知识转移之间的单向影响系数分别为 0.838、1.721 和 0.743，均达到显著水平，假设 H23-1、H23-2 和 H23-3 均获得支持。在温州柳市低压电器产业集群中，网络强度与创新绩效、知识转移与创新绩效之间的单向影响系数分别为 -1.347 和 3.202，均未达到显著水平，假设 H23-1 和 H23-2 均未获得支持；网络强度和知识转移之间的单向影响系数为 0.624，达到显著水平，假设 H23-3 获得支持。可见，在不同的产业集群中，中介变量模型的检验结果存在差异。

模型 1 的研究结果表明，网络强度对创新绩效具有显著正向影响。集群内企业间及企业与各机构间的紧密联系，有利于企业与其他企业或组织机构进行知识、信息的沟通交流，丰富企业自身知识存量。同时，与同类企业的合理竞争，有助于激发企业创新行为。创新资源不断丰富更新，创新理念不断优化，进而提升企业的创新绩效。因此，集群企业应该通过加强网络关系来提高创新绩效。一方面，集群企业应重视集群内部企业间及集群内企业与各机构间的正式与非正式交流互动，增加互动频率、扩大交流范围；另一方面，集群企业应为维护网络关系加大合作资源投入，并且在与其他企业或机构交流合作过程中真诚地为对方利益考虑，培养集群内各企业间及企业与机构间相互信任的关系。

模型 2 的研究结果表明，网络强度并不直接影响浙江省集群企业的创新绩效，知识转移在网络强度与创新绩效之间起完全中介作用。网络强度增强，意味着集群企业间及企业与集群内各机构间的高频率交流，同时交流时间延长，合作交流范围拓宽，为维护网络关系而投入的资源增加，交流双方间的互惠性增强，这些都有助于集群内企业间及企业与各机构间的知识转移。因此，为提升企业创新绩效，企业需要以开放的心态加强各内外部联系，提高企业内外的信任度，以创造更多获取和利用知识的机会，提升企业的知识转移能力。

通过分析模型 3 的研究结论，我们发现，从纵向来看，无论是绍兴纺织业产业集群、诸暨大唐袜业产业集群、台州塑料模具产业集群还是永康五金制造业产业集群，集群内的企业生产涉及完整的产业链，专业化分工明确。例如，绍兴纺织业产业集群内的企业涉及化纤、织造、印染、服装等行业，台州塑料产业集群则已形成由塑料机械生产设备、塑料模具制造技术、塑料制品加工企业、塑料原料加工企业和塑料原料供给与塑料制品销售市场组成的完整产业链。产业链上的企业通常会维持持续合作的强网络关系，企业间的知识可以沿着产品价值链在各企业间实现有效转移，从而提高集群企业创新绩效。从横向来看，上述四个集群中同类企业间多选择合作竞争，共同发展。在访谈中获知，在诸暨大唐袜业产业集群中，同类型、同层次的企业之间往往愿意公开自己的技术知识和信息，通过共同合作降低某些技术服务的购买价格，有助于推进技术的不断革新。合作竞争的网络关系大大提高了知识转移的效率，从而提高集群企业创新绩效。此外，绍兴纺织业产业集群、诸暨大唐袜业产业集群、台州塑料模具产业集群和永康五金制造业产业集群还通过互联网络加强集群内企业间及集群内企业与集群外部企业之间的信息联系，绍兴网上轻纺城、诸暨大唐袜业网、永康五金网和中国台州塑料城等网站均对集群内外部开放，这一形式加强了企业间的网络强度，为集群企业知识转移提供了广阔的平台，从而有效提高了集群企业创新绩效。

那么在温州柳市低压电器集群企业中，为什么网络强度对创新绩效没有显著的正向影响呢？在调研中发现，温州低压电器集群企业间拥有成熟密集的网络，集群成员企业间联结关系呈现锥型结构。处于锥型关系网络顶端的是以正泰、德力西等 30 多家较大型企业集团构成的核心企业层；从事低压电器元件的装配、检测和销售的中型企业在产业网络中处于中间层次；而承担最基础的配件生产的众多小微型企业及家庭工厂构成锥型结构的基底。另外，行业协会、金融机构、货运公司、顾问公司、咨询公司、律师事务所、会计师事务所、商标事务所等中介组织成为锥型关系网络的辅助支撑系统。这种锥型结构特点导致温州低压电器集群企业创新主要集中在处于锥型关系网络顶端的大型企业内（如正泰集团在柳市和上海分别成立专门的研发中心，目前已有 100 多项专利，高新技术产品占全部产品的 40% 以上，其中自主研发的万能式断路器和塑壳式断路器处于国际领先水平），而处于中层及基层的中小企业则将更多的资源投入到对大企业创新成果的模仿中。由于地理的邻近性，温州柳市低压电器中小企业间有频繁的对话和沟通，且各中小企业对劳动力的知识与技能要求具有相似性，客观上有利于本地劳动力市场的形成和劳动力的频繁流动，这些都有助于知识在集群企业间自由流动。但在调研中发现，温州柳市低压电器主要以来样加工的方式进行生产，市场上的低压电器制品以仿制为主，产品品种和规格雷同且均处于价值链底端。虽然温州柳市低压电器中小企业间有很强的网络关系，也能有效地进行知识转移，但所转移的知识专业性弱且同构性过强，大多是冗余和重复的知识，对企业创新绩效不会产生显著影响。

23.4　结论与展望

本章从知识转移的视角研究网络强度对于集群企业创新绩效的作用机制，证实了知识转移在网络强度与集群企业创新之间起到完全中介作用。主要结论如下。

第一，网络强度对集群企业创新绩效具有显著正向影响。研究结果表明，网络强度越强，集群企业创新绩效越高，这进一步证实了闫莹和陈建富及 Larson 等学者的研究结果。但是，目前学术界对网络关系强度与企业创新绩效的相关关系尚未获得一致结论，对强弱关系哪一个更有利于提高企业创新绩效的争论被称为"关系嵌入性悖论"。支持弱关系有利论的学者认为强关系会导致冗余联系，使集群出现认知趋同现象。而弱关系可以让企业在资源量一定的情况下与更多组织建立联系，从而从外部获得更多信息（陈学光，2009）。也有学者指出网络嵌入性关系的理想强度是处于中间状态，若太强易导致关系无法解散，若太弱则关系无法持续（Koberg et al.，2003）。我们认为，弱关系的企业间信任程度低，知识保护会限制知识可获得性；而强关系的企业集群通常内聚性较强，企业间信任程度高，知识的可获得性和知识转移效率高，大量的可获得性知识的有效转移能够提高集群企业的创新绩效。

第二，网络强度并不直接影响浙江省集群企业的创新绩效，知识转移在网络强度与创新绩效之间起完全中介作用。这一结果进一步证实了 Jaffe 等（1993）、王毅和吴贵生（2001）等学者的研究结论。然而，关于知识转移与创新绩效之间的关系，目前学术界还存在另外一种观点，认为知识转移具有路径依赖性和积累性，容易导致企业落入"技术陷阱"。对于产业集群内的企业，它们在融入集群创新氛围、共享集群创新成果的同时也极易囿于集群内部，在集群中嵌入越深，对技术路径依赖性就越强，从而阻碍企业进一步创新（Kane，2010）。但是，我们认为，知识转移与集群企业创新具有内生互动关系，知识在集群内的有效转移促进集群创新，同时集群的创新势必给集群内部引入新的知识流，知识的多样性能够促进集群企业技术更新。

第三，在控制变量的影响研究中，我们发现，不同集群类型中，研究模型的检验结果是不同的。在绍兴纺织业产业集群、诸暨大唐袜业产业集群、台州塑料模具产业集群及永康五金制造业产业集群中，网络强度对集群企业创新绩效具有直接或间接的显著正向影响。而在温州柳市低压电器产业集群中，网络强度对集群企业创新绩效没有显著正向影响。

当然，研究也存在一些不足之处：一是只从知识转移的角度分析了网络强度对集群企业创新绩效的影响作用，实际上影响集群企业创新绩效的因素是多方面的，如企业战略、人力资源管理、政府导向等；二是由于人力、物力等因素的限制，运用单时间获得的数据进行了分析，而集群企业网络具有动态性，今后的研究可通过时间序列设计进一步验证各变量间的关系；三是只根据地理区域对集群进行了分类讨论，今后的研究可尝试根据集群所处行业、集群规模等分类讨论集群企业创新绩效影响机制。

第24章

基于市场导向的中小微企业竞争优势形成机制

——以知识整合和组织创新为中介

24.1 引　言

长期以来，企业竞争优势来源一直是企业管理领域学者关系的一个问题。知识经济时代的到来，使得技术知识更新速度日益加快，企业间竞争日趋激烈，企业只有具备快速的应变能力，形成并维持竞争优势，才能在激烈的市场竞争环境中生存和发展。而市场导向作为特定的企业文化模式和价值取向，能使企业更有效地回应顾客需求和竞争威胁，在市场竞争中处于有利位置，继而获得竞争优势。知识管理理论则认为，知识资源将取代有形的物质资源，成为新时期企业赢得竞争优势的最重要因素，知识管理已经成为企业或其他组织适应复杂经济社会环境、获取竞争优势和维持市场地位的重要手段（谢洪明等，2006；蒋天颖等，2010）。张明等（2008）学者指出，企业倡导市场导向战略及提升知识管理水平能够推动组织创新和形成竞争优势。

国内外很多学者对市场导向是否影响及如何影响企业竞争优势进行了大量的实证研究，大多数学者认为市场导向是企业取得竞争优势的关键要素，但对市场导向通过何种方式影响竞争优势这一问题，学者们尚未达成共识。同时，中小微企业作为市场经济的重要组成部分，已成为国民经济发展的生力军，在市场竞争中显现出独特的竞争优势。然而，国内很少有学者以中小微企业为研究对象，对其竞争优势的形成机理进行系统研究，对市场导向和知识整合如何影响其竞争优势进行深入探讨。因此，课题组通过实证调研，以浙江省136家中小微企业为调查对象，运用结构方程模型系统分析中小微企业市场导向、知识整合、组织创新和竞争优势之间的关系，从而为中小微企业在市场竞争中赢得优势提供一些可行性建议。

24.2　研　究　综　述

24.2.1　市场导向对知识整合、组织创新、竞争优势的影响

市场导向是一种组织文化，能够最大限度地诱发企业创造客户价值的行为，进而提升组织绩效。市场导向由客户导向、竞争者导向、跨部门协调、长期目标和利润导向等五部分内容构成。企业积极关注客户、竞争者及市场信息，有助于实现外部知识的获取，拓宽组织的知识吸收通道，提高组织的知识整合能力。市场导向是一个多步骤的学习过程，能够提升组织的学习能力和知识整合能力。Jiménez-Jiménez 和 Cegarra-Navarro（2007）通过对西班牙 451 家公司的实证研究发现，客户导向和竞争者导向均对知识整合产生显著的正向影响。此外，他还发现市场导向能诱发适应性与创新性学习，对组织学习产生显著的正向影响。中小微企业作为当前市场经济的重要主体之一，必须注重市场导向，提高企业的知识整合能力，推动组织学习。

基于此，提出如下假设。

H24-1：市场导向对中小微企业知识整合有显著的正向影响。

市场是组织新理念新思想的重要来源，市场导向战略有助于在组织内部营造一种创新氛围，强化组织创新能力，市场导向战略能够推动企业的管理创新和技术创新。Baker 和 Sinkula（2009）通过对美国圣迭戈 800 家小微赢利企业的调查后发现，客户导向和利润导向对组织创新产生显著的正向影响。余志（2007）以我国长三角地区的部分企业为调查对象进行实证分析，认为组织应该倡导市场导向型文化，关注客户的需求变化和竞争者的营销与技术动向，从而促进组织创新。中小微企业为了在激烈的市场竞争中站稳脚跟，必须实施市场导向战略，根据外部市场信息和客户需求，推进企业的管理和技术创新。

基于此，提出如下假设。

H24-2：市场导向对中小微企业组织创新有正向影响。

Langerak（2003）通过调查荷兰 122 家制造企业，对市场导向和企业定

位优势两者之间的关系进行了实证研究，指出客户导向、竞争者导向对差异化优势产生显著正向影响，利润导向对成本优势产生显著正向影响。简兆权等（2008）则以我国 110 家企业为样本，探讨了市场导向、质量导向与企业绩效之间的关系，研究发现企业的市场导向战略能够有效提升企业的绩效水平，市场导向型企业能够对客户的需求和市场环境的变化做出及时有效的反应，从而有助于企业实施差异化战略，塑造独特的产品优势，提升企业的竞争实力。

基于此，提出如下假设。

H24-3：市场导向对中小微企业竞争优势有正向影响。

24.2.2　知识整合对组织创新、竞争优势的影响

在知识经济时代，企业需要不断通过对外部知识的吸收、提炼，并与内部自身知识相整合创造新知识，推动组织创新，从而确立企业的竞争优势。较强的知识整合能力有助于实现组织的管理创新和技术创新。简兆权等（2008）对我国珠三角地区六大高科技产业中的 124 家高科技企业进行了实证研究，发现知识整合对组织创新具有显著正向影响，并指出企业应充分整合组织内外部知识，实现知识价值最大化，提升组织的创新能力。

基于此，提出如下假设。

H24-4：知识整合对中小微企业组织创新有显著的正向影响。

如何将组织从外部获取的知识内化为自身知识，并通过整合创造出新知识，是组织在知识管理实践中的核心问题，也是组织构建核心能力、形成竞争优势的关键环节（谢洪明等，2007a）。De Boer 等（1999）认为，企业的竞争优势来源于对企业内外部知识的整合，较强的知识整合能力能促使企业在快速变化的竞争环境中识别机会，将技术知识运用于新产品开发，从而巩固企业的市场地位。Grant（1996）也认为，知识整合能力有助于提高组织学习绩效和竞争优势。同时，通过构建知识状态属性与技术核心能力之间的关系模型，研究了知识状态及其属性对企业技术核心能力的影响程度，实证研究表明企业知识状态及其属性构成对企业核心技术能力具有显著影响，通过整合和结构化所形成的核心知识能够进一步增强企业的技术能力，提升企业的竞争优势。

基于此，提出如下假设。

H24-5：知识整合对中小微企业竞争优势有显著的正向影响。

24.2.3 组织创新对竞争优势的影响

组织创新是组织持续成长、获得长期竞争优势的关键因素，Petersen 等（2004）认为，企业若无法实现持续创新，将缺乏竞争优势，无法适应竞争激烈的市场环境。同时，探讨了企业创新能力对竞争优势的影响机制和作用路径，研究结果表明，组织创新能力有助于增强企业资源整合能力及将创新知识转化为有价值的商业成果的能力，产品创新和模式创新有助于形成企业的短期优势，而技术创新有助于加强企业的长期优势。朱瑜等（2007b）则对组织学习、组织创新和企业核心能力之间的关系进行了实证研究，发现组织创新对核心能力产生显著正向影响，管理创新有助于增强组织管理和资源控制能力，技术创新则能够增强组织的研发能力。

基于此，提出如下假设。

H24-6：组织创新对中小微企业竞争优势有显著的正向影响。

综合上述研究假设，确定了研究概念模型，如图 24-1 所示。市场导向和知识整合通过影响企业的组织创新来提升企业竞争优势。

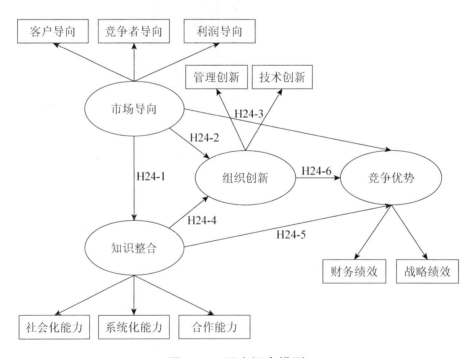

图 24-1 研究概念模型

24.3　信效度分析

24.3.1　变量测量

本章的大部分量表主要采用国内外现有文献已使用过的量表，并在问卷正式定稿前对部分企业进行了预调研，再根据预调研对象提供的意见对问卷进行进一步完善。问卷采用了通用的李克特 5 分量表形式，其中"5"代表非常符合，"1"代表非常不符合。

市场导向的量表参考了谢洪明等（2007a）的研究，分为客户导向、竞争者导向和利润导向三个维度；知识整合的量表主要参考了 Petersen 等（2004）、Nonaka 等（2000）的研究，分为社会化能力、系统化能力和合作能力三个维度；组织创新的量表参考了许庆瑞等（2005）、谢洪明等（2007a）的研究，分为管理创新和技术创新两个维度；竞争优势的测量主要参考了 Gomes 等（2007）、Nonaka（1994）的研究，分为财务绩效和战略绩效两个维度，其中财务绩效是对企业现有优势的测量，战略绩效是对企业长期可持续发展的能力的测量。

24.3.2　研究样本

本章主要以浙江省的杭州市、温州市、宁波市、嘉兴市、台州市、绍兴市和金华市等 7 个地区的中小微企业为调查对象。鉴于企业的中高层管理者能够对企业状况、问卷的信息有比较全面的了解，因此发放对象多为中高层管理人员，其中微型企业的问卷发放对象为私营企业主。在发放方式和渠道方面，主要为电子邮件和当面填写两种方式。其中通过电子邮件的方式共计发放问卷 210 份，最终回收 121 份，其中有效问卷 92 份，问卷回收率和有效问卷率分别达到 57.6% 和 76.0%；通过当面填写的方式共计发放问卷 105 份，回收 105 份，其中有效问卷 87 份，问卷回收率和有效问卷率分别达到 100% 和 82.9%。本次调研共计发放问卷 315 份，回收问卷 226 份，有效问卷 179 份，问卷回收率和有效问卷率分别为 71.7%、79.2%。为了消除同源误差的影响，在咨询相关专家意见的基础上，对涉及同一家企业的多份调查问卷，取多份问卷的简单平均值。

本章主要使用频数分配等方法对样本的基本特性进行统计分析，包括企业规模、企业创新模式和区域分布，具体情况如下：①根据 2011 年 7 月国家工业和信息化部等四部门联合发布的《中小企业划型标准规定》，按照雇员人数划分企业规模：在所有的样本企业中，属于中型企业有 62 家，占样本总数的 45.6%；属于小型企业有 44 家，占样本总数的 32.4%；属于微型企业有 30 家，占样本总数的 22%。②按企业创新模式划分：在所有样本企业中，属于自主创新模式的企业有 31 家，占样本总数的 22.8%；属于模仿创新的企业有 63 家，占样本总数的 46.3%；属于合作创新模式的企业为 42 家，占样本总数的 30.9%。③按地理区域划分：在所有样本企业中，杭州企业 29 家，占 21.3%；温州企业 24 家，占 17.6%；宁波企业 17 家，占 12.5%；嘉兴企业 17 家，占 12.5%；台州企业 15 家，占 11.0%；绍兴企业 18 家，占 13.2%；金华企业 16 家，占 11.9%。

24.3.3 信度与效度检验

本章采用 Cronbach's α 系数来检验问卷的信度。市场导向、知识整合、组织创新与竞争优势的 Cronbach's α 系数分别为 0.863、0.892、0.881 和 0.932。所有变量的 Cronbach's α 值都达到了 0.7 以上，表明所有因子的相应问题项之间具有很强的一致性，问卷具有较好的信度。问卷改编自国内外比较成熟的量表，并咨询了相关领域的专家且进行了预调研后的修改，因此课题组认为本章所采用的量表能够符合内容效度的要求。

在上述分析的基础上，进一步对量表进行区别效度检验。采用区别效度的检验方法，分别对市场导向、知识整合、组织创新与竞争优势各个量表进行检验。首先生成多个模型，分别为未限制模型（变量所包含的因素间不加以限制）与限制模型（变量所包含的因素的两两相关系数限定为 1），然后将限制模式与未限定模式进行卡方差异度检验，若卡方值差异量愈大且达到显著水平，表示变量中各因素的区别效度愈高（吴明隆，2013）。检验结果如表 24-1 所示。

表 24-1   各量表区别效度分析

模式	χ^2	df	$\Delta\chi^2$
市场导向的区别效度分析			
未限定测量模式	150.22	74	
客户导向与竞争者导向的相关系数限定为 1	157.28	75	7.06[**]

续表

模式	χ^2	df	$\Delta\chi^2$
市场导向的区别效度分析			
客户导向与利润导向的相关系数限定为 1	163.56	75	13.34***
竞争者导向与利润导向的相关系数限定为 1	161.17	75	10.95***
知识整合的区别效度分析			
未限定测量模式	88.56	41	
社会化能力与系统化能力的相关系数限定为 1	100.34	42	11.78***
社会化能力与合作能力的相关系数限定为 1	95.39	42	6.83**
系统化能力与合作能力的相关系数限定为 1	100.65	42	12.09***
组织创新的区别效度分析			
未限定测量模式	36.79	19	
管理创新与技术创新的相关系数限定为 1	46.81	20	10.02**
竞争优势的区别效度分析			
未限定测量模式	63.96	26	
财务绩效与战略绩效的相关系数限定为 1	79.84	27	15.88***

$**p<0.01$（$\chi^2(1)=6.63$），$***p<0.001$（$\chi^2(1)=10.83$）

根据表 24-1 可以看出，各研究变量的卡方差异值大且均达到显著性水平，说明各变量具有较高的区别效度。

结构方程模型方法可以较好地揭示各相关变量的内在影响关系，为了更好地分析中小微企业市场导向、知识整合、组织创新和竞争优势之间的关系，我们将尝试运用结构方程模型方法来分析。统计软件为 AMOS 7.0。

24.4　理论模型估计

24.4.1　理论模型估计

利用极大似然法，对理论模型进行结构方程模型估算，结果如表 24-2 所示。

表 24-2　　　　　　　　　假设检验结果及拟合度指标

研究假设	假设内容	路径系数	p 值	检验结果
H24-1	市场导向→知识整合	0.431***	0.000	支持
H24-2	市场导向→组织创新	0.327**	0.002	支持

续表

研究假设	假设内容	路径系数	p 值	检验结果
H24-3	市场导向→竞争优势	0.245^{**}	0.005	支持
H24-4	知识整合→组织创新	0.487^{*}	0.028	支持
H24-5	知识整合→竞争优势	0.285	0.347	不支持
H24-6	组织创新→竞争优势	0.334^{***}	0.000	支持
拟合度指标				
χ^2	57.86	CFI		0.946
df	29	IFI		0.946
GFI	0.892	RMSEA		0.063

$*p<0.05$，$**p<0.01$，$***p<0.001$

卡方与自由度的比值介于 1 到 3 之间，表明假设模型的适配度较佳；适配度指标 GFI、CFI、IFI 值的理想数值范围是大于 0.9，RMSEA 值低于 0.05。RMSEA 值等于 0 代表完全拟合，小于 0.05 代表接近拟合，0.05～0.08 代表相当拟合，0.08～0.1 则代表一般拟合。

由表 24-2 可以发现，卡方与自由度的比值为 1.995，拟合指标 IFI 和 CFI 值都大于 0.9，GFI 值为 0.892，略小于 0.9，属于可接受水平，RMSEA 值为 0.063，达到相当拟合水平。可见，模型的拟合情况整体较好，可对假设进行验证。验证结果表明，除了 H24-5 的路径系数未能达到显著水平外，其余假设均获得支持。

24.4.2 多群组模型估计

通过引入企业规模和创新模式这两个控制变量，进行多群组分析，以进一步研究模型中各变量间的关系，结果如表 24-3 所示。

表 24-3　　　　　　　　　企业规模和创新模式的多群组分析

研究假设	控制变量（规模）			控制变量（创新模式）		
	微型	小型	中型	自主创新	模仿创新	合作创新
H24-1	0.368^{*}	0.374^{**}	0.472^{**}	0.335^{**}	0.394^{**}	0.415^{**}
H24-2	0.332	0.264	0.326^{*}	0.331^{**}	0.347^{***}	0.214^{**}
H24-3	0.263	0.251	0.361^{***}	0.244^{**}	0.358^{*}	0.293^{**}
H24-4	0.526^{*}	0.434^{*}	0.422^{**}	0.364^{**}	0.471^{***}	0.447^{**}

续表

研究假设	控制变量（规模）			控制变量（创新模式）		
	微型	小型	中型	自主创新	模仿创新	合作创新
H24-5	0.068	0.063	−0.165	0.079	−0.114	−0.075
H24-6	0.093	0.087	0.269***	0.336***	0.243*	0.302**
拟合度指标						
χ^2	184.217			143.011		
df	87			87		
χ^2/df	2.117			1.644		
GFI	0.884			0.878		
CFI	0.915			0.949		
IFI	0.918			0.951		
RMSEA	0.069			0.052		

*$p<0.05$，**$p<0.01$，***$p<0.001$

由表 24-3 可知，在控制变量企业规模的影响下，卡方与自由度的比值为 2.117，拟合指标 CFI 和 IFI 值均大于 0.9，GFI 值为 0.884，略小于 0.9，属于可接受水平，RMSEA 值为 0.069，达到相当拟合水平。可见，模型的拟合情况整体较好，可对假设进行验证。验证结果表明，对于小微企业而言，只有假设 H24-1 和 H24-4 获得支持，假设 H24-2、H24-3、H24-5 和 H24-6 均未获得支持；对于中型企业而言，除假设 H5 没有获得支持外，其余假设均获得支持。

在控制变量创新模式的影响下，卡方与自由度的比值为 1.644，拟合指标 CFI 和 IFI 值均大于 0.9，GFI 值为 0.878，略小于 0.9，属于可接受水平，RMSEA 值为 0.052，达到相当拟合水平。可见，模型的拟合情况整体较好，可对假设进行验证。验证结果表明，无论中小微企业采取何种创新行动，除假设 H24-5 未获得支持外，其余假设均获得支持。

24.5　结论与讨论

通过上述分析，课题组得到了一些基本结论，并发现了一些值得深入探讨的问题。

第一，市场导向对中小微企业知识整合产生显著正向影响。市场导向是知识整合的基础，为知识整合提供了"源泉"，组织市场导向战略实施成功与否在很大程度上决定了组织知识的整合能力强弱。客户导向和竞争者导向有助于组织获取客户及竞争者的知识，利润导向有助于组织有效收集产品或服务市场的相关信息，从而为组织对内外部知识的整合提供了保障。因而，企业尤其是中小微企业必须重视市场导向，通过建立起自己的信息收集机制或信息平台，动态跟踪外部市场环境变化，提高企业获取信息、利用信息的能力，提升组织的知识整合能力。

第二，市场导向既直接影响中小微企业组织创新，又通过知识整合对组织创新产生间接影响。研究结果表明，市场导向与知识整合是组织创新的两个重要前因变量，是组织创新的驱动力。对于我国中小微企业而言，在从事创新活动时，需要构建市场导向战略来提升组织的创新能力，同时也需要关注企业的知识整合能力，只有将外部获取的知识与企业自身的内部知识进行系统的组合或重构，并有效地应用于组织创新，才能实现知识价值最大化，推动组织创新。因此，中小微企业应该营造有利于知识共享和知识整合的文化氛围，在组织内部建立有效的基于市场导向的知识整合机制，从而提升组织的创新能力。

第三，市场导向既直接影响中小微企业竞争优势，又通过知识整合和组织创新对竞争优势产生间接影响。研究发现市场导向对竞争优势存在显著的正向影响，同时还通过知识整合和组织创新两条路径间接影响竞争优势。事实上，市场导向型的中小微企业能够通过不断汲取外部知识来提高自身的知识整合能力，并通过对组织内外部知识的整合和新知识的再创造来提高组织创新能力，进而确立竞争优势。因此，对我国中小微企业而言，仅仅依靠市场导向战略来提升企业竞争优势是远远不够的，中小微企业还必须注重知识整合能力和组织创新能力的培育。

第四，组织创新在知识整合和中小微企业竞争优势之间起到了完全中介作用。研究发现知识整合能力只是提升企业竞争优势的一个外部条件，不产生直接影响，而需要一定的组织创新环境为基础。组织创新在知识整合和中小微企业竞争优势之间起"催化剂"作用，中小微企业必须提升管理创新和技术创新能力，从而确立竞争优势。

第五，研究发现，市场导向对小微企业的组织创新和竞争优势无显著正向影响,知识整合和组织创新对竞争优势也均无显著正向影响;中小微企业无论采取何种创新方式,研究模型的检验结果基本相同。事实上,小微企业由于受到自身所处的市场地位、员工的综合素质和技术能力的影响,无论其是否积极关注客户需求、竞争者动态及市场信息和注重知识整合能力,都无法较好地推动组织的管理创新和技术创新,这也是众多小微企业"短命"的原因之一。因此,对于小微企业而言,应该注重企业自身内部能力的提升,通过加强员工的培训和引进高素质人才,提高企业团队的综合素质。此外,小微企业还应该通过实施技术专业化策略,不断提高产品和服务的专业化水平,树立自身的市场品牌,从而形成竞争优势。同时,中小微企业应明确各岗位职责分工,建立相关制度和程序以规范组织内外部知识交流活动,鼓励员工进行跨部门知识共享,从而提高知识整合能力,推动组织创新。

第 25 章

企业社会资本与竞争优势的关系研究

——基于知识的视角

　　企业竞争优势的来源一直是组织领域研究的核心问题。企业资源理论认为，企业的长期竞争优势来自企业所拥有和控制的有价值、稀缺、难以模仿和难以交易的特殊资源和战略资产，尤其是一些异质性资源。但是随着经济全球化和科学技术的迅猛发展，越来越多的企业认识到，要在竞争激烈的市场环境中获得和保持竞争优势，不仅依赖于企业自身拥有的资源或能力，还依赖于企业的社会资本，任何企业都处于关系嵌入和结构嵌入之中，只有优势互补才能实现"双赢"或者"多赢"。这使得企业间关系的建立、维系和发展的重要性显现出来。新近的企业知识理论认为，隐藏在能力背后，决定企业能力的是企业的知识及与知识密切相关的认知学习，其实质是知识的获取、转移、共享和运用的过程。智力资本作为在企业的生产及管理活动中由组织知识转化而来的能够使企业实现市场价值与现有资产增值的知识资源的总和，能为企业带来持续竞争优势。

　　社会资本、智力资本和竞争优势三者之间的关系，通过交换和整合社会资本将有助于创造新的智力资本，形成竞争优势。在企业内，高密度社会资本比市场更有利于形成企业竞争优势。但是，学者们的后续研究却不多，而国内学者在这方面的研究则更少。那么，中小企业的竞争优势是怎么形成的？社会资本如何影响企业获取知识资源和竞争优势？企业的智力资本又在其中起到什么作用？在当前经济环境下中小企业如何确立竞争优势？基于此，本章以知识为主线，以企业的社会资本为出发点，来揭示企业社会资本与企业竞争优势的内在关系。

25.1　样本与模型

25.1.1　变量测度

社会资本的量表参考了 Tsai 和 Ghoshal（1998）、Adler 和 Kwon（2002）、韦影（2007）的研究，分为社会网络、信任和共同愿景三个维度。其中，社会网络用 5 个问题项来测量，信任用 5 个问题项来测量，共同愿景用 4 个问题项来测量。知识共享与创造的量表参考了 Kogut 和 Zander（1996）、柯江林等的研究，分为知识共享和知识创造两个维度。其中，知识共享用 5 个问题项来测量，知识创造用 4 个问题项来测量。智力资本主要参考了蒋天颖等（2009）的研究，分为人力资本、结构资本和关系资本三个构面。其中，人力资本设计了 4 个问题项，结构资本设计了 5 个问题项，而关系资本设计了 4 个问题项。竞争优势的量表主要参考了 Gomes 等（2007）、Hendricks 等（2007）的研究，分为财务绩效和战略绩效两个维度。其中，财务绩效用 4 个问题项来测量，战略绩效用 4 个问题项来测量。

课题组分别将以上测量指标设计成调研问卷。问卷记分方式采用了李克特 5 分量表，其中值"1"表示完全不符合，值"5"表示完全符合，由被调查者根据企业实际情况进行打分。数据分析工具为 SPSS13.0 和 AMOS5.0 软件。SPSS13.0 统计软件对假设模型中各要素进行描述性统计分析和线性回归分析，AMOS5.0 软件对假设模型的拟合度和相关假设进行检验。

25.1.2　调查样本

为了确保样本对不同区域、不同行业、不同经济类型的代表性，选取浙江省杭州市、宁波市、嘉兴市、台州市、绍兴市和金华市等 6 个地区的 72 家中小企业，进行大规模的问卷调查。本次研究样本覆盖范围较广，具有良好的代表性，基本保证了调查结果的真实性。

问卷调查工作主要是由浙江工业大学经贸管理学院的部分教师、博士生、硕士生完成的。调查前，我们对所有团队成员进行了认真培训，确保每位被调查者能完全理解问卷设计意图。调查主要采用两种方式，第一种方式是通过电子邮件发放问卷，发放对象为团队成员认识的在中小企业工作的朋友，这部分人有不少已经成为企业的骨干，对企业状况十分了解。由于团队成员与被调查者具有较好的私人关系，能保证较高的问卷回收率。调查共发放问卷 100 份，最终回收问卷 63 份，其中有效问卷 51 份，问卷回收率和有效问卷率分别达到 63% 和 51%。第二种方式是现场发放问卷，研究团队成员将纸质问卷带到企业进行调查，或在高校 MBA 课堂里，利用教师给企业人员授课的机会发放问卷，请被调查者现场填写，并现场回收。由于是现场发放现场回收，这部分问卷具有较高的有效性。这种方式共发放问卷 80 分，回收 76 份，其中有效问卷 70 份，问卷回收率和有效问卷率分别达到 95% 和 87.5%。综上可知，发放问卷总数为 180 份，收回问卷 139 份，经分析处理后，得到有效问卷 121 份，问卷回收率为 77.2%，有效问卷率为 67.2%。

25.1.3 模型构建

结合以上理论假设，确定了研究模型，如图 25-1 所示。该模型揭示了中小企业社会资本和知识共享与创造、智力资本、竞争优势之间可能存在的影响途径和相互关系。在图 25-1 中，潜在变量以椭圆形来表示，观测变量以矩阵来表示。

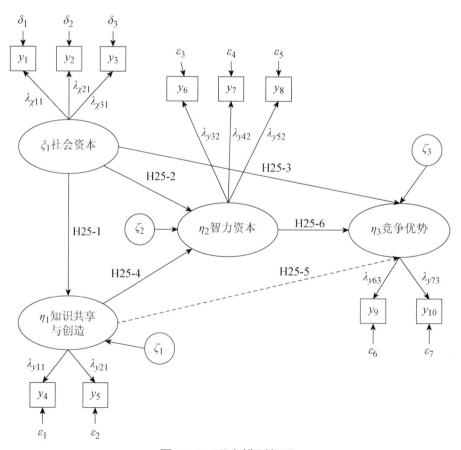

图 25-1　研究模型假设

25.2　分析与检验

25.2.1　信度和效度分析

用 SPSS13.0 检验社会资本、知识共享与创造、智力资本和竞争优势 4 个量表的信度和效度。问卷信度是指问卷度量结果的重复性，Cronbach's α 是最为常用的信度指标，Cronbach's α 值一般是介于 0 和 1，越接近于 1，说明问卷的信度越高。一般认为，Cronbach's α 值大于 0.65 即可接受。如表 25-1 所示，最小的 Cronbach's α 值为 0.894，表明所有因子的相应问题项之间具有很强的一致性，问卷（4 个量表）信度较高。

问卷效度是指度量结果是否真正是研究者所期望的结果。一般认为，因子载荷量大于 0.4，各因子变量的测度项对相应变量的整体解释程度达到 30%就可以认为这些测度项的有效性。探索性因子分析结果（表 25-1）表明，最小的因子载荷为 0.524，所选取问题项对相应变量的最小累计解释度为 64.145%，说明这 4 个量表均具有较好的收敛效度。

表 25-1　信度和效度分析

变量	测量指标	所含题项	最小因子载荷	特征值	累计方差解释率/%	Cronbach's α
社会资本	社会网络（y_1）	5	0.524	6.505	64.145	0.907
	信任（y_2）	5	0.553	1.433		
	共同愿景（y_3）	4	0.624	1.182		
知识共享与创造	知识共享（y_4）	5	0.787	5.649	75.280	0.924
	知识创造（y_5）	4	0.741	1.126		
智力资本	人力资本（y_6）	4	0.681	5.799	68.118	0.894
	结构资本（y_7）	5	0.675	1.792		
	关系资本（y_8）	4	0.751	1.264		
竞争优势	财务绩效（y_9）	4	0.754	4.684	73.962	0.898
	战略绩效（y_{10}）	4	0.800	1.233		

25.2.2　描述性分析

表 25-2 显示了变量的描述性统计，包括变量的均值、标准差及各变量

之间的相关性值。从表 25-2 可以看出，社会资本、知识共享与创造、智力资本和竞争优势之间均存在显著的正相关关系。

表 25-2　　　　　　　　　　变量的描述性统计表

	均值	标准差	社会资本	知识共享与创造	智力资本	竞争优势
社会资本	3.80	0.51	1			
知识共享与创造	3.37	0.80	0.691***	1		
智力资本	3.61	0.63	0.779***	0.757***	1	
竞争优势	3.59	0.71	0.775***	0.737***	0.788***	1

***$p < 0.001$

25.2.3　线性回归分析

为了说明企业社会资本、知识共享与创造、智力资本对竞争优势的影响，初步证实提出的基本理论框架的可行性，我们进行了线性回归分析，结果如表 25-3 所示。

表 25-3　　　　　　　　　　回归分析结果

	知识共享与创造			智力资本			竞争优势		
	β 值	S.E	t 值	β 值	S.E	t 值	β	S.E	t 值
社会资本	0.691***	0.111	9.658	0.490***	0.093	6.484	0.346***	0.123	3.915
知识共享与创造				0.419***	0.060	5.545	0.045	0.036	1.086
智力资本							0.333**	0.110	3.401
R^2	0.478			0.699			0.711		
知识共享与创造				0.757***	0.051	11.715	0.327***	0.079	3.719
智力资本							0.541***	0.099	6.151
R^2				0.574			0.667		

$p < 0.01$，*$p < 0.001$

由表 25-3 可知，当社会资本和知识共享与创造同时进入对智力资本影响的回归方程时，社会资本对智力资本有显著的正向影响（$\beta=0.490$，$p < 0.001$），同样，知识共享与创造也对智力资本产生了显著的正向影响（$\beta=0.419$，$p < 0.001$）。当社会资本、知识共享与创造、智力资本一起进入对竞争优势影响的回归方程时，社会资本和智力资本对竞争优势均有显著的正向影响（依次

为：$\beta=0.346$，$p<0.001$；$\beta=0.333$，$p<0.01$），而知识共享与创造对竞争优势的影响不显著（$\beta=0.045$，$p>0.05$），这表明智力资本在知识共享与创造和竞争优势之间起到了中介作用，使得知识共享与创造不直接影响竞争优势。而当社会资本从上述回归方程里剔除后，知识共享与创造和智力资本对竞争优势均产生了正向显著影响（依次为：$\beta=0.327$，$p<0.001$；$\beta=0.541$，$p<0.001$）。可见，线性回归的结果和提出的理论假设基本吻合。

25.2.4　整体分析模型

接着，运用结构方程模式（structural equation model，SEM）分析这些变量间整体的相互影响关系。SEM 是一种用实证资料来验证理论模式的统计方法，它融合了因子分析和路径分析两种统计技术，是当代社会科学量化研究中最重要的新兴统计方法。整体分析模型结果见图 25-2。

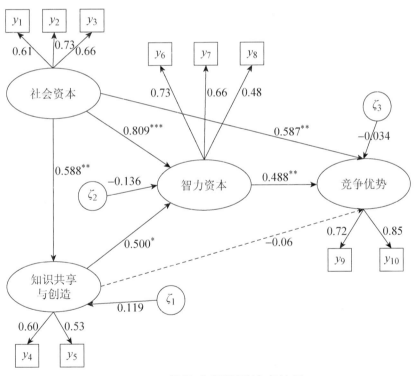

图 25-2　结构方程模型输出结果

$*p<0.05$，$**p<0.01$，$***p<0.001$

25.2.5　模型拟合优度测量

课题组使用 AMOS5.0 进行模型的整体拟合优度分析,检验结果如表 25-4 所示。用以评价模型拟合优度的指标可以分为整体拟合指标和相对拟合指标，主要包括 χ^2/df、RMSEA、GFI、IFI、TLI、CFI、NFI。一般而言，χ^2/df 值大于 1 且小于 3，表明整体拟合优度较好；RMSEA 值小于 0.08，且数值越小表明整体拟合度越好；GFI 值高于 0.9，表明整体模型拟合优度好。相对拟合指标 IFI、TLI、CFI、NFI 这四个指标高于 0.9，则说明对数据进行了较好的拟合。根据表 25-4 可以发现，除了 NFI 值接近 0.9 以外，其余指标完全符合拟合要求。因此，课题组认为，理论模型的整体模型拟合度较好，可以用来检验提出的理论假设。

表 25-4 假设模型拟合优度指标

	χ^2	df	χ^2/df	RMSEA	GFI	IFI	CFI	TLI	NFI
假设模型	39.21	29	1.352	0.068	0.910	0.970	0.968	0.951	0.893

25.2.6 假设检验

根据结构方程整体模型输出结果（图 25-2），可以整理出各变量之间的关系，详见表 25-5。

表 25-5 假设检验结果汇总表

假设	假设内容	路径系数	p 值	检验结果
H25-1	社会资本→知识共享与创造	0.588**	0.009	支持
H25-2	社会资本→智力资本	0.809***	0.000	支持
H25-3	社会资本→竞争优势	0.587**	0.007	支持
H25-4	知识共享与创造→智力资本	0.500*	0.048	支持
H25-5	知识共享与创造→竞争优势	−0.066	0.686	不支持
H25-6	智力资本→竞争优势	0.488**	0.009	支持

*$p<0.05$，**$p<0.01$，***$p<0.001$

由表 25-5 可知，社会资本对知识共享与创造有积极的正向影响（路径系数为 0.588，p 值为 0.000），假设 H25-1 得到了统计检验的显著支持。社会资本对智力资本的有积极的正向影响（路径系数为 0.809，p 值为 0.000），假设 H25-2 得到了统计检验的显著支持。社会资本对竞争优势有积极的正向影响（路径系数为 0.587，p 值为 0.007），假设 H25-3 得到了统计检验的显著支持。知识共享与创造对智力资本有积极的正向影响（路径系数为 0.500，

p 值为 0.048），假设 H25-4 得到了统计检验的显著支持。知识共享与创造对竞争优势没有显著的正向关系（路径系数为 -0.066，p 值为 0.686），假设 H25-5 没有得到统计检验的显著支持。智力资本对竞争优势有积极的正向影响（路径系数为 0.488，p 值为 0.009），假设 H25-6 得到了统计检验的显著支持。

25.3　讨论与结论

课题组根据浙江省 72 家中小企业的调研数据，分析了社会资本、知识共享与创造、智力资本和竞争优势之间的相互关系。本章提出的假设大部分得到了实证支持，主要结论如下。

第一，中小企业社会资本对知识共享与创造具有显著的正向影响。研究结果表明，中小企业社会资本对知识共享与创造有重要的促进作用。知识共享主要通过社会网络来实现，而知识创造、知识扩散等活动都是社会性过程，也离不开企业的社会网络。企业与外界频繁接触，才会有更多的机会与外界进行知识共享交流。信任是一种思维状态，即交易一方对另一方意料之中的、相互可接受的行为的预期。不论是个体之间还是组织层次的信任，在不同组织之间的交流关系中都是非常重要的。企业与其他组织建立合作关系的基本目的就是为了获取资源，彼此相互依赖、相互需要是维持这种合作关系的基础。高水平的信任能够克服组织间的障碍，降低双方的机会主义行为，通过达成共识，促进学习，增强知识的自由交流，降低获取知识的成本，还能够通过降低知识输出方对知识外溢风险的担忧，增强知识输出方的安全感而促进知识共享。共同愿景是指企业在网络中长期合作中形成共同的价值观和规范。Nahapiet 和 Ghoshal（1998）认为，人们拥有共同的语言会提高他们接近他人并获取信息的能力。企业在与其他组织交流的过程中，形成了彼此相互接受的语言、模式和价值观，这使得双方更容易进行信息交流，促进彼此间的知识共享。信任和共同愿景促进了组织间合作关系的建立，能提高沟通效率，促进企业内知识转化与整合，最终创造出新的知识。

第二，中小企业的社会资本既直接影响智力资本，也通过知识共享与创造间接影响企业智力资本。企业社会资本对智力资本有显著的正向影响显著。企业智力资本是一种知识资源，其价值体现在核心能力和竞争优势的获取上。Nahapiet 和 Ghoshal（1998）认为社会资本通过促进智力资本的交换与整合，促进新的智力资本的形成，这与本章的结论相一致。企业内良好的制度安排有利于发展高水平的社会资本，企业中高密度的社会资本比市场更有利于交换与整合智力资本。社会资本的结构、认知和关系维度在知识的转移方面都扮演着重要角色。智力资本的交换和整合，其实质就是知识的共享、整合和创造，并最终形成新的智力资本。

第三，智力资本在知识共享与创造和竞争优势之间起到了完全中介作用。根据线性回归分析结论，在排除社会资本的影响下，知识共享与创造和智力资本都对竞争优势产生了显著的正向影响；而加入社会资本后，知识共享与创造对竞争优势的影响不再显著，这说明在整体关系模型中，智力资本在知识共享与创造和竞争优势之间起到了完全中介作用。在结构方程模型检验中，知识共享与创造和竞争优势之间的路径系数也不显著，这进一步验证了回归分析的结果。事实上，如何提高智力资本是一项系统工程，企业必须充分挖掘组织学习的潜力，以学习为导向，通过提供开放的企业文化环境，促进企业员工知识共享行为的自觉产生，并创造出新的智力资本，从而确立企业的竞争优势。

第四，中小企业社会资本直接影响竞争优势，同时也通过知识共享与创造和智力资本间接地影响竞争优势。许多学者都认为社会资本能提升组织的竞争优势，但对社会资本通过何种方式影响组织竞争力却没有完全统一的认识。本章证实了社会资本对竞争优势存在正向影响，但更具有现实意义的是，这次研究还探索出一条以知识为导向的路径，即社会资本可以通过知识共享与创造和智力资本来提升竞争优势。中小企业高水平的社会资本能够积极影响企业的知识共享与创造，通过知识的持续共享和创造，积累企业的智力资本，进而提升企业的竞争优势。事实上，在形成持续竞争优势的过程中，企业的智力资本与社会资本的作用是一个互动的过程，社会化的知识创造过程需要企业的社会资本来支撑，而企业智力资本的发展也不断提升企业合作与分享知识的能力，使得企业社会资本有了新的发展。对我国中小企业而言，仅仅靠重视社会资本的积累来推动竞争优势的形成是远远不够的，还必须提倡以知识共享与创造为导向的企业文化，加大企业对学习的投入，营造良好的知识分享、整合和创造的氛围，构建完善的知识学习机制，为提升企业的竞争力提供有效的"催化剂"。

25.4 管 理 启 示

当前，在经济全球化的宏观环境下，国外企业纷纷加入到我国的市场竞争中，我国企业同样面临着走出国门的压力。在此背景下，我国中小企业必须获取持续的竞争优势才能生存和发展。本章的研究结论对中小企业的管理实践具有一定的指导意义，管理启示如下。

第一，重视企业社会资本的投资和积累。为提升社会资本结构维度的水平，企业在经营的过程中，应该针对本企业的薄弱环节，有的放矢，不断加强与相关的客户、供应商或其他企业的联系，采取技术分享、策略整合、人员往来和共同研讨等多种方式，从中获取更多知识和信息。同时也应积极将科研院所、高校和政府部门等机构纳为合作对象，使之成为企业开展技术创新活动有力的支持源。为提升社会资本关系维度的水平，企业应努力提升企业的诚信度，尽量减少企业的交易成本，大力促进各部门之间的有效沟通。目前制约中小企业发展的一个重要因素是融资难，而银行无法判断企业的真实信用水平是产生融资难的重要原因之一。在目前中小企业信誉普遍缺失的情况下，诚信是一种稀缺资源，将创造持久的价值。从世界经济发展的历史看，成熟的、有持久生命力的中小企业的发展壮大与其具有诚信的品质密不可分。为提升社会资本认知维度的水平，企业应秉着"多赢"的理念，加强与外部联系对象的信息交流，在有条件的情况下可以成立行业协会，以提供更健全的交流平台，使企业与合作方建立共同发展的战略联盟。

第二，加强企业智力资本的投入和维护。在当前大力倡导科技创新、产业升级的宏观背景下，企业的一个重要任务就是积累和发展智力资本。智力资本的构成要素之间存在互相依赖、互相促进的关系，因此这需要企业注重每个构成要素的投入，避免出现"短板"现象。为了形成竞争优势，企业不能仅以提高研发投入为手段，还需要提高结构资本，维护关系资本。同样重要的是，企业应该通过有效的人力资源管理实践来肯定员工的贡献，关心员工，强化员工对企业的组织认同，提升员工的忠诚度。同时，应加强对员工的业务培训，培养创新意识，提高员工综合素质。"高企业智力资本"可以产生"高组织学习"，进而通过显性或隐性的方式推动企业创新绩效。此外，企业在经营过程中需要注重社会资本和智力资本的结合，使社会资本与智力资本互动和双赢，从而创造出更大的价值。

第三，促进企业知识的共享与创造。在全球化环境中建立起来社会化的知识共享与学习机制，是保证区域经济持续发展的前提，也是企业获取核心能力和构建竞争优势的重要途径。然而由于我国企业在知识管理经验上的缺乏，特别是还有很多企业过于关注有形物质资源的获取和利用，或者虽然关注了技术和知识的引入但是忽视了对这些技术和知识的消化和开发利用，当前的企业并没有充分利用自身的资源和优势进行有效的知识管理。要提高企业外部的知识共享行为，企业需要付出必要的制度成本，特别是要对知识共享的各种媒介与有效渠道进行投资，为丰富企业外部知识交流创造尽可能多的机会。此外，企业应该尽可能利用区域技术创新服务平台，加强企业与科研院所、高校的产学研合作。要提高内部的知识的共享与创造行为，企业需要通过培养员工间相互的信任关系，形成良好的心理契约。只有彼此间建立了互利互惠关系，组织成员才愿意奉献出"宝贵"的知识。企业还可以通过倡导以学习为导向的企业文化，加强员工培训，增加研发投入，促进员工知识消化和应用等，提高企业的知识创造能力，由此提升企业的智力资本并获得持续竞争优势。

第 26 章

学习导向、知识管理能力对企业竞争优势的作用机制

随着经济全球化和知识时代的到来，企业的竞争力源泉将从有形的物质资源（如自然资源、金融资本等）转向无形的知识资源。基于资源的企业观认为，知识是企业最重要的资源。唯一能给组织带来持续竞争优势的就是知道如何利用知识及知道如何比竞争对手更快获取新知识。尽管人们普遍认为现代企业竞争优势来源于知识与知识管理，但企业怎样通过有效的知识管理来确立竞争优势，目前对于理论界和企业界来说，仍然是一个具有挑战性的话题。

在应用知识管理获取竞争优势的过程中，企业需要对知识进行吸收和整合，这要求组织具有一种能协调各种知识管理行为、整合存在于组织内部及组织外部的各种知识的能力——知识管理能力。国外学者已对知识管理能力与学习导向、组织创新、竞争优势的相关关系进行了大量研究，研究发现卓越的组织知识管理能力可以促使组织激发知识的创造、分享与重复使用，以实现组织学习并延续组织生命的目标。基于知识管理的组织竞争力取决于组织的知识设施能力和知识过程能力，并且这种竞争力与组织创新之间存在着显著的影响关系。Dröge 等（2003）的实证研究认为，组织的学习导向行为会促进组织学习，进而促使企业更有效地配置资源，获取并不断增强知识管理能力，快速响应竞争对手以满足顾客需求，实现企业的可持续发展。通过查阅国内文献，我们发现研究者大多关注知识管理能力的构成要素及评价体系的研究，而知识管理能力对企业竞争优势影响作用的实证研究较为缺乏，且未能把学习导向、知识管理能力、组织创新和竞争优势之间有机结合起来。那么，我国企业的学习导向的结构是怎样的？学习导向各维度与知识管理能

力呈现出怎样的关系？知识管理能力又是如何影响组织创新和竞争优势的？国外的研究结果适用于我国吗？基于此，本章试图通过构建一个由学习导向、知识管理能力、组织创新和竞争优势组成的基本构架，并以长三角地区167家企业为实证研究对象，对上述构架进行结构模型分析与验证，以期揭示我国企业知识管理能力对竞争优势的总体作用机制，为企业管理实践提供启示。

26.1 理论假设和研究框架

26.1.1 理论假设

1. 学习导向对知识管理能力的影响

学习导向可以视为着眼于企业内部资源与外部产出的市场互动中的一种战略决策观念与模式，经学习导向引导所形成的知识具有组织专属性、难以交易性，是组织应对动荡环境，增强知识管理能力的主要法宝。综合Kostova（1999）、蒋天颖和施放（2008）的研究成果，本章尝试将学习导向划分为团队导向、记忆导向、信息导向、市场导向、系统导向等五个维度，分别探究其对知识管理能力产生的影响。

Nonaka 等（2000）指出，团队导向的作用在于促进组织形成一种共同合作、分享知识的氛围。他认为，团队成员通过密切合作，能够互相了解彼此的特殊技能和知识，可以有效缩短知识获取所需时间和提高知识获取的精准度，创造和形成新知识，提升知识管理创新能力。Fong（2003）构建了多学科项目团队内部知识转化模型，并进行了实证研究，研究结论和Calantone 等（2002）的观点一致，进一步证实了团队导向会对知识管理能力产生积极的正面影响。

Stein（1995）强调，记忆导向引导下的知识是被组织成员共同认可的，且不随着员工的离职而流失，具有集体性，这为保持知识管理过程能力的完整性和持续性提供了重要保障。此外，他进一步强调，记忆导向还具有历史性和价值性，它通过指引组织将原有的知识运用于当前活动，将有效促进组织知识管理效率的提高。记忆导向下形成的知识往往在组织中以规章制度的形式存在，其对知识管理产生驱动力，对组织的日常工作具有监督作用，为知识管理支持能力提供了有力的制度保障。

信息导向引导下的组织能够系统化地处理和利用信息，建立以先进信息技术为基础的知识管理系统，保证了知识的创造、共享和应用，所形成的知识管理创新能力和支持能力能够保障组织适应知识时代的要求。Alavi 和 Leidner（2001）的研究成果表明，信息对知识管理的贡献主要包括以下三点：可以提供快速的学习渠道或者平台；可以快速储存、取用、更新信息；能够将结构化知识在组织中垂直与水平扩散。

Kim 和 Inkpen（2005）指出，在外部复杂多变的环境中，组织整体系统导向具有更强的适应性和持续性，能不断完善和更新组织内部知识，有效提升知识管理能力。同时，系统导向的强调组织应从全局出发，构建重大战略部署安排，通过各部门间、团队间的交流合作，引导组织进行有效的知识管理。

Dewar 和 Dutton（1986）认为，市场导向引导组织通过学习了解外部顾客和竞争者的信息，掌握影响顾客购买的因素，预测竞争者要采取的行动，并对产品和服务创新做出反应，其本质属于学习导向。Farrell 和 Oczkowski（2002）通过对美国高科技企业的实证分析，指出了企业能否成功的关键在于对外部不断变化的环境是否具备足够的知识反应能力，而市场导向的实施能够使企业具备这种核心的知识管理能力。

基于此，提出如下假设。

H26-1：学习导向对知识管理能力有显著的正向影响。

H26-1a：团队导向对知识管理能力有显著的正向影响。

H26-1b：记忆导向对知识管理能力有显著的正向影响。

H26-1c：信息导向对知识管理能力有显著的正向影响。

H26-1d：市场导向对知识管理能力有显著的正向影响。

H26-1e：系统导向对知识管理能力有显著的正向影响。

2. 知识管理能力对组织创新与竞争优势的影响

知识管理以提升组织创新和增强竞争优势为目的，纵观国内外的研究成果，知识管理能力对组织创新及竞争优势产生显著影响的观点已被多次证实。组织创新必须以知识管理能力的培育和发展为目标，围绕知识管理能力进行的组织结构、运行模式和组织文化的创新才能取得预期的效果。Watson 和 Hewett（2006）的研究表明，紧密围绕企业知识管理的核心能力的形成和发展来开展的组织创新，能有效提升组织创新的效率和效果。同时，如果一个企业要获得或维持其竞争优势，系统的知识管理及较强的知识管理能力是十分必要的。张新香（2008）认为，企业必须具备通过各种手段、技术和方法整合知识、利用知识的能力，获取企业持续的竞争优势和较高的组织绩效。

基于此，提出如下假设。

H26-2：知识管理能力对组织创新有显著的正向影响。

H26-3：知识管理能力对竞争优势有显著的正向影响。

3. 组织创新对竞争优势的影响

组织创新对竞争优势的影响在以往的研究中已被很好地证明了。例如，Hamel 和 Skarzvnski（2001）认为组织创新是企业在竞争环境中生存和发展的必要条件；强调组织创新可以为企业提供具有潜在价值和企业特质的资源，企业可以通过这些"占优资源"提前于竞争对手进行投资和配置，获取持续竞争优势。Baajj 等（2004）的实证研究结果也同样表明，组织创新与竞争优势之间存在着明确的因果关系。

基于此，提出如下假设。

H26-4：组织创新对竞争优势有显著的正向影响。

26.1.2 研究框架

在以上理论假设的基础上，得到了本书的框架模型，如图 26-1 所示。

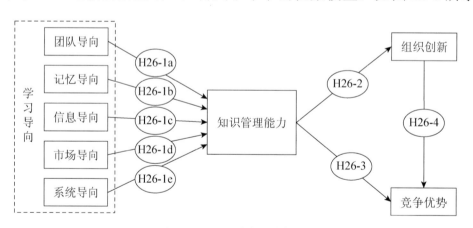

图 26-1 理论假设模型

26.2 变量测度与调查样本

26.2.1 变量测度

为确保问卷的信度及效度，在学习导向、知识管理能力、组织创新和竞争优势等变量的衡量方法上，尽量采用国内外已有文献中比较成熟的量表，再根据研究目的和实际情况适当修改。在问卷正式定稿之前，先对浙江工业大学部分 MBA 班学员进行问卷的预调研，以评估问卷设计及用词的准确性，再根据预试者提供的意见对问卷进行了修订。问卷记分方式采用了李克特 5 分量表，其中的值"1"为完全不符合，值"5"为完全符合。

其中，学习导向量表的设计借鉴了蒋天颖和施放（2008）编制的量表，并根据需要进行了适当修订，由团队导向、记忆导向、信息导向、市场导向和信息导向五个部分组成，共设计了 15 个题项；在此基础上改编完成的知识管理能力量表，包含过程能力、创新能力和支持能力三个方面，共设计了 10 个题项；组织创新参考了谢洪明等（2006）编制的量表，包括管理创新和技术创新两个方面，共设计了 7 个题项。竞争优势量表改编自马勤（2006）编制的量表，由财务绩效和非财务绩效两个维度构成，共设计了 4 个题项。

26.2.2　调查样本

本书通过比较筛选并充分利用相关资料，在长三角地区选取代表性城市（包括上海、南京、苏州、无锡、杭州、宁波、温州、金华、台州、义乌等），根据企业黄页选取调查的 167 家样本企业，通过纸质问卷和电子问卷两种方式对这 167 家企业进行了大规模的问卷调查。问卷调查工作主要是由浙江工业大学经贸管理学院的部分教师、博士生、硕士生完成。我们对所有参加者进行了认真培训，确保每位调查者能完全理解问卷设计意图。本次调查共发放问卷 800 份，回收问卷 645 份，回收率为 80.63%，剔除信息不完善的问卷，最后得到有效问卷 597 份，有效回收率为 74.63%。样本主要分布在生物技术产业（45 家）、软件产业（38 家）、金融法律服务产业（32 家）、教育培训产业（26 家）、电子通信产业（15 家）、精密机械产业（11 家）等行业，这些行业的共同特点是知识密集型程度较高；与同类型企业相比，属于大型企业的有 46 家，占 27.5%，属于中型企业的有 89 家，占 53.3%，属于小型企业的有 32 家，占 19.2%；受访企业成立时间的分布大致呈正态分布。因此，从总体上看，所调查样本在区域、行业、规模、成长性等方面都具有一定的代表性。

26.3　分析与检验

26.3.1　信度与效度分析

本书以 Cronbach's α 系数来检验各变量的信度，其中，组织创新中管理创新和技术创新的 Cronbach's α 值最高，分别达到 0.888 和 0.881，系统导向的 Cronbach's α 值为 0.651，是变量中的最低值，但都达到了可接受水平，这表明所有因子的相应题项之间具有较强的一致性，问卷信度较好。同时，KMO 值和 Bartlett 球体检验也都符合因子提取要求，学习导向、知识管理能力、组织创新和竞争优势的因子方差累计贡献率分别为 70.75%、65.24%、78.43% 和 69.41%，说明问卷具有较好的建构效度和收敛效度。结果如表 26-1 所示。

表 26-1　　　　　　　　探索性因子分析和信度检验结果

变量	测度条目	α 值	Bartlett 球体检验和 KMO
团队导向	公司员工都具有团队合作意识。 公司员工具有共同价值观和奋斗目标。 公司重视团队绩效的考核与评价。	0.745	KMO：0.719 Bartlett 球体检验 Chi-Square=302.18 df=105，sig=0.000 因子方差累积贡献率：70.75%
记忆导向	公司员工能彼此交流和分享工作经验。 公司以往的经验能够得到很好的传承。 公司员工对外部技术的学习理解能力较强。	0.734	
信息导向	公司非常关注供应商和顾客的信息。 公司非常关注主要竞争对手的信息。 公司会定期评估信息获取对整个产品和生产过程的影响。	0.712	
市场导向	公司把追求顾客满意作为重要目标。 公司能提供给顾客优质的产品或服务。 公司能够根据市场变化情况及时调整战略。	0.754	
系统导向	公司组织结构及规章制度有利于员工学习与创新。 公司员工清楚地知道工作中各环节之间的联系。 公司对员工工作职责有明确的界定。	0.651	
知识管理能力	公司能迅速收集并分析与本行业产品、服务等相关的数据、信息和知识。 公司有相应的程序和渠道将知识传递至各个部门和员工。 公司能从先前项目中汲取经验以应用于新的项目。 公司员工清楚地知道技术保密的重要性。	0.834	KMO：0.777 Bartlett 球体检验 Chi-Square=214.103 df=55，sig=0.000 因子方差累积贡献率：65.24%
	公司开发新技术、新产品的能力较强。 公司能利用新知识或新技术解决生产经营过程中出现的问题。 公司能利用从各种途径获得的知识来帮助员工开发新产品。	0.772	

续表

变量	测度条目	α 值	Bartlett 球体检验和 KMO
知识管理能力	公司拥有完善的知识库。 公司建立了完善的知识交流平台和知识管理系统。 公司经常与政府或研究机构进行交流以获得新知识。	0.829	KMO：0.777 Bartlett 球体检验 Chi-Square=214.103 df=55，sig=0.000 因子方差累积贡献率：65.24%
组织创新	公司采用的薪酬制度具有独创性且能有效地激励员工。 公司采用独特的员工甄选制度且效果良好。 公司采用独特的绩效评估方案能正确地评估出员工对公司贡献的大小。 公司管理层采用新的领导方式进行管理。	0.888	KMO：0.739 Bartlett 球体检验 Chi-Square=161.3 df=21 sig=0.000 因子方差累积贡献率：78.43%
	公司经常添购一些可以提高生产效率的新工具或设备。 公司经常引进一些可以改善工艺或作业流程的新技术。 公司经常开发一些能被市场接受的新产品或新服务。	0.881	
竞争优势	公司拥有竞争对手所没有的独特资源。 顾客对公司产品品牌的认可度较高。	0.752	KMO：0.599 Bartlett 球体检验 Chi-Square=47.253 df=10 sig=0.000 因子方差累积贡献率：69.41%
	公司产品市场占有率逐年提高。 公司采用新工艺带来的收益占总收益的比重不断增加。	0.784	

注：①提取方法：主成分分析；旋转方法：方差最大化正交旋转法。②因子载荷按大小顺序排列，并略去载荷小于 0.5 的题项

26.3.2　整体理论模型分析

由以上的研究结果得知，问卷的信度、收敛效度和结构效度均达到可接受的水平，因此，课题组认为用单一衡量指标取代多重衡量指标是可行的。本课题组运用结构方程模型分析变量间整体的相互影响关系，其中，潜变量以椭圆形表示，观测变量以矩形表示，在学习导向、知识管理能力、组织创新及竞争优势的衡量模式上，以观测变量所属题项的得分均值作为其值，再以观测变量作为潜变量的衡量指标。整体理论模型的输出结果如图 26-2 所示。

由图 26-2 可知，衡量潜变量的各项指标的因子负荷量均大于 0.5，且均达显著水平，误差值也均大于 0，符合结构方程模型基本的适配标准，因此，利用结构方程模型分析软件 LISREL 进一步对模型的整体拟合优度进行分析。用于评价模型拟合优度的指标主要包括卡方指数（χ^2/df）、近似误差的均方根（RMSEA）、拟合优度指数（GFI）、递增拟合指数（IFI）和比较拟合指数（CFI、NFI）。通常情况下，χ^2/df 值大于 1 且小于 3，表明指标拟合优度较好；RMSEA

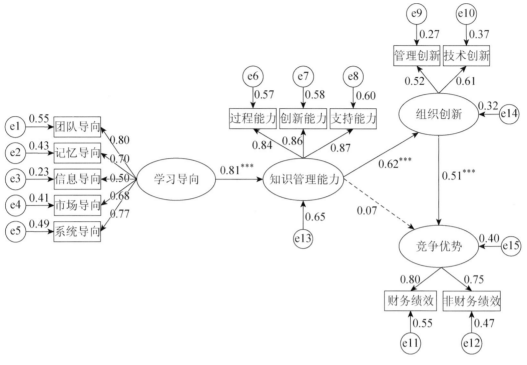

图 26-2　整体理论模型

***$p<0.001$

值小于 0.08，数值越小，表明样本数据与假设协方差矩阵中元素的平均误差越小，从而拟合度越好。GFI、IFI、CFI、NFI 等四个指标在 0.9 以上表明模型拟合优度好。由表 26-2 可以知道，χ^2/df 值小于 3，RMSEA 值小于 0.08，其余拟合指标中，除了 GFI 值略低于 0.9 以外，GFI、IFI、CFI、NFI 等四个指标高于0.9，综合判断，理论模型的整体模型与数据的拟合情况较好。

表 26-2　　　　　　　　　　研究模型的拟合指标

拟合指标	χ^2	f	χ^2/df	RMSEA	GFI	IFI	CFI	NFI
假设模型	87.09	0	1.742	0.057	0.864	0.971	0.964	0.938

26.3.3　假设检验

根据统计结果的分析，得到了理论模型的路径系数与假设验证情况。从表 26-3 可以看出，H26-1（包括 H26-1a、H26-1b、H26-1c、H26-1d、H26-1e）、H26-2 及 H26-4 均获得了支持，而 H26-3 却没有获得支持。可见，学习导向对知识管理能力有显著的直接正向影响、知识管理能力对组织创新有显著的直接正向影响、组织创新对竞争优势有显著的直接正向影响；知识管理能力对竞争优势没有显著的直接正向影响。

表 26-3　　　　　　　　　整体理论模型的路径系数与假设验证

假设	对应路径	路径系数	p 值	验证结果
H26-1	学习导向→知识管理能力	0.81***	0.000	支持
H26-1a	团队导向→知识管理能力	0.63***	0.000	支持
H26-1b	记忆导向→知识管理能力	0.32**	0.008	支持
H26-1c	信息导向→知识管理能力	0.41**	0.006	支持
H26-1d	市场导向→知识管理能力	0.78***	0.000	支持
H26-1e	系统导向→知识管理能力	0.26*	0.023	支持
H26-2	知识管理能力→组织创新	0.62***	0.000	支持
H26-3	知识管理能力→竞争优势	0.07	0.266	不支持
H26-4	组织创新→竞争优势	0.51***	0.000	支持

*$p<0.05$，**$p<0.01$，***$p<0.001$

删除不显著的关系路径 H26-3，修正后的整体理论模型及变量间的关系如图 26-3 所示。

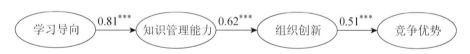

图 26-3　验证后的整体理论模型及变量间的关系

***$p<0.001$

26.4　中介效应

为了进一步说明组织创新在知识管理能力和竞争优势之间的中介效应，根据 Baron 和 Kenny（1986）所推荐的中介变量测量步骤，对组织创新进行中介效应检验，检验结果如表 26-4 所示。具体分三个步骤：步骤 1 是检验知识管理能力与竞争优势之间的相关关系，研究发现知识管理能力、过程能力和创新能力的显著性得到了验证（$\beta_1=0.408, p<0.001; \beta_{11}=0.362, p<0.001; \beta_{12}=0.475, p<0.001$），而支持能力不显著（$\beta_{13}=0.013$）；步骤 2 是检验检验知识管理能力与组织创新之间的相关关系，研究发现知识管理能力、过程能力、创新能力和支持能力分别与组织创新具有显著性（$\beta_2=0.513, p<0.001$；

$\beta_{21}=0.536$，$p<0.001$；$\beta_{22}=0.618$，$p<0.001$；$\beta_{23}=0.342$，$p<0.01$）；步骤 3 将知识管理能力各维度与中介变量组织创新同步放入回归方程中，发现中介变量组织学习仍然显著（$\beta_4=0.556$，$p<0.001$），而知识管理能力、过程能力、创新能力和支持能力不再显著（$\beta_3=0.029$；$\beta_{31}=0.067$，$\beta_{32}=0.089$，$\beta_{33}=-0.072$）。因此，组织创新在知识管理能力和竞争优势间的完全中介效应得到了进一步证实。

表 26-4　　　　　　　　　　组织创新中介效应的检验结果

步骤	解释变量	被解释变量	β 值	成立条件和情况说明
步骤 1	知识管理能力	竞争优势	$\beta_1=0.408^{***}$	β_1 应具有显著性；知识管理能力、过程能力和创新能力具有显著性，但支持能力不具有显著性
	过程能力		$\beta_{11}=0.362^{***}$	
	创新能力		$\beta_{12}=0.475^{***}$	
	支持能力		$\beta_{13}=0.013$	
步骤 2	知识管理能力	组织创新	$\beta_2=0.513^{***}$	β_2 应具有显著性；知识管理能力、过程能力、创新能力和支持能力均具有显著性
	过程能力		$\beta_{21}=0.536^{***}$	
	创新能力		$\beta_{22}=0.618^{***}$	
	支持能力		$\beta_{23}=0.342^{**}$	
步骤 3	知识管理能力	竞争优势	$\beta_3=0.029$	$\beta_1>\beta_3$ 且 β_4 应具有显著性，若 β_3 不具有显著性，为完全中介成立，若 β_3 具有显著性，为部分中介成立 0.408>0.029 组织创新具有显著性，知识管理能力不具有显著性，组织创新完全中介成立
	过程能力		$\beta_{31}=0.067$	
	创新能力		$\beta_{32}=0.089$	
	支持能力		$\beta_{33}=-0.072$	
	组织创新		$\beta_4=0.556^{***}$	

$**p<0.01$，$***p<0.001$

26.5　结　论

通过文献回顾、模型构建和实证研究，课题组分析了学习导向、知识管理能力、组织创新及竞争优势之间的相互关系，证实了提出的大部分理论假设，同时发现了一些有价值的信息。研究结果对于组织如何运用学习导向提升知识管理能力，从而增强组织的竞争优势有着一定的借鉴和指导意义。

第一，经过探索性因子分析，发现学习导向由五个维度构成，分别是团队导向、记忆导向、信息导向、市场导向、系统导向。在当今竞争日趋激烈的宏观环境下，企业应当积极构建与组织发展目标相匹配的学习导向战略，利用团队导向、记忆导向、信息导向、市场导向、系统导向引导组织成员感知组织内外部的环境变化，不断获取新的知识、并在组织内部有效吸收、传播、分享、创造和保存，从而提升知识管理能力，进一步促进组织创新和确立竞争优势。

第二，学习导向各维度均对知识管理能力产生显著的正向影响，其中，团队导向维度和市场导向维度对知识管理能力的影响作用尤为明显。究其原因，课题组认为，在组织内部知识吸收、传播及创造的过程中，团队合作发挥着重要的支撑作用，无论是在正式或者非正式的团队网络中，通过团队合作可为员工提供一个互相交流、不断对话、促进反思的环境，这有效地促进了知识管理的支持能力、过程能力及创新能力；而在组织外部复杂多变的环境中，市场导向型企业能够针对客户、供应商及竞争者情况进行战略动态调整，并通过加强组织内外的沟通与交流，持续不断地提升知识管理能力。可见，研究的结论与 Patrick 及 Mark 和 Edward 的观点一致。因此，企业必须重视学习导向战略的构建，尤其是通过外部市场导向的引导和内部团队导向的支撑，促进企业知识管理能力的提升。

第三，组织创新在知识管理能力与竞争优势之间具有完全中介作用。通过分析得知，知识管理能力的提升并不能直接对竞争优势产生显著的正面影响，而是通过组织创新对竞争优势产生间接影响。究其原因，课题组认为组织创新的实质是企业知识创新的延伸与运用，基于知识管理能力的组织创新是一个以知识战略为导向、组织结构为载体、组织文化为底蕴、组织学习为机制的企业知识交流、积累与创新过程。因此，企业应当把组织创新的重点放在促进知识创造，提高知识创造与创新效率上，通过促进企业知识存量和流量的转化过程，实现确立竞争优势的目标。可见，企业高层领导应积极倡导和构建与组织发展目标相匹配的学习导向战略，尤其要重视团队导向和市场导向的建设，以有效提升企业的知识管理能力。本章的结论证实了组织创新在知识管理能力与竞争优势之间具有完全中介作用，这将为企业培育和形成持续竞争优势提供新的战略选择。

第 四 篇

区域创新与知识管理的若干实践启示

第27章

发展"闪购"电子商务模式，推动创新网络平台构建

27.1 引　言

创新网络平台作为产业集群内各个创新主体提供公共创新服务和产业技术支撑，有效联结各个创新结点的创新功能或服务的聚合体，是区域创新体系的重要组成部分，是产业集群内科技创新活动的重要基础设施和保障条件，也是提升产业集群、提高产业技术创新能力的重要支撑。主要体现在两个方面：一方面，企业创新主体的地位决定了它应当成为区域创新平台建设和运行过程中的重要力量；另一方面，创新网络平台主要是为产业集群内企业提供共性技术和集群关键技术创新服务。

面对着经济全球化、信息化、知识化的挑战，区域创新能力正日益成为地区经济获取国际竞争优势的决定性因素和区域经济参与者竞争优势的重要标志。当前，我国经济发展呈现速度变化、结构优化、动力转换三大特点。要大力推进经济结构性战略调整，需将创新放在国家发展全局的核心位置，不断推进理论创新、制度创新、科技创新、文化创新等各方面创新，以构建创新网络平台为载体，围绕使企业成为创新主体、加快推进产学研深度融合来谋划和推进。

基于"互联网+"时代的发展背景，互联网技术作为电子商务创新网络的信息载体，已经能够被企业成熟地运用，为企业生产经营活动服务，在企业经营中发挥着为企业提高生产效益、降低运营成本、优化资源配置、实现效益最大化的作用。

置身于全球信息与网络飞速发展的时代，我国智能手机的普及率及二维码的应用率正在逐年增长，手机作为最重要的移动终端，正在逐渐取代电脑网购的传统模式，这就是通常说的"闪购"模式。"闪购"作为国内最早专

注扫码购物移动电子商务平台网络，基于物联网模式，以智能手机为操作平台，通过二维码识别与传送技术实现消费者便捷购物、企业盈利。其表现出更快速、便捷、安全的扫码购物的显著特征，会对人们消费习惯变革和整个社会经济的发展产生重大影响。"闪购"模式的兴起和创新，代表未来移动电子商务科技和产业发展新方向。

27.2 电子商务创新网络平台的发展趋势

随着互联网、物流等基础设施建设加快和移动互联网、大数据、云计算等信息网络技术不断兴起，电子商务的发展趋向多元化，同时也影响着企业的发展模式。

27.2.1 智能化趋势

我们以电子商务在纵向上发展为研究视角。伴随软硬件技术的迅猛提高，电子商务网站规模不断增大与消费者需求日益个性化之间的矛盾可有望得到解决。"智能化虚拟导购机器人"在未来的网站中可以依托云计算等技术，对网站海量数据资源进行智能化处理，从而为消费者提供更人性化的服务。同时，通过利用智能技术，人们能够实现多种跨平台信息的更为有效迅捷的融合。例如，根据网民消费者在操作过程中所表现出的操作特性，以及从外部数据库中调用的消费者历史操作资讯，有针对性地生成优化方案，及时迅速满足消费者的个性化即时需求，最终提高消费体验，增大消费转化率，增加消费者满意程度及网站黏性。在商家对商家进行交易（business to business，B2B）领域，信息也将依托智能技术而进一步商品化，各种信息将会被更智能化地收集和整理，便于被商业用户所定制。智能化数据分析功能，可帮助商业客户从简单的数据处理业务提升到智能的数据库挖掘，为企业提供更有价值的决策参考。

27.2.2 延展化趋势

我们基于电子商务在横向上的产业拓展为研究视角。电子商务将从目前的集中于网上交易货物及服务，向行业运作的各环节领域扩展和延伸。在企业内部，电子商务元素将渗透到企业管理、内部业务流程；在外部产业群领域，电子商务的发展将激活和带动一系列上、下游产业（如结算、包装、物流配送、基于位置服务等领域）的发展。此外，它还将引导周边相关产业的创新与升级，如利用智能化远程水电煤表进行远程自动查表与收费。而这些创新反过来又将促使电子商务模式的不断升级拓展。

27.2.3　移动购物趋势

移动互联网的普及、网民购物习惯的变化、移动购物场景的完善、移动支付应用的推广，共同推动中国移动购物市场的快速发展，据统计，2011～2014 年，移动购物市场交易规模从 116.8 亿元激增到 9406.6 亿元，复合增长率高达 331.8%，增速远高于 PC 网络购物市场的增速。特别是 2014 年增长率达 234.3%，呈现出爆发式增长，成为电子商务发展的主流。基于移动购物平台的推荐信息内容化、推广渠道媒体化、流量场景碎片化、用户管理大数据化等突出优势，移动电子商务已形成"社群流量—口碑推广—电子商务流量"新逻辑，加上智能终端的普及和网络基础设施的完善，正逐步引导消费者行为习惯的改变，促使移动购物的增长速度进一步增加，在整体网上零售中所占的比例将进一步扩大。

27.2.4　催生"O2O"新的商业模式

移动互联网的定位功能，实现了线下实体店和在线网络店的充分融合，出现了从线上到线下（online to offline，O2O）模式，每家实体店或企业设计终端应用，实体店主要提供产品展示和体验功能，解决服务客户的"最后一公里"问题，而交易则在网上完成。也就是说，互联网渠道不是和线下隔离的销售渠道，而是一个可以和线下无缝链接并能促进线下发展的渠道。利用 O2O 模式，首先，电子商务可以跟踪分析用户的交易情况和满意程度，快速调整营销策略。其次，很多领域的供求信息有高度的分散性和瞬时性，供求不匹配导致市场失灵，移动互联网为撮合供需双方达成交易提供了新的技术手段。最后，随着移动支付的普及，手机将取代银行卡等成为综合智能终端，移动支付和微信支付的应用带动了网络基金、人人贷（person to person，P2P）、众筹等线上金融服务的移动化转型。

27.2.5　跨境电子商务的国际化趋势

随着全球经济的提升、文化往来的扩大、国际贸易技术的发展，当前各国消费者正在不同程度地卷入一场"消费全球化"的大浪潮。借助于互联网等电子工具，发展既涉及商务、海关、检验检疫、财政、税务、质量监督、金融等多个部门，又涉及多领域的国际合作等跨境电子商务活动；国外与国内、生产者与消费者的联系更直接，广大国外消费者可以更全面、及时地了解中国物美价廉的产品和高效优质的加工生产能力，激发更大的境外市场需求，同时也会扩大我国消费者对国外产品和服务的选择，扩大对外贸易。因此，跨境电子商务发展，对我国生产、流通、消费和人们的生活方式产生深刻的影响，成为推动我国经济升级的重要新生力量。

27.3 "闪购"电子商务模式创新的功能

"闪购"模式的兴起，使电子商务领域会新崛起一个类似淘宝的购物交易平台网络。淘宝用户通过电脑上网购物，节省下了逛商场的成本和时间，提高了购买效率。"闪购"用户则通过手机扫码购物，直接将购买行为融入到日常生活中，让购买效率再次大提速。

27.3.1 "闪购"模式便捷

随着人们生活节奏的不断加快，购物的移动化和智能化将是必然趋势。扫码"闪购"给每个商品贴上了"二维码身份证"，忙碌中的人们可以充分利用零碎时间进行扫码购物，它甚至不用你坐在电脑面前去花时间"淘"货，只需要在随时随地看到心仪商品时用手机"拍"下它直接购买，既科学又时尚，用一个二维码瞬间改变了传统购物习惯，迎合了人们变革中的消费观。目前，珠三角已建立"粤港网上贸易自由行移动电商平台网络"。

27.3.2 "闪购"模式防假

"闪购"通过模式创新，让厂家与终端直接连通，生产和消费无缝对接。这就改变了以往电商活动中渠道商主导的格局，厂家把产品直接卖到消费者手中，不会被中间环节中的制假、造伪、竞价、拼价等一系列恶性竞争破坏企业诚信和品牌价值，可以杜绝互联网电子商务中假冒伪劣产品等弊端。没有了渠道阻隔，企业的利润提高，商品的"闪购"价也变得非常实惠，企业不必担心经营成本过高，而消费者又可以从"闪购"中得到看得见的好处。例如，广东开展厂家到消费者（factory to customer，F2C）广货绿色体验游活动和万家企业诚信联盟活动，配合广东省政府、企业、媒体共建电子商务消费诚信体系，配合组织了中国食品企业满意榜评选活动，组建了万家食品企业诚信联盟。"闪购"对培育和壮大网络消费群体，提高产品在网购市场的占有率发挥了积极作用。

27.3.3　"闪购"模式精准

企业最怕的就是在创建自主品牌的过程中因为缺乏准确的市场调研而走错了方向，导致新产品得不到市场认可，使原本资金有限的企业发展得步履维艰。"闪购"直接搭建厂家与消费者零距离沟通平台，企业通过消费者的扫码行为获取最可靠的市场数据，提高市场营销成功率；而消费者通过手机扫码就能买到厂家直供的价廉物美的产品，同时满足了自己的个性化需求。"闪购"模式还通过真知码识别技术，把坐在电脑前的商家与消费者解放了出来。移动终端与传统电子商务巧妙结合，消费都只需要把在杂志、报纸、印刷品直递广告（direct mail，DM）单或者商品上看到的真知码，通过手机摄像头扫码即可实时下单；商家通过成熟的第三方物流，快速送达指定地点。这意味着，安全的见物购物和随时随地买卖商品的营销方式，是未来购物的一种习惯、一种趋势，让消费者真正享受无处不在的品质生活，从而也让产品流通走向一种无限延伸、无处不在的境地。

27.3.4　"闪购"模式前景广阔

"闪购"模式可为广大中小企业提供交易平台，拓展企业的销售渠道，扩大基地内企业的销售量、增加企业的市场占有率和利润。随着交易量不断增大，第三方结算可使大量资金汇聚，形成资金"洼地效应"，对金融业的发展有着积极的推动作用，有效地带动和完善物流产业的发展，拉动物流企业的快速增长。"闪购"模式自 2011 年以来已在国内快速推广。它在广东省发展最快，通过政府、企业、媒体配合，有计划、有步骤地向企业、公众进行诚信宣传，不断强化手机扫码诚信购物的全民意识。例如，《南方都市报》与"闪购"合作的纸上商城项目，让每日 500 多万读者可以在看报纸的间隙轻松购买所需要的产品，且品质有保障。目前"闪购"软件更是累计到了8000 万次的下载量。广州轻工工贸集团与"闪购"进行深度品牌产品的促销合作，让超万个产品集体上线。"闪购"真知码扫码购物和扫码宣传深度结合，在各种平面广告和户外广告上应用，体现品牌集群价值，有效整合老字号产品，弘扬中华老字号，帮助老品牌新崛起。由于手机用户广泛，"闪购"又有着便捷、安全、价廉等独特优势，发展"闪购"网络平台空间巨大，我们预测"闪购"电子商务将会成为下一个百亿级甚至千亿级的特色产业。

"闪购"模式自 2011 年以来在广东、重庆和北京快速推广。特别是广东省，对"闪购"的发展极其重视，目前已经有数千家优质企业得到了政府的支持和指导，搭建起了"闪购"经营平台。"闪购"已作为官方唯一的移动电子商务平台，在"广货网上行"等一系列政府引导的活动中，把中小企业产品推向国内外市场，取得了较大的社会影响力和市场占有率。

27.4　浙江实施"闪购"电子商务模式创新的潜在优势

浙江省作为东部发达省份之一，是电子商务大省，也是民营经济强省。发展创新的"闪购"商业模式基础扎实、潜力无穷。

27.4.1　浙江具备先天良好的电子商务基础

浙江省的电子商务应用的成熟度在国内首屈一指，"闪购"发展的行业环境最佳。浙江省是电子商务龙头企业的集中地，阿里巴巴、淘宝等国内最优秀的电子商务集团总部都在浙江。以阿里巴巴为核心和引擎，打造出创新包容的互联网生态圈，因此，基于互联网的智慧项目在省内各地区的不断实践和应用，浙江省企业在经营活动中的电子商务使用率全国最高，消费者通过电子商务方式购买商品的普及率也全国领先，与此同时，浙江省拥有国内最大的电子商务购物市场和最活跃的电子商务消费群体，因此在浙江省发展"闪购"模式容易被企业和民众学习、接受，具有广泛的群众基础，容易发挥突出作用，产生巨大效益。借助浙江省手机物联网移动电子商务的特有优势，实现"闪购"购物、信息发布、安全支付、信用认证、物流配送等手机物联网移动电子商务全流程，不仅为产业链各相关单位提供发展的新机遇，还能有效带动当地电子、通信、金融等相关产业的发展，对于促进地方经济发展作用明显。

27.4.2　浙江省民营经济占比大

浙江的民营经济发展得比较早，也比较快，市场化程度也比较高，而且民营企业接受新事物也非常地敏锐。据统计，投资企业的有800多万家浙商，其中600多万家在国内，200多万家在国外，而且在中国500强的民营企业中，浙江省占138个，连续17年居全国首位，因此，基于民营经济发展的创新与活力，浙江省拥有着充满巨大活力与希望的潜在市场。民营企业在浙江的集群化发展特性使得区域品牌较其他地区更容易被建立起来，"闪购"

模式能够迅速在集群式经济的发展规律中被复制、传播，从一个企业的运用可以快速联动到其他同行企业和同产业链企业的运用，而企业之间的互相学习、互相改进又会产生新的突破和创新，衍生出特色应用模式，更好地配合浙江省集群式品牌经济的发展，从而促进浙江省从制造大省向品牌大省的转型升级，表现出显著的产业集群优势，最终促使 "闪购" 发展的社会经济效益最大。

27.4.3 浙江人商品意识强，企业市场化程度高

浙江民间资本充裕，商品信息与市场竞争优势显著，给 "闪购" 提供了良好的发展环境。工业化与信息化发展水平较高的地方，往往人们生活水平也较优越，消费市场潜力巨大。在此过程中所积累起来的政策、技术、人员和资本等各方面竞争优势，可以为 "闪购" 在浙江的发展提供肥沃的土壤。良好的市场环境，讲求便捷购物和真品购物的浙江人，会让 "闪购" 在浙江产生强大市场吸引力和推力。同样 "闪购" 的发展又可以为浙江重新整合优势资源，促进浙江企业与产品转型升级，培育出独具浙江特色的可持续竞争力。

27.5 对策与建议

从某种程度上分析，"闪购" 电子商务强，就是企业强、市场强。为此，加快发展 "闪购" 模式，应采取三个方面措施。

（1）建立完善的政策支持体系。"闪购" 独创了 F2C 模式，也就是工厂直供消费者的全新商业模式。广东地区作为物联网移动电子商务应用企业领域的领导者，"闪购" 模式的发展具有较丰富的实践经验，因此，可以借鉴广东等省市支持 "闪购" 电子商务发展的做法。比如，广东省政府提出了广东要集中力量促进电子商务实现跨越式发展。"闪购" 作为唯一官方合作的移动电子商务平台，要为广东 "促消费、扩内需、调结构、稳增长" 的 "广货网上行" 活动提供信息化支持，把 "闪购" 模式作为信息化发展目标来规划，从信息化与工业化相融合，产品质量与市场推广相结合的战略高度，制定出一系列扶持、激励、促进 "闪购" 电子商务产业发展的政策，建立起由政府、社会、企业参与的 "闪购" 发展支持体系。特别对于一些微创新型企

业和一些坚持走自主品牌的传统企业，应为其创造良好的发展环境。例如实施"浙江省企业新型闪购电子商务平台发展战略"，明确职能部门负责推进工作。对积极参与"闪购"的企业、运用"闪购"模式后效益增长突出的企业，给予一定的扶持，树立起全省"闪购"模范企业，分享成功经验。另外，政府需积极参与电子商务诚信体系的建立，坚持严格的品牌准入机制，使质量得到保证，从而保障"闪购"电子商务行业的可持续健康发展。

（2）构建创新的技术人才体系。"互联网+"是国家（或地区）经济发展转型、创新驱动一个重要的工具和手段，创新就需要创新的人才，这就要求构建基于互联网的创新人才培养平台，探索科学的创新人才培养模式，使创新人才培养平台成为培养创新人才的摇篮、服务创新人才的基地。因此，"闪购"新模式的应用，离不开一支业务水平强、思想意识创新的人才队伍。政府、社会和企业应建立起一个"闪购"技术人才创新培训系统，从移动互联网技术和移动互联网营销两个方面入手，为各企业注入技术过硬的"闪购"营销人才。与此同时，引导各行业协会定期组织开展行业内"闪购"模式的应用人才培训及经验交流会。通过互相学习，不断提升员工的业务水平，提高整个企业的"闪购"应用效益。企业之间也可以联合开展员工"闪购"知识竞赛，培养员工的创新意识，增强业务能力。

（3）打造强大的宣传推广体系。"闪购"电子商务的发展不仅需要政府和企业的参与，还需要媒体和社会大众共同的配合。因此，浙江省应快速建立起一个由政府参与、媒体联动、企业配合的广泛、持久的宣传推广体系。在政府层面上，建立起"浙江省闪购真品质公众互动平台"，有关"闪购"推进进程和"闪购"模范企业的最新动态及时公布，遴选社会热点关注的诚信话题和扫码购话题与公众分享，做到宣传透明化，便于社会大众的学习和监督；在媒体层面上，通过多方活动合作进行联合推广，联结全省各地市主流媒体，建立起"纸上闪购真品购物超市"，在公共场所和交通集散地设立"纸上超市"，为忙碌中的人们提供便捷的购物体验；在企业层面上，应积极响应政府深入培育创新发展意识的号召，提高对"闪购"模式的价值认同感，全面掌握"闪购"模式运作方式，为己所用，创造出可持续化的经济效益。

第28章

浙江省生产性服务业企业知识创新与成长发展对策

28.1 引　　言

生产性服务，国外又称生产者服务（producer services），是围绕生产者（企业）而进行的，作为其他产品或服务生产的中间投入的服务，它贯穿于一项产品或服务生产的产前、产中和产后诸环节。在概念上，生产性服务与消费性服务相对，生产性服务为其他产业提供服务，而消费性服务则直接为消费者或家庭提供服务。生产性服务业大多具有知识、技术密集型的特点，与知识密集型服务业在概念的外延上有许多重合之处。按照Miles 等（1994）对知识密集型服务业的分类，市场营销、培训、设计、财务服务、建筑服务、管理咨询、电信服务、计算机网络、环境服务等生产性服务，要么属于密集使用新技术的服务，要么属于建立在新技术基础上的知识密集型服务。

现代生产性服务业企业一般不涉及直接的物质转化，是一种具有"外部化"趋势的中介工具，作为制造业中间投入的重要组成部分，因其知识密集和高附加值的特点，是有形产品创造差异化优势和增值的主要源泉。

现代生产性服务业企业的知识密集型特征主要表现在以下几个方面：①组织自身就是主要的信息与知识来源，知识是其核心产品并构成了组织的竞争优势。②组织一般由具有专业特长和经验的人员组成，提供的服务很大程度上依赖于专业知识，其服务的知识和能力与人员的素质密切相关。③运用知识为客户的生产过程提供中介服务，或者为商业企业提供支持性服务。④以满足客户的特定需求为导向，服务越来越强调定制化的特点，为客户创造性地制定解决问题的方案。

28.2　知识创新与生产性服务业企业成长的关系

生产性服务业的发展与社会生产力发展和科技进步密不可分，从发达国家经济结构的演变和发展来看，服务业的崛起，特别是生产性服务业取代制造业成为现代经济的主导产业，开始于 20 世纪 50 年代。1958 年，美国服务业的就业人数历史性地第一次在全社会就业总人数中的比重超过了 50%。现如今，生产性服务业已经成为许多西方发达国家的支柱产业，在世界经济发展和国际竞争中的地位日益显著。

现代生产性服务业企业所提供的基本内容多数是属于人力资本范畴的知识与技术，与电子信息、通信等现代高新技术产业的联系非常紧密，快速变化的技术环境和世界经济一体化的发展对生产性服务业企业不断提出新的要求，生产性服务业企业作为知识创新的核心，越来越趋向知识、技术密集化和代表先进生产力的特征。

28.2.1　现代生产性服务业企业是新技术的使用者和推进者

生产性服务业企业是新技术最主要的使用者，制造业的先进技术往往通过产业间的技术扩散，成为服务技术引进的主要来源。服务业对新技术的普遍应用为新技术的发明创造者提供了丰厚的回报，对新技术的发展起到了重要的推动作用。服务业对新技术的促进作用主要体现在以下几个方面：①服务业指引新技术的发展方向，服务部门所产生的新的需求是现有技术研究和开发的方向，是新技术所追求的目标，对新技术的发展起到重要的拉动作用；②服务业是新技术最主要的推广者，特别是从事技术和支持性服务的服务业；③服务业促进多项技术之间的相互融合和发展，如有些物流公司已经将传统的运输服务和咨询服务、软件服务进行系统集成，既为用户提供传统的运输服务，又充当了知识密集型服务提供者的角色。

28.2.2　现代生产性服务业企业在服务客户的过程中不断进行着知识创新

在经济学理论上，很少有人将服务业视作技术进步的主体或创新的发源产业，人们通常视其为有形商品部门技术的使用者，即认为服务业的技术进步就是取决于有形商品部门的技术发展。事实上，有形商品部门技术的引进不足以从根本上导致服务业的技术革命。因为服务具有产销不可分离的特性，其技术引进的过程也是技术创新的过程，需要对服务业组织体系和组织技术的重新构造和创新，才能使资本内含型的技术充分发挥效率，所以，从某种意义上说，服务业不仅是新技术的纯粹引进者，自身还具有知识创新的功能。Lee（2003）认为现代生产性服务业企业的知识创新模式主要有三种类型：第一种是由服务业发起创新，通过向广泛的用户提供服务，将服务创新推向市场；第二种是用户需要特殊的服务解决其所面临的问题，为了满足用户需求，服务提供者进行创新并将之推向市场；第三种是用户同服务提供者在交互作用的过程中，由服务者提出创新性的服务，用户接受服务提供者的建议，采取新的服务，将创新性的服务推向市场。可见，生产性服务在与客户的互动接触和服务过程中，不断推动着组织和管理领域的互补性创新。

28.2.3　现代生产性服务业企业的知识输出促进了制造业的知识创新

现代生产性服务业企业与制造业有着唇齿相依的关系，"服务生产的外在化"促进了生产性服务业企业的快速发展。随着生产性服务活动趋于高度知识密集化的特点，生产过程的产前、产中和产后诸环节投入的专业化服务所创造的增值量，开始超过物质生产阶段所创造的增值量。因此，现代知识密集型服务业作为制造业中间投入的重要组成部分，成为有形产品创造差异化优势和增值的主要源泉，也是工业企业之间非价格竞争的决定性因素。

生产性服务提供者的知识输出过程，引导和促进了制造业部门的技术变革和创新。生产性服务业企业对制造业的知识输出形式主要有：①结合商业和科技信息，向客户提供咨询、情报报告、金融分析和预测等服务。②结合人口统计信息、人员态度调查和定性研究，为客户提供有关消费者市场及用户的市场调研、公共关系和广告服务。③结合物流、电子商务知识，为供应商提供供应链管理方面的服务。④结合环境情报、产品管理、生态知识等，向客户提供环境审查、咨询、垃圾处理等服务。⑤结合客户组织的内部环境，选择和运用技术及组织技巧、管理程序等"软技术"，为客户提供系统集成和技术咨询服务、管理咨询及战略规划服务。⑥运用有关劳动技能、培训、雇佣、实践、谈判等知识，为客户提供人士招聘、培训及人力资源开发服务，等等。在科技日新月异和产业发展日益融合的今天，没有哪一家企业可以独立掌握市场所需要的所有技术知识，因此，寻求技术外援、建立各种技术合作或联盟已成为企业普遍应用的战略手段。现代生产性服务业企业所提供的管理咨询、研发服务、工程设计、广告、金融等专业服务，一方面为制造企业提供了不可或缺的技术支撑，为产品增添价值和竞争力；另一方面也使制造企业能够利用其优势，集中力量创新和发展核心能力。

28.2.4　现代生产性服务业企业的发展促进了区域知识扩散

现代生产性服务业企业在知识创新和输出的同时，对整个区域的知识溢出效应明显，带动了区域科技的发展和创新。首先，知识密集型的生产性服务业企业一般是新技术的使用者，它们在推广新材料和新系统方面发挥着重要的作用。通过新技术的采用，它们为客户或本行业其他公司提供软件或其他知识工具的支持，同时，许多新的技术知识有可能在这些具有某项核心技术的专业知识密集型服务业中产生。其次，生产性服务将新技术（如 IT 技术）与特殊领域的专门知识相结合，将客户、公司和部门联系起来，促进了多学科知识的融合与发展，也推动了新技术在不同产业及产业内部各环节的渗透和扩散。最后，生产性服务技术主要是有关组织创新技术方面的内容，形式上一般以专有知识的形态存在；通过对员工的挑选、持续培训和鼓励员工终身学习，内化于员工的知识是生产性服务业企业竞争优势的主要源泉。因此，人力资本的流动经常成为服务创新转移的主要载体，生产性服务业企业的人力资本流动，加大了知识"溢出"的速度和范围。

运用投入产出模型，首先对浙江省生产性服务业企业的产业关联及动力机制进行深入研究，然后分析我国现代生产性服务业需求迅速增长的原因，以及现代生产性服务业在区域创新系统的作用，在此基础上，提出促进浙江生产性服务业企业发展的政策建议，从而为促进生产性服务业在区域创新系统中作用的充分发挥和推动生产性服务业与制造业的互动发展提供政策参考。

28.3　知识创新视角下的生产性服务业企业成长原因

20 世纪下半叶以来，生产性服务业企业因其知识密集和高附加值的特点，在世界经济发展和国际竞争中的地位日益显著，已成为许多西方发达国家的支柱产业。相对于发达国家而言，我国服务业的效率和竞争力低下，现代生产性服务业企业的缺乏和落后已经成为制约我国制造业和经济发展的

"瓶颈"。随着我国经济体制改革的深入和国内企业不断壮大，对现代生产性服务业企业的需求迅速增长。归结起来，我国现代生产性服务业企业需求增长的原因主要有以下几个方面。

28.3.1　技术变革和激烈的市场竞争拉动制造企业对生产性服务的需求

众所周知，在当今由工业经济向服务经济转型的社会环境下，技术和产品特征优势难以长久保持，许多制造企业通过差别化、高质量的服务创造产品优势和顾客满意，通过服务策略来赢得竞争。在这种情况下，制造企业对研发服务、营销及信息咨询等服务的需求在增长，与产品经营相匹配的销售服务（如设计、安装、演示）及售后服务（如送货、维修、升级等），成为有形产品竞争的新焦点。有形产品的生产企业一方面外购各种专业性服务，另一方面努力与技术力量雄厚的研发机构、专业性强的咨询公司、物流配送公司等进行合作或联盟，构建新经济下基于卓越服务能力的竞争优势。

28.3.2　民营经济的蓬勃发展催生了众多企业对生产性服务业企业的需求

我国市场经济改革的深化促使民营企业如雨后春笋般地兴起，它们中很多是服务企业。这些企业的发展需要各种专业服务公司有效的功能支持。例如，混合型企业需要咨询、会计、金融等服务的支持，以提高效率和增强竞争力。以民营经济较为发达的宁波市为例，2013 年民营经济创造的 GDP 占全市 GDP 的 83%，目前已有个体工商户、私营企业和其他混合型企业在内的民营经济实体近 80 万家，占全市企业总数的 96.5%。这些民营企业经过了多年的艰苦创业，大多已经完成了资本原始积累的过程，需要扩大规模、提高技术层次和完善管理水平，而且许多外向型的企业致力于国际化发展，这些都需要更高水准的专业化服务的支持，因此外购专业化的生产性服务的趋势强劲。

28.3.3　制造企业活动外置促进了对新兴生产性服务业企业的需求

企业活动外置是指企业从专业化的角度出发，将一些原来属于企业内部的职能部门转移出去成为独立的经营单位的行为，或者是取消使用原来由企业内部所提供的资源或服务，转向使用企业外部更专业化的单位所提供的资源或服务的行为。为了适应日益激烈的市场竞争，许多企业奉行集中发展战略，将一些自身并不擅长的服务交给专业机构去完成，进而降低成本和提高效率，并可以使自身集中优势力量，专注核心业务的发展，培育企业的核心能力。企业将附加服务进行外置的行为，客观上造成了企业之间专业化分工的进一步发展，催生了许多新兴的商业服务企业，它们围绕大企业为之提供配套服务。

28.3.4 企业的产权制度改革和国际化发展对现代生产性服务需求快速增长

一方面，随着我国国有企业改革的逐步深入，在企业产权制度改革过程中，企业对资产评估、审计、咨询等服务的需求应运而生。而且，由于制造业日益激烈的市场竞争和企业基于提高效率的考虑，营销、广告、质量认证等已有的服务比过去更加重要。另一方面，我国加入世界贸易组织（World Trade Organization，WTO）对国内企业的国际化发展提供了前所未有的机遇，一些企业在不断发展壮大的过程中，由国内品牌向国际品牌发展的内在需求日益强烈。应国际化发展的需要而外购专业化服务的企业逐渐增多，尤其在珠三角和长三角等制造业发达地区，这一需求愈加显著。据国际著名咨询公司普华永道的业内人士介绍，他们目前在中国的客户一半是外商，另一半则是中国企业。现在许多中国企业要到国外上市，发行 H 股或 B 股股票，需要有国际认证的专业中介机构的参与；已经走向国际化发展的企业，需要会计、法律等专业服务公司的长久合作与支持；从战略层面上考虑，许多企业瞄准国际企业水准，积极寻求专业咨询公司的帮助，如建设企业资源计划（enterprise resource planning，ERP）系统，通过信息化改造企业工作流程和提高竞争力。

28.4 浙江生产性服务业企业成长的若干对策

28.4.1 放宽市场准入条件，加快生产性服务业企业的体制改革

浙江生产性服务业企业发展的差距既有经济发展阶段的影响，更大程度上又是体制、机制和政策方面的约束。因此，打破垄断、理顺市场机制，规范市场运行秩序和政府行为，应该成为政策制定的着力点。在体制、机制方面，应该适应服务业产业化、市场化和国际化发展的大趋势，积极推进相关改革和开放，减少和消除扭曲，以改革和开放促发展，增强服务业发展的活力与动力。

首先，要打破垄断，逐步建立起公开、平等、规范的行业准入制度。要放宽准入领域，允许各类资本进入法律未禁入的服务行业和领域，同一服务行业的不同所有制企业在投融资、税收、土地使用和对外贸易等方面享受同

等待遇，促进有序竞争；鼓励外资和非公有制经济，以灵活多样的形式，在更广泛的领域参与浙江服务业的发展。其次，根据不同的产业发展特点，制定相应的市场准入门槛，这是一个产业顺利成长的保障。对于审计、会计、咨询等小规模经营的行业，应该提高准入门槛，避免无序竞争；而对于金融、电信、邮政、运输等行业，则要降低准入门槛，促进竞争。金融、电信及交通运输服务已经成为商品生产的主要投入要素，这些要素的服务投入效率成为影响企业竞争力的重要因素，因此要加速金融、电信、铁路、航空运输等的市场化改革，加快形成多元化主体适度竞争的市场结构。最后，要加快推进事业单位改革，科学研究、技术服务等已经成为促进制造业升级的关键，而具体的服务政策导向将会直接影响这些部门的生产率，要结合转制、转型将科研机构、职业培训机构、技术服务等服务业从官办社会事业领域中剥离出来，使其尽快融入市场。要进一步完善相应的配套政策，扶持各种新兴生产性服务企业，鼓励民营经济的发展，提高生产性服务业企业的市场化程度。

28.4.2　促进制造业竞争和分工深化，推动生产性服务业企业与制造业互动发展

生产性服务业企业脱胎于制造业，基于制造业的基础，随着社会分工的深化和竞争程度的加剧，生产性服务业企业从制造业当中逐渐垂直分离出来并发展成为独立的产业部门，因此，一个地区、一个国家的生产性服务业企业发展水平与其（或其周围）制造业的规模、制造业的层次及制造业的发展程度有很大关联。浙江省现阶段制造业与生产性服务业企业处于一种低层次均衡状态。由于制造业还不够强大，外部生产性服务业企业因为外部需求不足而难以独立生存，反过来，这种情况又会进一步要求制造企业通过建立内部化的服务体系来降低成本和提高效率。而在市场发达国家，因为外部生产性服务体系已经基本健全，制造企业可以从市场上购买到各种价格更低、质量更佳的中间投入服务，所以可以集中精力从事自己的专业化活动。可见，制造业内部的分工深化和生产性服务业企业的外生化是一个相互决定的过程。从产业互动的角度，要促进独立的生产性服务业企业的发展，就要从促进制造业的竞争和分工深化入手，而离开制造业的基础，孤立地强调发展生产性服务业企业的观点是错误的。

目前，浙江制造业正处于产业转型和产业能级提升的关键时期，打造先进制造业基地是浙江经济发展的落脚点。在已有的加工制造业基础上，"十

一五"期间浙江提出了加快发展装备制造业的战略目标。区别于一般的加工制造业，装备制造业是为国民经济发展和国防建设提供技术装备的基础性、战略性产业，具有技术含量高、产业关联度大、带动能力强和资源能源消耗低等特点。

近几年来，浙江省装备制造业发展成效显著，但从目前浙江装备制造业存在的问题来看，主要表现是自主创新能力弱，产品加工深度不够、技术含量低；产业内部结构低度化，重大技术装备成套能力弱，产业组织化程度还比较低，对生产性服务业企业的需求拉动作用不足。为了提高产业层次和国际竞争力，促进浙江省装备制造业向技术自主化、制造集约化、设备成套化、服务网络化发展，推动生产性服务业企业与制造业的互动融合和共同升级，首先，要坚持装备制造业的市场化改革，突出企业主体地位，充分发挥市场在优化配置资源中的基础性作用，加强政府的宏观指导和政策扶持，增强装备制造企业的生机和活力。其次，要坚持自主创新与技术引进相结合，把增强自主创新能力作为中心环节，鼓励企业的原始创新、集成创新和引进消化吸收再创新，争取在关联度高、带动性强的专用装备、成套装备和重大装备领域取得突破，带动基础零部件、基础材料等相关配套产业的整体发展。同时，加强品牌建设也是摆脱制造业国际代工发展模式的方式之一，通过大力发展工业设计、品牌设计与营销，提升"浙江制造"的品牌影响力。最后，要把商务服务、研发设计服务等与装备制造业升级密切相关的生产性服务业企业作为核心产业和突破口来重点培育，借鉴韩国通过发展研发设计产业推动制造业升级的经验，通过发展高附加值的生产性服务业企业为制造业的结构升级提供强有力的支撑。

28.4.3 承接国际服务外包，利用外资推动生产性服务业企业结构升级

按照《我国国民经济和社会发展第十一个五年规划纲要》中"建设若干服务业外包基地，有序承接国际服务业转移"的要求，商务部等国家主管部门正抓紧建设具有国际水准的承接国际服务外包转移的基地（包括示范园区），浙江省杭州市已被列为首批国际服务外包基地城市，宁波市等有条件的城市要抢抓机遇，积极完善服务外包的投资环境和配套设施建设，争取早日跻身承接国际服务外包基地城市之列。浙江省要充分利用中央财政对国际服务外包基地城市有关公共服务平台建设的政策和资金支持，逐步建立并完善浙江省服务外包产业发展的公共平台支撑体系。政府主管部门要充分利用

财政、税收政策，大力支持服务外包企业开拓国际市场，通过举办承接国际服务外包的专项推介活动，积极搭建发包商与接包商面对面的交流平台，浙江可以选择与国际发包量大的日、美、欧等国家和地区建立外包联系，也可以借"关于建立更紧密经贸关系的安排"（Closer Economic Partnership Arrangement，CEPA）实施进一步深化的机遇，加强与港澳地区服务领域的合作与交流。

目前，在内地与港澳 CEPA 及相关补充协议的引领下，浙江与港澳的服务业合作已经初见成效，甬港两地互利双赢的局面已经形成。浙江省要充分利用与港澳等地紧密开展合作的契机，进一步扩大现代服务业对外开放，加快生产性服务业企业利用外资的步伐，通过吸引国外高端服务业入驻，利用其示范效应及人才培养和流动等溢出效应，逐步提升浙江生产性服务业企业的发展水平和结构层次。要在政策上鼓励和引导国内外企业通过采取合资合作、战略联盟、业务协作等多种形式，实现优势互补；要鼓励型服务企业通过联合、并购、重组，扩大专业化投资规模和形成企业网络，着力培养一批高质量的服务外包企业；在支持服务外包企业承接国际服务外包业务的同时，支持和兼顾企业全方位承接国内各类服务外包业务。要积极开展中外政府间、行业协会间及现代服务企业间广泛的、多种形式的交流与合作，引导和鼓励有条件的生产性服务企业走出国门到境外投资兴业，近距离地学习国外服务企业先进的经营理念、管理经验和运营技术，促进浙江服务贸易的增长和生产性服务业企业结构升级。

28.4.4　发挥区位优势，促进浙江生产性服务业企业错位发展

近十多年来，越来越多的国外研究发现，服务业企业尤其是生产性服务业企业在提供就业、增加收入、满足需求等方面，对城市和区域经济发展具有重要意义，其贡献主要在以下四个方面：①在经济增长的过程中，无论是在都市区还是非都市区的各类服务活动，都提供了大量不断增长的就业机会。②服务活动及服务实体的发展，增加了区域经济结构的复杂性和完整性。③服务业，尤其是生产性服务，通常会有公司所在地之外的客户（顾客），因此它们为本地区带来了收入。④生产性服务业企业的发展成为其他当地实体组织（公司、机构等）的重要资源，由此增加了这些组织的竞争力，相当于为这些组织提供了间接的收入。生产性服务的可贸易性促进了生产性服务业企业的跨区域输出和国际化发展，尤其像管理咨询、研发设计、技术服务、

会计等，随着信息技术的进步，这些知识密集型的生产性服务对外输出的能力进一步增强，外部需求在生产性服务企业产出中占很大比例。遵循生产性服务活动的经济特性，浙江生产性服务业企业的发展需要从长三角区域经济一体化的高度进行合理规划和重点推进，避免各城市及省内不同地区之间生产性服务业企业的同构现象，促进浙江与上海及省内各主要城市之间生产性服务业企业的错位发展。

浙江生产性服务业企业的发展要以省会城市、计划单列市和有条件的中等城市为中心，以制造业的产业集群为依托，以满足广大民营企业的专业服务需求为出发点，形成与上海错位竞争、省内梯度发展的格局。要充分发挥中心城市人才、物流、信息、资金相对集中的优势，提高生产性服务业企业的质量和水平，加快形成以服务经济为主的产业结构；各地区要根据浙江省服务业规划、产业布局特点和区位优势，引导信息、研发、设计、商务服务等辐射集聚效应较强的服务行业，依托中心城市，培育形成主体功能突出的区域服务业中心；要结合浙江民营企业主导的经济模式，重点围绕制造业主导产业，形成与制造业集群相对接、功能完善和协调发展的生产性服务业企业体系。

第 29 章

依托创新网络，加快浙江省块状经济转型升级

29.1 浙江块状经济的发展现状

浙江是我国市场经济发达的省份之一，在过去的 20 多年时间里，数以万计的企业在浙江形成了近 500 个工业产值在 5 亿元以上的产业集群，块状经济的崛起可以说是近年浙江经济中最为突出的亮点，无论是义乌的小商品、嘉善的木材、海宁的皮革、绍兴的轻纺这些县域性的块状经济，还是濮院的羊毛衫、大唐的袜子、织里的童装这些镇域性的块状经济，它们的发展所带来的人口聚集可以说是浙江城镇化进程中的生力军。区域分布包括宁波电气机械、宁波金属制品、宁波塑料制品、宁波通用设备、宁波服装、宁波有色金属、宁波纺织、宁波工艺品、宁波电子通信、宁波交通运输设备、宁波文体用品、宁波专用设备、宁波化纤、宁波农副食品加工、温州鞋革、温州服装、温州乐清电器、温州塑料、温州汽摩配、温州印刷、绍兴织造、绍兴印染、绍兴纺丝、诸暨五金、诸暨织布、诸暨织袜、嵊州领带、上虞化工、嘉兴皮革、嘉兴纺织、嘉兴化纤、嘉兴服装、杭州五金机械、富阳造纸、萧山化纤、温岭泵与电机、温岭鞋帽服装、温岭汽摩、玉环汽摩配、湖州长兴化纤、临海机械电子、玉环阀门等。

块状经济作为富有浙江特色的区域产业组织形态，是在特定的经济社会发展阶段，主要依靠地方的内生力量形成并发展起来的。该发展模式打破了城乡二元结构，促进城乡之间人口和生产要素的流动和重组，为加快工业化和城市化进程，提供了强大推力和产业基础。浙江的块状经济具有独特的动力机制，形成了不易为其他地区所模仿的核心竞争力。生产专业化的企业、发达的专业市场、独特的人文环境是块状经济发展的核心要素。

29.2 浙江块状经济的主要特征

29.2.1 企业是块状经济的主体，具有生生不息的创业精神和经济活力

以数十万之众集聚于块状经济的企业，虽然多数没有进入大工业生产体系，但是已形成了以特色产品为龙头、以专业化分工为纽带、以中低收入消费群为主要市场的地方生产体系，以及为之配套的社会服务体系，构筑起专业化产业区，呈现"无形大工厂"式的区域规模优势。并且不少企业做深专业化，成为"专、精、特、新"的"小型巨人"企业。典型的块状经济显示"小资本大集聚、小企业大协作、小产品大市场、小产业大规模"的特征，通过产业组织创新赢得竞争优势。

29.2.2 专业市场与特色制造业互为依托、联动发展，是浙江块状经济的鲜明特点

浙江专业市场的总体规模在全国最大，其发展过程不一，有的是产业催发市场，有的是市场诱导产业。专业市场的出现，在较大程度上解决了特色制造业和企业发展尤其是初始发展所面临的问题：必需的市场信息、原材料供给和产品销售渠道。如今，专业市场已从省内扩展到省外，从有形延伸到无形（即互联网），并与企业销售终端和在外近300万人的浙籍经商大军相结合，形成遍布国内外的产品销售网络，大大拓展了块状经济的发展空间，促进了产业融合和升级。

29.2.3 人文环境是块状经济发展的重要基础

人文环境包含地域文化和社会网络两个方面。其一，地域文化。浙江块状经济迅速崛起并充满发展活力，其深层原因就是扎根于深厚的地域文化特别是商业文化，依托于地域文化熏陶下的经济主体行为。浙江的成功之处，就在于把人们的市场意识、创业精神和经商素质，引导到工业化的历史进程中去，实现对基础条件的某种取代，最终将人文优势转化成经济优势。其二，社会网络。在块状经济中的企业中，相当一部分企业采用家庭或家族经营方式，以血缘姻亲、地缘乡谊为维系纽带，以非契约的信任和承诺构成协作精神的基础，以此降低经营风险、交易成本和应对外来竞争。

29.3　浙江块状经济发展存在的问题

　　块状经济基于由下而上的自发的市场力量，在龙头企业的强力带动下，根植于当地的母土文化和创业情结，得益于环境优势和政府的持续支持，现已成为拉动地方经济发展的主力，对于推动地方的工业化、城镇化、市场化、国际化、信息化进程，创造就业机会，提升综合实力和经济竞争力。但是随着经济全球化走势的不断加强，特别是世界性金融危机的影响，经济结构的战略性调整日益紧迫，转型升级的要求日趋刚性。同时由块状经济本身形成机理和路径依赖所决定的局限性和问题日益显现。这些突出表现为以下几个方面。

29.3.1　产业集聚度较低，规模优势不能充分发挥

　　由于浙江企业众多，分布广泛，而园区规划滞后，块状经济内企业未能充分集聚，规模优势不能充分发挥，基础设施不能充分利用，污染物处理也不能集中，提升块状经济产业集聚度是发挥其规模优势和专业优势的重要手段。

29.3.2　块状经济产业体系需进一步深化

　　多数块状经济产业链过短，上下游联系不紧密，块状经济内组织松散、竞争大于合作。进一步拓展上下游的产业链接，在更大范围内实施产业整合，壮大产业规模，提高产业效率，并相应地拓展价值链，加强增值环节，成为浙江块状经济向产业集群转型的重要方向。

29.3.3　低成本竞争难以为继，创新成为决胜未来的重要武器

　　浙江多数块状经济走低成本、低价格的扩张路线，处于价值链的低端。这种以牺牲资源、环境和工人福利为代价的发展模式并非可持续发展之路。随着资源的紧张、成本的增长、政策的限制，这种优势将越来越弱。而未来的竞争是以创新为主导，应走高附加值、高科技含量、低污染的发展之路。培养以企业为主体、以市场为导向、产学研相结合的创新体系，增强企业自主创新能力，成为块状经济向产业集群转型的重要支撑。

29.3.4　模仿有余而创新不够

　　集群经济的又一特征是知识、信息外溢经济，也称学习经济。由于同处

一个区域，这十分有利于各种新思想、新观念、新技术、新知识的传播。集群经济中的企业基于互惠共生、互补开放及协同效应，都有一种创新的冲动，从而形成系统的创新氛围和创新效应。但浙江个别块状经济中的创新资源薄弱、创新人才缺失、自主创新能力不足，较多依赖技术模仿，由于创新需要付出较大的成本而模仿能够带来快速的利益效应，客观上助长了模仿的风气，新产品、新工艺、新款式被仿制、复制的情况时有发生。这不但导致技术路径被锁定，而且会阻碍创新环境的形成，造成知识产权纠纷案件的增多和法制环境的干扰，其结果又会损害企业之间的关系，割裂企业的互信链条。

29.4　创新网络促进块状经济转型升级的积极作用

块状经济是指工业企业在发展过程中自然形成的区域集中、产品趋同的产业组织形态。推动浙江区域块状经济向现代产业集群转型，关键在于创新。产业集群提供了企业互动学习和创新发展的有效机制，而创新是现代产业集群的本质特征，是现代产业集群长期保持竞争优势的重要因素，是现代产业集群持续发展的根本动力。要保持产业集群的创新活力，区域块状经济各区块必须构建完善的区域创新系统，实现低成本产业集群转向创新型产业集群的较大突破。

创新是集群经济的灵魂，围绕着同一个主导产业，要力求细化整个生产过程中的各个环节，每一个生产环节或者生产工序都有不同的企业专注于此，拉长和延伸上、中、下游的产业链条，提高企业间的关联度和集群效应，推进产业对接和配套协作，大力推进和发展产业链经济，完善区域产业配套体系。实行"专、精、特、新"的发展战略，通过深度专业化和灵活专业化，形成纵向和横向既相互独立又相互依存的高度发达的分工协作网络，提升单体企业和集群的效益和效率，进而推动块状经济的转型升级。

通过高新技术和适用技术改造提升产业层次和水平，提高研发投入强度，重视创新人才和研发团队建设，鼓励和支持企业开发和拥有专利等自主知识产权，注重原始创新、集成创新和引进创新的结合，注重技术创新、制度创新、产品创新、管理创新、文化创新、营销创新的结合，注重塑造企业品牌和集群品牌的结合。只有这样，才能真正发挥创新网络的作用，促进块状经济转型升级。

29.5　加快浙江块状经济转型升级的对策建议

29.5.1　扶植企业真正成为技术创新的主体

支持企业参与国家科技计划和重大工程项目，健全由企业牵头实施应用性重大科技项目的机制，重点支持和引导创新要素向企业集聚，使企业真正成为研究开发投入、技术创新活动、创新成果应用的主体。进一步研究落实财政、投资、金融等政策，引导企业增加研发投入。鼓励和支持企业技术中心建设，支持有条件的企业建立院士工作站和博士后科研工作站。鼓励骨干企业建立海外研发基地，收购兼并海外科技企业和研发机构。面向企业开放和共享国家重点实验室、国家工程实验室、重要试验设备等科技资源。支持骨干企业加强产业链上下游合作，提升协同创新能力。鼓励企业采取联合出资、共同委托等方式进行合作研发。

29.5.2　培育自主创新与集群式创新有机结合的互动创新体系

从浙江实际情况来看，立足创新，加快转型，提高区域块状经济自主创新能力，培育技术领先新优势，占据技术创新制高点，要抓住三个重点。

（1）进一步完善面向区域块状经济的区域创新体系，引导和支持创新资源向产业集群集聚，使之成为技术创新的活跃地、创新成果的密集区。要积极创造条件，吸引省内外高校和科研院所在区域块状经济内设立研发中心。同时鼓励规模企业建立技术中心等研发机构，充分发挥企业的创新主体作用。

（2）加强区域块状经济共性技术和关键技术的联合攻关。广泛推行合作创新，采取委托—代理制合作创新、项目合伙创新、基地合作创新和研发公司合作创新等多种组织模式，在企业之间和企业与科研机构、高等院校之间开展联合创新行动；采取政府引导、区块内企业联合攻坚或面向全国乃至全世界招标，实施一批共性技术和关键技术开发项目，努力掌握一批核心技术，推动区块状经济整体科技水平进步。

（3）以培育高新技术企业和高新技术产业基地为载体，着力开发应用先进制造技术，特别是能突破产业技术"瓶颈"、推动传统产业升级的共性技术、关键技术及配套技术，运用领域广泛和市场潜力大的先进适用技术。以产品设计数字化、制造装备自动化、生产过程控制智能化、企业管理信息化和业务运营网络化为主要内容，推进企业信息化，实现生产经营方式根本性变革，推进传统块状经济向高新技术特色产业基地转化。

29.5.3　培育具有网络化、社会化特征的发达的支撑服务体系

在政府的有效引导下，围绕建设信息化创新网络平台，整合优化，加强对工业园区发展的规划引导，提升信息网络、污染集中治理、事故预防处置和公共服务平台等基础设施能力，提高土地集约、节约利用水平，促进各类产业集聚区规范有序发展。发挥县域资源优势和比较优势，支持劳动密集型产业、农产品加工业向县城和中心镇集聚，形成城乡分工合理的产业发展格局。支持建立高效便捷、功能完备的包括信息、咨询、金融、物流、技术、人才、商贸、法律、会计、审计、公证、仲裁等支撑性服务平台建设，支持建立企业与支撑机构之间基于市场化基础上的互动合作的战略联盟关系，充分发挥行业协会的作用，创建寓信息服务、产品研发设计、培训服务于一体的技术创新网络平台，为集群经济的发展提供充足的社会支持。

29.5.4　加强企业创新人才的培养

引导企业牢固树立依法经营、照章纳税、诚实守信意识，切实维护投资者和债权人权益，切实维护职工合法权益。加强企业文化建设，积极推进企业社会责任建设。加快现代企业制度建设，依法建立完善的法人治理结构，完善股权激励等中长期激励制度。引导企业加强设备、工艺、操作、计量、原料、现场、财务、成本管理等基础管理工作，推动管理创新，提高管理水平和市场竞争能力。大力开发人才资源，以职业经理人为重点，培养一批具有全球战略眼光、管理创新能力和社会责任感的优秀企业家，造就一支高水平的企业经营管理者队伍。建立企业经营管理人才库，实施企业经营管理人才素质提升工程和国家企业银河培训工程。

积极推动"创新人才推进计划"在制造业、电子信息等重点领域的组织实施，培养大批面向生产一线的实用工程人才、卓越工程师和技能人才，造就一批产业技术创新领军人才和高水平团队。依托国家科技重大专项和重大工程，加强引进战略性新兴产业等领域的紧缺人才。进一步完善专业技术和技能人才评价标准和职业资格认证工作，加强产业技术和管理人才的培养，支持建立校企结合的人才综合培训和实践基地。

第 30 章

宁波市家电企业知识创新能力提升与发展

家电产业是宁波最具优势和特色的支柱产业，也是宁波实施工业强市战略的重点。改革开放 30 多年来，宁波家电产业经历了由小到大、由粗放到集约、由国内市场到国际市场的发展历程，形成了由整机制造、设计研发、检验检测、产品分销、零配件生产等组成的完整产业链。目前宁波市有家电整机企业 4000 多家，零配件生产企业 1.5 万家，总产值接近 1200 亿元，在空调、冰箱、洗衣机、厨房电器、水家电、日用小家电及零配件等领域具有领先优势，拥有奥克斯、方太等一批具有核心技术和品牌优势、管理规范的现代企业，是国内重要的家电生产和出口基地。"十三五"期间，发展智能家电产业是经济新常态下宁波加快推进工业强市、智慧城市建设和促进"两化"（信息化和产业化）融合的重要内容，也是新时期宁波家电产业转型升级的方向。

30.1 宁波家电企业发展现状

30.1.1 现实基础

2015 年，家电工业规模以上企业总数为 537 家，从业人员约 14 万人，比 2010 年减少 0.5%。规模以上企业完成工业总产值 788.9 亿元，比 2010 年增长 25.1%，"十二五"期间年均增长率为 4.6%；完成销售收入 760.3 亿元，比 2010 年增长 25.0%，年均增长率为 4.6%；完成出口交货值 369.7 亿元，比 2010 年增长 27.2%，年均增长率为 4.9%。实现利税总额 54.1 亿元，比 2010 年增长 40.9%，年均增长率为 7.1%；实现利润总额 31.8 亿元，比 2010 年增长 30.3%，年均增长率为 5.4%。主要家电产品产量快速增长。"十二五"期间，家用洗衣机、吸尘器、电风扇、房间空气调节器、排油烟机产量的年均增长率分别为 21.9%、22.1%、26.5%、31.1%和 70.1%。

"十二五"期间，虽然国际市场持续低迷，市场增长乏力，但是宁波家电业承受住了人民币升值、劳动成本上升等多重压力，保持了出口持续增长态势。19 家家电企业入围 2015 年"宁波市出口额最大的 200 家企业"榜单，出口额为 20.1 亿美元，占全市出口额的 3.8%。宁波小家电在全球众多出口细分市场占有一席之地。目前，室内取暖器、电熨斗、电烤面包器出口额为 6.3 亿美元、5 亿美元和 3.6 亿美元，分别占全球市场进口量的 18%、25% 和 33%；吸尘器、食品料理机、个人护理电器、电水壶等其他小家电产品出口量占全球进口量的 17%、8%、8% 和 10%。

30.1.2　发展成效

1. 质量效益明显改善

"十二五"期间，尽管市场增长趋缓，但通过产业结构调整、企业创新升级，家电工业经济质量效益明显改善。2015 年，规模以上工业企业新产品产值为 333.0 亿元，年均增长 7.4%，新产品产值率达到 42.2%，高于全市规模以上工业 24.4 百分点，比 2010 年提高 5.3 百分点。与 2010 年相比，2015 年全行业销售利润率提升了 0.2 百分点，达到 4.2%；规模以上家电企业实现利税、利润年均增长率分别为 7.1%、5.4%，分别高于全市规模以上工业 1 百分点、1.7 百分点。

2. 品牌影响显著增强

宁波市先后荣获"国家级出口工业产品质量安全示范区"、"中国家电产品出口共建基地"、"中国家电采购基地"、"中国家电产业基地"、"浙江省产业集群转型升级示范区"、浙江省产业集群"两化"深度融合试验区等称号。2015 年，全面启动"全国小家电产业知名品牌示范区"创建工作。奥克斯集团位列中国企业 500 强第 228 位，奥克斯、方太、公牛入围"2015 宁波市综合百强"，16 家家电企业入选"2015 宁波市制造业百强"，9 家企业入选"2015 宁波品牌百强家电品牌榜"。奥克斯、方太、帅康入围"2014～2015 年中国优秀家电品牌 70 榜单"，荣获"中国优秀家电品牌"。行业新增"中国驰名商标"4 件，累计拥有"中国驰名商标"14 件。

3. 销售渠道变革加快

随着互联网的普及和发展，网上支付的不断完善，加上物流业的配套建设，网络购物日渐成熟，也催生了宁波家电销售渠道转化：从家电大连锁业态占主导的模式，到以家电大连锁、区域性连锁、品牌商自建专营店、互联网电子商务平台、微商等多业态并存的格局。2015 年，全市家电线上渠道销售额达 29.3 亿元，占国内销售额的 7.5%。其中，空调线上渠道销售额为 12.1 亿元，占 41.3%；厨卫电器销售额 11.9 亿元，占 40.6%；水家电销售额 1.7 亿元，占 5.8%；冰箱（柜）/洗衣机销售额 0.8 亿元，占 2.7%。

4. 技术创新能力不断提升

目前，宁波拥有奥克斯和方太 2 家国家级企业技术中心，帅康等 18 家省级企业技术中心，新增市级高新技术企业 59 家，企业拥有发明专利 600 余项。"互联网+"、智能家电成为宁波家电创新突围的新方向，奥克斯与奇虎 360 合作开发出物联网新一代空调产品，方太开发了云智能厨电产品，西摩电器研发的小智电水壶通过电子商务已销售 10 万余台。方太厨电获得 2014 年中国家用电器技术大会科技创新一等奖，成为我国高端厨房电器发展的"领头羊"。在 2015 年我国首批家用电器智能化水平评价中，方太、奥克斯 2 家企业的 7 款产品凭借实用且有意义的智能技术，荣获"中国智能家电产品"称号。

5. 产业集聚发展持续推进

多年来，围绕集聚区建设和产业链完善，推动家电产业园区建设，形成了以空调为重点的鄞州工业园区、以厨卫电器为重点的杭州湾新区方太产业园、以冰箱（柜）/洗衣机为重点的观海卫产业园和宁海西店工业园、以日用小家电为重点的余姚新型都市产业园和慈溪周巷镇北工业集聚区等家电产业园区。各个产业集聚区发展各具特色，慈溪、余姚以外贸型小家电企业为主，企业数量众多；鄞州区、杭州湾新区则以大企业为龙头，以内销产品为主。2015 年，慈溪（杭州湾新区）、鄞州、余姚三个区域家电产值占比分别为 44.3%、23.7%、14.5%，出口交货值占比分别为 48.9%、18.2%、15.5%。

6. 公共服务平台建设不断完善

慈溪家电展一年举办两次；2015 年，中国慧聪（余姚）家电交易会首次在余姚举办，并将发展成为亚洲最大的家电交易会。在高新区成立了宁波中家院电器有限公司，依托北京总院（中国家用电器研究院）强大的技术优势，为宁波家电企业提供检测认证、产品研发、质量保证等专业服务。宁波中国科学院信息技术应用研究院创建宁波家电物联网产业创新云（简称中科极动云），欲将宁波打造为全球最权威的物联网家电创新产业服务中心。总投资达 30 亿元的中国（余姚）慧聪家电产业新城，作为浙江省第一个基于

O2O 发展的产业转型升级平台，将建设成为"家电产业中心、产业综合体、国家级展会、电子商务"四位一体、四个全国第一的家电现代产业新城。

30.2 宁波家电企业知识创新动力和机遇

30.2.1 消费升级成为智能家电产业发展的源动力

伴随城乡家庭家电普及程度不断提高，我国家电市场进入更新换代为主的新消费时期，未来家电市场增量空间主要来自三个方面：①我国婚育人群基数庞大，家庭呈小型化趋势，家庭数量将增加。②宏观经济政策适度调整，房地产调控政策松动，将引导市场回稳，带动家电消费需求回升。③城镇化进程快速推进，收入分配结构有效调整，居民消费能力增强，消费潜力得以释放，消费升级衍生出来的高端家电需求成为拉动家电行业稳健提升的主导力量。新一代消费者对智能家电甚至是整体智能家居的需求将在"十三五"期间快速增长，智能家电不仅将推动现有家电产品加速更新，还有助于加速产品进一步迭代升级，会带动相关配套软件、设计、服务等领域快速发展。

30.2.2 电子商务渠道助力家电企业开拓市场

中国家电销售渠道已逐步形成了以家电大连锁、区域性连锁、品牌商自建专营店、互联网电子商务平台，以及建材、电视购物、微商等多业态并存的竞争格局，线上渠道爆发是"十二五"期间家电渠道变革的最主要特征。2015 年上半年，我国家电网购市场（含移动终端）规模达 1361 亿元，同比增长 64%，家电单品的线上销售量占比已突破或逼近 20%。网购渠道的家电产品日益丰富，物流、售后等配套服务日渐完善，家电流通渠道继续下沉，电子商务企业加快在农村建设运营中心和服务站，物流配送和售后服务得以改善。随着家电厂商纷纷推进电子商务战略，与电子商务平台合作或自建网上渠道，龙头企业布局跨境电子商务和建设海外仓库等，家电线上渠道销售额将进一步增长，电子商务正成为家电企业开拓国内及国际市场的重要手段。

30.2.3 国家"一带一路"战略助推家电企业走出去

"十三五"期间，全球跨境投资总体趋缓，但中国将通过"一带一路"战略带动全球化拓展，成为主要资本输出国。国家"一带一路"战略成为家电企业开拓国际市场的重点发力通道，除了欧美和拉美市场，"一带一路"

覆盖的亚洲、亚太、中亚、中东欧、北非等新兴市场还有很大的拓展空间。在经历充分的市场竞争和积累大规模生产经验之后，我国家电企业具备了相应的研发设计、组装生产和产业链优势，在中低档家电市场具有较强的国际竞争力。家电厂商借势"一带一路"战略走出去，除了出口产品外，还可以在海外设立生产基地，实现国际化生产，谋求品牌国际化，提升中国家电的国际市场占有率。

30.3　宁波家电企业知识创新发展趋势

我国家电制造业发展 30 余年，正迎来创新发展的重大转变。移动互联网、云计算、大数据、物联网等与现代制造业加速融合，企业"互联网+"战略逐渐铺开，国内居民消费需求升级，家电智能化、产品高端化、产业跨界融合、生产智造化等渐成潮流。具备接入互联网条件、具有互联互通功能的智能家电，在"十二五"时期实现了由概念到产品的突破，宁波智能家电产业面临创新发展的良好契机。

30.3.1　产品智能、高端、环保化

"智能化"是 2014 年以来中国家电业发展的重要标签。智能家电是指采用一种或多种智能化技术，并具有一种或多种智能特性的电器，具备节约资源、自动控制、服务人性化、服务个性化等优势。我国家电行业在推动单品智能化方面已取得较大进步，智能电视产业方兴未艾，冰箱、洗衣机、空调、空气净化器及各类小家电，也越来越多地采用智能化设计。预计到 2020 年，中国智能家居市场规模将达 2000 亿元，结合人机界面技术、传感技术和网络通信技术的智能家电产品将迎来广阔市场。随着我国居民消费结构升级，技术创新将成为培育市场新增长点的重要手段，突出智能化、节能环保、新材料、新技术应用的高端、高价值的家电产品将渗透到生活的方方面面。

30.3.2　产业跨界融合化

"互联网+"正在以无可阻挡的势头覆盖着每一个行业，改变人们的思维方式和行为模式，改变家电的属性和用户习惯，家电企业与互联网企业的跨界融合也成为一种潮流和趋势。跨界融合体现了基于互联网思维的竞合模式：一方面，原本以内容和服务为依托的互联网企业，选择进入黑电、消费

电子等家电硬件市场；另一方面，激烈的市场竞争迫使家电企业由"独立作战"转向"合伙制"，家电厂商纷纷与信息智能领域企业展开跨界合作，打造未来智能家居项目。家电行业正由原来的以传统家电制造为主逐渐向消费电子、智能家电、智能互联家居等领域融合拓展。

30.3.3　生产智造化

家电业作为大规模制造的劳动密集型产业，适应国内劳动力成本上升和企业提质增效的要求，推进智能制造工程将成为大势所趋。现阶段中国家电业的制造水平呈现出"工业 2.0""工业 3.0""工业 4.0"共存的现状，部分自动化程度较高的工程及海尔等标杆性的互联网工厂在全球家电领域崭露头角，更多的家电企业正由"工业 2.0"向"工业 3.0"过渡。《中国制造 2025》的实施及"互联网+"等新技术的引入，将推动家电制造向智能化、网络化升级，以信息化与工业化深度融合为主线，加大自动化改造投入，推进关键岗位的"机器换人"，推进生产过程智能控制、供应链优化、数字化车间建设、智能制造网络系统平台搭建等，将成为家电企业未来的工作重点。

30.3.4　线上线下互动

家电销售渠道从线下向线上扩展已成定局，我国家电网购市场增长强劲，市场规模屡创新高，家电产品线上市场的高端化、大尺寸（容量）化、智能化趋势愈加明显。电子商务渠道向三四级市场下沉，并加快了线下服务店的建设，消费者可以在线下体验最新的智能家电产品并在网上下单，线上付款后到线下获得实物体验和服务。不仅 B2C 电子商务领域如此，而且 B2B 电子商务领域引发新的变革，形成线上营销和线上购买带动线下经营和线下消费的离线商务模式，家电营销渠道正从单一的线下渠道演变为整合交易、展示、生产和研发多方主体和复合功能的 O2O 模式。

30.3.5　创客孵化和个性化定制

近年来，网络众筹、创客孵化等新型创新创业模式风生水起，创客孵化以用户创新为核心理念，正成为家电企业在互联网时代创新引领的突破口，将推动传统的家电制造商转变为创客孵化器，从原来的封闭型组织转变为平台型企业和小微生态圈，利用创客文化整合内外部力量实现新一轮的再创业。随着工业互联网技术的成熟和家电制造升级，家电企业由标准化生产向规模化定制转型成为可能。在常规产品基础上提供更多可供选择的模块组合，用差异化产品满足用户的个性化需求，既可以结合互联网时代的特点为新品牌赋予新的元素和内涵，又避免对线下传统品牌业已成熟的销售网络、品牌定位和价格体系造成冲击。依托电子商务平台，定制家电有望迎来大发展。

30.4　宁波家电企业知识创新能力提升路径

30.4.1　完善创新资源要素市场化配置，提高行政服务能力

深化资源要素市场化配置改革，完善用电、用水、用气、排水差别化、阶梯式价格机制，按照"控制总量、稳定价格、重点保证、有保有压"的原则，优化土地供应结构；优先安排重点工业项目用地指标，全力保证智能家电产业集群区用地需求；强化供电保障，有效缓解电网"瓶颈"制约。进一步深化行政审批制度改革，最大限度地减少行政审批事项，简化审批环节，推进行政审批标准化、便利化建设，提升服务质量和效率。

30.4.2　加强市场监管，强化知识产权保护

落实政府对质量安全的监管责任，加强质量检查和风险管控。加强计量、标准化、认证认可等企业质量基础监管，严厉打击无证生产经营。推进企业质量诚信建设，建立质量失信"黑名单"制度和奖惩发布制度，实行企业质量信用分级分类监管，解决产品能效等级标识不符等问题。实行以市场买样为主的监督抽查方式，提高家电产品质量监督抽查的针对性和精准性。定期组织家电产品质量安全预防性整治和知识产权保护专项行动，重点解决假冒伪劣、偷工减料、标实不符、污染环境等问题，支持企业开展质量改进、质量攻关、质量比对等活动，加强知识产权保护，切实保护创新企业的合法权益。

30.4.3　加大创新财税政策支持，规范创新专项资金使用

创新财政资金分配方式，引入市场化运作模式，加快市、县（区）两级政府建立家电产业创新基金，制定支持家电企业知识创新发展专项政策，对企业开展质量攻关、技术改造、设立电子商务海外仓库等取得显著效益和重大突破的项目予以专项经费补助或奖励；全面贯彻落实上级出台的稳增长税费减免政策，开展收费专项清理整治工作，切实减轻企业负担。规范上级转移支付资金的使用，落实各项专项奖励和优惠扶持政策，充分发挥财政资金

的激励和引导作用。

30.4.4 完善投融资扶持政策，优化创业创新的金融服务

开展投融资和运营建设模式创新，吸引、鼓励外资、国资、民资和其他社会资金，积极参与智能家电项目的筹资、建设、运营和管理。加大企业在多层次资本市场上市或挂牌及境外上市的扶持力度，加大对资金保障重点领域和薄弱环节的支持力度。统筹安排对担保公司的风险补偿资金和科技金融专营机构的风险补偿资金，对困难企业实施分类帮扶政策。完善科技金融专项扶持政策，以金融创新带动科技成果转化，加快科技信贷风险池建设，开发科技融资担保、知识产权质押、股权质押等金融信贷产品，推动区域多层次资本市场发展，优化对小微企业和创业创新的金融服务。

30.4.5 完善创新扶持政策，促进企业兼并重组

全面落实国家及省市出台的鼓励企业兼并重组政策，发挥市工业和信息产业基金、相关税费优惠及信贷政策对家电企业联合、兼并、重组的支持力度，促进行业龙头骨干企业做大、做强。持续推进效益型家电企业培育工程，打造行业重量级、领军型企业，积极培育一批拥有新技术、新模式、新业态的智能家电领域优势企业。鼓励金融机构创新使用投贷联动、股权众筹等融资方式，支持成长性强、财务规范的家电企业自行或联合发行企业债券，支持创新型家电企业在新三板等境内外资本市场挂牌上市。支持家电企业实施品牌与技术突围，聚焦智能产品，依托产业基础，嫁接互联网，带动整个家电产业链发展。

30.4.6 强化人才战略，完善多层次人才培养体系

大力推进智能家电产业人才引进和培养工作，支持实施"家电领航100"人才工程，加强创新型企业家队伍和高技能人才队伍建设，培养智能家电产业发展的骨干力量。形成更开放、包容的企业文化，完善人才激励机制，引进更多海内外的"千人计划"专家，持续优化人才发展生态。政府助力做好住房保障、子女就学、健康服务等具体工作落实，形成稳定的技术研发、品牌营销、运行管理的高端人才队伍。探索创新人才培养开发、评价激励、选拔使用、流动配置等政策机制，着力构建充满活力的留人用人和创业创新环境。鼓励企业与学校等社会力量合作，培养智能家电产业急需的技术技能人才和技术工人，建立健全多层次人才培养体系，提高对职业、技能教育的重视，大力倡导和培育精益求精的"工匠精神"。

30.4.7　健全创新工作机制，发挥知识产权中介组织作用

做好顶层规划和设计，充分发挥政府统筹规划、整合资源的主导作用，健全管理机制和协调机制，统筹协调智能家电企业知识创新发展的战略性重大问题。进一步完善重点创新项目的体制建设，把创新督查考核和创新绩效评估结果作为检验创新、推进工作成效的重要依据，科学推进智能家电企业重点项目建设。发挥行业协会、中介服务机构等的桥梁与整合作用，推进科研院校与家电企业的深层次合作，积极谋划筹备家电博览会、展示展销会和行业论坛，定期搜集和发布行业政策及市场信息，加强行业培训与交流指导，帮助企业更好地认识物联网、大数据、家电家居智能化趋势及产品研发创新与应用，把握前沿的家用电子技术、智能家电产品及企业跨界合作新趋势，探索家电企业转型升级方向与路径，推动宁波家电企业蓬勃创新发展。

第31章

宁波市物流企业空间格局的优化创新对策

31.1 引　言

物流业是融合仓储业、运输业、信息业、货代业等多种行业的复合型服务产业，是我国国民经济的重要组成部分，在转变经济增长方式、促进产业结构升级、提升国民经济竞争力方面发挥着越来越重要的作用。企业是物流业发展的基础，是物流服务、市场行为的主体，随着企业地位的日益突出，物流企业逐渐成为国内外学者研究现代物流业的重要视角。

物流企业的空间布局及区位选择是影响物流业健康发展的重要因素，在这一方面国内外已有大量成果。Hong 和 Chin（2007）认为市场规模、交通基础设施、劳动者素质是吸引外商投资物流企业区位选择的因素；Hesse 和 Rodrigue（2004）研究发现郊区以其廉价的土地租金、联系城市中心和远程物流的优势成为物流企业优先选择的区位。国内学者韩增林和李晓娜（2007）、王成金（2008）从宏观环境的角度分析了影响我国物流企业区位选择的因素。另外一部分学者从实证统计的角度研究城市物流企业的区位选择：莫星等（2010）、曾小永和钱庆兰（2010）、梁双波等（2013）等利用数理统计和 GIS 空间分析方法分别研究广州、上海运输型物流企业、仓储型物流企业、港口物流企业的空间分布及其形成机制；曹卫东（2011）分析了城市物流企业空间分布格局，前者利用样方分析法、空间自相关及热点分析法研究了苏州市物流企业的区位分布特征，后者则主要对广州市物流企业进行了研究。

宁波是浙江省经济发达的城市之一，是我国东南沿海重要的港口城市，具有港口优势和区域经济优势，物流业的发展举足轻重。2011 年 3 月国务院公布的《物流业调整和振兴规划》将宁波确立为长三角物流区域的三大中心之一和全国性物流节点城市。宁波市工商局的统计信息显示，截止到 2013 年年底，全市物流企业将近 7000 家，从业人员达到 15.58 万人，产值高达 309 亿元。在宁波市物流企业取得长足发展的同时，也存在一定问题，如企业规模普遍偏小、分布不集中、竞争力偏弱，这些问题严重制约着宁波市物流业的发展。基于此，以宁波市街道为研究单元分析物流企业的空间分布特征，并利用负二项回归模型，研究影响宁波市物流企业区位选择的因素，试图为宁波市物流业的健康快速发展提供决策基础。

31.2　宁波物流企业空间分布特征

将宁波市分为中心城区、郊区、县级市三个地域层次，具体划分情况及区县行政单元的物流企业分布特征见表31-1。分析表31-1可以看出，宁波市物流企业主要分布在郊区，并且位于郊区的企业比例不断增大。2014年中心城区分布了18.23%的物流企业，低于2004年的27.88%，企业总数量为533家；2004年郊区物流企业数量为325家，占全市的46.23%，这个比例在2009年、2014年分别增长为53.13%、57.48%，郊区化特征显现。其中，北仑区物流企业数量，除2004年以外，始终位于首位，在2014年更高达957家，远远高于其他区县。

表31-1　　　　　　　　　宁波市物流企业分布概况

	地区	2004年	2009年	2014年
中心城区	海曙区	15	47	65
	江北区	149	286	368
	江东区	32	71	100
郊区	鄞州区	105	230	381
	镇海区	90	202	342
	北仑区	130	492	957
县级市	奉化市	16	41	62
	慈溪市	79	174	300
	余姚市	37	89	149
	象山县	14	44	113
	宁海县	36	63	86

利用ArcGIS10.2软件对2004年、2009年、2014年宁波市物流企业的街道数据进行分析，并比较物流企业在距离城市中心（天一广场）20千米、30千米的圈层分布情况，可以更好地得到物流企业的分布和集聚情况。

在ArcGIS10.2软件中，按照自然间断点分级法将2004年、2009年、2014

年各个街道的物流企业数量分为 5 个级别，如图 31-1 所示。物流企业的街道区位分布具有城区高度集中、县级市零星分布的特征。物流企业的空间布局，从宁波市范围来看，呈现出"两心一轴"的格局。大量的物流企业集中在中心城区的江北区和北仑区，构成一个大的集聚中心；在慈溪市和余姚市则形成一个小的集聚中心；在宁波市北部地区，物流企业沿着高速公路与铁路呈现轴线分布，在其他地区则零散分布，没有形成集聚中心。

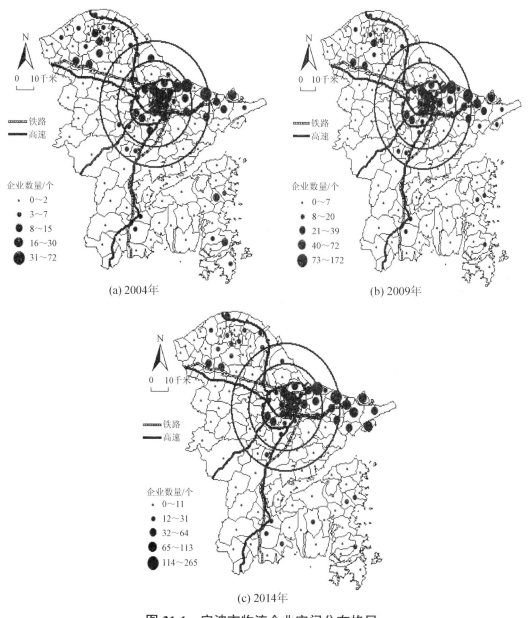

图 31-1　宁波市物流企业空间分布格局

31.2.1 全局自相关分析

为了从整体上把握宁波物流企业空间聚类格局及演化情况，根据式（31-1）、式（31-2）计算 2004 年、2009 年、2014 年物流企业全局空间自相关指数和集聚强度指数（表 31-2）。2004 年、2009 年、2014 年 Moran's I 指数的 Z 检验值都为正且显著，说明相似的观测值趋于空间集聚，也就是说，物流企业数量高的街道与数量高的街道相邻，数量低的街道与数量低的街道相邻。从表 31-2 中可以看到，物流企业数量分布的全局空间自相关指数呈现出上升的趋势，说明物流企业集聚的态势不断增强。

表 31-2 宁波市物流企业全局自相关指数

	2004 年	2009 年	2014 年
Moran's I	0.232 611	0.267 198	0.270 039
$E(I)$	−0.006 494	−0.006 494	−0.006 494
$Z(I)$	5.233 713	5.966 876	5.903 788
$G(d)$	0.064 847	0.068 185	0.063 954
$E(d)$	0.031 336	0.031 336	0.031 336
$Z(d)$	4.983 356	5.310 750	5.028 725

与 Moran's I 指数只能发现正关联或者负关联的空间集聚模式相比，集聚强度指数能够进一步地分析街道单元属于低值集聚还是高值集聚分布模式。$Z(d)$ 在 1% 的置信区间内显著，三个时间段内 $Z(d)$ 最小值为 4.983 356，值为正且较大，表明宁波市物流企业存在较强的空间集聚性。从 $G(d)$ 和 $E(d)$ 的测算结果看，2004～2014 年 $G(d)$ 值一直大于 $E(d)$ 值，说明在研究期间宁波市物流企业在空间上的分布是围绕着几个高强度的集聚中心展开的；具体分析可知 2004～2009 年 $G(d)$ 值和 $E(d)$ 值的差别逐渐增大，同时 $Z(d)$ 值也表现出了上升的趋势，表明在这个时间段内高值集聚的趋势增强；2009～2014 年 $G(d)$ 值和 $E(d)$ 值越来越接近，$Z(d)$ 值也呈现出下降的趋势，表明此段时间内高值和低值的集聚中心减少。

31.2.2 热点区空间演化分析

Getis-Ord General G 值仅能表明宁波物流企业空间集聚是高聚类分布，不能表明其高低值集聚的具体分布情况。因此，进一步基于街道的行政单元根据式（31-3）计算各个街道物流企业的 Getis-Ord G_i^* 值，将其空间化，利用 Jenks 自然间断点分级法对 2004 年、2009 年、2014 年的 G_i^* 值分为 5 个等级，G_i^* 值较高的街道代表宁波物流企业集聚分布的热点地区，G_i^* 值较低的街道代表宁波物流企业集聚分布的冷点地区，生成的物流企业分布的热点图。

由图 31-2 可知，总体而言，2004～2014 年宁波市物流企业的 G_i^* 值分布呈现出"北部大于南部、东部大于西部"的趋势，热点区域、次热点区域由南向北沿海呈现带状分布，表明在研究期间宁波市物流企业集聚的热点区域集中在东北部地区，西南部则主要是集聚的冷点区域；热点区域面积逐渐减少，热点集聚区位置也发生变化。具体而言，2004 年热点区有江北区的庄桥街道、孔浦街道、文教街道、白沙街道、甬江街道；北仑区的戚家山街道、新碶街道、霞浦街道、大碶街道、小港街道；镇海区的骆驼街道、蛟川街道、庄市街道、招宝山街道，共 14 条街道。2009 年物流企业分布的热点区域在 2004 年的基础之上又增添了一个——北仑区的大榭街道，次热点区域与 2004 年相比明显增多，均集中在宁波市东北部的北仑、江北等地区。2014 年宁波市物流企业分布的热点区域与次热点区域数量急速下降，热点区域仅有 5 个，且集中在北仑区的戚家山街道、新碶街道、霞浦街道、大碶街道、小港街道。由此可见，2014 年宁波市郊区成为物流企业分布的热点区域，中心城区成为次热点区域和温点区域，这与前文集聚强度指数先升后降的发展趋势一致。

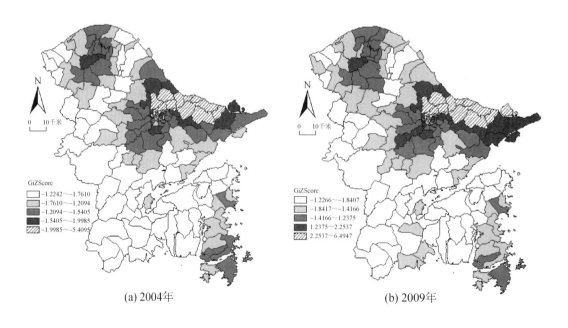

(a) 2004年　　　　　　　　　　　(b) 2009年

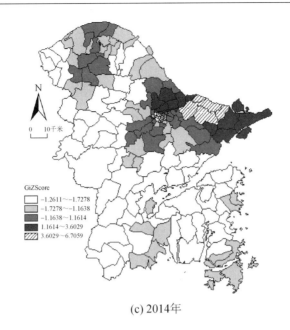

(c) 2014年

图 31-2　2004 年、2009 年、2014 年宁波分街道物流企业热点演化

31.2.3　分行业空间分布及增长格局

根据物流企业主要服务功能，结合物流企业的定义和分类方法，将宁波市物流企业分为运输型物流企业和非运输型物流企业两大类。不同类型的物流企业的主要职能不同，影响区位选择的因素也存在一定差异，导致其空间分布及增长格局不同，见图 31-3、图 31-4。

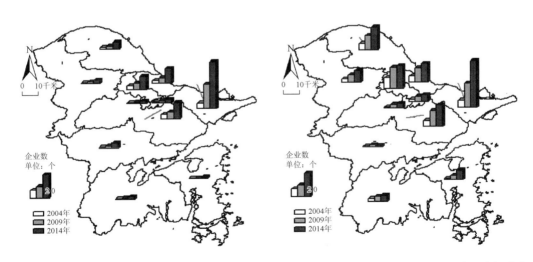

(a) 2004年、2009年、2014年非运输型企业空间分布　　(b) 2004年、2009年、2014年运输型企业空间分布

图 31-3　2004 年、2009 年、2014 年不同类型物流企业空间分布

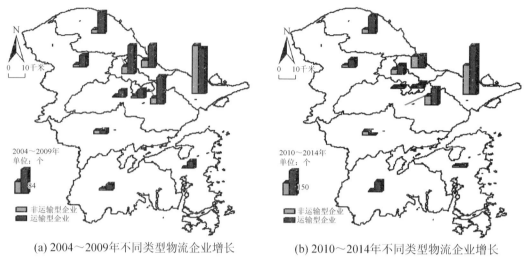

(a) 2004～2009年不同类型物流企业增长 　　(b) 2010～2014年不同类型物流企业增长

图 31-4　2004～2014 年不同类型物流企业增长格局

在研究期间，位于北仑区的非运输型物流企业数量最多，集聚效应不断增强。2004 年位于北仑区的非运输型物流企业所占比例为 26.07%，到 2009、2014 年这个比例变为 45.83%、41.06%，除象山、余姚两个地区以外，海曙、江北、鄞州等地非运输型物流企业所占比例均减小。象山、余姚非运输型物流企业所占比例最高为 1.13%、2.53%，所占比例很小，不能对集聚效应产生影响。因此，可以说宁波市非运输型物流企业形成了以北仑区为中心的集聚发展布局。与非运输型物流企业一样，运输型物流企业也表现出以北仑区为中心的集聚发展趋势，但集聚态势并不十分明显。2004 年，运输型物流企业所占比例最大的地区是江北区，2009 年、2014 年则变为北仑区，所占比例分别为 22.56%、20.64%、27.36%。与不同类型物流企业空间分布格局相似，图 31-4 显示出 2005～2009 年、2010～2014 年不同类型物流企业的增长格局。2005～2009 年除北仑区以外运输型物流企业的增长数量要高于非运输型物流企业，2010～2014 年北仑运输型物流企业增长数量高于非运输型物流企业，这也表明运输型物流企业形成以北仑区为中心的集聚发展趋势。

31.3　宁波物流企业空间格局影响因素

影响物流企业区位决策的因素有很多，曹卫东在城市物流企业区位分布的空间格局及其演化中提出，物流设施建设、传统物流市场分布、区位地租、交通便利性等是影响城市物流企业分布的主要因素；梁双波等则认为港口功能演化、城市规划及发展政策、区域综合交通网络布局、城市商务办公发展环境等多种因素的综合作用决定了上海大都市区港口物流企业的空间分布。基于前人的研究，将影响宁波市物流企业分布的因素归为区位通达性、集聚要素、政府政策，具体解释变量及定义见表31-3。

表 31-3　　　　　　　　　解释变量指标选取及说明

要素	解释变量	定义与解释	预期
区位通达度	PORT	是否与沿海码头接壤	+
	AIRP	到宁波栎社机场的距离	--
	RAIL	到宁波火车南站的距离	--
	STATION	到宁波客运中心的距离	+
	CENT	到市中心的距离	−
	EXPR	是否有高速公路经过	+
	HUB	是否有货运枢纽中心	+
集聚要素	FIRM	是否有宁波 50 强的制造企业	+
	PRICE	工业用途土地租金	−
政府政策	LPARK	有无物流园区	+
	LAND	是否有政府规划的物流仓储用地	+

区位通达度是进行物流运输的基础，是吸引物流企业分布的主要因素，预期区位通达度好的地区能够吸引更多的物流企业。是否有高速公路通过是区位通达度的重要指标之一，有高速公路经过的街道的对外关联度高，用EXPR 表示，有高速公路经过的街道赋值为"1"，否则赋值为"0"；机场、火车站、客运中心及港口是进行货物运输的重要节点，选取各街道、城镇的中心点到宁波栎社机场的距离（ARIP）、宁波火车南站的距离（RAIL）、客运中心的距离（STATION）、是否与沿海码头接壤（PORT）等变量验证其对物流企业区位选择的影响作用。此外，货运枢纽是城市物流运输网络的重要组成部分，货物的发放、中转换装、到达、运输工具的改变等都是在货运中

心中进行，鉴于货运枢纽的重要作用，引入 HUB 变量，有货物枢纽中心的街道赋值为"1"，否则为"0"。

作为生产性服务业之一的物流业与制造业的关系密切，物流企业的服务对象主要是制造企业，可以说物流企业的发展离不开制造企业的支持和驱动。因此，选取了 FIRM 变量，检验制造企业分布对宁波市物流企业区位选择的影响，如果街道或乡镇内存在宁波市制造业 50 强的企业赋值为"1"，否则为"0"，期望其回归系数为正数。对于物流企业，用地成本是其经营成本的重要组成部分。在利润最大、成本最小的动机驱动之下，工业用地价格水平是物流企业考虑区位选择的重要因素。用 PRICE 表示这一因素，根据宁波地区工业用地价格行情划分，将宁波市土地价格划分为九个等级，九级土地最便宜，赋值为"1"；八级土地次之，赋值为"2"，以此类推，一级土地最贵，赋值为"9"。

结合作为研究区域的宁波市的特点，从两个方面考虑政府政策对物流企业空间分布的影响。①物流园区的建设对物流企业区位选择的影响。物流园区的集约、信息交换、多式联运、配送加工、集中仓储、停车场、辅助等功对宁波市物流企业有很强的吸引作用。引入变量有无物流园区 LPARK，具有物流园区赋值为"1"，否则赋值为"0"。②考虑物流仓储用地对宁波物流企业区位选择的影响，引入政府规划的物流仓储用地 LAND，根据宁波市政府城市规划情况对其进行赋值，有政府规划的物流仓储用地的地区赋值为"1"，否则为"0"。

选择 2014 年各街道物流企业数量为被解释变量，选取表 31-3 中因素为解释变量，有效的样本数量为 155 个，包括研究区域内的 66 个街道、78 个镇、11 个乡。首先对解释变量的相关性进行验证，发现到机场的距离、到宁波火车南站的距离、到宁波客运中心的距离、工业用途土地租金、到市中心的距离；有无政府规定的物流仓储用地及是否有货运枢纽中心之间存在很强的相关性，为了消除多重共线性的问题，将上述变量单独引进模型进行验证。表 31-4、表 31-5 分别列出了物流企业、运输型物流企业、非运输型物流企业的负二项回归模型的结果，α 系数均显著不为零，这表明了选用负二项回归模型估计的合理性。

表 31-4　　　　　　　　　2014 年物流企业的回归模型估计结果

变量	全部企业						
	模型 1	模型 2	模型 3	模型 4	模型 5	模型 6	模型 7
HUB	0.7755*						
AIRP		−0.4179***					
RAIL			−0.5281***				
STATION				−0.4854***			
PRICE					0.2685***		
CENT						−0.8316***	
LAND							1.2205***
EXPR	0.0091	0.0038	−0.04496	−0.0527	0.0795	0.03160	0.0196
LPARK	1.0689*	1.1714*	1.0780*	1.0844*	1.1700**	1.0001*	0.7517
PORT	0.9250***	1.4253***	1.4707***	1.4653***	1.5832***	1.4606***	0.7066**
FIRM	0.6872***	0.8030***	0.7516***	0.7401***	0.5730**	0.6481***	0.5005**
-cons	2.3562***	2.8153***	2.9629***	2.9024***	1.0193***	2.8226***	2.3576*
α	1.3150	1.2343	1.1542	1.1823	1.0948	1.2054	1.2596
LL	−571.8606	−566.85184	−561.8029	−563.6170	−557.0168	−565.0605	−568.6870
LR	51.59	61.61	71.71	68.08	81.28	65.19	57.97

*$p<0.05$，**$p<0.01$，***$p<0.001$

表 31-5　　　　　　　　2014 年不同类型物流企业的回归模型估计结果

变量	运输型企业	非运输型企业
HUB	[0.8097*]	[0.6380]
AIRP	−0.3923***	−0.4882***
RAIL	[−0.4902***]	[−0.6300***]
STATION	[−0.4416***]	[−0.6087***]
PRICE	[0.2544***]	[0.2489***]
CENT	[−0.7964***]	[−0.9499***]
LAND	[1.3861***]	[0.9388*]
EXPR	0.0539	−0.1947
LPARK	1.3038***	0.9260
PORT	1.1516***	1.9647***
FIRM	0.8885***	0.5801**
-cons	2.4314***	1.7003***
α	1.4040	1.4851
LL	−512.5205	−386.8823
LR	48.68	62.24

*$p<0.05$，**$p<0.01$，***$p<0.001$

表 31-4 是对全部样本进行负二项回归分析的结果，除 EXPR 以外所有的解释变量都是高度显著的，解释变量系数符号也与研究假设的预期相符。高速公路对宁波物流企业区位选择没有显著影响，原因可能是高速公路是全封闭性质，其本身是否通过某一地区，对该地区的发展并没有实际的意义，也不会对物流企业区位选择产生显著影响。区位通达度是影响物流企业区位选择的主要因素，AIRP、RAIL、STATION、CENT 的回归系数均为负，说明到机场的距离、到宁波火车南站的距离、到宁波客运中心的距离、到市中心的距离越近，通达度越高，企业分布的概率越大。区位通达度中的 PORT 的回归系数最高，即沿海码头对宁波市物流企业的吸引作用最强，这表明对宁波市来说港口构成物流链上的重要部分，港口的建设为物流的发展创造有利条件。

集聚要素的相关变量都通过了显著性检验，工业用途土地租金的回归系数为正，表明租金越高的地区吸引的物流企业越多，这与预期相反，似乎不符合企业追求成本最低的准则。但是也说明区位通达度对物流企业的吸引作用远高于其他因素，因为一般到市中心、火车站、客运中心的距离越近，通达性越好的地区，租金越高，这也是 PRICE 与 AIRP、RAIL、CENT 等变量之间具有较高共线性的原因；制造业是物流企业的主要服务对象，我国物流业务总量的 70%以上是由制造业创造的，因此区域内有宁波市制造业 50 强企业对物流企业区位选择有正向的影响。

模型的结果也表明了政府政策对宁波市物流企业的空间分布有显著的影响。LPARK、LAND 的系数显著且为正，表明物流园区通过税收、人才引进、信息共享等优惠政策，为物流企业的发展提供了良好的专业服务和基础设施。

表 31-5 表示影响不同类型的物流企业区位选择的因素的回归结果。因为变量到机场的距离、到宁波火车南站的距离、到宁波客运中心的距离、工业用途土地租金、到市中心的距离；有无政府规定的物流仓储用地及是否有货运枢纽中心之间存在很强的相关性，这些变量不能归纳到同一个回归方程中，因此表 31-5 仅列出了包含 AIRP 这 1 个变量的完整的估计结果，其余 6 个变量仅列出回归系数及其显著性程度，用"[ ]"表示。从表 31-5 的结果可以看出，运输型物流企业和非运输型物流企业在区位选择上存在一些明显差异。

对于两类物流企业来说，代表区位通达度的 AIRP、RAIL、STATION、CENT 都显著，并且回归系数为负，说明区位通达度对所有类型的物流企业均具有强烈的吸引作用，进一步分析可以发现，区位通达度对非运输型物流企业分布的影响要高于运输型物流企业。非运输型物流企业主要包括仓储型物流企业和提供综合服务的物流企业，其中提供综合服务的物流企业主要依托港口、火车站、客运中心等交通枢纽，为其他物流企业提供信息平台、配套服务等；而仓储型物流企业主要依托大型交易市场来服务，对区位通达度的要求也很高。HUB、LPARK 对非运输型物流企业的影响作用不显著，对运输型物流企业的作用显著，究其原因，HUB、LPARK 是货物的主要集散地，对提供运输、配送等活动的运输型物流企业的需求量大，对其分布产生吸引作用。研究还发现，有无宁波制造业 50 强企业、有无政府规划的物流仓储用地对两种类型的物流企业的影响作用显著，并且对运输型物流企业的影响高于非运输型物流企业。

31.4　研究结论与建议

课题组利用宁波市工商局注册登记信息，以宁波市街道行政区域为分析单元，分析了宁波市物流企业及运输型物流企业、非运输型物流企业的空间分布特征，采用负二项回归模型探讨了影响其区位选择的因素，主要得到以下结论。

（1）随着物流企业数量的迅速增加，宁波市物流企业的区位选择表现出"两心一轴"的空间分布格局，中部地区以北仑区尤其是新碶街道和霞浦街道为集聚中心，北部地区以阳明街道为小的集聚中心，总体来说，宁波市物流企业集中在中部北仑、鄞州、江东地区。宁波市非运输型物流企业已形成了以北仑区为中心的集聚发展布局，运输型物流企业的集聚中心正逐渐显现。

（2）空间演化方面，宁波市出现高值集聚和低值集聚现象，热点区主要集中在宁波东部沿海地区，冷点区主要集中在宁波市南部地区。虽然宁波市物流企业空间分布的热点区域数量减少，但是热点区域更加集中。2004 年热点区域集中在北仑、江北、镇海三个区域，2014 年热点区域则都在北仑地区，北仑区成为宁波市物流企业发展的中心地区。

（3）驱动机理方面，区位通达度显著影响宁波市物流企业的空间分布。

到机场、火车站、市中心的距离越近，吸引的物流企业数量越多，通达性对物流企业的吸引作用超过了较低工业用地土地租金对物流企业的吸引作用，研究还发现，有无宁波市 50 强制造业企业、有无物流园区、有无政府规划的物流仓储用地等对物流企业的区位选择产生一定影响。对不同类型的物流企业，同一因素的影响程度存在差异。通达性对非运输型物流企业的影响要高于运输型物流企业，有无物流园区及有无货运中心对非运输型物流企业没有显著的影响。

当前，随着宁波市物流业的进一步发展，政府应充分发挥市场经济体制下的规划作用，通过合理配置物流业基础设施，引导企业在车站、机场、码头、物流园区等物流节点分布，形成有利于企业发展的物流网络结构。不同类型的物流企业对通达性、土地等要求不同，在选址时首先考虑的因素也有一定差异。

非运输型物流企业在选址时更加注重交通通达性的影响，但在中心城区工业用途土地日益紧张的条件下，可在中心城区连接外部区域的主干道附近布局；运输型物流企业在选址时要接近其服务对象，如大型工业区、商业区、物流园区等，以便缩短运距，降低运输产生的费用。

总之，只有按照物流业发展需要，综合考虑各种因素，合理控制物流企业的空间布局，才能使宁波物流业真正有序、快速发展。

第32章

宁波市信息经济人才开发与知识创新平台构建

32.1 引 言

随着云计算、大数据、物联网、移动互联网等为代表的新一代信息技术的迅速发展和广泛应用,带来了公共管理和服务方式、生产方式和生活方式的深刻变革。发展以新一代信息技术为重要支撑、集智慧产业和智慧应用为一体的信息经济新形态,是推进经济转型升级的重要抓手。在信息经济发展领域,由于其知识性、创新性、高端性的特质,最具有创见性思想的人才成为最重要、稀缺的资源。信息经济人才主要是指在电子信息制造业、软件和信息服务业、电子商务相关产业及智能装备制造产业等领域从事相关工作的人才。

2015 年,浙江省经济和信息化委员公布了全省 976 家"2015 年度浙江省成长型企业",宁波有 195 家企业入选,居浙江省第一,这些企业主要聚焦在加快培育发展的信息经济、健康、节能环保、时尚、高端装备等七大产业。宁波市成长型企业总体数量占宁波市企业总数的 99%以上,已成为宁波经济社会发展的重要构成部分,也是宁波民营经济的主要源泉。这些企业持续稳定发展是宁波市保持经济活力,实现长期社会和谐和就业稳定的重要根基。

由于企业自身的特点和各种原因,在信息经济人才引进问题上存在众多障碍,其中工作稳定性差、企业文化落后、薪资待遇低、人力资源管理工作薄弱是目前制约宁波企业吸引信息经济人才的主要"瓶颈"。面向企业研究宁波信息经济人才的开发与创新平台构建是一项重要课题。

32.2 宁波信息经济人才开发现状

32.2.1 人才增长速度较快，但是总量仍然相对短缺

目前宁波软件产业从业人员约 3 万人，电子商务相关人才总量超过 5 万人，与前几年相比，人才数量增长十分迅速，如电子商务人才每年都保持在 10%～20%的增长速度。

但是，与宁波信息经济发展需要相比，宁波信息经济人才总量仍然处于短缺状态，如 2014 年发布的宁波人才紧缺指数研究报告显示，随着宁波市加快工业化和信息化融合发展，企业在智能化、网络化和信息化方面投入的不断加大，电子信息产业人才需求将出现新一轮的快速增长，人才总量缺口很大。与国内其他城市相比，宁波软件行业从业人员少，上海软件行业从业人员超过 35 万人，杭州超过 10 万人。同时，近年来宁波传统制造业加速转型，服装纺织、贸易物流、电子制造、食品快消品等行业纷纷"触电"，电子商务基础人才需求激增。据初步测算，每年宁波市电子商务基础人才需求量超过 5000 人次，而且呈现逐年递增态势，供需矛盾较为突出。

32.2.2 人才类型不断丰富，但是结构性矛盾仍然突出

随着宁波不断加大信息经济人才引进力度，信息经济各类人才不断丰富，如在 2012 年宁波新一代信息技术人才的综合紧缺指数还处于较高位置，但是近两年综合紧缺指数不断下降，说明各种类型的信息经济人才正在不断向宁波集聚，带动了综合紧缺指数下降。2014 年，宁波还专门推出引进电子商务人才和团队"3315 计划"公告，加快引进电子商务领军人才、高层次人才、紧缺人才、各类专业人才和人才团队。

但是，目前宁波信息经济人才的结构仍然有待进一步优化，在软件人才中，既懂技术又懂管理，同时熟悉经营业务的软件高级人才和电子商务高端复合型人才极度匮乏，不少企业花重金也无法找到此类人才。在宁波市中心城区开展的电子商务紧缺人才调研中，复合型人才排名电子商务人才紧缺指数第一。基础人才也相对缺乏，调研显示，87%以上的宁波软件企业表示目前缺少大批从事基础性软件开发的程序员，即软件蓝领人才，软件公司中懂技术开发、架构设计的程序员普遍处于超负荷运作状态。宁波电子商务企业

的运营、微营销、美工等基础岗位人才均处于高度紧缺状态，具体来说，首先是电子商务市场运作和营销类人才紧缺，约占总需求的 42%；其次是电子商务信息系统建设、管理、维护的技术类人才紧缺，占总需求的 23%；管理类人才、综合类（仓储、物流管理、客服）人才也比较缺乏。

32.2.3　人才培养平台加速建设，但是人才流失率偏高

近年来，宁波不断强化信息经济人才培养平台建设，在企业培养平台方面，引进了 IBM 宁波研发中心等研发机构，以 TCL 移动通信、波导软件为代表的手机软件研发公司不断壮大，使宁波市成为全国重要的手机软件开发基地。在高校人才培养方面，目前宁波建设的浙江大学软件学院（宁波）为全国 37 所国家示范性软件学院之一，大红鹰学院软件学院为全国 35 所示范性软件职业技术学院之一，在浙江工商职业技术学院、宁波城市职业技术学院等 8 所院校开设 13 个班级，试点培养电子商务人才，每年全市培养各类信息经济人才近万名。

但是，宁波信息经济人才面临着人才流失的严峻局面，尤其是软件人才，流失情况较为严重。以浙江大学软件学院（宁波）为例，该学院共有在校生 1127 人，每年毕业生约 400 名，在职培训和全日制软件工程专业硕士人数为 1∶1 左右，但是其中全日制硕士毕业生留在宁波的只有 50 人左右，仅占全部毕业人数的 25%，宁波大学信息学院计算机软件专业每年毕业生在 150 人左右，也只有不到 50 人留在宁波相关软件企业发展。

32.3　宁波信息经济人才扎根的实际困难调查分析

在本次课题研究过程中，着力针对宁波信息经济人才扎根困难的现状深入调查分析，主要面向宁波软件企业、软件从业人才及高校软件专业学生进行了问卷调查和座谈访谈等，掌握了大量第一手的资料，对现状问题及其原因有了深刻的认识。此次调查共发出调查问卷 300 份，收回有效问卷 258 份，面向人才问卷 250 份，收回 219 份，其中面向高校软件人才发放 150 份，回收 142 份，面向在职软件人才发放 100 份，回收 77 份；面向企业问卷 50 份，收回 39 份。回收的问卷调查显示，在软件从业人才中，男性占 77.5%、女性占 22.5%；年龄在 18～25 岁的占 63.3%、26～35 岁的占 35.0%；36 岁以

上的占 1.7%；本科学历的占 72%，硕士学历的占 28%；参与调查的软件企业经营收入 1000 万～5000 万元的占 76%，5000 万～1 亿元的占 16%，1 亿元以上的占 8%。

32.3.1 宁波市信息经济人才流失问题突出的主要原因

1. 产业基础薄弱，对人才的吸纳能力有限

宁波信息经济产业起步相对较晚，虽然近年来取得了较快的发展，但是产业规模和基础仍然较为薄弱。突出表现在重点领域信息经济规模较小、企业数量较少、核心指标落后。例如，在软件产业领域，截至 2014 年年底，宁波经过认定和年审的软件企业 208 家，新登记软件产品 936 个，全年实现软件业务收入 301.4 亿元，同比增长 28.86%；上海市截至 2014 年年底规模以上软件和信息服务企业近 5000 家，软件和信息服务业全行业经营收入突破 5000 亿元，其中软件产业经营收入 3001 亿元，同期增长 21.7%。在电子商务领域，宁波网商超过 3 万家，全年网络零售额达 489.7 亿元；而杭州则实现网络零售额 1524.12 亿元，增长 68.8%。宁波信息经济的产业基础与上海、杭州相比，处于较为不利的局面，也影响了对信息经济人才的吸纳能力，调研中 83% 以上的软件企业、85% 以上的软件从业人才和在校软件专业学生认为，产业基础薄弱是宁波难以集聚软件从业人才的最重要原因。

2. 发展平台不足，对人才的集聚能力有限

宁波支撑信息经济发展的平台不足，导致对人才的集聚能力有限，一方面，表现在平台能级不高，缺少国家级、省级的信息经济人才发展平台。宁波在全市布局形成了"1+8"的软件发展集聚区，但是能级普遍不高，园区产业主导性、特色化不明显。在电子商务园区建设上，也呈现多点开花局面，缺少一个龙头型、集聚型的园区平台。另一方面，平台规模较小，尤其是信息经济人才的培养平台都相对较小，虽然设立了一批软件学院、电子商务学院，但是每年培养输送的人数无法满足宁波信息经济发展的需要，如浙江大学软件学院（宁波）和宁波大学信息学院每年培养输送的信息经济人才总共不到 1000 人，留在宁波发展的更是不到 50%，本地电子商务相关专业和培训机构，每年向宁波本地电子商务行业输送的人才 1500 人左右。

3. 企业规模偏小，对人才的承载能力有限

宁波信息经济企业规模普遍偏小，缺少龙头型、带动性强的大企业大集团，如在宁波的软件企业虽然达到 208 家，但是系统集成资质企业 54 家，其中两级资质 2 家，三级资质 20 家，超亿元企业 23 家；而上海的软件企业全年经营收入超亿元的软件企业 306 家，超 10 亿元的已有 32 家。目前上海共有 37 家软件企业入围国家规划布局内的重点软件企业；宁波仅有 2 家。宁波的软件企业对人才的承载能力也十分有限，据调查统计，宁波 60% 以上的软件企业员工数量在 50～100 人，只有不到 10% 的企业中设立了首席信息官的岗位。

4. 政策缺乏优势，对人才的吸引力有限

宁波虽然出台了加快电子商务人才和团队"3315 计划"及相关软件人才培训的政策，但是政策还处于零星化、碎片化的局面，缺少集成性、创新性的信息经济人才开发计划，在校企合作、电子商务实践基地建设、大型电子商务企业引进和落地等多方面的指导性政策及细化措施欠缺，人才补助专项政策有待设立。因此，宁波现有政策力度较同类城市缺乏优势，赶超难度较大，如无锡市出台专门政策激励信息化企业引才和信息化人才向企业集聚，规定企业引进硕士研究生以上学历或副高级以上职称的海内外信息化类高层次人才，5 年内给予人才个人每人每年 1 万元至 3 万元补助，政策力度很大。

32.3.2　人才对扎根宁波市的主要需求分析

1. 更多的发展机会

在接受调查的软件人才中，64% 的高校软件人才认为是否有更多的发展机会是决定其是否留在宁波的主要因素，52% 的企业在职软件人才认为是否有发展机会是决定其是否留在宁波的主要因素，56% 的企业调查问卷显示发展机会是影响员工流动的主要因素。

2. 更高的薪水待遇

在对软件人才扎根宁波的薪水待遇的问卷调查中，本科学历的人才对月薪的要求在 3000～5000 元的占比最高，占 40.7%；其次是 5000～8000 元，占 38.1%；要求 8000 元以上的，占 15.3%。硕士学历人才对月薪要求普遍较高，在 8000 元以上的占比最高，占 49.1%；其次是 5000～8000 元的，占 40.4%；5000 元以下的占 10.5%。对企业的调查统计显示，75% 的企业愿意为软件人才提供 5000 元以上的月薪，20% 的企业表示愿意提供 8000 元以上的月薪，其余的企业则表示需要结合个人实际能力才能决定薪水待遇。

3. 更优的工作环境

针对工作环境的调查显示，16%的软件人才认为工作环境是影响扎根宁波的主要因素，与发展前景和薪水待遇相比，占比较低，而23%的软件企业则认为工作环境对于人才的稳定具有较为重要的作用。

32.4 加快构建信息经济人才知识创新平台的对策

1. 加快打造信息经济人才创业创新平台

（1）要加快打造人才创业平台，加快推进信息经济特色园区建设，做大、做强国家高新区软件园、杭州湾新区智能装备产业园、江北电子商务经济创新园区等。支持各地区依托原有创业园区（基地）设立信息经济创业专业园，通过给予风险池贷款、商业贷款贴息、房租减免等举措，降低创业创新进入门槛和实施成本，吸引一大批信息经济大学毕业生来甬创业。大力引进国内外知名、成长性好、资源占用少的信息经济企业在宁波市信息经济特色园区设立全国性总部、区域性总部，经认定可给予总部企业优惠政策。

（2）要加快打造人才知识创新平台，加快引进建设信息经济科研院所，支持在甬高校加强软件、电子商务、集成电路、工业设计等信息经济学科建设，强化信息技术、软件开发等若干重点学科建设。加快建设浙江大学软件学院（宁波）、中国科学院信息技术研究院宁波分院等平台，适时以浙江大学软件学院（宁波）为基础，推进省部合作，建设综合性信息经济类高校。

（3）加快打造公共服务平台，比如鼓励开展创业大赛、创客大赛和创业路演、论坛、沙龙和讲堂等活动，举办基金公司与信息经济人才创意对接活动。加快建设软件、信息等公共技术研发平台、科研信息服务中心、信息交流中心等科研创新服务平台。以"IT"人才驿站为基础设立信息经济人才驿站，引进集聚一批信息经济类人才职业技能培训机构，建设信息经济人才专业市场。

2. 加快完善信息经济人才开发链条

（1）完善人才引进政策，将信息经济人才纳入"泛3315计划"引才目标，对引进的紧缺急需信息经济人才给予一定资助，加大信息经济类"海外工程师"引进力度，按照海外工程师年薪资助标准给予一次性10万～30万元的工薪补助。对信息经济类企业引进的高层次人才按照人才的级别给予一定的奖励或年薪资助。

（2）完善人才培养政策，市领军和拔尖人才工程等重点人才培养工程向信息经济类人才适当倾斜，并加大经费资助力度。加强和改进信息经济专业技术人员继续教育，对取得软件工程师、系统架构师等专业技术资格的人才给予奖励或岗位补贴。探索开展宁波信息经济"四名"（名企、名品、名人、名园）评选活动，并适时将信息经济"名人"纳入"甬城英才"评选范畴。

（3）完善扶持政策，探索设立"蓝创"创业基金专门扶持宁波信息经济人才创业创新。优先支持信息经济企业发行债券和上市，支持信息经济基础设施建设项目开展股权和债券融资。对符合产业支持方向的信息经济人才创办小微企业，降低参与政府采购项目的门槛。将高端信息经济人才创业纳入高层次人才服务联盟服务对象。

（4）优化人才服务。针对宁波信息经济人才流失较为严重的现象，必须完善人才"待得住"机制，保障人才安心扎根、舒心发展。一方面，要给人才温馨关怀，增强归属感，还要落实人才发展新政等政策举措，妥善解决好住房、落户、家属就业、子女入学等一系列生活难题，打好这张吸引留住人才的关键牌；另一方面，要使人才"名利双收"，引导企事业单位通过薪酬制度、技术入股、专利授权、期权激励等方式，给予信息经济人才与所做贡献相符的待遇，确保他们体面生活、体面工作，真正体现尊重人才、尊重创造。

3. 加快实施信息经济人才系列开发工程

（1）实施首席信息官（chief information officer，CIO）专项开发计划，探索在县（市）区政府和农业、发改、工业、商务等与信息经济较密切的职能部门设立首席信息官，政府要在编制、职数等方面予以政策支持。通过加大引导和培训力度等举措，引导推动各类企业尤其是规模以上企业设立首席信息官岗位，政府给予一定薪酬补贴。建议首批推动设立 300 名首席信息官岗位，其中政府部门 100 名，企业 200 名。三年后，争取企业 CIO 数量突破 1000 名。

（2）实施信息经济万名紧缺急需人才集聚计划，组织实施万名信息经济人才集聚计划。精心组团定期、定点、定向招聘智慧城市建设有关人才，在"3315 计划"、"泛 3315 计划"、外籍人才智力引进计划、领军和拔尖人才培养工程等人才开发工程中，对信息经济人才予以单列或特别保障，加快引进国内外知名的信息经济领域领军拔尖人才、海外高层次人才等，争取在三年内集聚 10 000 名信息经济领域专业人才。

（3）实施信息经济"创客"开发计划，大力培育信息经济领域"创客"人才，联合行业专家、本地重点企业、金融机构等，每年选择支持 500 名在读或毕业五年内的信息经济领域青年"创客"，根据创意项目、专家推荐、第三方认证、在宁波大市范围内注册等证明材料，给予"创客"不超过 20 万元的首次创业启动资金，举办各类信息经济"创客"创业培训班，争取三年内培养 2000 名信息经济领域"创客"人才，新创办信息经济企业超过 1000 家。

参 考 文 献

蔡宁,潘松挺.2008.网络强度与企业技术创新模式的耦合性及其协同演化[J].中国工业经济,(4):137-144.

曹芳东,黄震方,吴江,等.2011.1990年以来江苏省区域经济差异时空格局演化及其成因分析[J].经济地理,31(6):895-902.

曹卫东.2011.城市物流企业区位分布的空间格局及其演化——以苏州市为例[J].地理研究,30(11):1997-2007.

曹霞,刘国巍,付向梅,等.2012.基于网络视角的知识整合过程机理及仿真[J].科学学研究,30(6):886-894.

曹晓峰.2003.人力资源整合是提升企业核心竞争力的关键途径[J].管理世界,(4):139-140.

曹勇,秦以旭.2012.中国区域创新能力差异变动实证分析[J].中国人口·资源与环境,22(3):164-169.

曹勇,佘硕.2008.知识密集型服务业概念内涵与外延的中国视角研究[J].科学学研究,26(S1):103-110.

陈搏.2007.知识距离与知识定价[J].科学学研究,25(1):14-18.

陈国亮,陈建军.2012.产业关联、空间地理与二三产业共同集聚——来自中国212个城市的经济考察[J].管理世界,(4):82-100.

陈建勋,潘昌才,吴隆增.2009.知识创造能否提升组织绩效?一项实证研究[J].科研管理,30(1):107-115.

陈劲,邱嘉铭,沈海华.2007.技术学习对企业创新绩效的影响因素分析[J].科学学研究,25(6):1224-1232.

陈凯华,余江,高霞.2012.中国高技术产业创新与发展的规模增长关联诊断[J].数量经济技术经济研究,(12):38-51.

陈守明,张志鹏.2009.知识密集型服务业集群内企业间知识转移影响因素——环同济建筑设计产业带的实证研究[J].财贸研究,(5):116-125.

陈伟,冯志军,姜贺敏,等.2010.中国区域创新系统创新效率的评价研究——基于链式关联网络DEA模型的新视角[J].情报杂志,29(12):24-29.

陈文韬.2009.区域创新环境的地区差异及其对创新绩效的影响[D].长沙:湖南大学硕士学位论文.

陈晓红,高阳洁.2013.企业家人口统计特征对企业融资约束的影响机制研究[J].科研管理,12:110-119.

陈学光.2009.企业网络能力--网络能力、创新网络及创新绩效关系研究[M].北京:经济管理出版社.

陈衍泰,何流,司春林.2007.开放式创新文化与企业创新绩效关系的研究——来自江浙沪闽四地的数据实证[J].科学学研究,25(3):567-572.

陈彦光. 2009. 基于 Moran 统计量的空间自相关理论发展和方法改进[J]. 地理研究，28（6）：1449-1463.

陈雨露. 2015. "新常态"下的经济和金融学理论创新[J]. 经济研究，12：8-10.

陈钰芬. 2013. 探求与企业特质相匹配的开放式创新模式[J]. 科研管理，（9）：27-35.

程聪，曹烈冰，张颖，等. 2014. 企业渐进式创新影响因素结构分析——资源基础还是能力制胜？[J]. 科学学研究，（9）：1415-1422.

程开明. 2009. 城市化、技术创新与经济增长——基于创新中介效应的实证研究[J]. 统计研究，26（5）：40-46.

程开明，李金昌. 2008. 中国城市化与技术创新关联性的动态分析[J]. 科学学研究，26（3）：666-672.

迟国泰，张亚京，石宝峰. 2016. 基于 Probit 回归的小企业债信评级模型及实证[J]. 管理科学学报，（6）：136-156.

褚晓明，李彦萍. 2013. 大宗商品市场要素运化交易模式研究[J]. 中国市场，（19）：67-73.

崔长彬，姜石良，张正河. 2012. 河北县域经济影响因素的空间差异分析——基于贝叶斯地理加权回归方法[J]. 经济地理，32（2）：39-45.

戴魁早. 2008. 中国自主创新与经济增长关系的实证研究[J]. 科学学研究，26（3）：626-632.

党兴华，汤喜建. 2007. 员工知识背景差异与组织内知识转移[J]. 科研管理，28（6）：50-55.

丁川，陈璐. 2016. 考虑风险企业家有公平偏好的风险投资激励机制——基于显性努力和隐性努力的视角[J]. 管理科学学报，（4）：104-117.

丁明磊. 2007. 国家创新能力的评价指标与国际比较研究[D]. 大连：大连理工大学硕士学位论文.

丁晓玲. 2009. 自主创新与区域经济发展——基于技术能力成长视角的研究[D]. 北京：中国人民大学博士学位论文.

樊秀峰，康晓琴. 2013. 陕西省制造业产业集聚度测算及其影响因素实证分析[J]. 经济地理，33（9）：115-119.

范群林，邵云飞，唐小我，等. 2010. 结构嵌入性对集群企业创新绩效影响的实证研究[J]. 科学学研究，28（12）：1891-1990.

方磊. 2006. 基于偏好 DEA 的应急系统选址模型研究[J]. 系统工程理论与实践，26（8）：116-122.

方远平，谢蔓. 2012. 创新要素的空间分布及其对区域创新产出的影响——基于中国省域的 ESDA-GWR 分析[J]. 经济地理，32（9）：8-14.

付秋芳，忻莉燕，马士华. 2016. 惩罚机制下供应链企业碳减排投入的演化博弈[J]. 管理科学学报，（4）：56-70.

傅鸿源，陈煜红，叶贵. 2008. 中国农村劳动力流动对产业梯度转移的影响探析[J]. 经济经纬，（5）：104-107.

高楠，马耀峰，李天顺，等. 2012. 1993-2010 年中国入境旅游与进口贸易耦合关系时空分异研究[J]. 经济地理，32（11）：143-161.

高霞，官建成. 2011. 基于标度无关性指标的我国科学创新绩效评价[J]. 科研管理，32（6）：18-25.

龚丽敏，江诗松，魏江. 2012. 产业集群创新平台的治理模式与战略定位：基于浙江两个产业集群的比较案例研究[J]. 南开管理评论，15（2）：59-69.

顾朝林，庞海峰. 2008. 基于重力模型的中国城市体系空间联系与层域划分[J]. 地理研究，27（1）：1-12.

郭爱芳，陈劲. 2013. 基于科学/经验的学习对企业创新绩效的影响：环境动态性的调节作用[J]. 科研管理，（6）：1-8.

郭国锋，温军伟，孙保营. 2007. 技术创新能力的影响因素分析——基于中部六省面板数据的实证研究[J]. 数量经济技术经济研究，（9）：134-143.

郭燕燕. 2011. 陕西省县域经济影响因素的实证分析[D]. 重庆:西南大学.硕士学位论文.

韩会然，焦华富，李俊峰. 2011. 皖江城市带空间经济联系变化特征的网络分析及机理研究[J]. 经济地理，31（3）：384-389.

韩丽，吕拉昌，韦乐章，等. 2011. 广东城市创新空间体系研究[J]. 经济地理，31（12）：1978-1984.

韩雪晴. 2009. 知识密集型服务业集聚程度测度与分析[D]. 成都：西南交通大学硕士学位论文.

韩增林，李晓娜. 2007. 第三方物流企业的区位影响因素研究[J]. 地域研究开发，26（2）：16-25.

郝俊卿，曹明明，王雁林. 2013. 关中城市群产业集聚的空间演变及效应分析——以制造业为例[J]. 人文地理，（3）：96-100.

郝生宾，于渤. 2009. 技术战略对技术创新和组织绩效的影响机理研究[J]. 科学学研究，27（8）：1263-1270.

何键芳，张虹鸥，叶玉瑶，等. 2013. 广东省区域创新产出的空间相关性研究[J]. 经济地理，33（2）：117-121.

和金生，李江. 2008. 知识发展的类生物模型[J]. 科学学研究，26（4）：679-684.

贺灿飞，朱晟君. 2008. 制造业地理集聚的区域差异研究——江苏和安徽对比研究[J]. 地理科学，28（6）：715-721.

贺灿飞，朱彦刚. 2010. 中国资源密集型产业地理分布研究——以石油加工业和黑色金属产业为例[J]. 自然资源学报，25（3）：488-501.

洪国志，胡华颖，李郇. 2010. 中国区域经济发展收敛的空间计量分析[J]. 地理学报，65（12）：1548-1558.

洪银兴. 2011. 科技创新与创新型经济[J]. 管理世界，（7）：1-8.

侯杰泰，温忠麟，成子娟. 2004. 结构方程模型及其应用[M]. 北京：教育科学出版社.

侯启娉. 2005. 基于 DEA 的研究型高校科研绩效评价应用研究[J]. 研究与发展管理，17（1）：118-124.

胡介埙. 2001. 高新技术企业的合作和联盟策略. 科学学研究，19（3）：52-56.

胡平波，万昕，黎荆. 2006. 基于交易收益的网络剩余及其产生机理[J]. 南昌大学学报，（5）：68-71.

黄娟. 2011. 我国地级市知识密集型服务业集聚水平及其影响因素研究[D]. 长沙：湖南大学硕士学位论文.

黄木易，程志光. 2012. 区域城市化与社会经济耦合协调发展度的时空特征分析——以安徽省为例[J]. 经济地理，32（2）：77-81.

黄蕴洁，刘冬荣. 2010. 知识管理对企业核心能力影响的实证研究[J]. 科学学研究，28（7）：1052-1059.

贾晓霞，周溪召. 2007. 合作创新企业间知识转移障碍因素识别与对策研究[J]. 科学管理研究，25（1）：61-64.

简兆权，刘荣，招丽珠. 2010. 网络关系、信任与知识共享对技术创新绩效的影响研究[J]. 研究与发展管理，22（2）：64-71.

简兆权，吴隆增，黄静. 2008. 吸收能力、知识整合对组织创新和组织绩效的影响研究[J]. 科研管理，29（1）：80-86.

江小涓.2013. 服务经济理论的引进借鉴和创新发展——《服务经济译丛》评介[J]. 经济研究,（5）：154-156.

姜海宁,谷人旭,李广斌.2011. 中国制造业企业500强总部空间格局及区位选择[J]. 经济地理,31（10）：1666-1673.

姜磊,戈冬梅,季民河.2011. 长三角区域创新差异和位序规模体系研究[J]. 经济地理,31（7）：1101-1105.

姜磊,季民河.2011. 城市化、区域创新集群与空间知识溢出[J]. 软科学,（25）：86-90.

蒋勤峰.2015. 创新型企业组织情境的缓冲效应实证研究[J]. 科研管理,S1：76-83,101.

蒋天颖.2008. 企业知识管理水平评估优化方法及应用[J]. 情报杂志,27（2）：20-22.

蒋天颖.2013. 我国区域创新差异时空格局演化及其影响因素分析[J]. 经济地理,33（6）：22-29.

蒋天颖.2014. 浙江省区域创新产出空间分异特征及成因[J]. 地理研究,33（10）：1825-1836.

蒋天颖,白志欣.2012. 基于偏好DEA模型的企业知识管理效率评价研究[J]. 情报杂志,31（1）：123-127.

蒋天颖,程聪.2012. 企业知识转移生态学模型[J]. 科研管理,33（2）：130-138.

蒋天颖,丛海彬,王峥燕,等.2014c. 集群企业网络嵌入对技术创新的影响——基于知识的视角[J]. 科研管理,35（11）：26-34.

蒋天颖,华明浩.2014. 长三角区域创新空间联系研究[J]. 中国科技论坛,（10）：126-131.

蒋天颖,华明浩,许强,等.2014a. 区域创新与城市化耦合发展机制及其空间分异研究——以浙江省为例 [J]. 经济地理,34（6）：25-32.

蒋天颖,刘程军.2015. 长江三角洲区域创新与经济增长的耦合协调研究[J]. 地域研究与开发,34（6）：8-13.

蒋天颖,施放.2008. 企业组织学习维度结构的实证分析[J]. 浙江社会科学,（5）：87-92.

蒋天颖,孙伟.2012. 网络位置、技术学习与集群企业创新绩效——基于对绍兴纺织产业集群的实证考察[J]. 经济地理,32（7）：87-93.

蒋天颖,孙伟,白志欣.2013a. 基于市场导向的微企业竞争优势形成机理——以知识整合和组织创新为中介[J]. 科研管理,34（6）：17-25.

蒋天颖,王峥燕,张一青.2013b. 网络强度、知识转移对集群企业创新绩效的影响[J]. 科研管理,34（8）：27-34.

蒋天颖,吴福象.2013. 基于网络嵌入的高新技术集群企业知识创新研究[J]. 情报杂志,32（4）：202-207.

蒋天颖,谢敏,刘刚.2014b. 基于引力模型的区域创新产出空间联系研究——以浙江省为例[J]. 地理科学,34（11）：1320-1326.

蒋天颖,张一青,王俊江.2009. 战略领导行为、学习导向、知识整合和组织创新绩效[J]. 科研管理,30（6）：48-55.

蒋天颖,张一青,王俊江.2010. 企业社会资本与竞争优势的关系研究——基于知识的视角[J]. 科学学研究,28（8）：1212-1221.

靳诚,陆玉麒.2009. 基于县域单元的江苏省经济空间格局演化[J]. 地理学报,64（6）：713-724.

康志勇.2013. 技术选择、投入强度与企业创新绩效研究[J]. 科研管理,（6）：42-49.

柯江林,孙健敏,石金涛,等.2007. 企业R&D团队之社会资本与团队效能关系的实证研究——以知识分享与知识整合为中介变量[J]. 管理世界,（3）：89-101.

柯文前,陆玉麒.2011. 基于县域的福建省经济空间格局演化[J]. 经济地理,31（7）：

1081-1087.

李艾丹，朱东华. 2016. 产业集群协同创新服务平台的可拓服务模型[J]. 科学学研究，（2）：220-227.

李柏洲，徐广玉，苏屹. 2014. 企业合作创新行为形成机理研究——基于计划行为理论的解释架构[J]. 科学学研究，（5）：777-786，697.

李斌，许立民，秦奋，等. 2010. 基于重力模型的河南省公路客流空间运输联系[J]. 经济地理，30（6）：955-959.

李春燕. 2010. 我国创新活动空间差异及其影响因素研究[D]. 天津：天津财经大学硕士学位论文.

李凤羽，史永东. 2016. 经济政策不确定性与企业现金持有策略——基于中国经济政策不确定指数的实证研究[J]. 管理科学学报，（6）：157-170.

李国平，王春杨. 2012. 我国省域创新产出的空间特征和时空演化——基于探索性空间数据分析的实证[J]. 地理研究，31（1）：95-106.

李红艳，储雪林，常宝. 2004. 社会资本与技术创新的扩散[J]. 科学学研究，22（3）：333-336.

李江帆. 2004. 新型工业化与第三产业的发展[J]. 经济学动态，（1）：39-42.

李婧，谭清美，白俊红. 2010. 中国区域创新生产的空间计量分析——基于静态与动态空间面板模型的实证研究[J]. 管理世界，（7）：43-55.

李雷，赵先德，简兆权. 2016. 网络环境下平台企业的运营策略研究[J]. 管理科学学报，（3）：15-33.

李林艳. 2004. 社会空间的另一种想象——社会网络分析的结构视野[J]. 社会学研究，（3）：64-75.

李琳. 2013. 科技投入、科技创新与区域经济作用机理及实证研究[D]. 长春：吉林大学博士学位论文.

李琳，熊雪梅. 2012. 产业集群生命周期视角下的地理邻近对集群创新的动态影响[J]. 地理研究，31（11）：2017-2030.

李文秀，谭力文. 2008. 服务业集聚的二维评价模型及实证研究[J]. 中国工业经济，（4）：55-63.

李文元，向雅丽，梅强. 2014. 感知对企业科技服务购买意愿的影响研究——以吸收能力为调节变量[J]. 科学学研究，（6）：852-859.

李习保. 2007. 区域创新环境对创新活动效率影响的实证研究[J]. 数量经济技术经济研究，（8）：13-24.

李晓翔. 2014. 冗员与企业产品创新关系——传导机制与情境因素研究[J]. 科学学研究，（8）：1251-1261.

李正卫，高蔡联，张祥富. 2013. 创始人前摄性个性对企业创新绩效的影响——社会网络的中介作用[J]. 科学学研究，11：1752-1759.

李志宏，王娜，马倩. 2013. 基于空间计量的区域间创新行为知识溢出分析[J]. 科研管理，（6）：9-16.

连燕玲，贺小刚，高皓. 2004. 业绩期望差距与企业战略调整——基于中国上市公司的实证研究[J]. 管理世界，11：119-132，188.

梁强，李新春，周莉. 2016. 新创企业内部资源与外部关系的战略平衡——中国情境下的经验研究[J]. 管理科学学报，（4）：71-87.

梁双波，曹有挥，吴威. 2013. 上海大都市区港口物流企业的空间格局演化[J]. 地理研究，32（8）：1448-1456.

梁政骥, 吕拉昌. 2012. 基于锡尔系数的广东省城市创新能力差异研究[J]. 地域研究与开发, 31 (3): 73-77.

林润辉. 2004. 网络组织与企业高成长[M]. 天津: 南开大学出版社.

刘钒, 钟书华. 2015. 创新型小微企业的群体属性及智能涌现——群集智能的视角[J]. 科学学研究, 12: 1861-1866.

刘和东. 2013. 区域创新内溢、外溢与空间溢出效应的实证研究[J]. 科研管理, 34 (1): 28-36.

刘辉, 段汉明, 谢元礼, 等. 2009. 城市化空间格局研究——兰州—西宁为例[J]. 经济地理, 29 (12): 1995-2000.

刘继生, 陈彦光. 2000. 分形城市引力模型的一般形式和应用方法——关于城市体系空间作用的引力理论探讨[J]. 地理科学, 20 (6): 528-533.

刘群慧, 胡杨, 刘二丽. 2014. 环境压力、企业家网络与合作创新意愿的关系[J]. 科研管理, 12: 103-111.

刘希宋, 王辉坡. 2007. 组织内知识共享的生态竞争模型研究[J]. 科技进步与对策, 24 (4): 144-146.

刘旭华, 王劲峰, 孟斌. 2004. 中国区域经济时空动态不平衡发展分析[J]. 地理研究, 23 (4): 530-540.

刘雪峰. 2007. 网络嵌入性与差异化战略及企业绩效关系研究[D]. 杭州: 浙江大学博士学位论文.

刘洋, 魏江, 江诗松. 2013. 后发企业如何进行创新追赶?——研发网络边界拓展的视角[J]. 管理世界, (3): 96-110, 188.

刘耀彬, 李仁东, 宋学锋, 等. 2005. 中国城市化与生态环境耦合度分析[J]. 自然资源学报, 20 (1): 105-112.

刘莹莹. 2008. 我国区域创新能力影响因素的实证研究[D]. 长沙: 湖南大学博士学位论文.

龙静, 陈传明. 2013. 服务性中介的权力依赖对企业创新的影响: 基于社会网络的视角[J]. 科研管理, (5): 56-63.

龙勇, 李忠云, 张宗益, 等. 2005. 技能型战略联盟合作效应与知识获取、学习能力实证研究 [J]. 系统工程理论与实践, (9): 1-7.

鲁桐, 党印. 2014. 公司治理与技术创新: 分行业比较[J]. 经济研究, (6): 115-128.

陆大道. 2014. 建设经济带是经济发展布局的最佳选择——长江经济带经济发展的巨大潜力[J]. 地理科学, 34 (7): 769-772.

路江涌, 陶志刚. 2006. 中国制造业区域集聚及国际比较[J]. 经济研究, (3): 103-114.

吕卫国, 陈雯. 2009. 江苏省制造业产业集聚及其空间集聚特征[J]. 经济地理, 29(10): 1677-1683.

吕一博, 程露, 苏敬勤. 2013. "资源导向"下企业集群网络演进的仿真研究[J]. 科研管理, (1): 131-139, 146.

罗峰. 2014. 企业孵化器商业模式价值创造分析[J]. 管理世界, (8): 180-181.

罗吉. 2008. 我国第三产业内部结构变动影响因素的实证研究[J]. 统计与决策, (14): 89-91.

罗家德. 2010. 社会网络分析讲义[M]. 北京: 社会科学文献出版社.

罗仲伟, 罗美娟. 2001. 网络组织对层级组织的替代[J]. 中国工业经济, (6): 23-30.

马国霞, 朱晓娟, 田玉军. 2013. 京津冀都市圈制造业产业链的空间集聚度分析[J]. 人文地理, (3): 116-121.

马丽，金凤君，刘毅. 2012. 中国经济与环境污染耦合度格局及工业结构解释[J]. 地理学报，67（10）：1299-1307.

马勤. 2006. 企业知识管理能力与竞争优势的关系研究[D]. 长沙：湖南大学硕士学位论文.

马有才，赵映超，杨洋. 2010. 高新技术产业集群与创新型城市建设的互动发展[J]. 科技进步与对策，27（18）：50-53.

马占新. 2010. 数据包络分析模型与方法[M]. 北京：科学出版社.

毛睿奕，曾刚. 2010. 基于集体学习机制的创新网络模式研究——以浦东新区生物医药产业创新网络为例[J]. 经济地理，30（9）：1478-1483.

梅姝娥，许军. 2013. 合作型企业间电子商务模式与价值创造研究[J]. 管理科学学报，（5）：55-68，94.

孟德友，陆玉麒. 2009. 基于引力模型的江苏区域经济联系强度与方向[J]. 地理科学进展，28（5）：697-704.

孟德友，陆玉麒. 2011. 高速铁路对河南沿线城市可达性及经济联系的影响[J]. 地理科学，31（5）：537-543.

孟德友，沈惊宏，陆玉麒. 2012. 中原经济区县域交通优势度与区域经济空间耦合[J]. 经济地理，32（6）：7-14.

孟坤，熊中楷，代唯良. 2010. 知识管理与组织绩效关系的实证研究——基于组织文化的视角[J]. 管理世界，（5）：182-183.

莫星，千庆兰，郭琴，等. 2010. 广州市运输型物流企业空间分布特征分析[J]. 热带地理，30（5）：521-527.

聂清凯，赵庆. 2008. 企业文化力内涵、生成与功能体系研究综述及其展望[J]. 外国经济与管理，30（11）：51-56.

欧向军，甄峰，秦永东，等. 2008. 城市化水平综合测度及其理想动力分析——以江苏省为例[J]. 地理研究，27（5）：993-1002.

潘松挺，蔡宁. 2010. 企业创新网络中关系强度的测量研究[J]. 中国软科学，（5）：108-115.

潘永涛. 2007. 产业集群形成与发展的动态机制研究——一个新经济社会学的视角[D]. 南京：东南大学硕士学位论文.

逄键涛，温珂. 2016. 主动性人格、工作满意度与员工创新行为——对中国医药生物技术企业的实证分析[J]. 科学学研究，（1）：151-160.

彭新敏. 2009. 企业网络对技术创新绩效的作用机制研究：利用性—探索性学习的中介效应[D]. 杭州：浙江大学博士学位论文.

彭志龙. 2009. 我国第三产业比重是否应该逐年上升？[J]. 统计研究，26（12）：16-18.

蒲英霞，葛莹，马荣华，等. 2005. 基于 ESDA 的区域经济空间差异分析——以江苏省为例[J]. 地理研究，24（6）：965-974.

千庆兰，陈颖彪，李雁，等. 2011. 广州市物流企业空间布局特征及其影响因素[J]. 地理研究，30（7）：1254-1261.

钱平凡. 2000. 孵化器运作的国际经验与我国孵化器产业的发展对策[J]. 管理世界，（6）：78-84.

乔妍菁. 2008. 基于集群的上海知识密集型服务业发展研究[D]. 上海：上海交通大学硕士学位论文.

秦波. 2013. 地区高校学科集群与创新平台发展路径研究[J]. 科学管理研究，31（3）：34-37.

让·梯若尔. 2015. 产业组织理论[M]. 张维迎译. 北京：中国人民大学出版社.

任静, 彭晓东, 王鹏. 2009. 企业知识转移模型分析研究[J]. 科技情报开发与经济, 19（5）：179-181.

任曙明, 吕镯. 2014. 融资约束、政府补贴与全要素生产率——来自中国装备制造企业的实证研究[J]. 管理世界, 11：10-23, 187.

任兴洲. 2015. 宏观经济与大宗商品走势分析[J]. 中国物流与采购, （11）：46.

任英华, 邱碧槐. 2010. 现代服务业空间集聚特征分析——以湖南省为例[J]. 经济地理, 30（3）：454-459.

任志安. 2006. 企业网络：一种跨企业界面的知识共享组织[J]. 生产力研究, （1）：183-185.

阮陆宁, 杨尚波. 2010. 基于面板数据模型的第三产业就业效应分析——以江西省为例[J]. 统计与决策, （21）：92-94.

单标安, 蔡莉, 费宇鹏, 等. 2013. 新企业资源开发过程量表研究[J]. 管理科学学报, 10：81-94.

尚永正, 张小林, 卢晓旭, 等. 2011. 安徽省城市化格局时空演变研究[J]. 经济地理, 31（4）：584-590.

申小莉. 2011. 创新网络中知识转移的影响因素研究——基于企业实证样本的分析[J]. 科学学研究, 29（3）：432-442.

申玉铭, 邱灵, 任旺兵, 等. 2007. 中国服务业空间差异的影响因素与空间分异特征[J]. 地理研究, 26（6）：1255-1264.

盛翔. 2011. 区域创新产出的差异比较及影响因素的实证研究[D]. 杭州：浙江工商大学硕士学位论文.

石峰. 2010. 基于省际面板数据及 DEA 的区域创新效率研究[J]. 技术经济, 29（5）：42-47.

石海龙. 2015. 当前煤炭经济形势分析及应对措施[J]. 煤炭经济研究, 35（5）：23-26.

石书德, 张帏, 高建. 2016. 新企业创业团队的治理机制与团队绩效的关系[J]. 管理科学学报, （5）：14-27.

时省. 2013. 知识密集型服务业对中国创新经济的影响研究[D]. 合肥：中国科技大学博士学位论文.

史仕新. 2002. 知识经济与管理创新[J]. 财经科学, （7）：73-75.

史修松, 赵曙东, 吴福象. 2009. 中国区域创新效率及其空间差异研究[J]. 数量经济技术经济研究, （3）：45-55.

舒辉, 周熙登, 林晓伟. 2014. 物流产业集聚与全要素生产率增长——基于省域数据的空间计量分析[J]. 中央财经大学学报, （3）：98-105.

宋立. 2015. "十三五"时期金融发展改革展望[J]. 中国物流与采购, （11）：25-26.

苏建军, 孙根年, 王丽芳. 2011. 1982 年以来中国旅游业对第三产业的关联带动性分析[J]. 地理科学进展, 30（8）：1047-1055.

孙建, 齐建国. 2011. 中国区域知识溢出空间距离研究[J]. 科学学研究, 29（11）：1643-1650.

孙林杰, 康荣, 王静静. 2016. 开放式创新视域下民营企业技术能力的发展演进[J]. 科学学研究, （2）：253-259.

孙锐, 石金涛, 张体勤. 2009. 中国企业领导成员交换、团队成员交换, 组织创新气氛与员工创新行为关系实证研究[J]. 管理工程学报, 23（4）：109-115.

孙锐, 王乃静, 石金涛. 2008. 中国背景下不同类型企业组织创新气氛差异实证研究[J]. 南开管理评论, 11（2）：42-49.

孙亚男. 2012. 基于社会网络结构演化的产学研合作项目治理风险研究[D]. 济南：山东大学博士学位论文.

谭婧, 陶小马, 陈旭. 2012. 基于改进熵值法的城市"精明增长"综合测度——以长江三角16市为例[J]. 长江流域资源与环境, 21（2）：129-136.

谭小芬, 刘阳, 张明. 2014. 国际大宗商品价格波动：中国因素有多重要——基于1997-2012年季度数据和VECM模型的实证研究[J]. 国际金融研究, （10）：75-86.

汤临佳, 池仁勇, 何叶田, 等. 2016. 科技型企业技术管理能力的动态演化研究[J]. 科研管理, （3）：21-30.

唐未兵, 傅元海, 王展祥. 2014. 技术创新、技术引进与经济增长方式转变[J]. 经济研究, （7）：31-43.

田丽娜, 但斌, 张旭梅, 等. 2010. 工业企业技术创新能力与组织绩效关系的实证研究[J]. 科技与经济, 23（3）：19-22.

田宇, 杨艳玲. 2016. 基于物流企业的服务创新研究：互动导向视角[J]. 科研管理, （2）：116-123.

万幼清, 王云云. 2014. 产业集群协同创新的企业竞合关系研究[J]. 管理世界, （8）：175-176.

汪卫斌, 陈收. 2008. 高技术企业动态核心竞争力及其灵敏度[J]. 系统工程, 26（7）：7-16.

王爱国, 刘惠萍. 2007. 高技术企业动态战略管理模式的支撑条件研究. 科学学与科学技术管理, （5）：128-133.

王秉安. 2008. 基于资源配置战略的县域经济发展模式研究——以福建省上杭县"三资"运作战略为例[J]. 华东经济管理, 22（12）：47-50.

王成金. 2008. 中国物流企业的空间组织网络[J]. 地理学报, 63（2）：135-146.

王发明, 刘丹. 2016. 产业技术创新联盟中焦点企业合作共生伙伴选择研究[J]. 科学学研究, （2）：246-252.

王芳, 赵兰香, 贾佳. 2015. 组织创新对企业模仿与创新绩效的影响[J]. 科研管理, 12：65-74.

王凤彬, 陈建勋. 2011. 动态环境下变革型领导行为对探索式技术创新和组织绩效的影响[J]. 南开管理评论, 14（1）：4-16.

王国红, 邢蕊, 林影. 2011. 基于社会网络嵌入性视角的产业集成创新风险研究[J]. 科技进步与对策, （2）：60-63.

王海江, 苗长虹, 茹乐峰, 等. 2012. 我国省域经济联系的空间格局及其变化[J]. 经济地理, 32（7）：18-23.

王红亮, 胡伟平, 吴驰. 2010. 空间权重矩阵对空间自相关的影响分析——以湖南省城乡收入差距为例[J]. 华南师范大学学报（自然科学版）, （1）：110-115.

王家庭, 贾晨蕊. 2009. 中国区域创新能力及影响因素的空间计量分析[J]. 中国科技论坛, （12）：73-78.

王劲峰, Fischer M M, 刘铁军. 2012. 经济与社会科学空间分析[M]. 北京：科学出版社.

王开明, 张琦. 2005. 技术创新扩散及其壁垒：微观层面的分析[J]. 科学学研究, 23（1）：139-143.

王曼. 2006. 县域经济发展动力机制与发展模式研究[D]. 上海：华东师范大学硕士学位论文.

王鹏, 高妍伶俐. 2013. 居民消费支出视角下区域政策、人口结构与产业结构关系研究——以广东省为例[J]. 经济地理, 33（6）：42-47.

王琼.2009.时力科技:破解大宗商品电子交易与物流集成化之忧[J].石油石化物资采购,(9):70-71.

王锐淇.2010.我国区域技术创新能力提升与区域追赶的空间特征研究[D].重庆:重庆大学博士学位论文.

王锐淇,张宗益.2010.区域创新能力影响因素的空间面板数据分析[J].科研管理,31(3):17-26.

王松,胡树华,牟仁艳.2013.区域创新体系理论溯源与框架[J].科学学研究,(3):344-349,436.

王喜刚.2016.组织创新、技术创新能力对企业绩效的影响研究[J].科研管理,(2):107-115.

王贤海.2006.安徽县域经济竞争力实证分析与对策研究[D].合肥:合肥工业大学硕士学位论文.

王晓晖.2007.学习型组织文化的差异与影响研究——基于广东地区国有企业和民营企业样本相比较的实证分析[J].管理世界,(11):76-86.

王晓娟.2007.知识网络与集群企业竞争优势研究[D].杭州:浙江大学博士学位论文.

王杏芬.2010.R&D、技术创新与区域创新能力评估体系[J].科研管理,(5):58-67.

王洋,方创琳,盛长元.2013.扬州市住宅价格的空间分异与模式演变[J].地理学报,68(8):1082-1096.

王毅,吴贵生.2001.产学研合作中粘滞知识的成因与转移机制研究[J].科研管理,22(6):114-121.

王颖.2008.基于知识的产业集群持续竞争优势培育研究[D].南京:南京航空航天大学硕士学位论文.

王宇露,李元旭.2009.海外子公司东道国网络结构与网络学习效果——网络学习方式是调节变量吗?[J].南开管理评论,12(3):142-151.

王宇鹏.2012.国际大宗商品市场发展趋势和政策建议[J].中国物价,(10):44-47.

王玉荣,杨震宁,李军.2011.竞争环境和技术战略对制造业创新绩效的影响[J].科研管理,32(7):25-34.

王跃堂,倪婷婷.2015.增值税转型、产权特征与企业劳动力需求[J].管理科学学报,(4):18-37,48.

王众托.2004.知识系统工程[M].北京:科学出版社.

韦影.2007.企业社会资本的测量研究[J].科学学研究,25(3):518-522.

魏江,陶颜,王琳.2007.知识密集型服务业的概念与分类界定[J].中国软科学,(1):33-41.

魏江,陶颜,翁羽飞.2009.中国知识密集型服务业的创新障碍——来自长三角地区KIBS企业的数据实证[J].科研管理,30(1):81-96.

魏江,夏雪玲.2004.产业集群中知识密集型服务业的功能研究[J].科技进步与对策,(12):7-9.

魏江,徐蕾.2014.知识网络双重嵌入、知识整合与集群企业创新能力[J].管理科学学报,(2):34-47.

魏露露,王文平.2006.产业集群中小团体网络结构对技术扩散的影响[C].中国管理科学学术年会:128-131.

魏守华,吴贵生,吕新雷.2010.区域创新能力的影响因素——兼评我国创新能力的地区差距[J].中国软科学,(9):76-85.

温忠麟,张雷,侯杰泰,等.2004.中介效应检验程序及其应用[J].心理学报,36(5):

614-620.

文东伟，冼国明. 2014. 中国制造业的空间集聚与出口：基于企业层面的研究[J]. 管理世界，10：57-74.

吴翠花，于江鹏，杨娜. 2011. 联盟网络自主知识创造与组织绩效关系研究[J]. 科学学研究，29（2）：268-274.

吴福象，蒋天颖，孙伟. 2013. 网络位置知识转移对集群企业竞争优势的影响——一项基于对温州乐清低压电器产业集群的实证研究 [J]. 科研管理，34（12）：48-57.

吴剑峰，吕振艳. 2007. 资源依赖、网络中心度与多方联盟构建——基于产业电子商务平台的实证研究[J]. 管理学报，4（4）：509-513.

吴剑峰，杨震宁. 2014. 政府补贴、两权分离与企业技术创新[J]. 科研管理，12：54-61.

吴俊杰，王节祥，耿新. 2015. 企业家社会网络总是有助于提升创新绩效吗？[J]. 科学学研究，12：1883-1893.

吴明隆. 2013. 结构方程模型：Amos 实务进阶[M]. 重庆：重庆大学出版社.

吴思竹，张智雄. 2010. 网络中心度计算方法研究综述[J]. 图书情报工作，54（18）：107-110.

吴添祖，冯勤，余春生. 2000. 高新技术企业发展一般规律[J]. 中国软科学，（11）：76-79.

吴先慧，吴海燕，陆强，等. 2011. 我国区域创新体系的影响因素实证研究[J]. 科技进步与对策，28（7）：26-31.

吴晓波. 2013. 我国转型经济中技术创新与经济周期关系研究[J]. 科研管理，32（1）：2-9.

吴晓波，韦影. 2005. 制药企业技术创新战略网络中的关系性嵌入[J]. 科学学研究，23（4）：561-565.

吴延兵. 2008. 自主研发、技术引进与生产率：基于中国地区工业的实证研究[J]. 经济研究，（8）：51-64.

吴义杰，何健. 2010. 产业集群的演化过程及形成机制[J]. 甘肃社会科学，（5）：179-200.

吴玉鸣. 2007. 大学、企业研发与区域创新的空间统计与计量分析[J]. 数理统计与管理，26（2）：318-324.

吴玉鸣，柏玲. 2011. 广西城市化与环境系统的耦合协调测度与互动分析[J]. 地理科学，31（11）：1474-1479.

吴玉鸣，何建坤. 2008. 研发溢出、区域创新集群的空间计量经济分析[J]. 管理科学学报，11（4）：59-66.

吴忠泽. 2006. 科技创新是 21 世纪城市可持续发展的源泉和动力[J]. 中国软科学，（9）：13-17.

伍勇，梁巧转，魏泽龙. 2013. 双元技术创新与市场导向对企业绩效的影响研究：破坏性创新视角[J]. 科学学与科学技术管理，34（6）：140-151.

夏燕梅. 2010. 我国知识密集型服务业集聚化测度及其动力机制模型研究[D]. 重庆：重庆大学硕士学位论文.

夏禹龙，刘吉，冯之浚，等. 1983. 梯度理论和区域经济[J]. 科学学与科学技术管理，（2）：23-28.

向云波，张勇，袁开国，等. 2011. 湘江流域县域发展水平的综合评价及特征分析[J]. 经济地理，31（7）：1088-1093.

肖秦琨. 2007. 动态贝叶斯网络推理学习理论及应用[M]. 北京：国防工业出版社.

谢洪明，葛志良，王成. 2008. 社会资本、组织学习与组织创新的关系研究[M]. 管理工程学报，2（1）：5-10.

谢洪明，韩子天. 2005. 组织学习与绩效的关系：创新是中介变量吗？珠三角地区企业的实证研究及其启示[J]. 科研管理，26（5）：1-10.

谢洪明，刘常勇，陈春辉. 2006. 市场导向与组织绩效的关系：组织学习与创新的影响——珠三角地区企业的实证研究[J]. 管理世界，（2）：80-94.

谢洪明，刘常勇，李晓彤. 2002. 知识管理战略、方法及其绩效研究[J]. 管理世界，（10）：85-92.

谢洪明，王成，罗慧玲，等. 2007a. 学习，知识整合与创新的关系研究[J]. 南开管理评论，10（2）：105-112.

谢洪明，王琪，葛志良，等. 2007b. 企业文化、学习与创新绩效的关系研究[J]. 科学学与科学技术管理，28（3）：73-77.

谢里，罗能生. 2009. 中国制造业空间集聚水平及其演变趋势[J]. 科学学研究，27（12）：1836-1844.

谢顺平，冯学智，王结臣，等. 2009. 基于网络加权 Voronoi 图分析的南京市商业中心辐射域研究[J]. 地理学报，64（12）：1467-1476.

辛冲，石春生，吴正刚. 2008. 结构导向组织创新、技术创新与组织绩效的牵引效应[J]. 研究与发展管理，20（1）：45-51.

熊熊，姚传伟，张永杰. 2013. 企业联合担保贷款的计算实验金融分析[J]. 管理科学学报，（3）：88-94.

徐彪，李心丹，张珣. 2011. 区域环境对企业创新绩效的影响机制研究[J]. 科研管理，32（9）：147-155.

徐彬. 2007. 空间权重矩阵对 Moran's I 指数影响的模拟分析[D]. 南京：南京师范大学硕士学位论文.

徐辉，刘俊. 2012. 广东省区域技术创新能力测度的灰色关联分析[J]. 地理科学，32（9）：1075-1080.

徐建国. 2005. 我国科技资源空间分布的实证研究[D]. 北京：清华大学博士学位论文.

徐金发，许强，顾惊雷. 2003. 企业知识转移的情境分析模型[J]. 自然辩证法通讯，25（2）：51-57.

徐磊，黄凌云. 2009. FDI 技术溢出及其区域创新能力门槛效应研究[J]. 科研管理，30（2）：16-25.

徐雪琪，程开明. 2008. 创新扩散与城市体系的空间关联机理及实证[J]. 科研管理，29（5）：9-15.

徐盈之，金乃丽. 2010. 高校官产学合作创新对区域经济增长影响的研究[J]. 科研管理，31（1）：147-152.

徐勇，邱兵. 2011. 网络位置与吸收能力对企业绩效的影响研究[J]. 中山大学学报，51（3）：199-208.

徐雨森，徐娜娜. 2016. 逆向创新机会、能力支撑体系研究——新兴市场国家跨国公司案例研究[J]. 科学学研究，（2）：288-297.

许晖，张海军. 2016. 制造业企业服务创新能力构建机制与演化路径研究[J]. 科学学研究，（2）：298-311.

许庆瑞，陈劲，郑刚. 2005. 21 世纪的全面创新管理[J]. 国际学术动态，（4）：20-21.

许庆瑞，吴志岩，陈力田. 2013. 转型经济中企业自主创新能力演化路径及驱动因素分析——海尔集团 1984-2013 年的纵向案例研究[J]. 管理世界，（4）：121-134，188.

宣国富，徐建刚，赵静. 2005. 安徽省城市化水平综合测度研究[J]. 地域研究与开发，24（3）：47-51.

薛俊菲，陈雯，张蕾. 2010. 中国市域综合城市化水平测度与空间格局研究[J]. 经济地理，30（12）：2005-2011.

闫莹，陈建富. 2010. 网络强度与产业集群竞争优势关系的实证研究[J]. 软科学，24（12）：43-47.

阳志梅，胡振华. 2010. 知识网络与集群企业竞争优势研究——基于组织学习视角[J]. 科技进步与对策，27（3）：101-104.

杨斌，王学东. 2009. 基于社会网络嵌入性视角的虚拟团队中知识共享过程研究[J]. 情报科学，（12）：1765-1769.

杨浩昌，李廉水，刘军. 2016. 高技术产业聚集对技术创新的影响及区域比较[J]. 科学学研究，（2）：212-219.

杨洪焦，孙林岩，高杰. 2008. 中国制造业聚集度的演进态势及其特征分析——基于1988-2005年的实证研究[J]. 数量经济技术经济研究，25（5）：55-66.

杨万江，朱允卫. 2005. 县域经济影响因素的数量经济分析[J]. 西北农林科技大学学报（社会科学版），5（6）：30-34.

杨玉秀，杨安宁. 2008. 合作创新中知识溢出的双向效应[J]. 工业技术经济，29（8）：107-110.

姚小涛，王洪涛，李武. 2004. 社会网络与企业成长模型[J]. 系统工程理论方法应用，13（1）：49-53.

姚耀，陈高森，骆守俭. 2006. 生产性服务业与经济增长的关系研究：以上海市为例[J]. 华东经济管理，20（9）：9-11.

尹苗苗，毕新华，王亚茹. 2015. 新企业创业导向、机会导向对绩效的影响研究——基于中国情境的实证分析[J]. 管理科学学报，11：47-58.

应瑛，刘洋. 2015. 后发企业如何进行节约型创新？[J]. 科学学研究，12：1867-1882.

于晓庆. 2007. 组织气氛与知识创造关系研究[D]. 大连：大连理工大学硕士学位论文.

于晓宇，蔡莉. 2013. 失败学习行为、战略决策与创业企业创新绩效[J]. 管理科学学报，12：37-56.

于旭，朱秀梅. 2010. 技术溢出对集群企业创新绩效的影响机理研究[J]. 科学学研究，28（9）：1435-1440.

余高锋，刘文奇，石梦婷. 2015. 基于局部变权模型的企业质量信用评估[J]. 管理科学学报，（2）：85-94.

余淼杰，李晋. 2015. 进口类型、行业差异化程度与企业生产率提升[J]. 经济研究，（8）：85-97，113.

余维臻，李文杰，黄秋波. 2014. 制造企业服务创新过程中核心知识及量表开发研究[J]. 科研管理，12：145-152.

余泳泽，刘大勇. 2013. 我国区域创新效率的空间外溢效应与价值链外溢效应——创新价值链视角下的多维空间面板模型研究[J]. 管理世界，（7）：6-20.

余志. 2007. 市场导向、组织学习与新产品开发绩效的影响关系研究[D]. 杭州：浙江大学硕士学位论文.

虞锡君. 2006. 产业集群内关键共性技术的选择——以浙江为例[J]. 科研管理，27（1）：80-84.

袁继新，谌凯，林志坚，等. 2013. 浙江省引进大院名校共建创新载体的实践[J]. 中国科技论坛，1（8）：106-109.

岳鹄, 张宗益. 2008. R&D 投入、创新环境与区域创新能力关系研究: 1997—2006[J]. 当代经济科学, (6): 110-126.

臧树伟, 李平. 2016. 基于破坏性创新的后发企业市场进入时机选择[J]. 科学学研究, (1): 122-131.

曾国平, 曹跃群. 2005. 改革开放以来中国第三产业经济增长与扩大就业的实证研究[J]. 华东经济管理, (2): 30-33.

曾萍. 2009. 知识创新、动态能力与组织绩效的关系研究[J]. 科学学研究, 27 (8): 1271-1280.

曾萍, 邓腾智, 曾雄波. 2011. IT 基础、知识共享与组织创新——来自珠三角企业的经验证据[J]. 科学学研究, 29 (11): 1696-1708.

曾庆泳, 陈忠暖. 2007. 基于 GIS 空间分析法的广东省经济发展区域差异[J]. 经济地理, 27 (4): 558-561.

曾小永, 钱庆兰. 2010. 广州市仓储型物流企业空间分布特征及其影响因素分析[J]. 中国市场, (32): 6-9.

张方华. 2010. 网络嵌入影响企业创新绩效的概念模型与实证分析[J]. 中国工业经济, 4: 110-119.

张方华, 陶静媛. 2016. 企业内部要素协同与创新绩效的关系研究[J]. 科研管理, (2): 20-28.

张刚, 王宇峰. 2011. 知识集聚与不确定环境下技术创新的影响机制[J]. 科学学研究, 29 (12): 1895-1905.

张家峰, 赵顺龙. 2009. 区域技术创新能力的影响因素分析——以江浙沪两省一市为例[J]. 国际贸易问题, (7): 56-60.

张婧. 2006. 论高技术企业的驱动市场战略. 管理评论, 18 (3): 54-58.

张立. 2010. 1980 年代以来我国城市化差异的演变——及其影响因素[J]. 城市规划, 34 (5): 9-17.

张可, 高庆昆. 2013. 基于突破性技术创新的企业核心竞争力构建研究[J]. 管理世界, (6): 180-181.

张利庠. 2007. 创新平台: 农业企业自主创新现状及策略研究——来自中国农业企业技术创新 "千百十" 调研工程的思考[J]. 中国软科学, (4): 127-133.

张连文. 2006. 贝叶斯网引论[M]. 北京: 科学出版社.

张璐. 2008. 山东省县域经济竞争力评价及对策研究[D]. 济南: 山东师范大学硕士学位论文.

张璐, 齐二石, 长青. 2014. 中国制造企业管理创新方法类型选择评价——基于 SVM 的多案例实证分析[J]. 科学学研究, 11: 1747-1753.

张明, 江旭, 高山行. 2008. 战略联盟中的组织学习, 知识创造与创新绩效的实证研究[J]. 科学学研究, 26 (4): 868-873.

张睿, 于渤. 2009. 技术联盟组织知识转移影响因素路径检验[J]. 科研管理, 30 (1): 28-36.

张体勤, 伊振中, 丁荣贵. 2009. 论知识团队的知识循环过程[J]. 自然辩证法研究, 25 (5): 109-112.

张炜. 2007. 智力资本与组织创新能力关系实证研究——以浙江中小技术企业为样本[J]. 科学学研究, 25 (5): 1010-1013.

张新峰. 2009. 空间自相关的数据分析方法与应用研究[D]. 兰州: 兰州大学博士学位论文.

张新香. 2008. 企业知识管理能力的模糊综合评价[J]. 科学学与科学技术管理, 29（2）: 108-112.

张玉明, 李凯. 2007. 中国创新产出的空间分布及空间相关性研究——基于 1996-2005 年省际专利统计数据的空间计量分析[J]. 中国软科学, （11）: 97-103.

张玉明, 李凯. 2008. 省际区域创新产出的空间相关性研究[J]. 科学学研究, 26（3）: 659-665.

张战仁. 2011. 地理空间视角下我国区域创新非均衡发展的时空模式研究[D]. 上海: 华东师范大学博士学位论文.

张战仁. 2012. 创新空间溢出的差异影响研究述评[J]. 经济地理, 32（11）: 34-37.

张战仁. 2013. 我国区域创新差异的形成机制研究——基于集聚互动、循环累积与空间关联视角的实证分析[J]. 经济地理, 33（4）: 9-14.

张战仁, 杜德斌, 黄力韵. 2010. 国际研发投资与我国城市经济发展的空间规律和关联分析[J]. 经济地理, 30（3）: 409-413.

张振刚, 景诗龙. 2008. 我国产业集群共性技术创新平台模式比较研究——基于政府作用的视角[J]. 科技进步与对策, 25（7）: 79-82.

张志勇, 刘益. 2007. 基于网络视角的企业间知识转移研究[J]. 情报杂志, （11）: 70-72.

赵丹. 2013. 我国第三产业内部结构的优化研究[D]. 大连: 大连海事大学硕士学位论文.

赵建吉, 曾刚. 2009. 创新的空间测度: 数据与指标[J]. 经济地理, 29（8）: 1250-1255.

赵杰, 丁云龙, 许鑫. 2013. 制造业企业内生优势生成路径分析——一个典型案例透视[J]. 管理世界, （4）: 1-7.

赵康杰, 景普秋. 2014. 资源依赖、有效需求不足与企业科技创新挤出——基于全国省域层面的实证[J]. 科研管理, 12: 85-93.

赵磊磊, 刘芳, 韩金芳, 等. 2014. 中介效应检验程序及其应用[J]. 生物技术世界, （11）: 216-216.

赵树宽. 余海晴, 姜红. 2012. 技术标准、技术创新与经济增长关系研究[J]. 科学学研究, 30（9）: 1334-1340.

赵希男, 温馨, 王艳梅. 2009. 基于个性优势特征分析的区域创新能力评价与分析[J]. 科学学研究, 27（3）: 473-480.

赵息, 李文亮. 2016. 知识特征与突破性创新的关系研究——基于企业社会资本异质性的调节作用[J]. 科学学研究, （1）: 99-106.

赵雪雁, 江进德, 张丽, 等. 2011. 皖江城市带城市经济联系与中心城市辐射范围分析[J]. 经济地理, 31（2）: 218-223.

赵玉碧, 汤茂林. 2013. 改革开放以来江苏城市化水平区域差异变动及其影响因素[J]. 人文地理, （3）: 101-106.

赵豫, 徐盈之. 2007. 苏南地区县域经济发展与对策研究[J]. 华东经济管理, 21（10）: 15-18.

甄峰. 2016. 我国纺织业企业创新与生产率关系的微观测度[J]. 科研管理, （2）: 29-36.

郑蔚. 2012. 福建省制造业空间集聚水平测度与评价[J]. 经济地理, （7）: 74-80.

郑永彪, 张磊. 2013. 基于委托代理模型的企业创新管理研究[J]. 科研管理, （9）: 36-45.

钟祖昌. 2011. 空间经济学视角下的物流业集聚及影响因素——中国 31 个省市的经验证据[J]. 山西财经大学学报, 33（11）: 55-62.

周高生. 2008. 重庆市第三产业内部结构演变的就业效应研究[D]. 重庆: 重庆大学硕士学位论文.

周江华, 刘宏程, 仝允桓. 2013. 企业网络能力影响创新绩效的路径分析[J]. 科研管理,

（6）：58-67.

周立，吴玉鸣. 2006. 中国区域创新能力：因素分析与聚类研究——兼论区域创新能力综合评价的因素分析替代方法[J]. 中国软科学，（8）：96-103.

周佩，章道云，姚世斌. 2013. 协同创新与企业多元互动研究[J]. 管理世界，（8）：181-182.

周钟，陈智高. 2015. 产业集群网络中知识转移行为仿真分析——企业知识刚性视角[J]. 管理科学学报，（1）：41-49.

朱朝晖，陈劲，陈钰芬. 2009. 探索性技术学习和挖掘性技术学习及其机理[J]. 科研管理，30（3）：23-31.

朱道才，陆林，晋秀龙，等. 2011. 基于引力模型的安徽城市空间格局研究[J]. 地理科学，31（5）：551-556.

朱方伟，于淼，孙秀霞. 2013. 中国汽车合资企业自主创新模式研究[J]. 科研管理，（6）：152-160.

朱福林，陶秋燕. 2014. 企业成长的社会网络关系研究——以北京市科技型企业调研数据为例[J]. 科学学研究，10：1539-1545.

朱海就. 2004. 区域创新能力评估的指标体系研究[J]. 科研管理，25（3）：30-35.

朱海燕. 2010. 知识密集型服务业嵌入与内生型产业集群网络结构优化[J]. 经济地理，30（2）：273-278.

朱红梅. 2006. 基于产业集群的温州市知识密集型服务业发展模式研究[D]. 武汉：武汉理工大学硕士学位论文.

朱建安，陈凌. 2014. 管理理论、中国情境与家族企业研究——第九届创业与家族企业国际研讨会侧记[J]. 管理世界，（7）：168-171.

朱亚丽，孙元，狄瑞波. 2012. 网络特性知识缄默性对企业间知识转移效果的影响：基于网络特性调节效应的实证分析[J]科研管理，33（9）：107-115.

朱瑜，王雁飞. 2010. 知识管理战略，企业核心能力与组织绩效的互动影响研究[J]. 科技进步与对策，27（2）：132-135.

朱瑜，王雁飞，蓝海林. 2007a. 企业文化、智力资本与组织绩效关系研究[J]. 科学学研究，25（5）：952-958.

朱瑜，王雁飞，蓝海林. 2007b. 组织学习、组织创新与企业核心能力关系研究[J]. 科学学研究，25（3）：536-540.

邹国庆，许诺. 2013. 组织学习·知识创新·企业绩效[J]. 求索，（8）：216-219.

Abd Rahman A，Imm Ng S，Sambasivan M，et al. 2013. Training and organizational effectiveness：moderating role of knowledge management process[J]. European Journal of Training and Development，37（5）：472-488.

Acs Z J，Anselin L，Varga A. 2002. Patents and innovation counts as measures of regional production of new knowledge[J]. Research Policy，31（7）：1069-1085.

Adler P S，Kwon S W. 2002. Social capital：prospects for a new concept[J]. Academy of Management Review，27（1）：17-40.

Adner R. 2006. Match your innovation strategy to your innovation ecosystem.[J]. Harvard Business Review，84（4）：98-107.

Ahuja G. 2000. The duality of collaboration：inducements and opportunities in the formation of interfirm linkages[J]. Strategic Management Journal，21（3）：317-343.

Akgün A E，Byrne J，Keskin H，et al. 2005. Knowledge networks in new product development projects：a transactive memory perspective[J]. Information & Management，

42（8）：1105-1120.

Alavi M，Leidner D E. 2001. Review：knowledge management and knowledge management systems：conceptual foundations and research issues[J]. MIS Quarterly，25（1）：107-136.

Andersson G. 2013. Rethinking regional innovation[J]. Systemic Practice and Action Research，26（1）：99-110.

Anselin L. 1995. Local indicators of spatial association—LISA[J]. Geographical Analysis，27（2）：93-115.

Asheim B T，Smith H L，Oughton C. 2011. Regional innovation systems：theory，empirics and policy[J]. Regional Studies，45（7）：875-891.

Baaij M，Greeven M，Van Dalen J. 2004. Persistent superior economic performance，sustainable competitive advantage，and schumpeterian innovation：leading established computer firms，1954－2000[J]. European Management Journal，22（5）：517-531.

Baker W E，Sinkula J M. 2009. The complementary effects of market orientation and entrepreneurial orientation on profitability in small businesses[J]. Journal of Small Business Management，47（4）：443-464.

Banker R D，Charnes A，Cooper W W. 1984. Some models for estimating technical and scale inefficiencies in data envelopment analysis[J]. Management Science，30（9）：1078-1092.

Baron R M，Kenny D A. 1986. The moderator－mediator variable distinction in social psychological research：conceptual，strategic，and statistical considerations[J]. Journal of Personality and Social Psychology，51（6）：1173.

Barrios S，Bertinelli L，Strobl E. 2006. Coagglomeration and spillovers[J]. Regional Science and Urban Economics，36（4）：467-481.

Beck R，Wigand R T，König W. 2005. The diffusion and efficient use of electronic commerce among small and medium－sized enterprises：an international three－industry survey[J]. Electronic Markets，15（1）：38-52.

Bell G G. 2005. Clusters，networks，and firm innovativeness[J]. Strategic Management Journal，26（3）：287-295.

Bergendahl M，Magnusson M. 2015. Creating ideas for innovation：effects of organizational distance on knowledge creation processes[J]. Creativity and Innovation Management，24（1）：87-101.

Besley T J，Burgess R. 2002. The political economy of government responsiveness：theory and evidence from India[J]. The Quarterly Journal of Economics，117（4）：1415-1451.

Bontis N. 2001. Assessing knowledge assets：a review of the models used to measure intellectual capital[J]. International Journal of Management Reviews，3（1）：41-60.

Borthick A F，Curtis M B，Sriram R S. 2006. Accelerating the acquisition of knowledge structure to improve performance in internal control reviews[J]. Accounting Organizations & Society，31（4/5）：323-342.

Boschma R A，Ter Wal A L J. 2007. Knowledge networks and innovative performance in an industrial district：the case of a footwear district in the south of Italy[J]. Industry and Innovation，14（2）：177-199.

Burt R S. 1992. Structural Holes：The Social Structure of Competition[M]. Cambridge：Harvard University Press.

Burt R S. 2004. Structural holes and good ideas[J]. American Journal of Sociology，110（2）：

349-399.

Calantone R J, Cavusgil S T, Zhao Y. 2002. Learning orientation, firm innovation capability, and firm performance[J]. Industrial Marketing Management, 31 (6): 515-524.

Carayannis E G, Popescu D, Sipp C, et al. 2006. Technological learning for entrepreneurial development in the knowledge economy: case studies and lessons learned[J]. Technovation, 26 (4): 419-443.

Cavusgil S T, Calantone R J, Zhao Y. 2003. Tacit knowledge transfer and firm innovation capability[J]. Journal of Business & Industrial Marketing, 18 (1): 6-21.

Chai K H, Yap C M, Wang X. 2011. Network closure's impact on firms' competitive advantage: the mediating roles of knowledge processes[J]. Journal of Engineering and Technology Management, 28 (1): 2-22.

Chen Y S, James Lin M J, Chang C H. 2006. The influence of intellectual capital on new product development performance - the manufacturing companies of Taiwan as an example[J]. Total Quality Management and Business Excellence, 17 (10): 1323-1339.

Cheng S T, Lee C K, Chan A C, et al. 2009. Social network types and subjective well-being in Chinese older adults.[J]. The Journals of Gerontology: Series B, 64 (6): 713-22.

Cho T, Korte R. 2014. Managing knowledge performance: testing the components of a knowledge management system on organizational performance[J]. Asia Pacific Education Review, 15 (2): 313-327.

Coe D T, Helpman E. 1995. International R&D spillovers[J]. European Economic Review, 39 (5): 859-887.

Cohen W M, Levinthal D A. 1990. Absorptive capacity: a new perspective on learning and innovation[J]. Administrative Science Quarterly, 35 (1): 128-152.

Coleman J S. 1988. Social capital in the creation of human capital[J]. American Journal of Sociology, 9 (4): 95-120.

Consoli D, Elche-Hortelano D. 2010. Variety in the knowledge base of knowledge intensive business services[J]. Research Policy, 39 (10): 1303-1310.

Cooper G F. 1990. The computational complexity of probabilistic inference using Bayesian belief net works[J]. Artificial Intelligence, 42 (5): 393-405.

D'Aveni R. 2004. Corporate spheres of influence[J]. Mit Sloan Management Review, 45 (4): 38-46.

Davenport T H, Prusak L. 1998. Working Knowledge: How Organizations Manage What They Know[M]. Boston: Harvard Business School Press.

De Boer M, Van Den Bosch F A J, Volberda H W. 1999. Managing organizational knowledge integration in the emerging multimedia complex[J]. Journal of Management Studies, 36 (3): 379-398.

Desmarchelier B, Diellal F, Galloui F. 2013. Knowledge intensive business services and long term growth[J]. Structural Change and Economic Dynamics, 25: 188-205.

Devereux M P, Griffith R, Simpson H. 2004. The geographic distribution of production activity in the UK[J]. Regional Science and Urban Economics, 34 (5): 533-564.

Dewar R D, Dutton J E. 1986. The adoption of radical and incremental innovations: an empirical analysis[J]. Management Science, 32 (11): 1422-1433.

Dhanaraj C, Tihanyi L. 2004. Managing tacit and explicit knowledge transfer in IJVs: the role of relational embeddedness and the impact on performance[J]. Journal of International

Business Studies，35（5）：428-442.

Dixon N M. 2000. Common Knowledge：How Companies Thrive by Sharing What They Know[M]. Boston：Harvard Business School Press.

Dröge C，Claycomb C，Germain R. 2003. Does knowledge mediate the effect of context on performance? Some initial evidence[J]. Decision Sciences，34（3）：541-568.

Du R，Ai S，Ren Y. 2007. Relationship between knowledge sharing and performance：a survey in Xi'an，China[J]. Expert Systems with Applications，32（1）：38-46.

Dyer J H，Singh H. 1998. The relational view：cooperative strategy and sources of interorganizational competitive advantage[J]. Academy of Management Review，23（4）：660-679.

Eisingerich A B，Bell S J，Tracey P. 2010. How can clusters sustain performance? The role of network strength，network openness，and environmental uncertainty[J]. Research Policy，39（2）：239-253.

Ellison G，Glaeser E L. 1997. Geographic concentration in US manufacturing industries：a dartboard approach[J]. Journal of Political Economy，105（5）：889-927.

Ellison G，Glaeser E L，Kerr W R. 2010. What causes industry agglomeration? Evidence from coagglomeration patterns[J]. The American Economic Review，100（3）：1195-1213.

Escribano A，Fosfuri A，Tribó J A. 2009. Managing external knowledge flows：the moderating role of absorptive capacity [J]. Research Policy，38（3）：96-105.

Fagerberg J，Verspagen B. 1996. Heading for divergence？ Regional growth in Europe reconsidered[J]. Jcms Journal of Common Market Studies，34（3）：431-448.

Fang S C. 2008. The Nature of Knowledge Management：Governing the Organizational Knowledge[J]. Organization and Management，1（2）：1-35.

Farrell M A，Oczkowski E. 2002. Are market orientation and learning orientation necessary for superior organizational performance?[J]. Journal of Market-focused Management，5（3）：197-217.

Fong P S W. 2003. Knowledge creation in multidisciplinary project teams：an empirical study of the processes and their dynamic interrelationships[J]. International Journal of Project Management，21（7）：479-486.

Gassmann O. 2001. Multicultural teams：increasing creativity and innovation by diversity[J]. Creativity and Innovation Management，10（2）：88-95.

Gilbert B，McDougall P，Audretsch D. 2008. Clusters，knowledge spillovers and new venture performance：an empirical examination [J].Journal of Business Venturing，23（4）：405-422.

Gilsing V，Nooteboom B，Vanhaverbeke W，et al. 2008. Network embeddedness and the exploration of novel technologies：technological distance，betweenness centrality and density[J]. Research policy，37（10）：1717-1731.

Giuliani E，Pietrobelli C，Rabellotti R. 2005. Upgrading in global value chains：lessons from Latin American clusters[J]. World Development，33（4）：549-573.

Glynn M A. 1996. Innovative genius：a framework for relating individual and organizational intelligences to innovation[J]. Academy of Management Review，21（4）：1081-1111.

Gnyawali D R，Madhavan R. 2001. Cooperative networks and competitive dynamics：a structural embeddedness perspective[J]. Academy of Management review，26（3）：431-445.

Gnyawali D R，Srivastava M K. 2013. Complementary effects of clusters and networks on firm innovation：a conceptual model[J]. Journal of Engineering & Technology Management，30（1）：1-20.

Gomes C F，Yasin M M，Lisboa J V. 2007. An empirical investigation of manufacturing performance measures utilization：the perspectives of executives and financial analysis[J]. International Journal of Productivity and Performance Management，56（3）：187-204.

Gomes-Casseres B. 1998. Do you really have an alliance strategy？[J]. Strategy & Leadership，（3）：6-11.

Granovetter M. 1992. Problems of explanation in economic sociology[A]// Nohria N，Eccles R G. Networks and Organization：Structure，Form and Action[C]. Boston：HBS Press：25-56.

Grant R M. 1996. Toward a knowledge-based theory of the firm[J]. Strategic Management Journal，17（S2）：109-122.

Grosche T，Rothlauf F，Heinzl A. 2007. Gravity models for airline passenger volume estimation[J]. Journal of Air Transport Management，13（4）：175-183.

Gulati R. 1998. Alliances and networks[J]. Strategic Management Journal，19（4）：293-317.

Gumusluoglu L，Ilsev A. 2009. Transformational leadership，creativity，and organizational innovation[J]. Journal of Business Research，62（4）：461-473.

Hagedoorn J，Cloodt M. 2003. Measuring innovative performance：is there an advantage in using multiple indicators?[J]. Research Policy，32（8）：1365-1379.

Hamel G，Skarzynski P. 2001. Innovation：the new route to wealth[J]. Journal of Accountancy，192（5）：65.

Hansen G S，Wernerfelt B. 1989. Determinants of firm performance：the relative importance of economic and organizational factors[J]. Strategic Management Journal，10（5）：399-411.

Hansen M，Mors M，Lovas B. 2005. Knowledge sharing in organizations：multiple-networks，multiple-phases[J]. Academy of Management Journal，48（5）：776-793.

Hardy C，Phillips N，Lawrence T B. 2003. Resources，knowledge and influence：the organizational effects of interorganizational collaboration[J]. Journal of Management Studies，40（2）：321-347.

Harrison S，Sullivan Sr P H. 2000. Profiting from intellectual capital：learning from leading companies[J]. Journal of Intellectual Capital，32（1）：139-148.

He Z L，Wong P K. 2004. Exploration vs. exploitation：an empirical test of the ambidexterity hypothesis[J]. Organization Science，15（4）：481-494.

Heckerman D，Dan G，Chickering D M. 1995. Learning bayesian networks：the combination of knowledge and statistical data[J]. Uncertainty Proceedings，20（3）：197-243.

Hendricks K B，Singhal V R，Stratman J K. 2007. The impact of enterprise systems on corporate performance：a study of ERP，SCM，and CRM system implementations[J]. Journal of Operations Management，25（1）：65-82.

Hesse M，Rodrigue J P. 2004. The transport geography of logistics and freight distribution[J]. Journal of Transport Geography，12（3）：171-184.

Ho C F，Hsieh P H，Hung W H. 2014. Enablers and processes for effective knowledge management[J]. Industrial Management & Data Systems，114（5）：734-754.

Holsapple C W, Singh M. 2001. The knowledge chain model: activities for competitiveness[J]. Expert Systems with Application, 20 (7): 77-98.

Hong J, Chin A. 2007. Modeling the location choices of foreign investments in Chinese logistics industry[J]. China Economic Review, 18 (4): 425-437.

Hossain L, Fazio D. 2009. The social networks of collaborative process[J]. Journal of High Technology Management Research, 20 (2): 119-130.

Howells J. 2005. Innovation and regional economic development: a matter of perspective? [J]. Research Policy, 34 (8): 1220-1234.

Hsu Y H, Fang W. 2009. Intellectual capital and new product development performance: the mediating role of organizational learning capability[J]. Technological Forecasting & Social Change, 76 (5): 664-677.

Hung H M, Wa S H, Wen C T, et al. 2008. Competitive advantages of managing an effective social network structure to stimulate innovation from a knowledge management perspective[J]. International Journal of Technology Management, 43 (4): 363-382.

Iansiti M. 1995. Technology integration: managing technological evolution in a complex environment[J]. Research Policy, 24 (4): 521-542.

Inkpen A C. 2000. Learning through joint ventures: a framework of knowledge acquisition[J]. Journal of Management Studies, 37 (7): 1019-1044.

Jaffe A B, Trajtenberg M, Henderson R. 1993. Geographic localization of knowledge spillovers as evidenced by patent citations[J]. The Quarterly Journal of Economics, 108 (3): 577-598.

Jalles J T. 2010. How to measure innovation? New evidence of the technology-growth linkage [J]. Research in Economics, 64 (2): 81-96.

Jansen J J P, van den Bosch F A J, Volberda H W. 2005. Exploratory innovation, exploitative innovation, and ambidexterity: the impact of environmental and organizational antecedents[J]. Schmalenbach Business Review, 57 (4): 351-363.

Jiménez-Jiménez D, Cegarra-Navarro J G. 2007. The performance effect of organizational learning and market orientation[J]. Industrial Marketing Management, 36 (6): 694-708.

Johannessen J A. 2008. Organisational innovation as part of knowledge management[J]. International Journal of Information Management the Journal for Information Professionals, 28 (5): 403-412.

Johnson W H A. 1999. Integrative taxonomy of intellectual capital: measuring the stock and flow of intellectual capital components in the firm[J]. International Journal of Technology Management, 18 (5/6/7/8): 562-575.

Johnson W H A, Chuang M. 2010. A comparative innovation study of China, Japan and Taiwan[J]. Chinese Management Studies, 4 (4): 385-400.

Kane A A. 2010. Unlocking knowledge transfer potential: knowledge demonstrability and superordinate social identity[J]. Organization Science, 21 (3): 643-660.

Karamanos A G. 2003. Complexity, identity and the value of knowledge intensive exchanges[J]. Journal of Management Studies, 40 (7): 1871-1890.

Karlsen J. 2013. The role of anchor companies in thin regional innovation systems lessons from norway[J]. Systemic Practice and Action Research, 26 (1): 89-98.

Kasarda J D, Rondinelli D A. 1998. Innovative infrastructure for agile manufacturers[J]. Sloan Management Review, 39 (2): 73-82.

Katrak，H. 1997. The private use of publicly funded industrial technologies in developing countries: empirical tests for an industrial research institute in India [J].World Development，25 （9）: 1541-1550.

Kebede G. 2010. Knowledge management: an information science perspective[J]. International Journal of Information Management，30: 416-424.

Keuschnigg C. 2004. Venture capital backed growth[J]. Journal of Economic Growth，9 （2）: 239-261.

Khalique M，Bontis N，Abdul Nassir bin Shaari J，et al. 2015. Intellectual capital in small and medium enterprises in Pakistan[J]. Journal of Intellectual Capital，16 （1）: 224-238.

Kim C，Beldona S，Contractor F J. 2007. Alliance and technology networks: an empirical study on technology learning[J]. International Journal of Technology Management，38 （1/2）: 29-44.

Kim C S，Inkpen A C. 2005. Cross-border R&D alliances，absorptive capacity and technology learning[J]. Journal of International Management，11 （3）: 313-329.

Klein K J，Mayer D M. 2004. How do they get there？ An examination of the antecedents of centrality in team networks[J]. Academy of Management Journal，47 （6）: 952-963.

Koberg C S，Detienne D R，Heppard K A. 2003. An empirical test of environmental，organizational，and process factors affecting incremental and radical innovation[J]. The Journal of High Technology Management Research，14 （1）: 21-45.

Kogut B，Zander U. 1992. Knowledge of the firm，combinative capabilities，and the replication of technology[J]. Social Science Electronic Publishing，37 （7）: 17-35.

Kogut B， Zander U. 1996. What firms do？ Coordination，identity and learning[J]. Organization Science，7 （5）: 502-518.

Kohli U. 1991. Technology，Dality，and Foreign Trade: The GNP Function Approach to Modeling Imports and Exports[M]. Ann Arbor: University of Michigan Press.

Koka B R，Prescott J E. 2002. Strategic alliances as social capital: a multidimensional view[J]. Strategic Management Journal，23 （9）: 795-816.

Koka B R，Prescott J E. 2008. Designing alliance networks: the influence of network position，environmental change，and strategy on firm performance[J]. Strategic Management Journal，29 （6）: 639-661.

Kolko J. 2007. Agglomeration and co-agglomeration of services industries[R]. MPRA Working Paper.

König M D，Battiston S，Napoletano M，et al. 2011. Recombinant knowledge and the evolution of innovation networks[J]. Journal of Economic Behavior & Organization，79 （3）: 145-164.

Kostova T. 1999. Transnational transfer of strategic organizational practice: a contextual perspective[J]. Academy of Management Review，24 （2）: 308-324.

Krogh G V，Nonaka I，Aben M. 2001. Making the most of your company's knowledge: a strategic framework[J]. Long Range Planning，34 （4）: 421-439.

Kyrgidou L P，Spyropoulou S. 2013. Drivers and performance outcomes of innovativeness: an empirical study[J]. British Journal of Management，24 （3）: 281-298.

Lam A. 1997. Embedded firms，embedded knowledge: problems of collaboration and knowledge transfer in global cooperative ventures[J]. Organization Studies，18 （6）: 973-996.

Langerak F. 2003. The effect of market orientation on positional advantage and organizational performance[J]. Journal of Strategic Marketing，11（2）：93-115.

Larson A. 1992. Network dyads in entrepreneurial settings：a study of the governance of exchange relationships.[J]. Social Science Electronic Publishing，37（1）：76-104.

Lau C M，Yiu D W，Yeung P K，et al. 2008. Strategic orientation of high-technology firms in a transitional economy [J]. Journal of Business Research，61（7）：765-777.

Lee K，Shim S，Jeong B，et al. 2003. Knowledge intensive service activities（KISA）in Korea's innovation system[R]. OECD Report.

Lee M，Kim K，Cho Y. 2010. A study on the relationship between technology diffusion and new product diffusion[J]. Technological Forecasting and Social Change，77（5）：796-802.

Liao S H，Fei W C，Liu C T. 2008. Relationships between knowledge inertia，organizational learning and organization innovation[J]. Technovation，28（4）：183-195.

Lichtenthaler U. 2012. Technological turbulence and the impact of exploration and exploitation within and across organizations on product development performance[J]. Entrepreneurship Theory and Practice，15（3）：1-23.

Lin H C. 2010. Technology diffusion and global welfare effects：imitative R&D vs. south-bound FDI[J]. Structural Change & Economic Dynamics，21（4）：231-247.

Lin J L，Fang S C，Fang S R，et al. 2009. Network embeddedness and technology transfer performance in R&D consortia in Taiwan[J]. Technovation，29（11）：763-774.

Lindenberg S. 2003. It takes both trust and lack of mistrust：the workings of cooperation and relational signaling in contractual relationships[J]. Journal of Management and Governance，4：11-33.

Luo J，Chi S，Lin D. 2002. Who is trust worthy：a comparison of social relations across the Taiwan Strait[R]. Chicago：The Conference of North American Chinese Sociologists Association.

Lyles M A. 1992. Top management，strategy and organizational knowledge structure[J]. Journal of Management Studies，29（2）：155-174.

Mabey C，Salaman G. 1995. Strategic Human Resource Management[M]. Oxford：Basil Blackwell.

Matsumoto H. 2004. International urban systems and air passenger and cargo flows：some calculations[J]. Journal of Air Transport Management，10（4）：239-247.

Matusik S F，Hill C W L. 1998. The utilization of contingent work，knowledge creation，and competitive advantage[J]. Academy of Management Review，23（4）：680-697.

Mazzanti M，Pini P，Tortia E. 2006. Organizational innovations，human resources and firm performance：the emilia-romagna food sector[J].Journal of Socio-Economics，35（1）：123-141.

Mcevily B，Marcus A. 2005. Embedded ties and the acquisition of competitive capabilities[J]. Strategic Management Journal，26（11）：1033-1055.

Mcevily B，Zaheer A. 1999. Bridging ties：a source of firm heterogeneity in competitive capabilities[J]. Strategic Management Journal，20（12）：1133-1156.

Mehra A，Brass D J. 2001. The social networks of high and low self-monitors：implications for workplace performance[J]. Administrative Science Quarterly，46（1）：121-146.

Miles I，Kastrinos N，Bilderbeek R，et al. 1994. Knowledge-intensive business services：their role as users，carriers and sources of innovation[R]. Report to the EC DG XIII Sprint EIMS Programme.

Miller D，Garnsey E. 2000. Entrepreneurs and technology diffusion：how diffusion research can benefit from a greater understanding of entrepreneurship[J]. Technology in Society，22（4）：445-465.

Monck R B，Porter P R. 1988. Science Parks and the Growth of High Technology Firms[M].London：Croom Helm.

Montes F J L，et al. 2005. Influence of support leadership and teamwork cohesion on organizational learning，innovation and performance：an empirical[J]. Technovation，25：1159-1172.

Mowery D C，Oxley J E. 1995. Inward technology transfer and competitiveness：the role of national innovation systems[J]. Cambridge Journal of Economics，19（1）：67-93.

Mulder P，Groot H L F D，Pfeiffer B. 2014. Dynamics and determinants of energy intensity in the service sector：a cross-country analysis，1980-2005[J]. Ecological Economics，100：1-15.

Muller E，Doloreux D. 2009. What we should know about knowledge-intensive business services[J]. Technology in Society，31（1）：64-72.

Nahapiet J，Ghoshal S. 1998. Social capital，intellectual capital，and the organizational advantage[J]. Knowledge & Social Capital，23（2）：242-266.

Nonaka I. 1994. A dynamic theory of organizational knowledge creation. Organization Science，5（1）：14-37.

Nonaka I，Takeuchi H. 1995. The Knowledge Creating Company：How Japanese Companies Create the Dynamics of Innovation[M]. New York：Oxford University Press.

Nonaka I，Toyama R，Nagata A. 2000. A firm as a knowledge-creating entity：a new perspective on the theory of the firm[J]. Industrial and Corporate Change，9（1）：1-20.

Nystrom P C，Ramamurthy K，Wilson A L. 2002. Organizational context，climate and innovativeness：adoption of imaging technology[J]. Journal of Engineering & Technology Management，19（3/4）：221-247.

Oliver C. 1990. Determinants of inter-organizational relationships：integration and future directions[J]. Academy of Management Review，15（2）：241-265.

Osterloh M，Frey B S. 2000. Motivation，knowledge transfer and organizational forms[J]. Organization Science，11（5）：538-550.

Persaud A，Kumar U，Kumar V. 2001. Harnessing scientific and technological knowledge for the rapid deployment of global innovations[J]. Engineering Management Journal，13（1）：12-18.

Petersen A H，Boer H，Gertsen F. 2004. Learning in different modes：the interaction between incremental and radical change[J]. Knowledge & Process Management，11（4）：228-238.

Pfeffer J. 1994. Competitive Advantage through People：Unleashing the Power of the Work Force[M]. Boston：Harvard Business Press.

Pisano G. 1994. Knowledge，integration，and the locus of learning：an empirical analysis of process development[J]. Strategic Management Journal，15（3）：85-100.

Polanyi M. 1962. Personal Knowledge：Towards a Post-Critical Philosophy[M]. New Yokr：Harper Torchbooks.

Postrel S. 2002. Islands of shared knowledge：specialization and mutual understanding in problem-solving teams[J]. Organization Science，13（3）：303-320.

Reagans R，Mcevily B. 2003. Network structure and knowledge transfer：the effects of cohesion and range[J]. Administrative Science Quarterly, 48 (2): 240-267.

Rocha H O. 2004. Entrepreneurship and development: the role of clusters[J]. Small Business Economics, 23 (5): 363-400.

Rogers E M. 1995. Diffusion of Innovations[M]. New York: The Free Press.

Rusche K, Kies U, Schulte A. 2011. Measuring spatial co-agglomeration patterns by extending ESDA techniques[J]. Review of Regional Research, 31 (1): 11-25.

Salavou H. 2004. The concept of innovativeness: should we need to focus? [J]. European Journal of Innovation Management, 7 (1): 33-44.

Salem I E. 2014. Toward better understanding of knowledge management: correlation to hotel performance and innovation in five-star chain hotels in Egypt[J]. Tourism & Hospitality Research, 14 (4): 176-196.

Salman N, Saives A L. 2005. Indirect networks: an intangible resource for biotechnology innovation[J]. R&D Management, 35 (2): 203-215.

Schilling M A, Phelps C C. 2007. Interfirm collaboration networks: the impact of large-scale network structure on firm innovation[J]. Management Science, 53 (7): 1113-1126.

Schiuma G, Lerro A. 2008. Knowledge-based capital in building regional innovation capacity[J]. Journal of Knowledge Management, 12 (5): 121-136.

Scott-Kennel J, Giroud A. 2015. MNEs and FSAs: network knowledge, strategic orientation and performance[J]. Journal of World Business, 50 (1): 94-107.

Sharma S, Thomas V J. 2008. Inter-country R&D efficiency analysis: an application of data envelopment analysis[J]. Scientometrics, 76 (3): 483-501.

Sheng M L, Chang S, Teo T, et al. 2013. Knowledge barriers, knowledge transfer, and innovation competitive advantage in healthcare settings[J]. Management Decision, 51 (3): 461-478.

Simmie J. 2003. Innovation and urban regions as national and international nodes for the transfer and sharing of knowledge[J]. Regional Studies, 37 (6-7): 607-620.

Smyth P. 1997. Efficient approximations for the marginal likelihood of bayesian networks with hidden variables[J].Machine Learning, 29: 181-212.

Soda G, Zaheer A. 2004. Network memory: the influence of past and current networks on performance[J]. Academy of Management Journal, 47 (6): 893-906.

Sorenson O, Rivkin J W, Fleming L. 2006. Complexity, networks and knowledge flow[J]. Research Policy, 35 (7): 994-1017.

Spender J C. 1996. Making knowledge the basis of a dynamic theory of the firm[J]. Strategic Management Journal, 17 (2): 45-62.

Stein E W. 1995. Organization memory: review of concepts and recommendations for management[J]. International Journal of Information Management, 15 (1): 17-32.

Stewart T. 1997. Intellectual Capital: The New Wealth of Organizations[M]. New York: Doubleday Currency.

Strati A. 1998. Misunderstanding cognition in organization studies[J]. Scandinavian Journal of Management, 14 (4): 309-329.

Subrahmanya M H B, Kumar R S. 2011. Technological innovations and energy intensity of machine tool SMEs in Bangalore: do process innovations contribute to energy efficiency? [J]. International Journal of Energy Technology & Policy, 7 (5/6): 519-536.

Sung S Y, Choi J N. 2012. Effects of team knowledge management on the creativity and financial performance of organizational teams[J]. Organizational Behavior and Human Decision Processes, 118 (1): 4-13.

Sveiby K E. 1997. The intangible assets monitor[J]. Journal of Human Resource Costing & Accounting, 2 (1): 73-97.

Swan J, Scarbrough H. 2001. Knowledge management: concepts and controversies[J]. Journal of Management Studies, 38 (7): 913-921.

Szulanski G. 1996. Exploring internal stickiness: impediments to the transfer of best practice within the firm[J]. Strategic Management Journal, 17 (2): 27-43.

Szulanski G. 2000. The process of knowledge transfer: a diachronic analysis of stickiness[J]. Organizational Behavior & Human Decision Processes, 82 (1): 9-27.

Tallman S, Pinch S. 2004. Knowledge, clusters and competitive advantage[J]. Academy of Management Review, 29 (2): 258-271.

Tiwana A. 2008. Do bridging ties complement strong ties? An empirical examination of alliance ambidexterity[J]. Strategic Management Journal, 29 (3): 251-272.

Tsai W. 2001. Knowledge transfer in intraorganizational networks: effects of network position and absorptive capacity on business unit innovation and performance[J]. Academy of Management Journal, 44 (5): 996-1004.

Tsai W, Ghoshal S. 1998. Social capital and value creation: the role of intrafirm networks[J]. Academy of Management Journal, 41 (4): 464-476.

Tsekeris T, Stathopoulos A. 2006. Gravity models for dynamic transport planning: development and implementation in urban networks[J]. Journal of Transport Geography, 14 (2): 152-160.

Tsoukas H. 1996. The firm as a distributed knowledge system: a constructionist approach[J]. Strategic Management Journal, 17 (3): 11-25.

Tsoukas H, Vladimirou E. 2001. What is organizational knowledge? [J]. Journal of Management Studies, 38 (7): 973-993.

Tucker R B. 2001. Innovation: the new core competency[J]. Strategy & Leadership, 30 (1): 112.

Uzzi B. 1997. Errata: social structure and competition in interfirm networks: the paradox of embeddedness[J]. Administrative Science Quarterly, 42 (2): 35-67.

van der Valk T, Chappin M M H, Gijsbers G W. 2011. Evaluating innovation networks in emerging technologies[J]. Technological Forecasting and Social Change, 78 (1): 25-39.

Walsh J P, Ungson G R. 1991. Organizational memory[J]. Academy of Management Review, 16 (1): 57-91.

Wang L. 2013. Research on the coordinated development of Chinese tertiary industry[R]. Proceedings of the International Conference on Information Engineering and Applications (IEA) 2012. Springer London.

Wang S C, Li X L, Tang H Y. 2006. Learning Bayesian networks structure with continuous variables[R]. Advanced Data Mining and Applications. Springer Berlin Heidelberg: 448-456.

Wasserman S, Faust K. 1994. Social Network Analysis: Methods and Applications[M]. Cambridge: Cambridge University Press.

Watson S, Hewett K. 2006. A multi-theoretical model of knowledge transfer in organizations: determinants of knowledge contribution and knowledge reuse[J]. Journal of Management Studies, 43 (2): 141-172.

Wernerheim C M, Sharpe C. 2003. High order producer services in metropolitan Canada:

how footloose are they？[J]. Regional Studies，37（5）：469-490.

Wiig K M. 1993. Knowledge Management Foundations：Thinking about Thinking-how People and Organizations Create，Represent and Use Knowledge[M]. Arlington：Schema Press.

Williams C. 2007. Transfer in context：replication and adaptation in knowledge transfer relationships[J]. Strategic Management Journal，28（9）：867-889.

Xu Y，Bernard A. 2011. Quantifying the value of knowledge within the context of product development[J]. Knowledge-Based Systems，24（1）：166-175.

Yli-Renko H，Sapienza H J. 2001. Social capital，knowledge acquisition，and knowledge exploitation in young technology‐based firms[J]. Strategic Management Journal，22（6/7）：587-613.

Zaheer A，Bell G G. 2005. Benefiting from network position：firm capabilities，structural holes，and performance[J]. Strategic Management Journal，26（9）：809-825.

Zahra S A，George G. 2002. Absorptive capacity：a review，reconceptualization，and extension[J]. Academy of Management Review，27（2）：185-203.